李念祖　林岫　刘艳　著

首都图书馆藏

民国期刊创刊号图录精选

学苑出版社

图书在版编目（CIP）数据

首都图书馆藏民国期刊创刊号图录精选 / 李念祖，林岫，刘艳著. -- 北京：学苑出版社，2024.9.
ISBN 978-7-5077-7032-2

Ⅰ．Z62-64

中国国家版本馆CIP数据核字第2024GH4631号

出 版 人：洪文雄

责任编辑：潘占伟

出版发行：学苑出版社

社　　址：北京市丰台区南方庄2号院1号楼

邮政编码：100079

网　　址：www.book001.com

电子信箱：xueyuanpress@163.com

联系电话：010—67601101（销售部）　010—67603091（总编室）

印 刷 厂：北京华强印刷有限公司

开本尺寸：889mm×1194mm　1/16

印　　张：23

字　　数：248千字

版　　次：2024年9月第1版

印　　次：2024年9月第1次印刷

定　　价：480.00元

撰稿人

安　笛　　沈　墨　　刘佳琳
贾　蔷　　曹　航　　付唯莉
杨淑媛　　李媛娟　　孙晓冬

目 录

前　言 / 1
凡　例 / 1

一、哲学、社会科学总论 / 1

《哲学》/ 3
《心理》/ 4
《学衡》/ 5
《社会学杂志》/ 6
《创造》/ 7
《国立武汉大学社会科学季刊》/ 8
《文哲月刊》/ 9

二、政治、军事 / 11

《宪政杂识》/ 13
《政论》/ 14
《妇女时报》/ 15
《司法公报》/ 16
《蒙文白话报》/ 17
《论衡》/ 18
《香艳杂志》/ 19
《大中华》/ 20
《中华妇女界》/ 21
《青年杂志》/ 22
《统计月刊》/ 23

《新中国》/ 24
《解放画报》/ 25
《法学季刊》/ 26
《妇女之友》/ 27
《法科丛刊》/ 28
《时事月报》/ 29
《满蒙》/ 30
《动力》/ 31
《新广州月刊》/ 32
《苏俄评论》/ 33
《国际》/ 34
《外交月报》/ 35
《南洋情报》/ 36
《中国与苏俄》/ 37
《新中华》/ 38
《求实月刊》/ 39
《新生周刊》/ 40
《中南情报》/ 41
《一周间》/ 42
《大上海半月刊》/ 43
《世界知识》/ 44
《大众生活》/ 45
《永生》/ 46

《新认识》/ 47
《国民》/ 48
《新世纪》/ 49
《国际知识》/ 50
《战时联合旬刊》/ 51
《群众》/ 52
《全民周刊》/ 53
《全民抗战》/ 54
《远东摄影新闻》/ 55
《妇女杂志》/ 56
《文化杂志》/ 57
《时代》/ 58
《妇女月刊》/ 59
《时代文摘》/ 60
《华声》/ 61
《北方建设》/ 62
《文萃》/ 63
《民主》/ 64
《青年文化》/ 65
《民主青年》/ 66
《大中》/ 67
《民主周刊》/ 68
《民言》/ 69
《昌言》/ 70
《集纳》/ 71
《北方文化》/ 72
《中苏知识》/ 73
《怒潮月刊》/ 74
《唯民周刊》/ 75
《知识》/ 76
《上海十日》/ 77

《文摘》/ 78
《文展》/ 79
《妇声半月刊》/ 80
《正声》/ 81
《评论报》/ 82
《世纪评论》/ 83
《福建善救月刊》/ 84
《时与文》/ 85
《知识与生活》/ 86
《现代新闻》/ 87
《现代文摘》/ 88
《周末观察》/ 89
《周论》/ 90
《文摘》/ 91
《学习生活》/ 92
《求是》/ 93
《进步青年》/ 94
《黄埔潮周刊》/ 95
《防毒月刊》/ 96
《中国海军》/ 97

三、经济 / 99

《盐政杂志》/ 101
《农商公报》/ 102
《农工公报》/ 103
《经济半月刊》/ 104
《工商半月刊》/ 105
《经济科学》/ 106
《合作月刊》/ 107
《开发西北》/ 108

《食货》/ 109
《浙江商务》/ 110
《商学期刊》/ 111
《新工商》/ 112
《西北实业月刊》/ 113
《工商天地》/ 114
《市政建设》/ 115

四、文化、科学、教育、体育 / 117

《学部官报》/ 119
《国学杂志》/ 120
《都市教育》/ 121
《教育潮》/ 122
《国语月刊》/ 123
《国学季刊》/ 124
《初等教育》/ 125
《北京大学研究所国学门周刊》/ 126
《新教育评论》/ 127
《国立历史博物馆丛刊》/ 128
《国学论丛》/ 129
《燕京学报》/ 130
《交通教育月刊》/ 131
《浙江图书馆报》/ 132
《国立中山大学图书馆周刊》/ 133
《北京图书馆月刊》/ 134
《中央大学国学图书馆年刊》/ 135
《辅仁学志》/ 136
《中学生》/ 137
《北大学生》/ 138
《齐大月刊》/ 139

《读书月刊》/ 140
《新学生》/ 141
《山东省立图书馆季刊》/ 142
《浙江省立图书馆月刊》/ 143
《江苏省小学教师半月刊》/ 144
《图书季刊》/ 145
《文化批判》/ 146
《江西图书馆馆刊》/ 147
《文澜学报》/ 148
《湖南大学季刊》/ 149
《中国博物馆协会会报》/ 150
《制言》/ 151
《厦大图书馆馆报》/ 152
《学觚》/ 153
《邮典》/ 154
《国立北平故宫博物院年刊》/ 155
《读书半月刊》/ 156
《国文月刊》/ 157
《中国文化研究汇刊》/ 158
《孩子们》/ 159
《天津教育》/ 160
《体育季刊》/ 161
《中国滑翔》/ 162

五、文学 / 163

《小说月报》/ 165
《游戏杂志》/ 166
《中华小说界》/ 167
《小说丛报》/ 168
《余兴》/ 169

《小说海》/ 170
《春声》/ 171
《小说画报》/ 172
《学艺》/ 173
《小朋友》/ 174
《小说世界》/ 175
《侦探世界》/ 176
《社会之花》/ 177
《语丝》/ 178
《莽原》/ 179
《紫罗兰》/ 180
《莽原》/ 181
《创造月刊》/ 182
《新月》/ 183
《奔流》/ 184
《新文艺》/ 185
《流萤》/ 186
《蜜丝》/ 187
《现代文艺》/ 188
《现代文学评论》/ 189
《南风》/ 190
《现代》/ 191
《文学月报》/ 192
《万岁》/ 193
《论语》/ 194
《青鹤》/ 195
《词学季刊》/ 196
《金钢钻月刊》/ 197
《文学季刊》/ 198
《中学生文艺月刊》/ 199
《人间世》/ 200

《细流》/ 201
《学文》/ 202
《文学评论》/ 203
《太白》/ 204
《译文》/ 205
《文艺画报》/ 206
《水星》/ 207
《世界文学》/ 208
《中学生文艺季刊》/ 209
《文艺大路》/ 210
《宇宙风》/ 211
《天地人》/ 212
《艺文》/ 213
《作家》/ 214
《文学界》/ 215
《光明》/ 216
《中流》/ 217
《谈风》/ 218
《时代文艺》/ 219
《文丛》/ 220
《文学杂志》/ 221
《中国文艺》/ 222
《七月》/ 223
《文艺阵地》/ 224
《小说周报》/ 225
《文艺战线》/ 226
《永安月刊》/ 227
《黄河》/ 228
《小说月报》/ 229
《文艺生活》/ 230
《文艺杂志》/ 231

《文学译报》/ 232
《文学创作》/ 233
《文学批评》/ 234
《文学杂志》/ 235
《春秋》/ 236
《文潮》/ 237
《中国文学》/ 238
《文流》/ 239
《语林》/ 240
《六艺新文艺月刊》/ 241
《莘莘月刊》/ 242
《人民文艺》/ 243
《文章》/ 244
《文艺杂志》/ 245
《清明》/ 246
《中国文学》/ 247
《北方杂志》/ 248
《长城》/ 249
《文艺知识连丛》/ 250
《生活》/ 251
《巨型》/ 252
《诗创造》/ 253
《中国作家》/ 254
《新风月刊》/ 255
《小说》/ 256
《文学战线》/ 257
《文艺与生活》/ 258

六、艺术 / 259

《春柳》/ 261

《音乐杂志》/ 262
《笑画》/ 263
《华北画报》/ 264
《电影月报》/ 265
《戏剧月刊》/ 266
《美术丛刊》/ 267
《国剧画报》/ 268
《剧学月刊》/ 269
《艺术旬刊》/ 270
《晨风》/ 271
《时代漫画》/ 272
《漫画生活》/ 273
《京戏杂志》/ 274
《戏世界月刊》/ 275
《戏剧旬刊》/ 276
《生活漫画》/ 277
《半月剧刊》/ 278
《半月戏剧》/ 279
《抗战戏剧》/ 280
《立言画刊》/ 281
《游艺画刊》/ 282
《草书月刊》/ 283
《渤海画报》/ 284
《人民戏剧》/ 285
《人民音乐》/ 286
《电影杂志》/ 287
《综艺》/ 288

七、历史、地理 / 289

《史学与地学》/ 291

《人文》/ 292
《北平》/ 293
《江苏研究》/ 294
《风土什志》/ 295
《风物志》/ 296
《国学月刊》/ 297
《人物杂志》/ 298
《文物周刊》/ 299
《故都旬刊》/ 300
《禹贡》/ 301
《地理学报》/ 302
《新西北》/ 303

八、自然科学 / 305

《航空》/ 307
《三三医报》/ 308
《矿冶》/ 309
《自然科学》/ 310
《中国医学月刊》/ 311
《交通杂志》/ 312
《北平医刊》/ 313
《科学的中国》/ 314
《科学画报》/ 315
《医药导报》/ 316
《大华无线电》/ 317
《防痨》/ 318
《丹方杂志》/ 319
《中西医药》/ 320
《农学》/ 321

《新药月报》/ 322
《棉业月刊》/ 323
《茶报》/ 324
《实用科学》/ 325
《烟兑月刊》/ 326
《科学与生活》/ 327
《华北工矿》/ 328
《世界农村月刊》/ 329
《医潮》/ 330
《台湾糖业季刊》/ 331
《纺织建设月刊》/ 332

九、综合类 / 333

《东方杂志》/ 335
《神州》/ 336
《家庭》/ 337
《快乐家庭》/ 338
《生活周刊》/ 339
《新家庭》/ 340
《正风半月刊》/ 341
《实报半月刊》/ 342
《月报》/ 343
《新中华周报》/ 344
《民众周刊》/ 345
《新思潮》/ 346
《世界半月刊》/ 347

索引 / 349

前　言

　　民国时期作为中国历史上一段特殊的历史时期，是半封建半殖民地社会向新社会过渡的时期，同时也是近代中国与世界接轨的转型时期。民国时期所出版的期刊记录了当时的政治、文化、经济、社会生活及民俗风情等方面的情况，其中的期刊创刊号则更为珍贵，具有重要价值。

　　民国期刊创刊号具有鲜明的时代特征，极具历史价值。它宣告了刊物的创刊目的、办刊宗旨、栏目设置、内容风格、载文类型、投稿要求等，及时传达了所在行业、领域当下的关切和热望，反映了时代的焦点，聚合成为时代的镜像。

　　民国期刊创刊号具有文献价值。民国时期是中西文化碰撞交流的时代，也是名家云集、大师辈出的时代。各刊创刊号中所刊文稿，均为精挑细选之作，当之无愧成为每种期刊的精髓所在。章太炎、梁启超、黄炎培、张申府、顾颉刚、梁漱溟、鲁迅、郁达夫、茅盾、林语堂、邹韬奋、郑振铎、叶圣陶、周瘦鹃等均做过创刊号的主编。王国维、李大钊、瞿秋白、闻一多、李公朴、陈寅恪、竺可桢、郭沫若、胡适、胡愈之、季羡林、田汉、俞平伯、巴金、沈从文、冰心、臧克家、朱自清等均做过创刊号供稿人。

此外，创刊号印刷发行数量普遍有限，甚至有的刊物没出几期就因各种原因被迫停刊，它的创刊号也因此成了孤本。

民国期刊创刊号具有鉴赏价值。一种刊物在创刊时，大多都请社会各界名流给刊物题字、写贺词，蔡元培、章太炎、梁启超、黄炎培、于右任、马衡、周作人、胡适、梅兰芳、周信芳等均有所见，可谓名家手迹汇集，是不可多得的文笔精粹。例如《鼎脔》（1925年创刊），收录有齐白石、康有为等民国著名书画家的作品；《艺术》（1932年创刊），刊载有毕加索、梵高、马蒂斯、雷诺阿、刘海粟等中外著名艺术家的绘画作品插图；《草书月刊》（1941年创刊），刊载以草书笔法和草书创作方法为主题的诗词，主要作者有沈尹默、于右任、章士钊等书法大家；《新中华》（1933年创刊），刊载有徐悲鸿、刘海粟等著名艺术家的绘画作品；《故都旬刊》（1946年创刊），介绍北京著名书画家和收藏家溥心畬等的书画作品和文物收藏。这些无疑具有独特的鉴赏价值和收藏价值。

民国期刊创刊号具有一定的社会价值。有些期刊发行时间久，带给本行业的影响力巨大，呈现出很高的社会价值。如《东方杂志》（1904年创刊），是民国时期发行最久、影响力最大的综合性时政及社会科学刊物。《小朋友》（1922年创刊），是发行至今的中国延续时间最长、影响力最大的儿童刊物之一。《中学生》（1930年创刊），是中国出版时间最长、影响力最大的青少年刊物之一。《科学画报》（1933年创刊），是中国出版时间最久、影响力最大的科普刊物之一。《食货半月刊》（1934年创刊），是民国时期重要的历史学学术刊物，对于历史学乃至学术界具有很深的影响。

民国报刊的整理与开发是图书馆业务工作的重要内容之一。首都图书馆收藏有民国报刊近3000种，其中期刊创刊号860余种。首都图书馆所藏民国报刊以文学类、政治类为最多，其次是综合类、文化教育类、艺术类、史地类。为进一步挖掘馆藏民国报刊文献内容，本书从馆藏期刊创刊号中精选了具有社会价值、文献价值、鉴赏价值的300余种创刊号，集结成《首都图书馆藏民国期刊创刊号图录精选》一书。此书不仅可以作为了解民国时期一部分重要期刊出版情况的窗口，也为研究民国专门史、学术史的治学者提供了原始资料。

期刊是一种与时代"同步"的出版物，透过这些民国期刊创刊号，我们仿佛又聆听到了一个世纪之前的声音……

李念祖
2023年9月

凡 例

一、《首都图书馆藏民国期刊创刊号图录精选》收录范围为首都图书馆所藏民国时期的部分期刊创刊号。

二、本书收录的期刊创刊号为一种期刊出版发行的第一期。

三、本书条目分类基本参照《中国图书馆图书分类法》，共分为如下类别：一、哲学、社会科学总论；二、政治、军事；三、经济；四、文化、科学、教育、体育；五、文学；六、艺术；七、历史、地理；八、自然科学；九、综合类。各类目下再按照期刊创刊号的出版时间排序。年代相同的，按照期刊名称的笔画排序。

四、本书所收录的民国期刊创刊号均配以该创刊号的封面图片、目录图片，并有基本情况描述。

五、基本情况包括每种民国期刊创刊号的题名、责任者、出版发行、出版频率等信息，以及该刊的内容提要。

六、对于创刊号图录中不确定的信息，如出版地、出版时间等，用"不详"及"？"记录。

著 者
2023 年 9 月

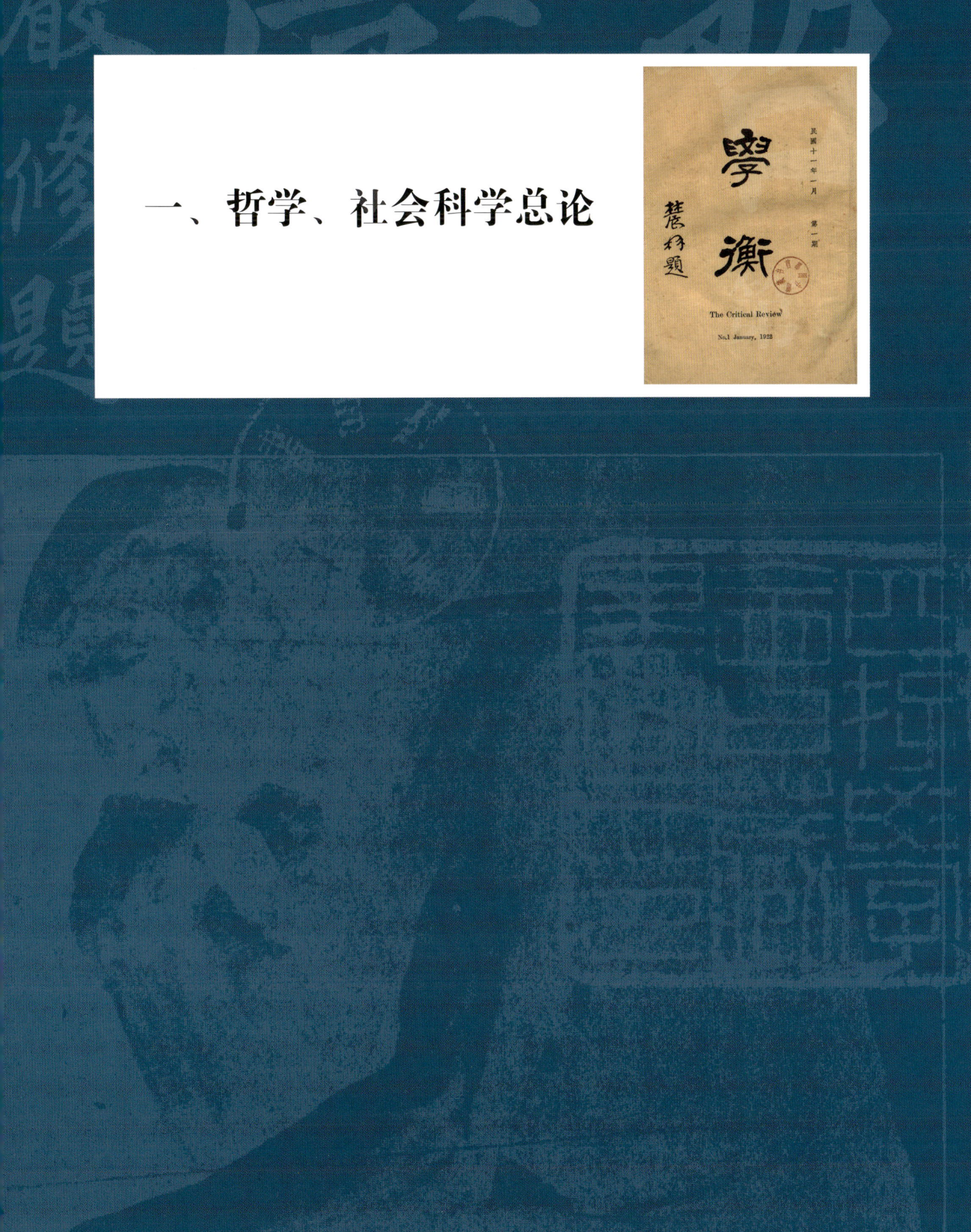

一、哲学、社会科学总论

一、哲学、社会科学总论

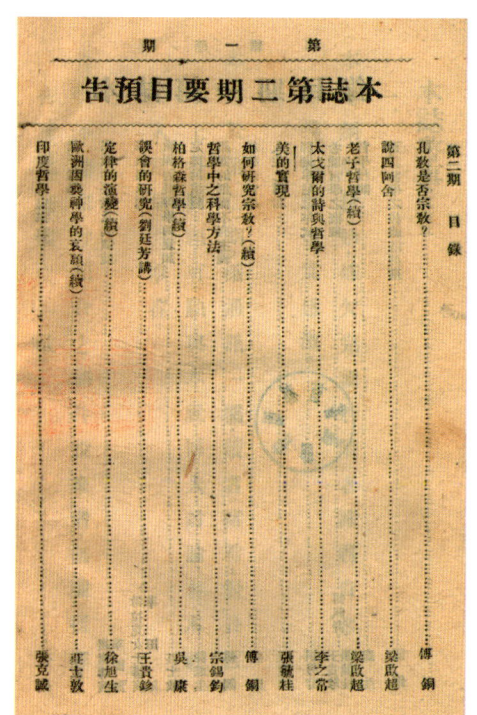
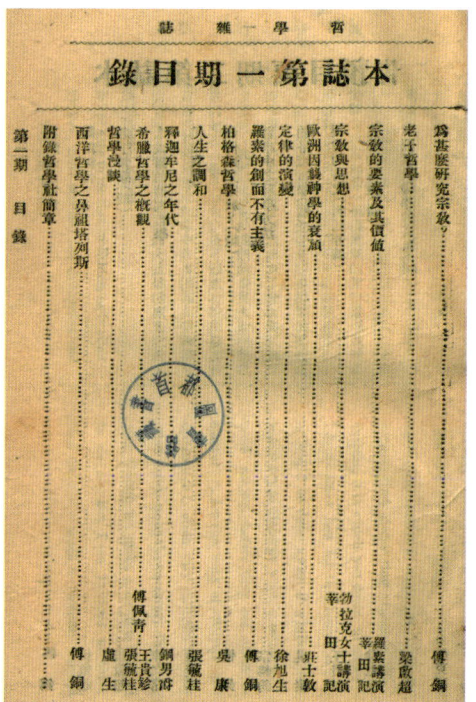
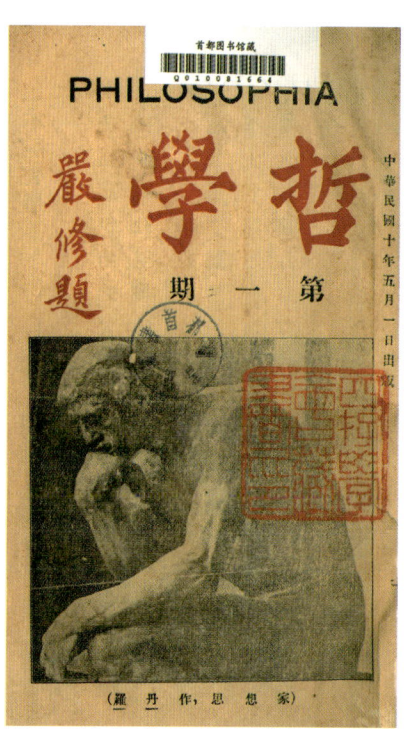

《哲学》

题名：哲学 = Philosophia

责任者：哲学社编

出版发行：(北京)哲学社发行，no.1(民国十年5月[1921,5])— no.9(民国十五年5月[1926,5])

出版频率：不定期

内容提要：该刊主要刊载哲学研究论文以及转载外国哲学研究论文译文。刊载文章涉及哲学理论、哲学史、中国宗教哲学、西方宗教哲学、美学、文学与哲学以及人生处世哲学等。主要撰稿人为梁启超、徐旭生、冯友兰等中国著名学者，同时还转载罗素等外国著名哲学家作品。

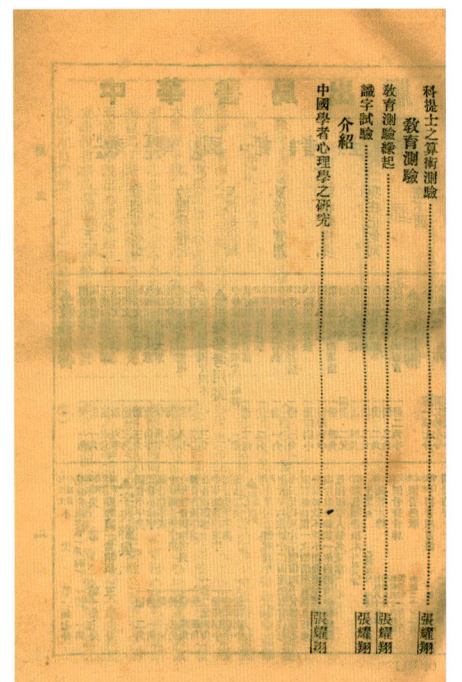
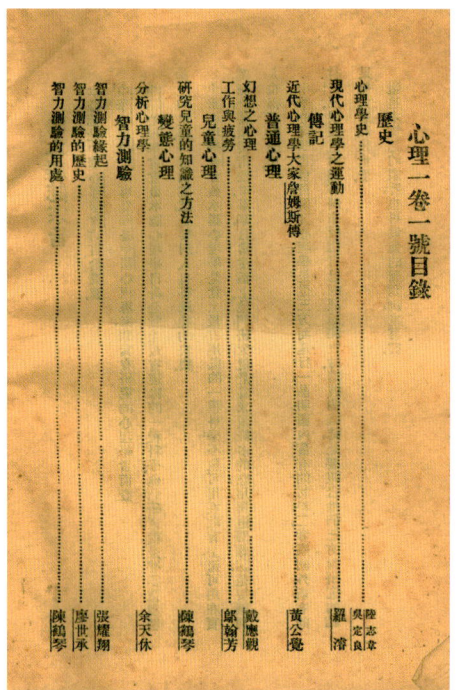
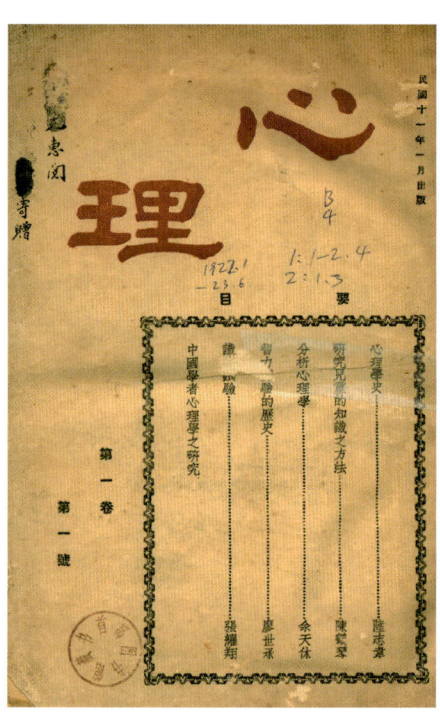

《心理》

题名：心理 = Chinese Journal of Psychology

责任者：中华心理学会编

出版发行：（上海）中华书局发行，v.1，no.1（民国十一年1月［1922，1］）— v.4，no.2（民国十六年1月［1927，1］）

出版频率：季刊

内容提要：该刊主要刊载心理学研究和心理学实际应用论文，并转载外国心理学研究论文译文。内容包括心理学研究、儿童教育和情绪调节等心理学理论及实际应用，以及国内外心理学研究最新动态等。此外还有遗传学、数学等科学知识介绍。主要栏目有普通心理、教育心理、青年心理、社会心理、心理学史、动物心理、变态心理、心理界闻、读者论坛。

一、哲学、社会科学总论

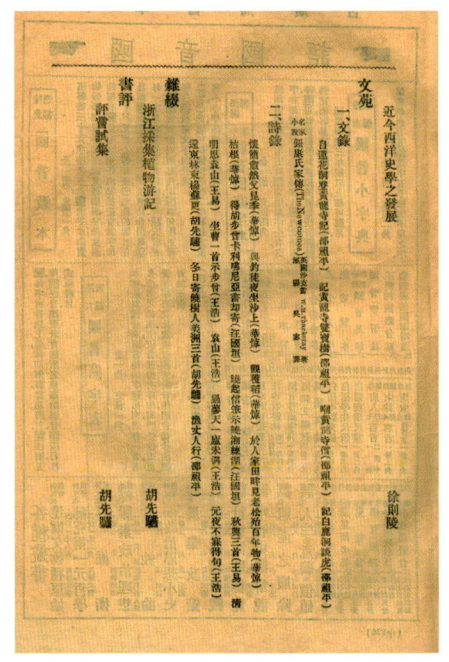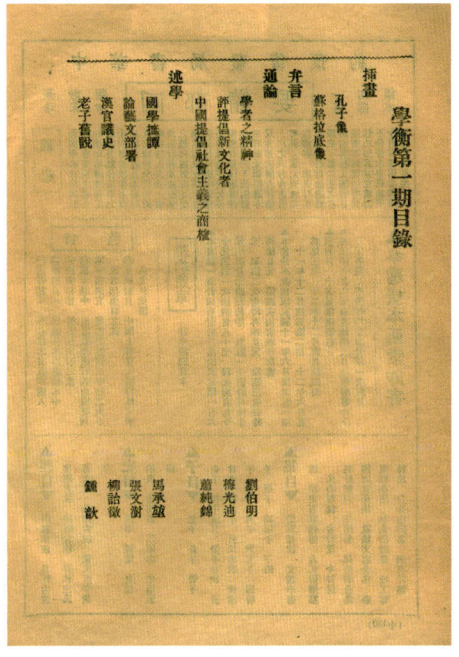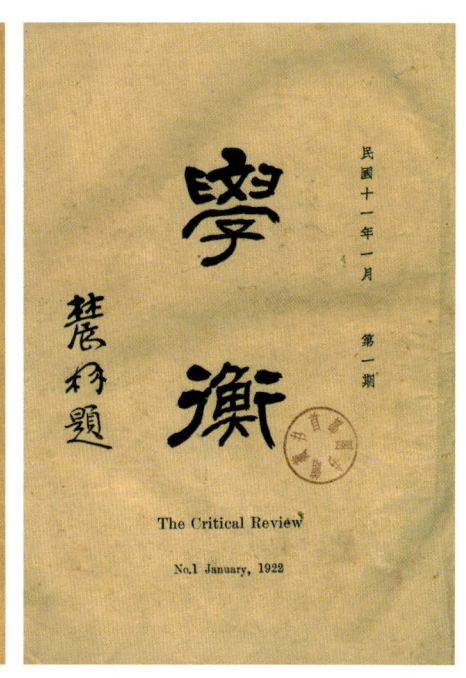

《学衡》

题名：学衡 = The Critical Review

责任者：学衡杂志社编

出版发行：（北京）学衡杂志社发行，（上海）中华书局总发行，no.1（民国十一年1月［1922,1］）—no.79（民国二十二年7月［1933,7］）

出版频率：月刊；1928年第61期起改为双月刊

内容提要：该刊宗旨是论究学术，阐求真理，昌明国粹，融化新知，以中正之眼光行批评之职事，无偏无党，不激不随。主要刊载研讨中国和西方的历史、文化、典籍和学术问题的论著，介绍中国和西方的学术理论和学术史。评论中国的政治、经济、文化、教育和社会问题。刊载柳诒徵、胡先骕、邵祖平等人的旧体诗词及文言散文等文学作品，翻译莎士比亚、弥尔顿等西方作者的诗歌、小说等文学作品。刊载有梅光迪《评提倡新文化者》、萧纯锦《中国提倡社会主义之商榷》、柳诒徵《论中国近世之病源》等文章。主要栏目有通论、述学、文苑、杂缀、书评。

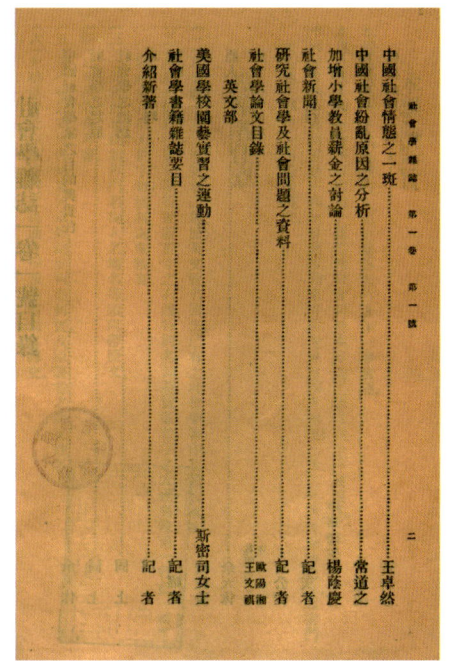 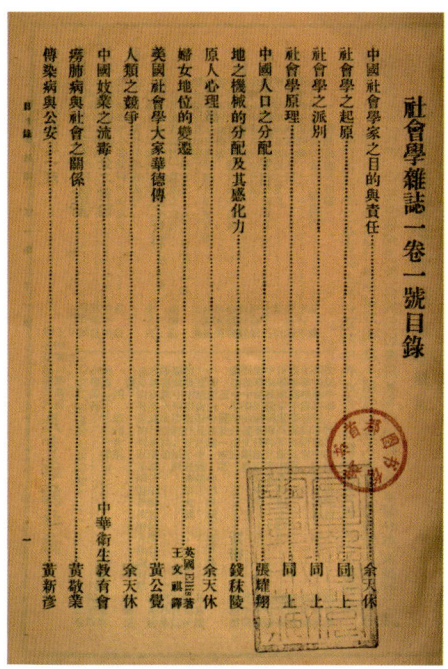 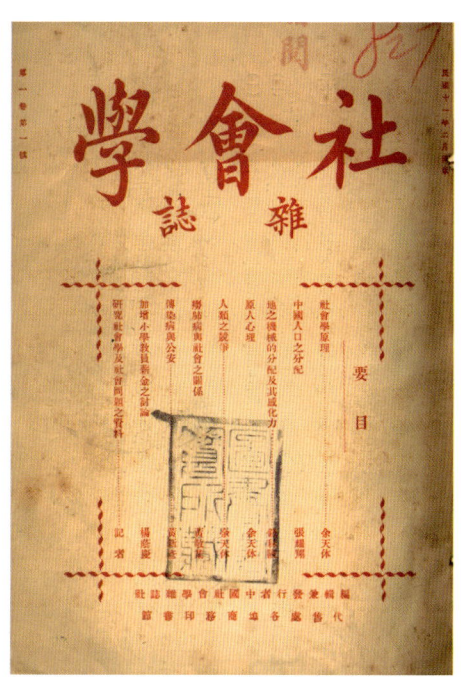

《社会学杂志》

题名：社会学杂志 = The Chinese Journal of Sociology

责任者：中国社会学杂志社编

出版发行：(北京) 中国社会学杂志社发行，v.1, no.1（民国十一年2月 [1922, 2]）— v.5, no.7（民国二十二年3月 [1933, 3]）

出版频率：月刊

内容提要：包括社会思想、社会学理论、人口学、民俗学、社会教育、社会救济、社会工作、妇女问题等社会学研究，以及社会问题的调查和对策。主要栏目有社会教育、社会调查、社会问题、社会现象杂录、杂丛、社会材料、英文论著、社论、书评。

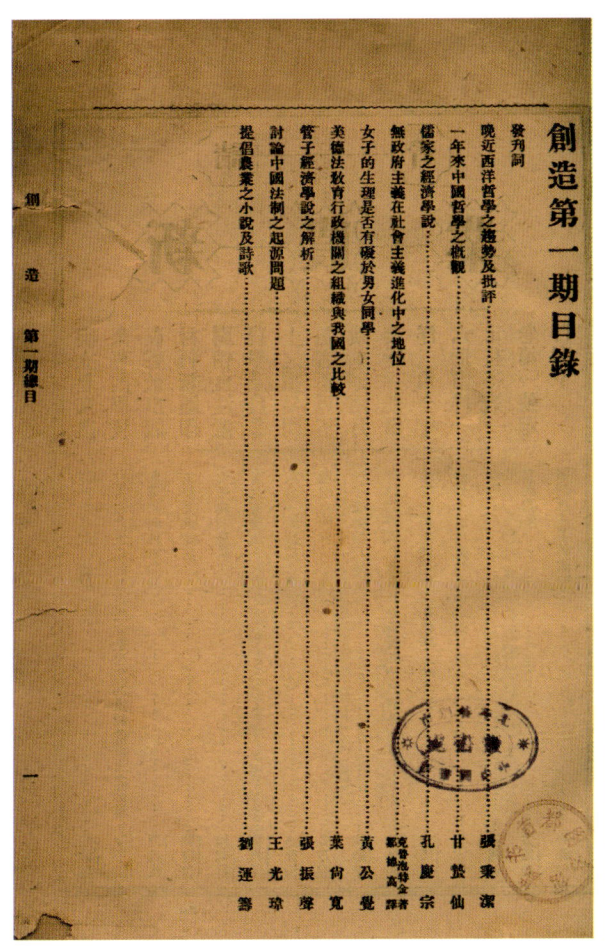
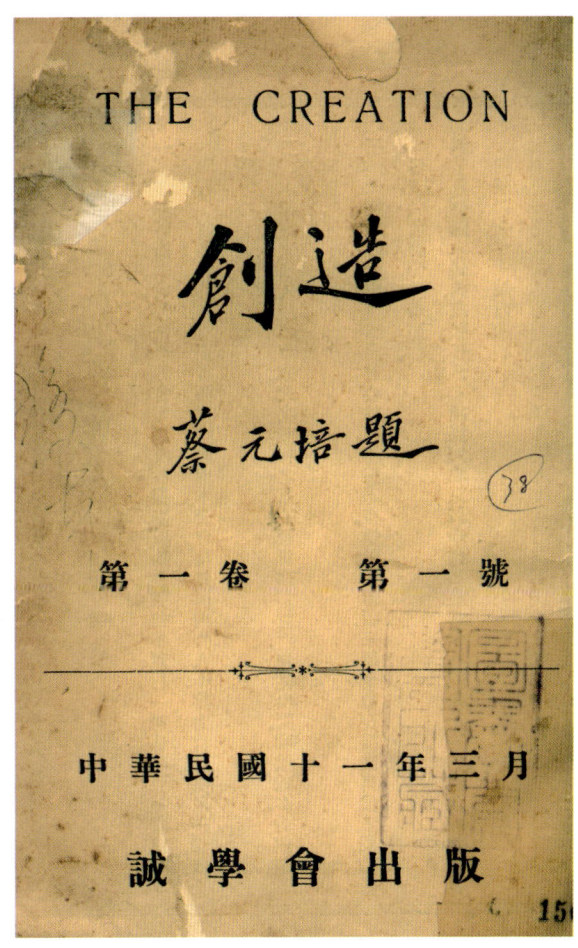

《创造》

题名：创造 = The Creation

责任者：北京诚学会编

出版发行：（北京）诚学会出版部发行，v.1, no.1（民国十一年3月［1922, 3］）— v.1, no.2（民国十一年4月［1922, 4］）

出版频率：月刊

内容提要：该刊为诚学会会员发表学术文章的刊物，其宗旨是本着创造之精神，讨论学术以自由主义为本，以科学的方法整理我国固有之学术，以精密的研究介绍欧美之学术，从而考究我国现实之问题。封面刊名为蔡元培所题。

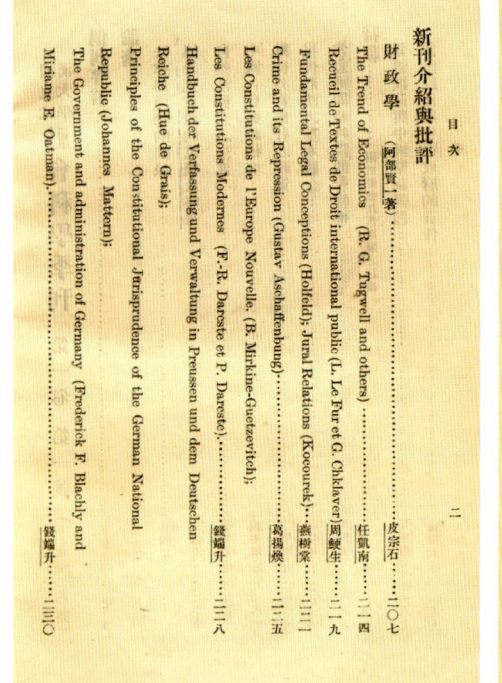 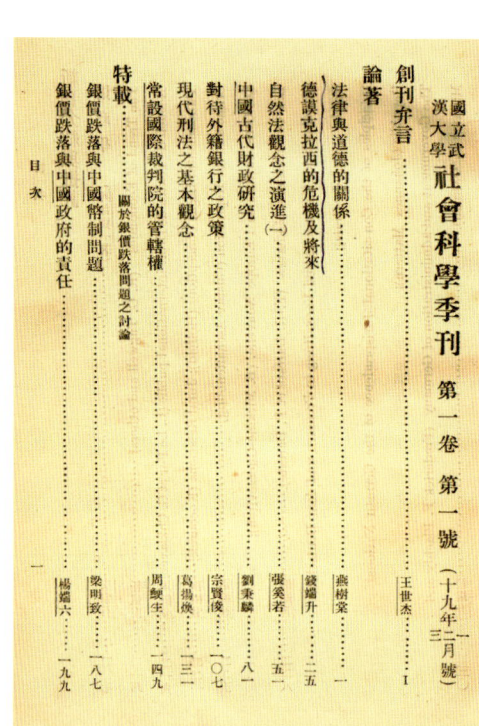 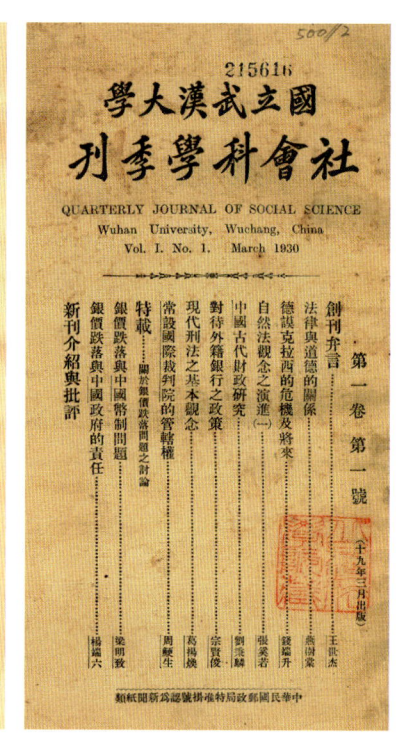

《国立武汉大学社会科学季刊》

题名：国立武汉大学社会科学季刊 = Quarterly Journal of Social Science Wuhan University

责任者：国立武汉大学社会科学季刊委员会编

出版发行：（武昌）国立武汉大学出版部发行, v.1, no.1（民国十九年3月［1930, 3］）— v.9, no.1（民国三十七年12月［1948, 12］）

出版频率：季刊

内容提要：该刊主要刊载社会科学研究论著，包括法律学、政治学、经济学以及其他社会科学，以及学术新书刊之介绍与批评。其栏目、体例乃至首页的编辑凡例都与北京大学《社会科学季刊》极其相似。1937年由于日本侵华而停刊，1948年复刊。主要栏目有论著、新刊介绍与批评、特载。

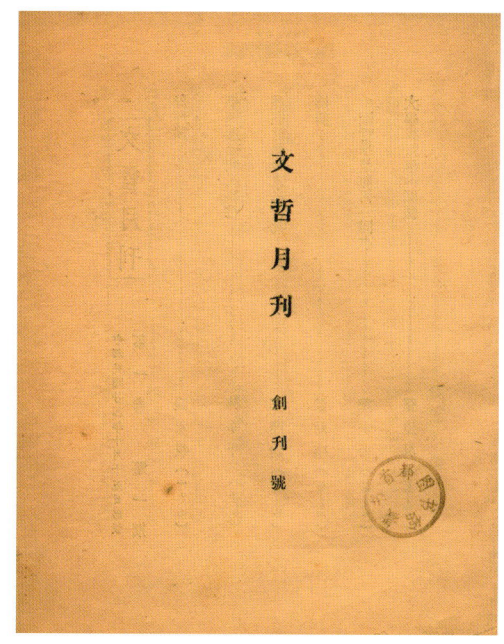
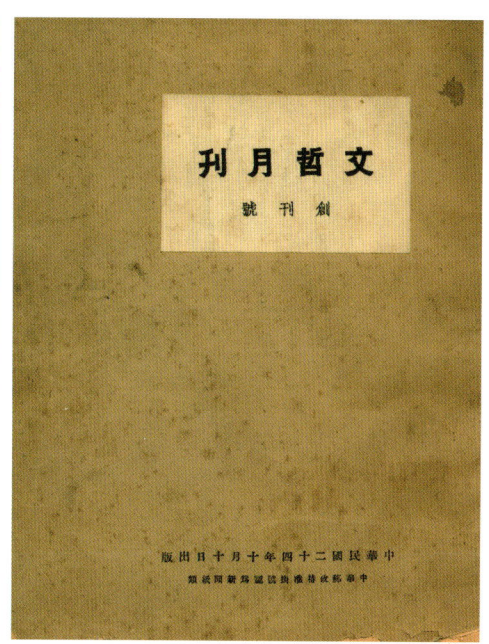
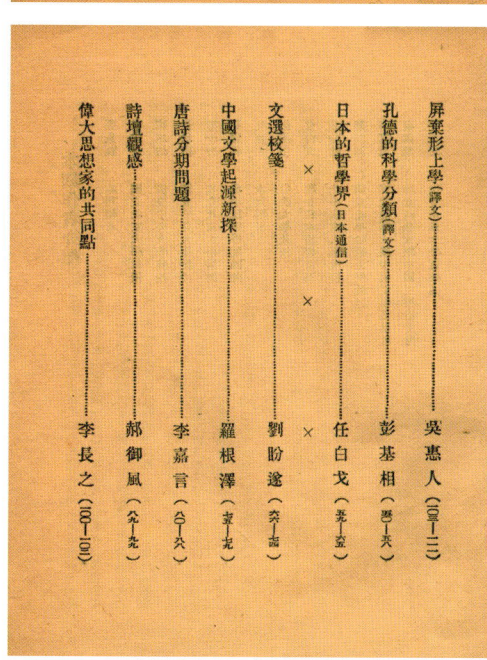
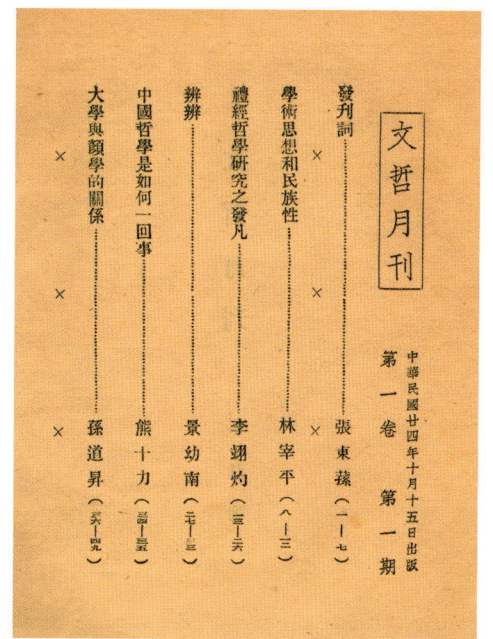

《文哲月刊》

责任者：张东荪、瞿菊农、胡石青、吴惠人编

出版发行：（北平）文哲月刊社发行，v.1, no.1（民国二十四年10月［1935，10］）— v.1, no.10（民国二十六年1月［1937，1］）

出版频率：月刊

内容提要：该刊主要刊载文学、史学和哲学研究论文以及诗词等文学作品。主要内容为中国古代史、中国文学史、文学理论、文学评论、思想史、哲学理论、中国哲学史、西方哲学史以及文学作品等。

二、政治、军事

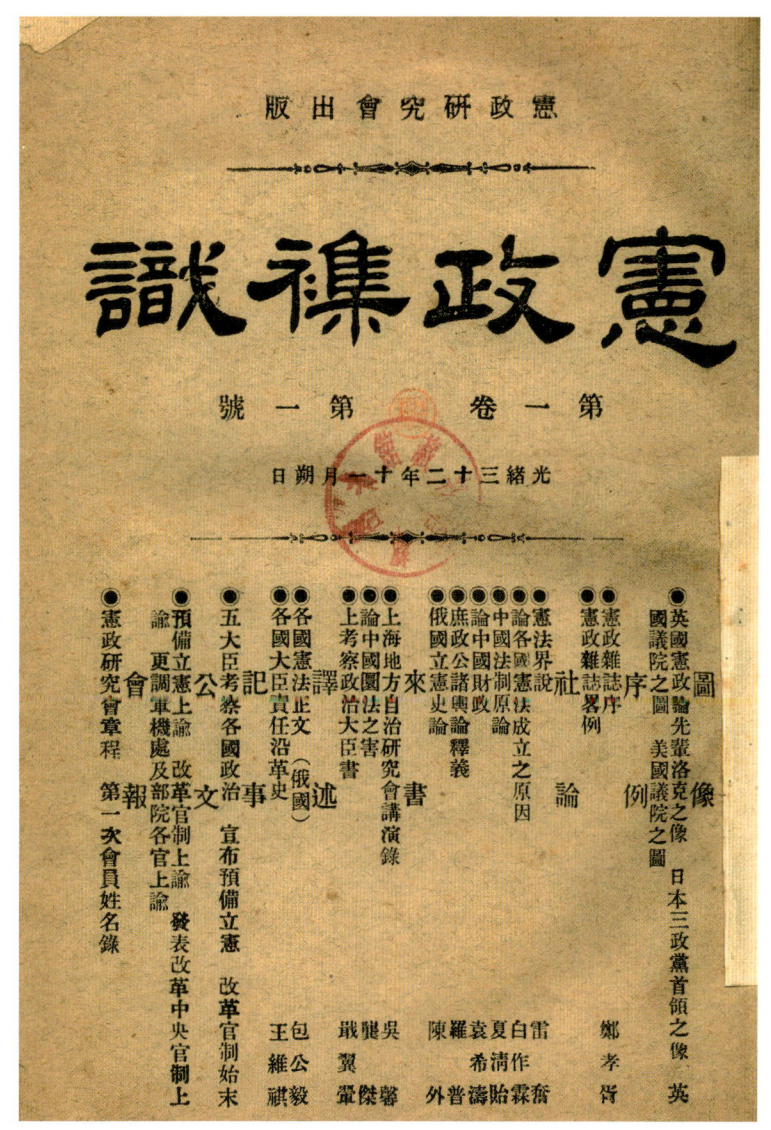

《宪政杂识》

责任者：宪政研究会会员编

出版发行：(上海) 宪政杂志社出版，v.1, no.1（光绪三十二年十一月 [1906, 12]）— v.1, no.2（光绪三十二年十二月 [1907, 1]）

出版频率：月刊

内容提要：该刊为晚清预备立宪时期刊物，志在研究各种宪法之得失，以为国家立宪之助。其主要内容是刊载研究探讨立宪制度的论著和译述，分析英国、日本、俄国等国立宪的政治得失，以作为清政府预备立宪的参考。刊载研究政治、法律、财政、地方自治等政治问题的论述。报道国内外时事，翻译世界各国主要报刊的时事社论。记述五大臣考察各国政治、预备立宪、官制改革等当时的重要大事。主要栏目有社论、来书、译述、记事、公文、会报。

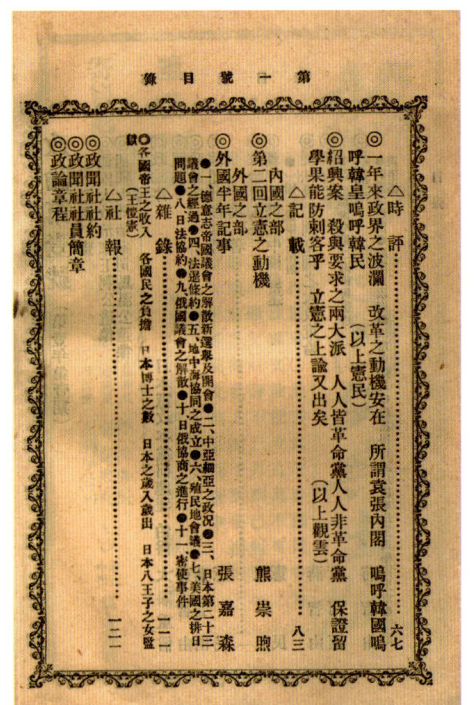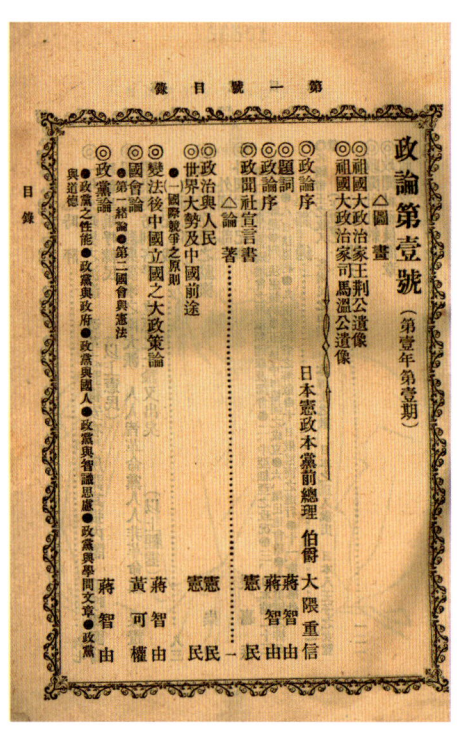

《政论》

责任者：蒋智由编

出版发行：蒋智由、（上海）政论总发行所发行，v.1, no.1（光绪三十三年九月[1907, 10]）— v.1, no.5（光绪三十四年六月[1908, 7]）

出版频率：月刊

内容提要：该刊是梁启超成立的立宪派政治团体政闻社的机关刊物。其创办宗旨为造成正当之舆论改良中国之政治。主要刊载研究中外政治学理论以及各种实际政治现象的论著和译述，研究中国各种关键的政治问题，探讨中国政治的利病得失。记载每月中外时事大事，公正地评论中外政界情状。介绍各国政治制度，宣传君主立宪制度。公布政闻社成立经过、社约、开会纪事、社员简章等各项事务。该刊第1卷刊载有《政闻社宣言书》《政闻社社约》《政闻社社员简章》等关于晚清立宪派的重要资料。主要栏目有论著、时评、记载、杂录、社报。

二、政治、军事

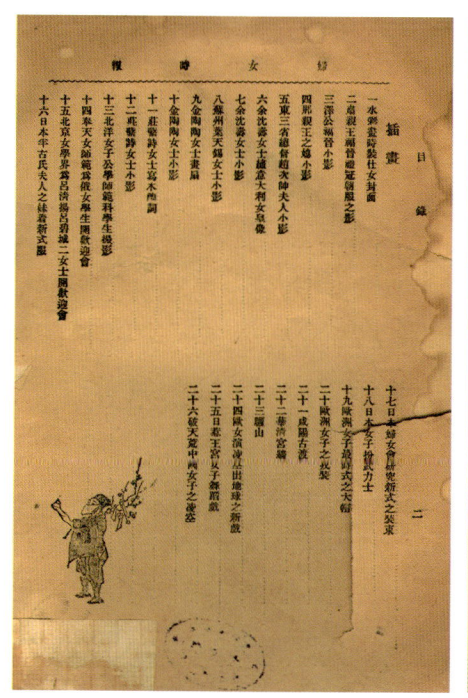 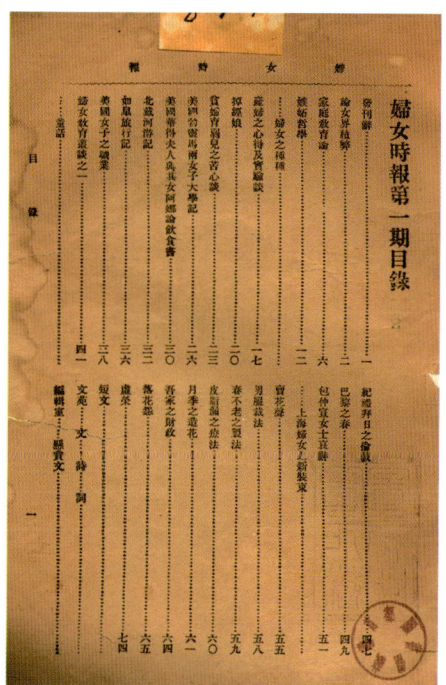 

《妇女时报》

责任者：妇女时报社编

出版发行：（上海）有正书局发行，no.1（宣统三年五月[1911,6]）—no.21（民国六年4月[1917,4]）

出版频率：月刊

内容提要：该刊宗旨是提倡女子学问，增进女界知识，主要刊载研究中国妇女问题的文章，内容包括政治、经济、教育、法律、修养等。报道中外妇女相关的时事消息，描绘现代妇女的生活方式。介绍自然科学和社会科学知识，普及现代的科学生活知识，着重妇产、育儿等妇女最关注的问题。发表摄影、绘画、诗歌、游记、随笔、小说等文艺作品。内容提倡妇女接受教育参加工作，呼吁男女政治、经济、教育权利的平等。主要作者有冰心、恽代英等。

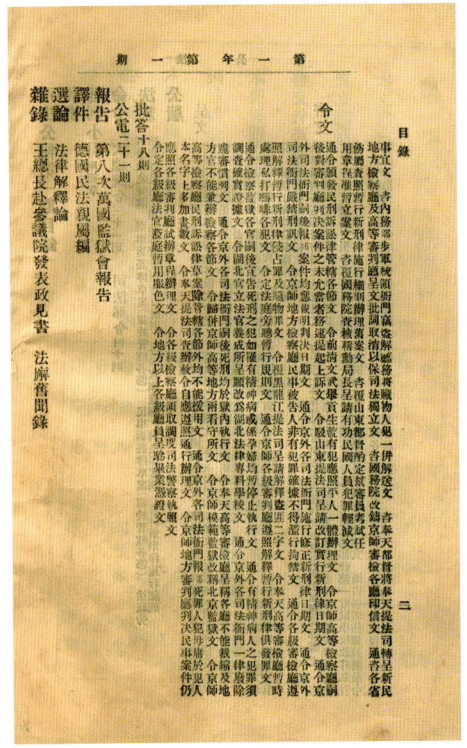
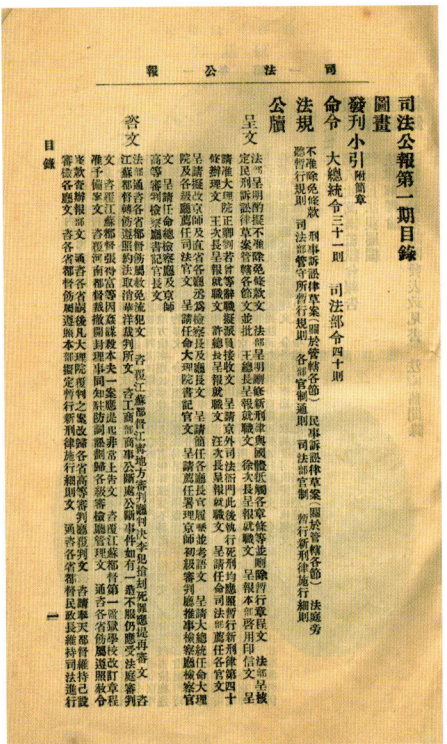
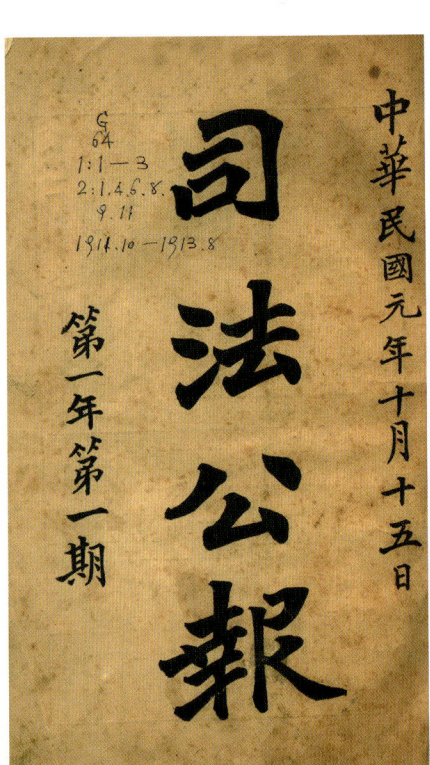

《司法公报》

责任者：司法部公报处编

出版发行：（北京）司法部收发室发行，v.1, no.1（民国元年10月[1912, 10]）— v.3, no.3（民国三年12月[1914, 12]），1915年起不再分卷，只列总期，no.28（民国四年1月[1915, 1]）— no.250（民国十七年5月[1928, 5]））

出版频率：月刊

内容提要：该刊宗旨是公布司法过去之事实，藉促司法前途之进行。主要刊载大总统、司法部及其他官署所发布关于司法的命令、法规，公布司法部、大理院及其他所属机关的呈文、咨文、公电等公牍。刊载典型案例的判词，以供司法裁判时参考。刊载探讨法学研究和司法制度的论著和译作，介绍各国的司法制度和监狱等情况。主要栏目有命令、法规、公牍、判词、报告、译件、选论、杂录。

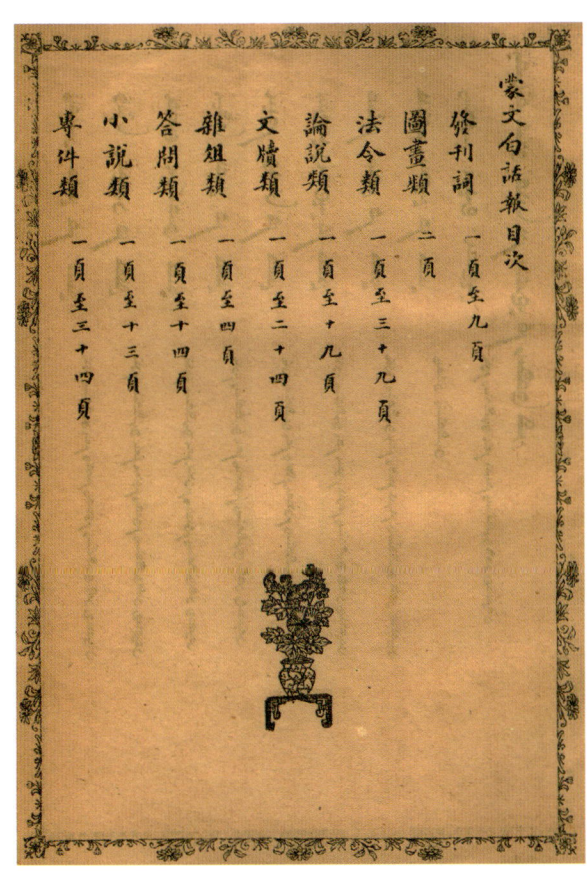
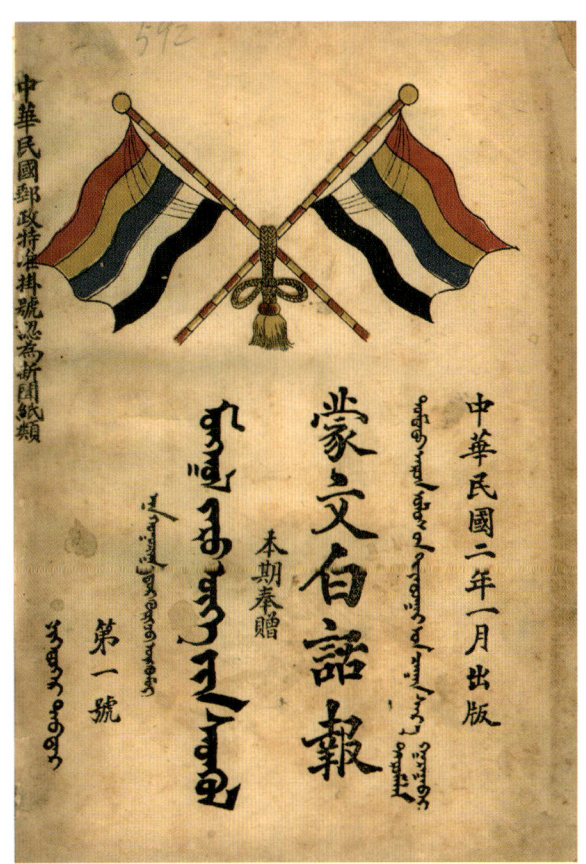

《蒙文白话报》

责任者：蒙藏事务局办报处编

出版发行：(北京) 蒙藏事务局办报处出版发行，no.1 (民国二年1月 [1913，1]) —no.? (19??)

出版频率：月刊

内容提要：该刊发刊用意是取其施行政令，公布周知，免致传闻失实，且冀蒙回藏同胞以中华民国为前提，合力并进。主要发布北洋政府及蒙藏院有关蒙藏事务的法规命令，以及蒙藏事务相关重要文件。刊载研究历史、蒙古文化、藏传佛教等的论著。发表小说、图画等文艺作品。介绍蒙藏事务局的组织、成立原因和沿革等情况。为蒙、汉双语刊物。主要栏目有法令类、论说类、文牍类、杂俎类、答问类、小说类、专件类、要闻类。

《论衡》

责任者：论衡杂志社编

出版发行：（北京）论衡杂志社发行，no.1（民国二年5月［1913,5］）—no.5（民国二年7月［1913,7］）

出版频率：周刊

内容提要：该刊主要刊载中国时事政治评论，探讨研究中国各项政治制度，分析中国政局走向，报道国内外政治相关新闻消息。发表小说等文学作品。主要栏目有通论、专论、内国记事、译论、外国记事、文苑、小说。

二、政治、军事

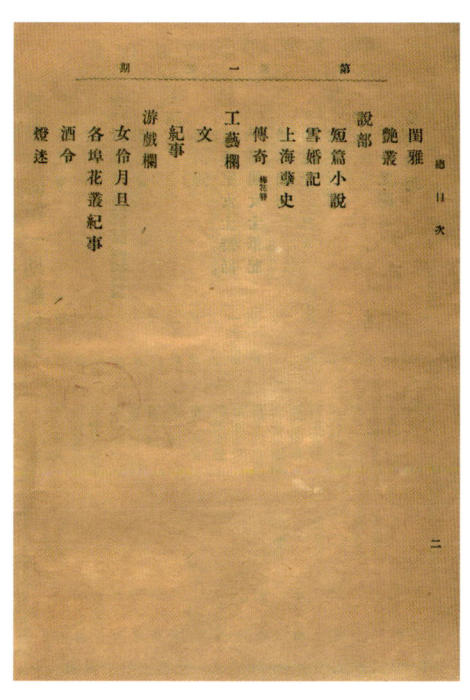 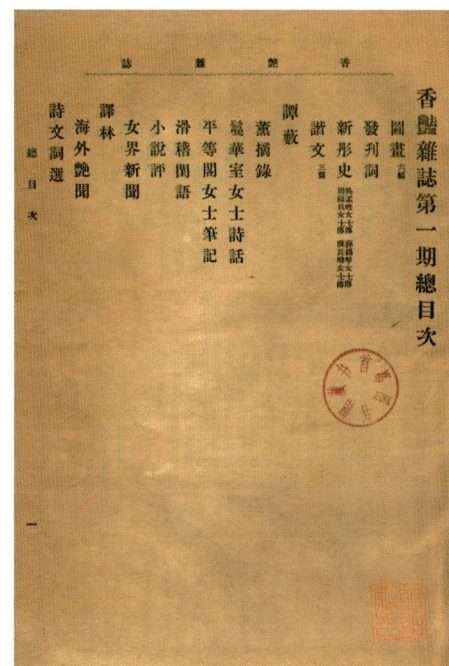 

《香艳杂志》

责任者：新旧废物（王均卿）编

出版发行：（上海）中华图书馆发行，no.1（民国三年［1914］）— no.12（民国四年［1915］）

出版频率：不定期

内容提要：该刊宗旨是表扬懿行，保存国学，网罗异闻，搜辑逸事，提倡工艺，平章风月。主要刊载诗词、小说等文学作品，翻译国外文学作品。介绍秋瑾等晚清民初著名妇女的事迹，介绍各界著名女性及戏剧名女旦。报道国内外妇女界的新闻消息。介绍酒令、灯谜等各种游戏。刊载有《新彤史》《雪婚记》《上海孽史》等。主要栏目有谭薮、译林、诗文词选、说部、工艺栏、游戏栏。

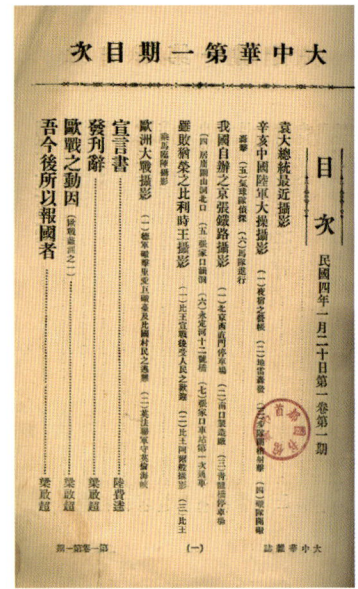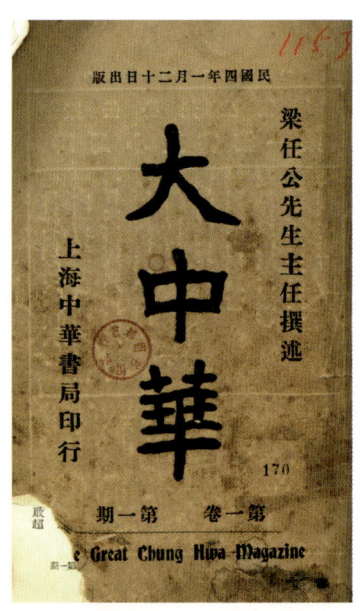
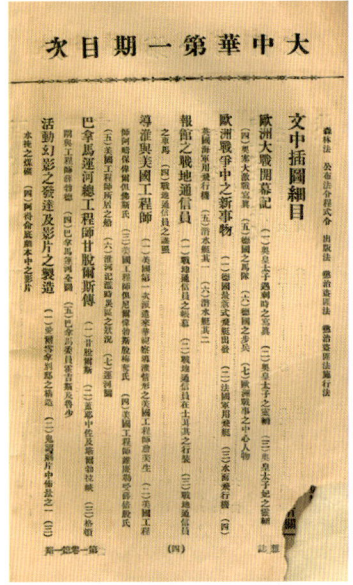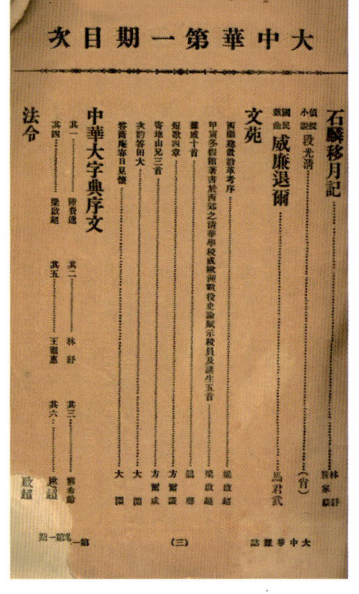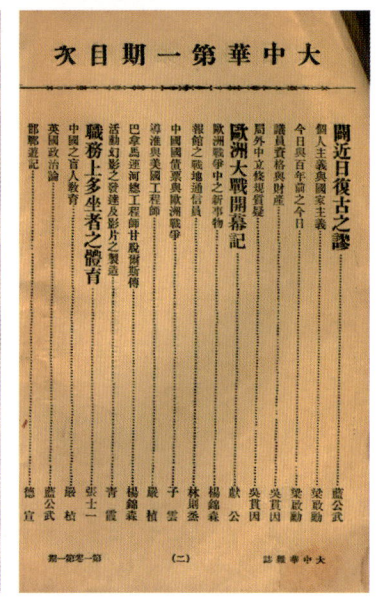

《大中华》

题名：大中华 = The Great Chung Hwa Magazine

责任者：梁启超主编，大中华杂志社编

出版发行：（上海）中华书局发行，v.1, no.1（民国四年1月［1915,1］）— v.2, no.12（民国五年12月［1916,12］）

出版频率：月刊

内容提要：梁启超在该刊的发刊词中称"中国之前途，国民之自觉心，本报之天职"。其主要发表国内外时事政治评论，关注第一次世界大战等国际焦点问题。探讨中国的政治、经济、社会、文化、教育等各种问题，探究中国的发展方向。发布北京国民政府所颁布的法令法规。介绍世界各国的政治、经济、文化、科技、教育、法律等各方面情况，以作为中国建设和发展的参考。普及自然科学和文史知识。刊载有梁启超的著名文章《异哉所谓国体问题者》，以及蓝公武《辟近日复古之谬》、梁启勋《个人主义与国家主义》、梁启超《孔子教义实际裨益于今日国民者何在欲昌明之其道何由》、吴贯因《尊孔与读经》等文章。

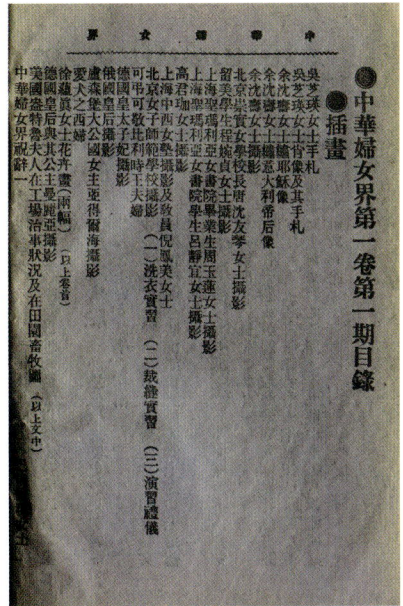 

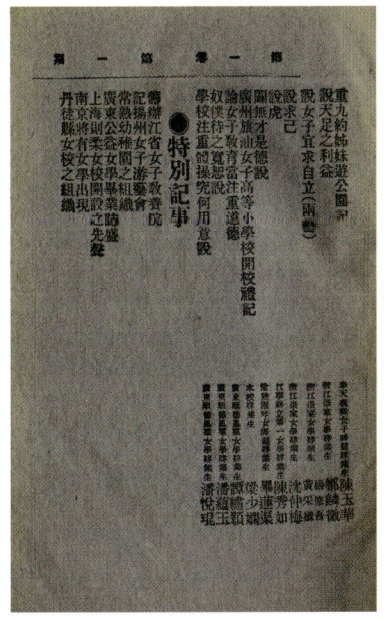 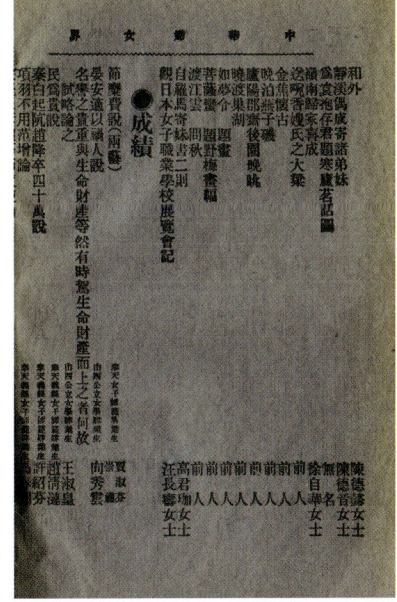 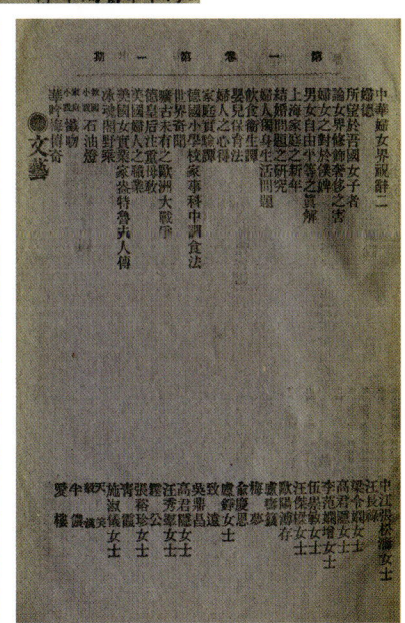

《中华妇女界》

题名：中华妇女界 = The Chung Hwa Woman's Magazine

责任者：中华妇女界社编

出版发行：(上海)中华妇女界社发行，中华书局总发行，v.1，no.1（民国四年1月［1915，1］）— v.2，no.6（民国五年6月［1916，6］）

出版频率：月刊

内容提要：该刊创刊目的是"仿东西洋家庭杂志、妇女杂志办法，为女学生徒、家庭妇女增进知识、培养性灵"。其主要内容是普及现代生活方式，介绍现代生活知识，向妇女介绍最新服饰、装饰、美容等时尚资讯和知识，探讨女子教育、妇女道德、修养、处世等问题，描写现代妇女生活、工作、校园学习的情境，介绍世界各国妇女的生活方式。刊载中外著名女性的照片，以及反映妇女工作、教育、体育、文艺的摄影和绘画作品。主要栏目有插画、文艺、成绩、特别记事。

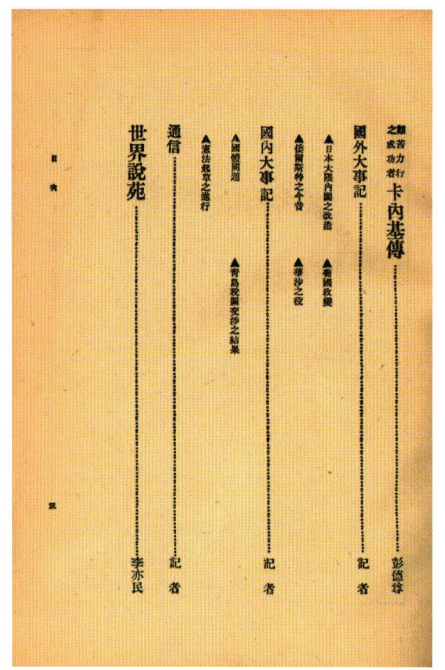 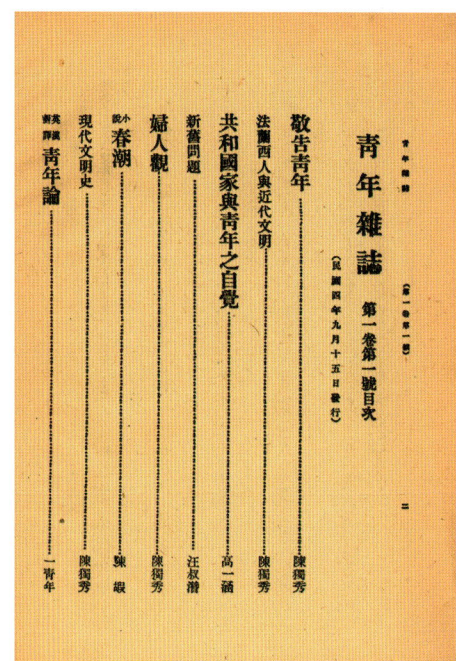 

《青年杂志》

题名：青年杂志 = La Jeunesse；自 1916 年 9 月第 2 卷第 1 期起改名为《新青年》

责任者：青年杂志社编；自 1916 年 9 月第 2 卷第 1 期起改为新青年杂志社编

出版发行：（上海）群益书社发行；自 1917 年起，新青年杂志社迁至北京，仍由上海群益书社发行；自 1920 年 9 月第 8 卷第 1 期起改为上海新青年社印行；自 1921 年 4 月第 8 卷第 6 期起，迁至广州。v.1, no.1（民国四年 9 月［1915，9］）— v.9, no.6（民国十一年 7 月［1922，7］）；新 no.1（民国十二年 6 月［1923，6］）— no.4（民国十三年 12 月［1924，12］）；新 no.1（民国十四年 4 月［1925，4］）— no.5（民国十四年 7 月［1925，7］）

出版频率：月刊；自 1923 年 6 月新 1 期起改为季刊；1925 年 4 月起改为不定期刊物

内容提要：1915 年 9 月陈独秀创办于上海，1916 年 9 月改名为《新青年》。1917 年随着陈独秀任教北京大学文科学长，新青年杂志社迁至北京，此时《新青年》成为新文化运动的阵地。1920 年 9 月，《新青年》随陈独秀回到上海，成为中国共产党发起小组的机关刊物。1923 年 6 月起，《新青年》在广州成为中国共产党的机关刊物。该刊是中国近现代最重要、最有影响力的刊物之一，刊载有陈独秀《敬告青年》《再论孔教问题》、李大钊《庶民的胜利》《Bolshevism 的胜利》等对中国思想、文化乃至历史进程产生重大影响的文章。在创刊号的"社告"中称，"与青年诸君商榷将来所以修身治国之道"。提倡文学革命，提倡白话文反对文言文，发表了陈独秀的《文学革命论》和胡适的《文学改良刍议》等宣传文学革命的文章，鲁迅发表了重要的白话小说《狂人日记》，开启了中国白话新文学的时代。该刊高举德先生（民主）和赛先生（科学）两面旗帜，介绍中外新思想新思潮，宣传反帝反封建思想，广泛地从文化、文学、社会、伦理、哲学、历史、科学等各个领域向封建旧思想旧道德发起进攻，成为新文化运动的重要阵地，对五四运动起到重要的推动作用。陈独秀、李大钊等党的早期领导人在此宣传十月革命和马克思主义思想，使该刊成为宣传马克思主义的思想阵地，为中国共产党的成立做了理论准备，推动了中国新民主主义革命的进程。

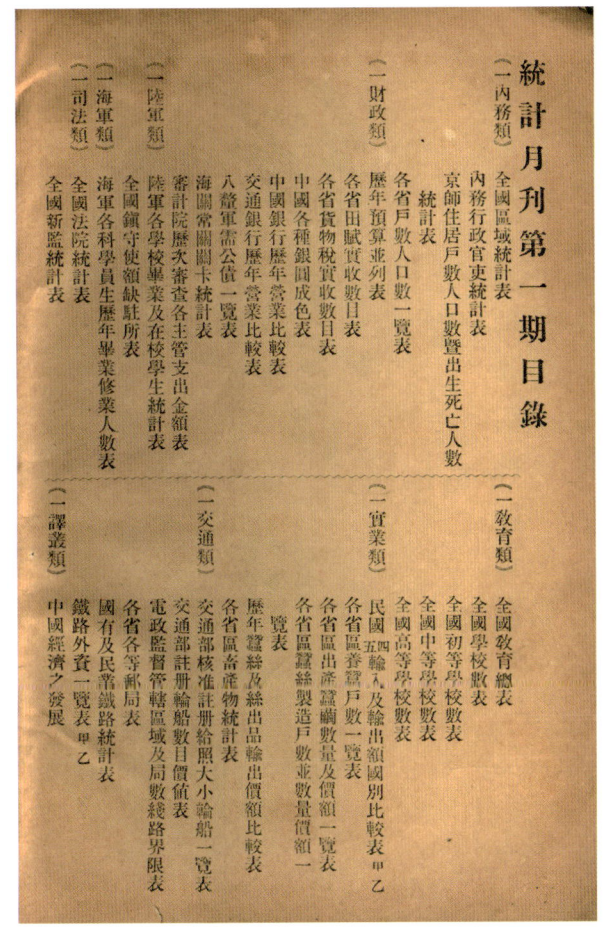 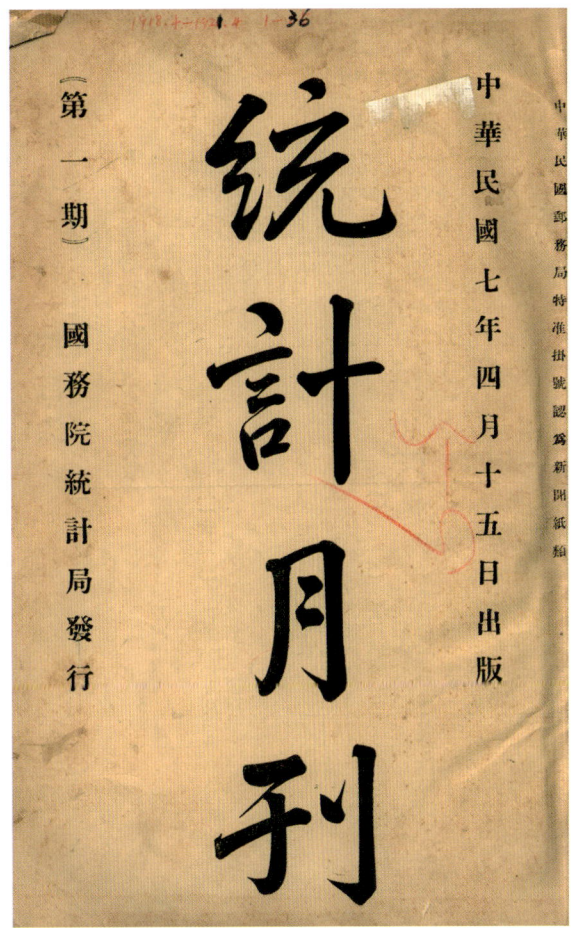

《统计月刊》

责任者：国务院统计局编

出版发行：(北京)国务院统计局发行，no.1(民国七年4月[1918.4])—no.72(民国十三年[1924])

出版频率：月刊

内容提要：该刊为公布全国及各省民政、财政、军事、司法、教育、经济、边疆、民族、交通等各项的统计资料，内容包括疆域、各省人口户数、税收、财政支出、银行、陆军、海军、法院概况、各级学校概况、工矿、农业、商业、公路、铁路、航运、邮政、民族等统计资料。主要栏目有内务类、财政类、陆军类、海军类、司法类、教育类、实业类、交通类、农商类、蒙藏类、译丛类。

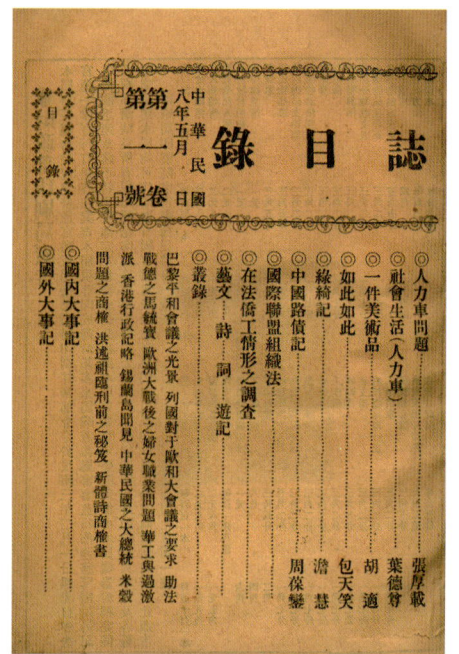 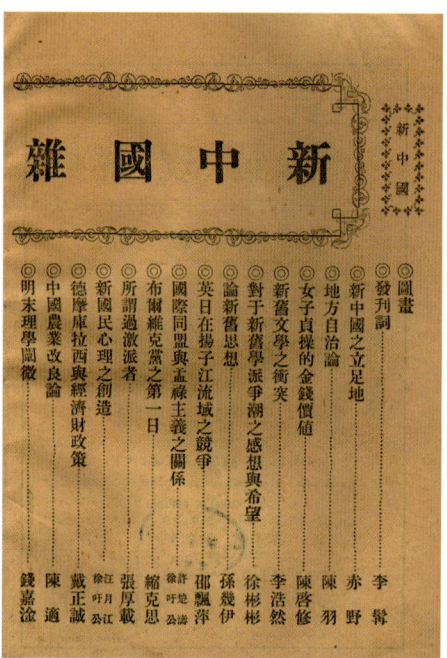 

《新中国》

题名：新中国 = The New China

责任者：新中国杂志社编

出版发行：（北京）新中国杂志社发行，v.1，no.1（民国八年 5 月［1919，5］）— v.2，no.8（民国九年 8 月［1920，8］）

出版频率：月刊

内容提要：该刊主要发表时事政治评论，探讨中国政治、经济、社会问题、教育、历史等方面问题。介绍国内外各种新思想新思潮。报道世界大战后国际会议的进展，分析各国政治、经济状况及社会问题，探讨一战后的国际局势。关注人们的社会生活，调查下至人力车夫的社会各阶层的生活状况。发表当时小说名家包天笑、周瘦鹃等人的戏剧、小说。目的是以新思想而造新政治，而造新道德，而造新学术。主要撰稿人有胡适、邵飘萍、邵力子、瞿秋白等。主要栏目有艺文、丛录、国内大事记、国外大事记。

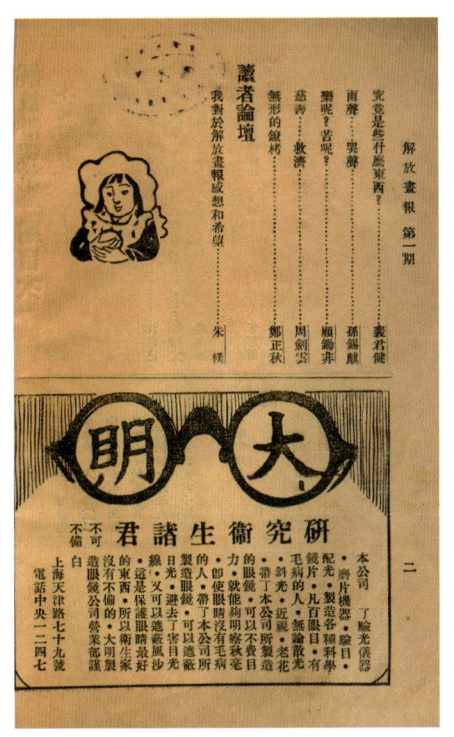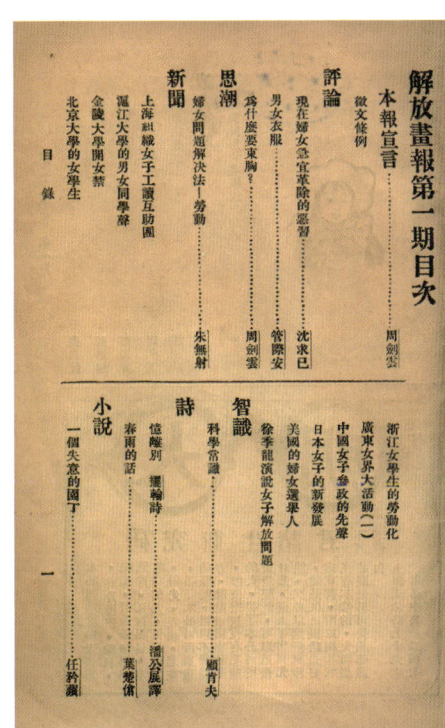

《解放画报》

责任者：周剑云编

出版发行：郑鹧鸪发行，（上海）新民图书馆总发行，no.1（民国九年5月［1920，5］）— no.18（民国十年12月［1921，12］）

出版频率：月刊

内容提要：该刊宗旨是革新旧社会，振兴我们的国家。主要刊载研究探讨妇女问题的论著，内容包括妇女参政、女子教育、财产继承制度、妇女解放、婚姻制度等。宣传妇女解放思潮，呼吁中国妇女从婚姻、恋爱、继承、服装、生理、发型、教育、职业、家庭等各方面全面解放。报道国内外妇女相关新闻时事，发布中国各地妇女状况调查报告，介绍自然科学知识。发表诗歌、小说等文学作品。主要栏目有评论、思潮、新闻、智识、社会状况、诗、小说、读者论坛。

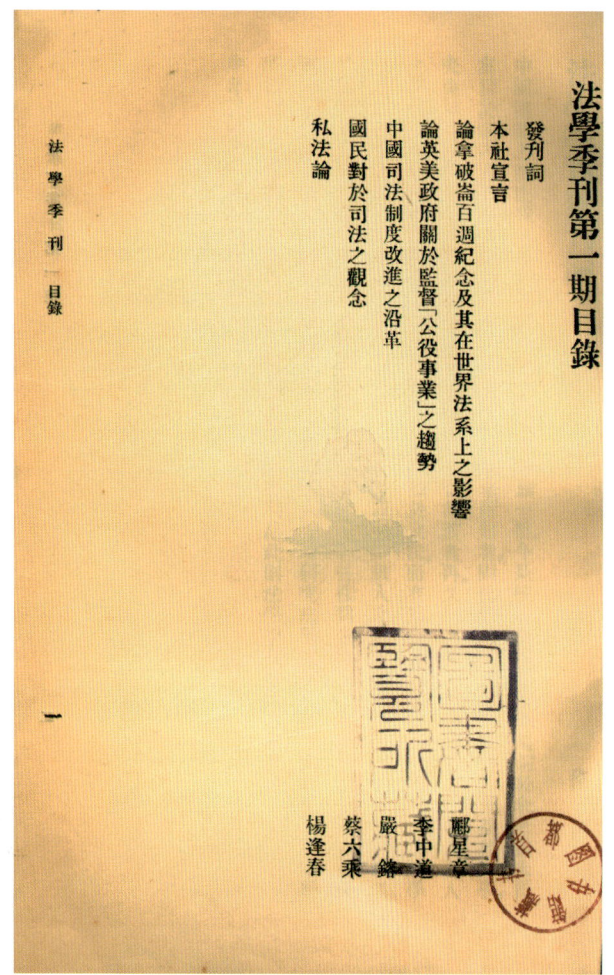
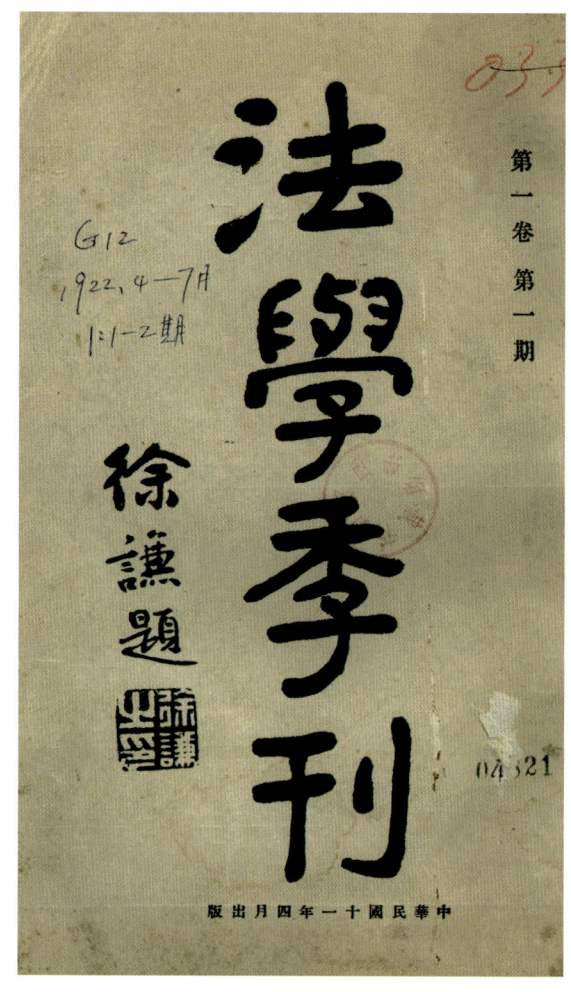

《法学季刊》

题名：法学季刊 = The China Law Review；自 1931 年 10 月第 5 卷起改为《法学杂志》

责任者：上海东吴大学法律科法学季刊社编

出版发行：（上海）东吴大学法律科法学季刊社发行，v.1, no.1（民国十一年 4 月 [1922，4]）— v.11, no.3（民国三十年 4 月 [1941，4]）

出版频率：季刊；自 1931 年 10 月起改为双月刊

内容提要：该刊主要刊载研究法学理论和具体法律问题的学术论文，介绍法学的重要学说，内容涉及司法制度改革、法治思想、收回领事裁判权、交通法规等。比较中外同类型的法律问题，分析中外法学理论、法律思想和司法制度。刊载翻译国外著名法学论著。为中英双语刊物。

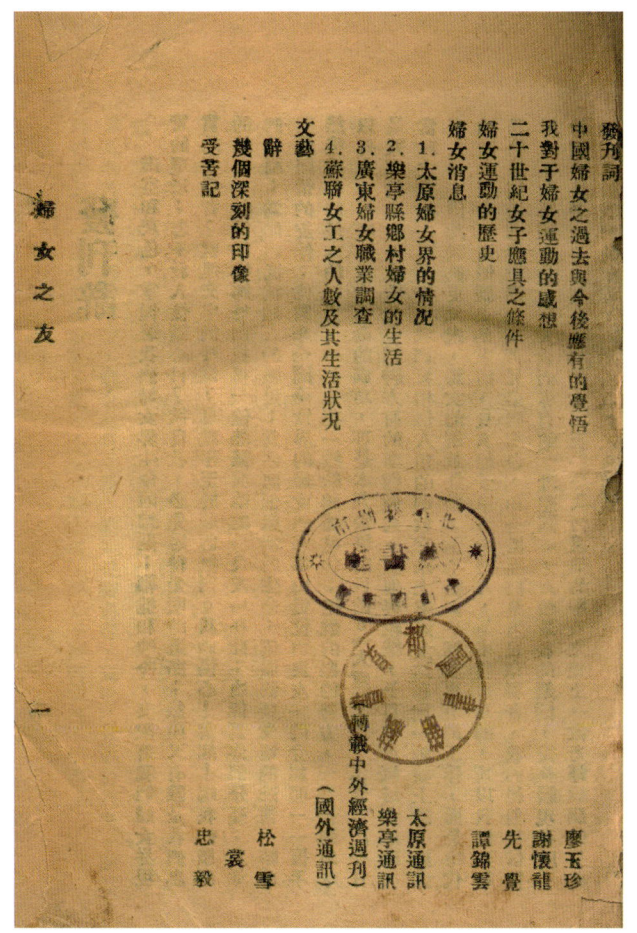
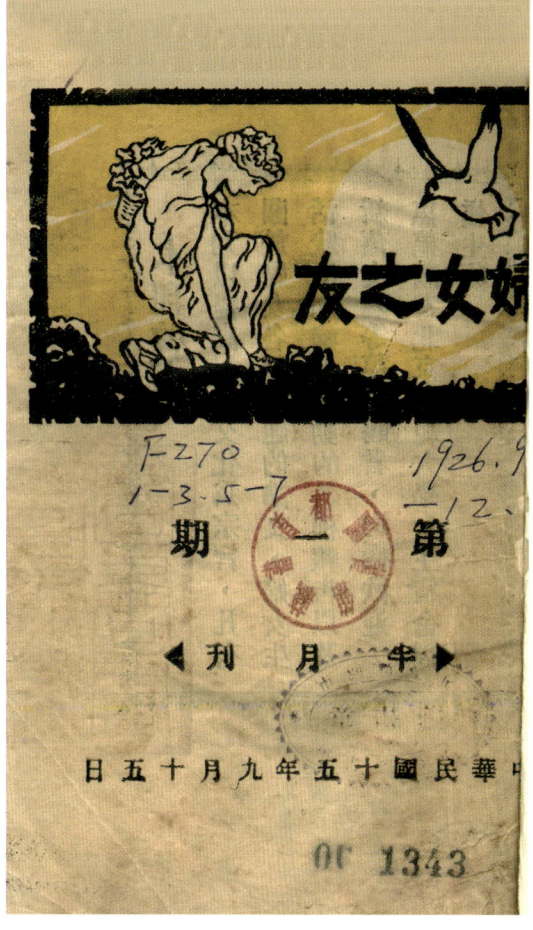

《妇女之友》

责任者：不详

出版发行：(北京)北京师范大学妇女之友社出版，no.1（民国十五年9月 [1926，9]）—no.12（民国十六年3月 [1927，3]）

出版频率：半月刊

内容提要：该刊以提高妇女文化为宗旨。主要刊载有关于妇女各种问题的论文，包括妇女运动、妇女教育、思想、社会、政治、经济等方面。宣传妇女解放，报道国内外妇女相关的新闻消息，介绍国内外妇女运动的历史和现状，发布妇女生活状况以及童养媳等社会问题的调查报告。发表反映旧社会中国妇女悲惨遭遇的文学作品。主要栏目有妇女消息、文艺。

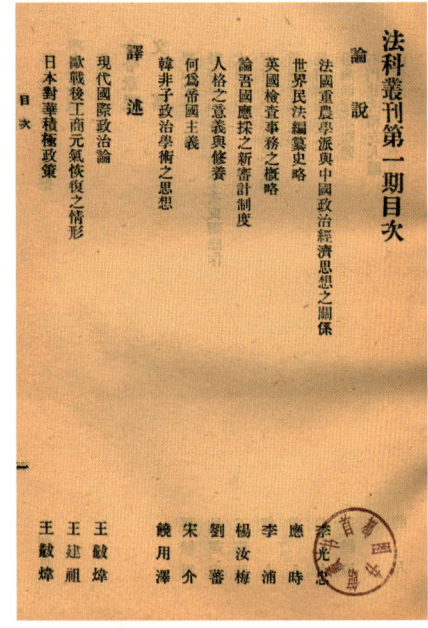
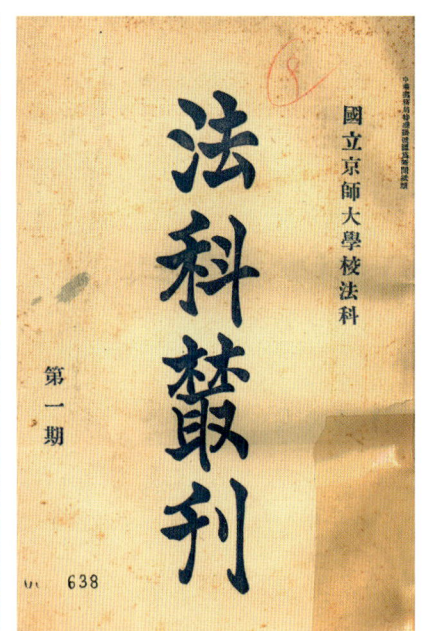
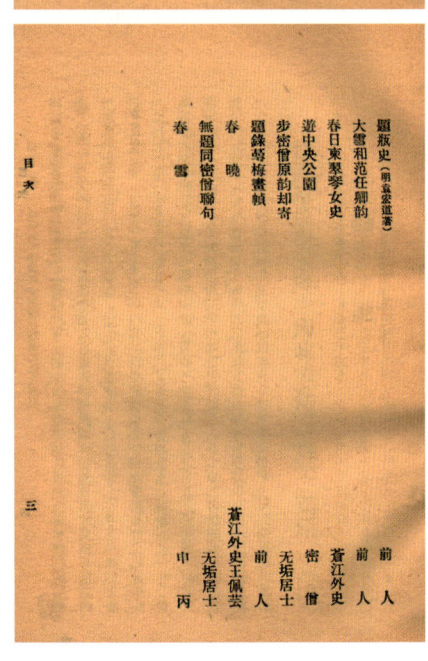
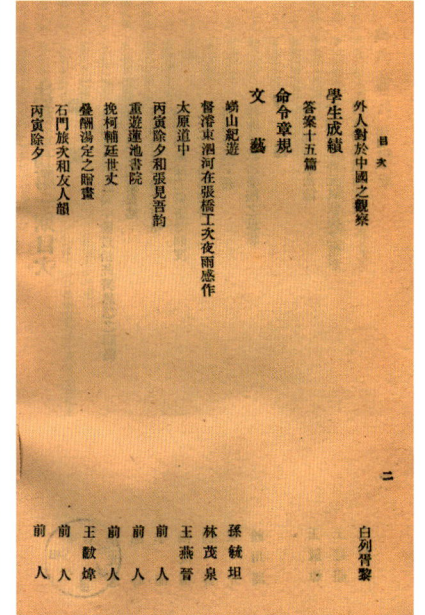

《法科丛刊》

责任者：王歗炜主编，法科丛刊编

出版发行：（北平）国立京师大学校法科第一、二、三院发行，no.1（民国十七年3月[1928，3]）

出版频率：季刊

内容提要：该刊宗旨是精研学术，增进文化，发扬纯正思想。主要刊载社会科学研究的论著与译述，涉及法律、政治、经济、历史、国际关系、修养等方面的内容。发表京师大学法科学生在法律考试中的优秀解答。发布国民政府、教育部关于教育、考试、学位的法规和命令，刊载国立京师大学的校规和法科规章。刊载诗词、散文、游记等文学作品。主要栏目有论说、译述、学生成绩、命令章规、文艺。

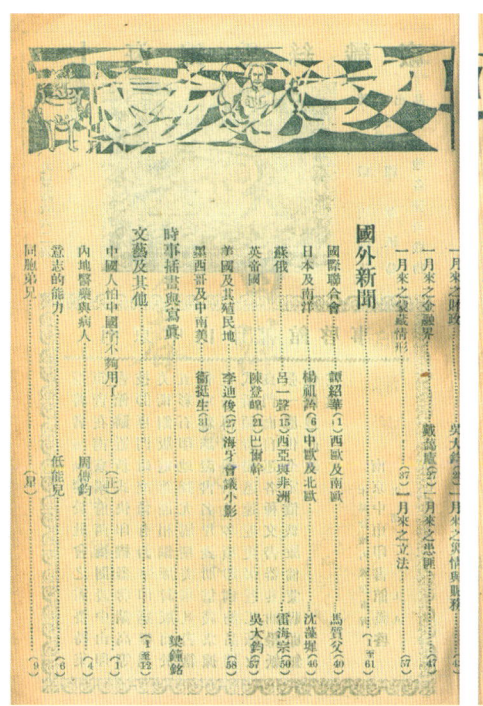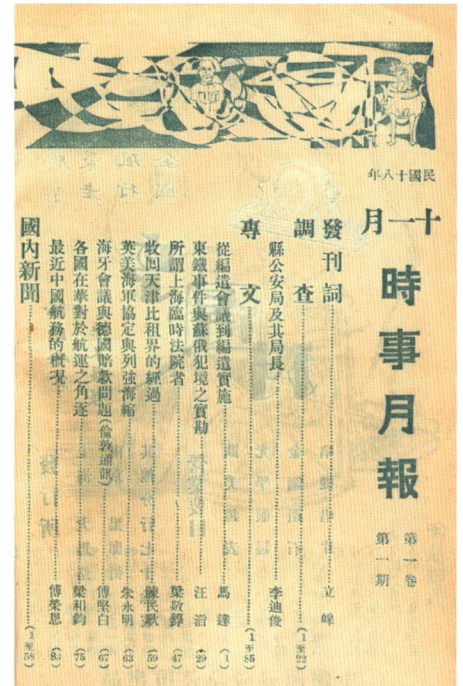

《时事月报》

责任者：时事月报社编

出版发行：（南京）时事月报社发行，v.1, no.1（民国十八年11月［1929，11］）— v.31, no.3（民国三十三年9月［1944，9］）

出版频率：月刊

内容提要：该刊主要刊载记述国内外发生的时事大事的长篇通讯文章，发表中国政治、经济、民生、社会问题调查报告，发布重要法律法规、专文、条约等，报道国内外政治、财政、外交、军事、金融、教育、科技等新闻大事。发表与中国实际问题相关的文学作品。主要栏目有调查、专文、国内新闻、国外新闻、时事插画与写真、文艺及其他。

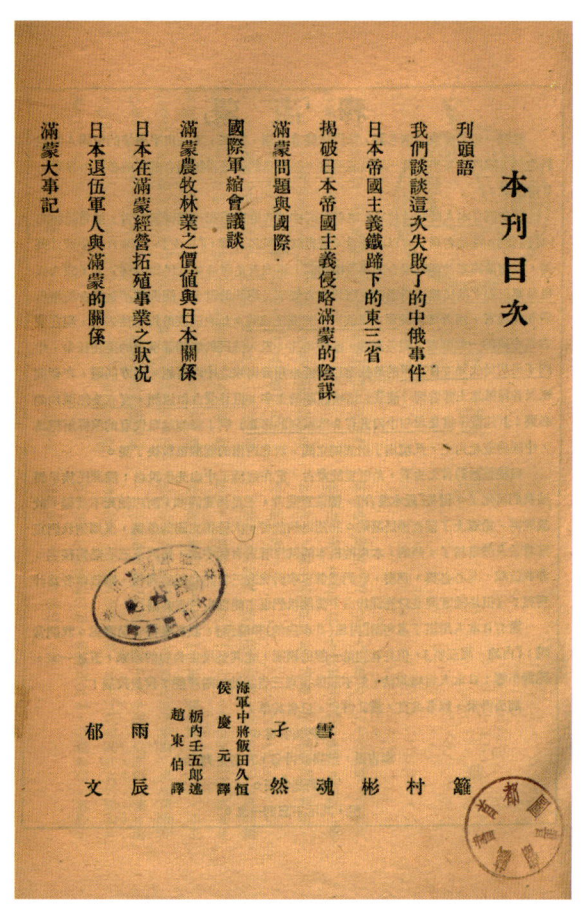

《满蒙》

责任者：满蒙问题研究会编

出版发行：(北平)满蒙问题研究会发行，v.1，no.1（民国十九年2月[1930，2]）— v.1，no.5（民国十九年6月[1930，6]）

出版频率：月刊

内容提要：该刊创刊的目的是揭露帝国主义实行政治、经济、文化侵略东三省及蒙古的实际真相，藉此唤醒民众。主要刊载研究探讨帝国主义国家对东三省及蒙古地区侵略的论著及调查报告，内容涉及政治、经济、军事、文化、教育等，例如日本对满蒙资源掠夺、日本对华政治渗透、日本对东三省移民拓殖政策、日本在满蒙政治特权、日本在华铁路建设等问题。发表关于东三省和蒙古地区的文艺作品。

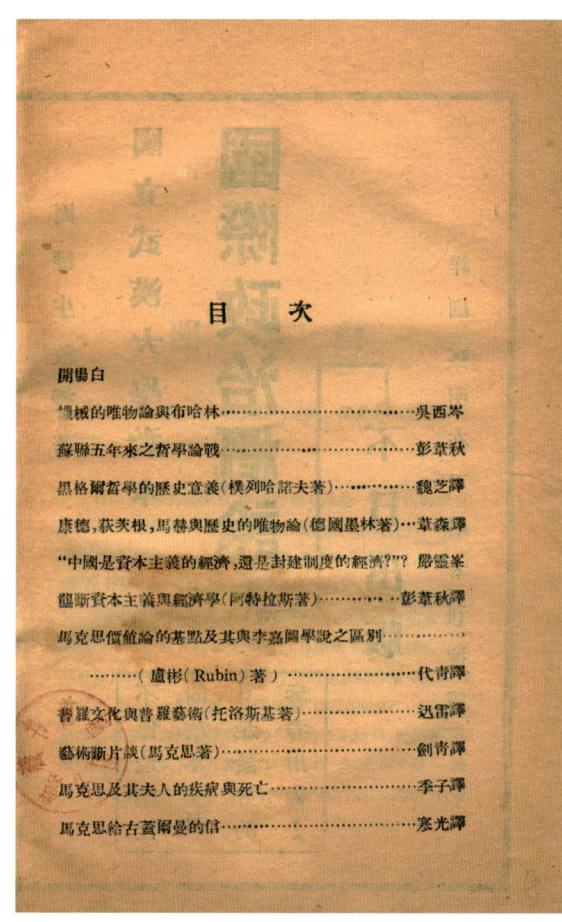 

《动力》

题名：动力 = Der Motor

责任者：动力编辑社编

出版发行：（上海）神州国光社发行，v.1，no.1（民国十九年7月［1930，7］）— v.1，no.2（民国十九年9月［1930，9］）

出版频率：月刊

内容提要：该刊主要刊载辩证唯物主义和马克思主义研究的论著和译著，内容涉及政治、经济、哲学、文学、十月革命等。宣传马克思主义理论，将马克思主义与中国实际相结合，探讨中国的政治、经济问题。批驳陶希圣等人对马克思主义的歪曲。刊载翻译马克思、托洛斯基、普列汉诺夫等人的论著。

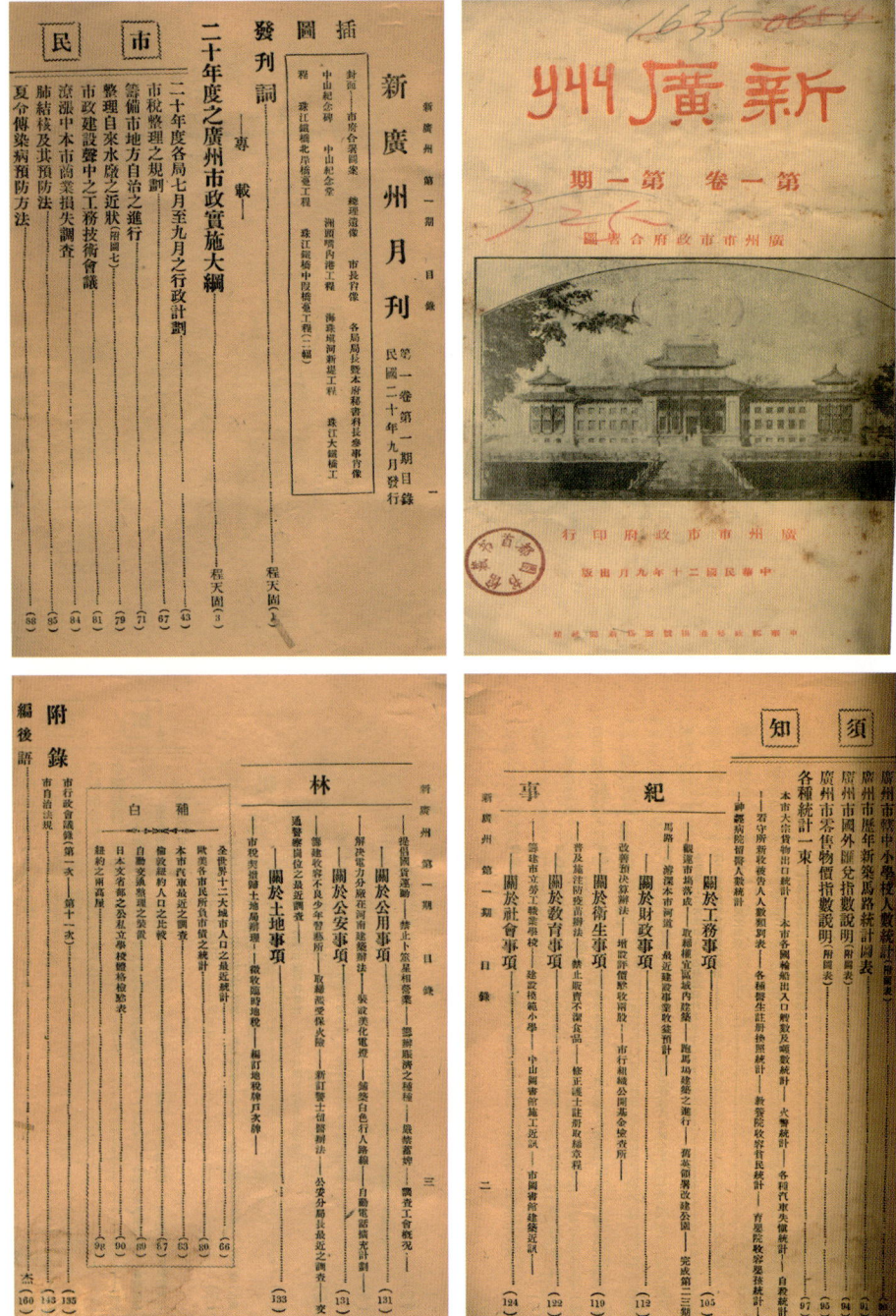

《新广州月刊》

责任者：广州市市政府秘书处编

出版发行：（广州）广州市市政府秘书处第三科会计股发行，v.1，no.1（民国二十年9月［1931，9］）—v.1，no.6（民国二十一年2月［1932，2］）

出版频率：月刊

内容提要：该刊主要刊载探讨广州市市政建设问题的论著，涉及城市规划、工程建设、行政、城市人口等各项内容。发布广州市各项市政建设政策和计划，发表广州财政、户口、市政建设、经济、进出口、物价、卫生、教育、公共安全等各项统计数据和调查报告。发布广州市政府的各项规章、条例，公开广州市会议记录、工作概况、人事等各项事务。主要栏目有市民须知、纪事林、专载、论著。

二、政治、军事

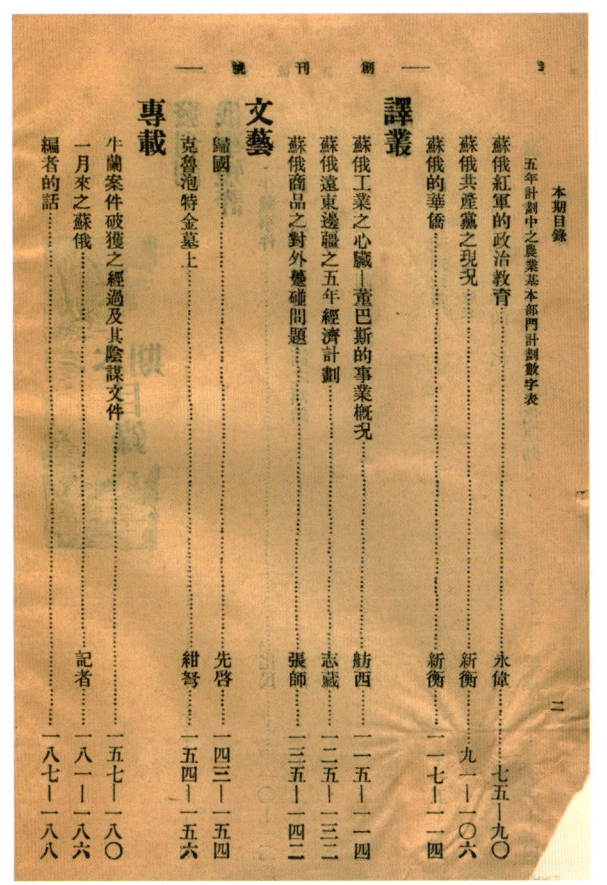
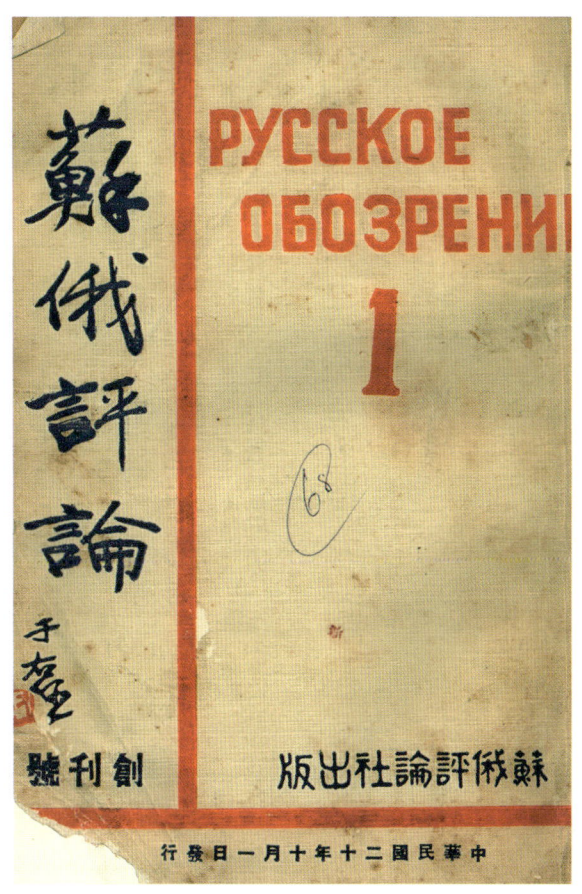

（编者注：只有目录2，目录1原书粘住了）

《苏俄评论》

责任者：苏俄评论社编

出版发行：（南京）苏俄评论社发行，v.1，no.1（民国二十年10月［1931，10］）— v.11，no.7（民国二十六年7月［1937，7］）

出版频率：不定期

内容提要：该刊主要报道苏联国内时事，介绍和研究苏联政治、外交、社会、经济和文化等各方面状况，着重分析中苏关系、苏日关系、苏德关系以及苏俄与资本主义国家对立的国际形势问题。主要栏目有俄事短评、译丛、专载、论著、纪事、时事论坛、外论移译、文艺、苏联当代人物志。封面刊名为于右任题写。

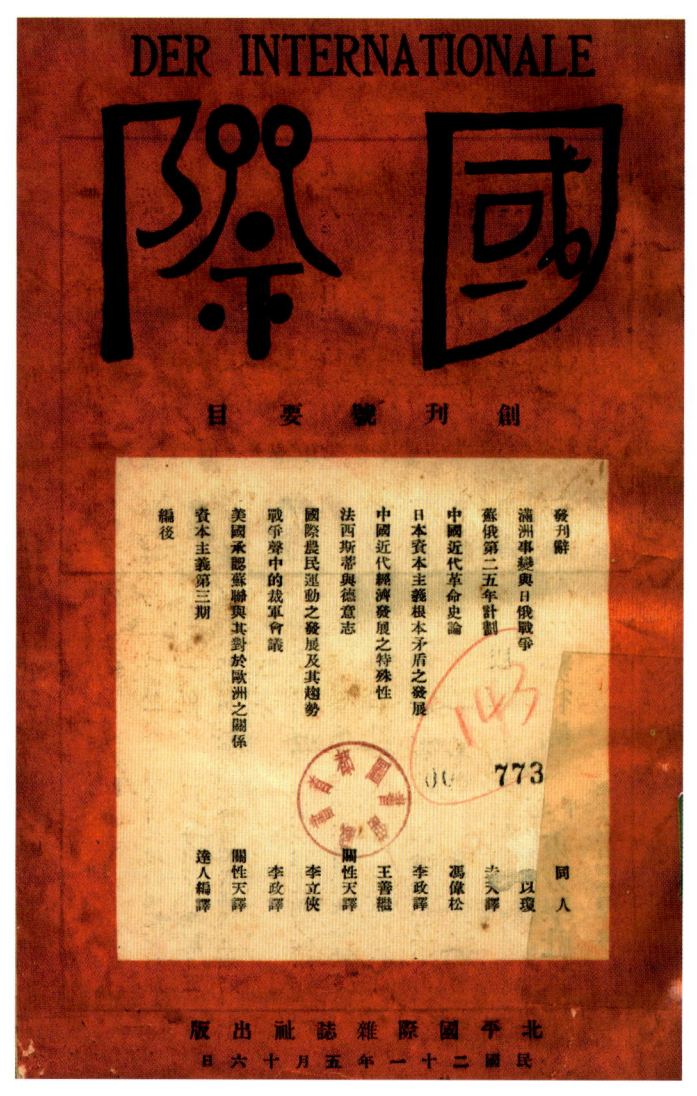

《国际》

题名：国际公报 = Der Internationale

责任者：国际杂志社编

出版发行：（北平）国际杂志社出版，创刊号（民国二十一年5月［1932，5］）

出版频率：仅存一期

内容提要：该刊办刊方针是客观地成为全世界政治、经济的无线电收音机，且成为殖民地半殖民地革命营垒的喇叭和战鼓。支持社会主义反对资本主义，赞扬各殖民地和半殖民地人民的反对帝国主义的革命斗争。其主要内容是发表国内外时事政治评论，系统、专门地介绍国际政治、经济文化，翻译世界各国报纸杂志的重要论著。发表研究探讨国际重大事件的论著和译述，包括日俄问题、苏俄"二五"计划、裁军问题、美苏问题、德国法西斯党问题等。

二、政治、军事

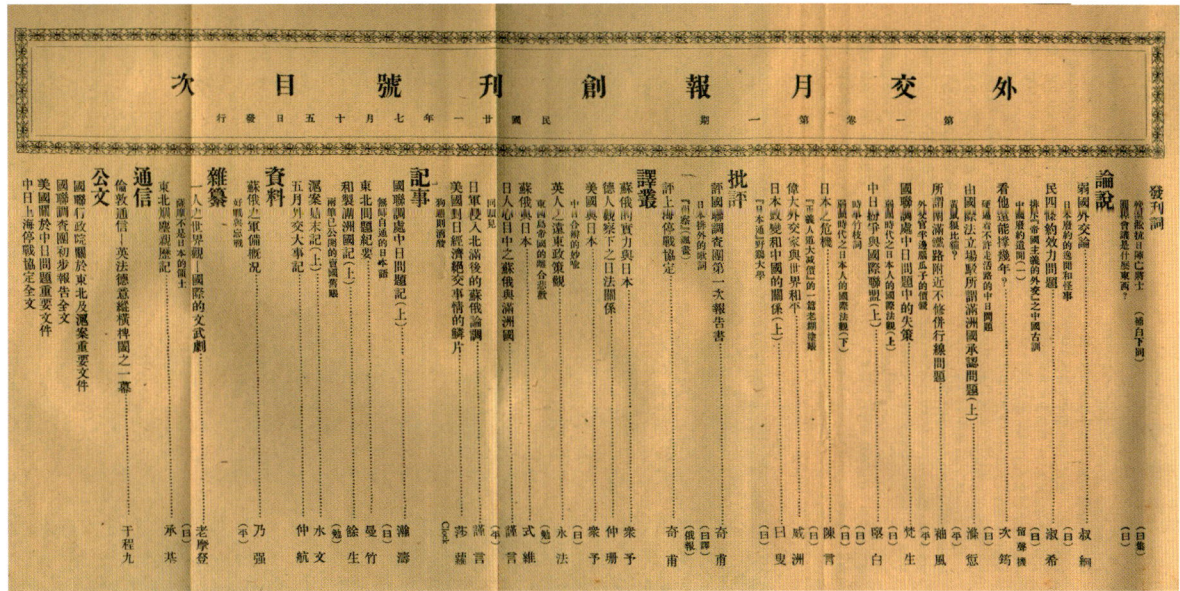

《外交月报》

责任者：外交月报社编

出版发行：（北平）外交月报社发行，创刊号（民国二十一年7月［1932，7］）— v.11, no.1（民国二十六年7月［1937，7］）

出版频率：月刊

内容提要：该刊主要刊载探讨研究外交理论以及各国外交政策、国际法、外交事件、国际局势、地缘政治等外交实际问题的论著。刊载中国及世界重要外交大事，介绍各国政治、经济、军事、文化、外交政策等基本情况的资料。发布中国及世界主要国家与外交相关的政策及重要文件。揭露日本侵华行径，批评国联调查团对"九一八事变""一·二八事变"等日本侵华行为的妥协与默许，批评国联及世界各主要国家在中日问题上的妥协外交态度以及承认伪满洲国等助长日本侵略气焰的错误外交措施。发表外交相关的随笔、感想、游记、小说等文艺作品。发表"九一八事变""一·二八事变"的亲历记以及亲历者对日本侵华的控诉。主要栏目有论说、批评、译丛、记事、资料、杂纂、通信、公文。

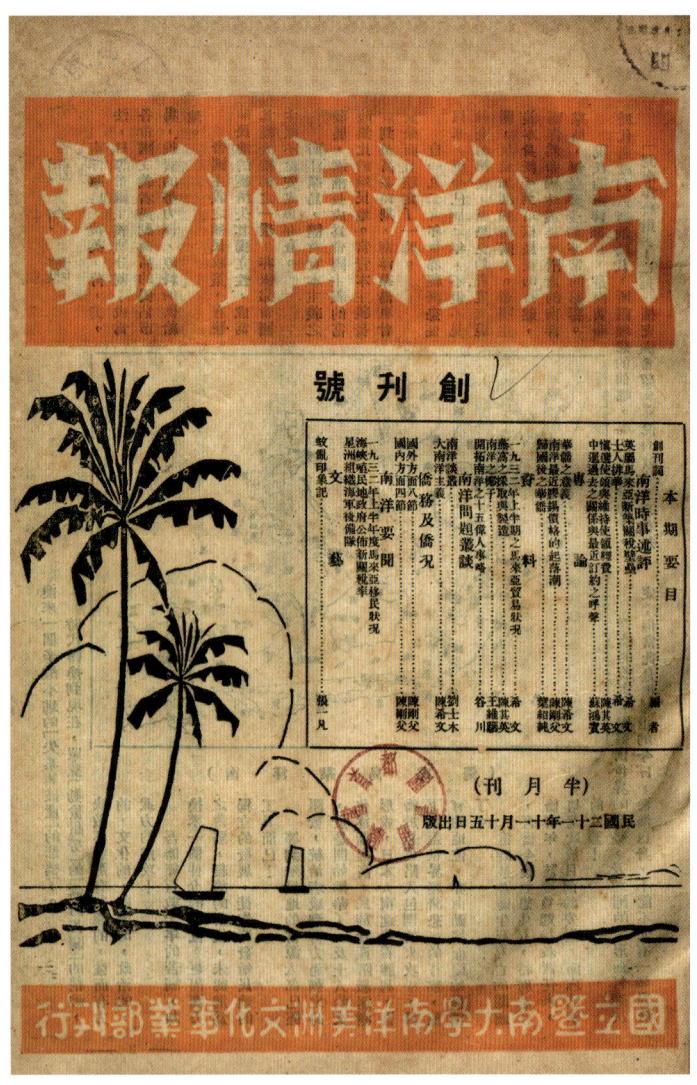

《南洋情报》

责任者：陈希文、陈其英、陈福璿编

出版发行：（上海）国立暨南大学南洋美洲文化事业部刊行，创刊号（民国二十一年11月［1932，11］）— v.2，no.6（民国二十二年10月［1933，10］）

出版频率：半月刊

内容提要：该刊主旨是介绍南洋最近之种种消息，讨论南洋当前之种种问题，使国人了解南洋真实之情况，促进华侨青年注意南洋问题，使其发生研究的兴趣，进而肩负起拯救华侨的责任。其主要内容是报道南洋地区华侨的经济状况、社会地位，以及欧美和日本帝国主义国家对华侨的政治、经济压迫及歧视政策，研究探讨中国的华侨问题政策。介绍南洋各殖民地的政治、经济、法律、社会、风俗、历史、地理等各方面情况，分析探讨欧美及日本帝国主义国家在南洋地区的殖民政策，发表南洋为背景的诗歌、散文、小说、游记等文学作品。主要栏目有南洋时事述评、专论、资料、南洋问题丛谈、侨务及侨况、南洋要闻、文艺。

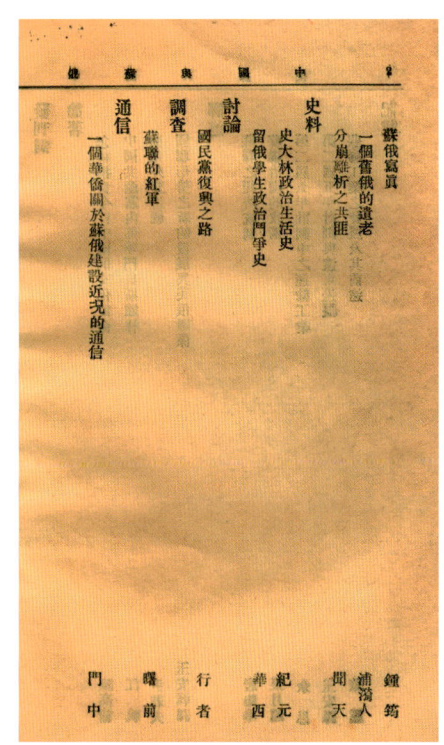 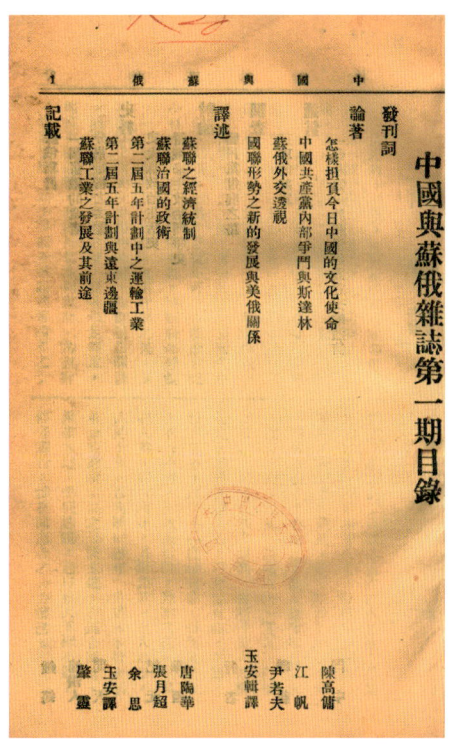 

《中国与苏俄》

责任者：中国与苏俄杂志社编

出版发行：(南京)中国与苏俄杂志社出版，v.1, no.1（民国二十二年1月［1933，1］）— v.3, no.3（民国二十三年4月［1934，4］）；1934年10月改为季刊，创刊号（民国二十三年10月［1934，10］）— v.2, no.1（民国二十四年10月［1935，10］）

出版频率：月刊；1934年10月改为季刊

内容提要：该刊主要内容是全面地研究苏联，包括政治制度、经济建设、外交政策、文化、教育、军事、科技等各个方面。深入解析并评论苏联的政治制度、经济计划及重大事件，探讨苏联的外交政策、国际形势和中苏关系。报道苏联的新闻时事，描绘苏联的社会生活，介绍苏联的教育、文学、艺术等情况。该刊立场较为中立客观，主张学习借鉴苏联的政治、经济建设经验，"取长去短，兴利除弊"，呼吁"中俄两国竭诚合作，提携互助"。主要栏目有论著、译述、记载、史料、讨论、调查、通信。

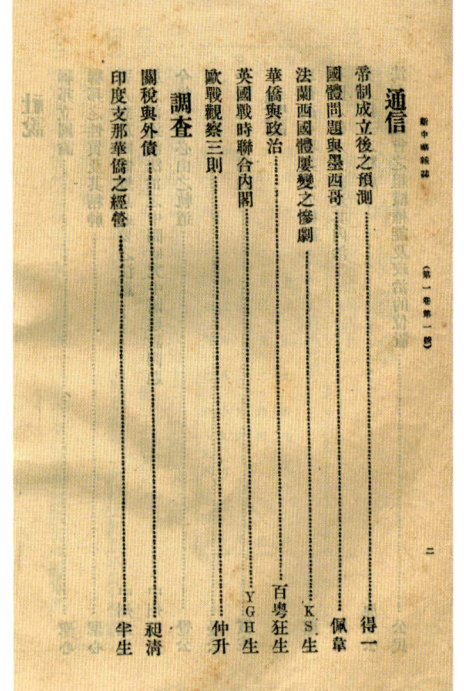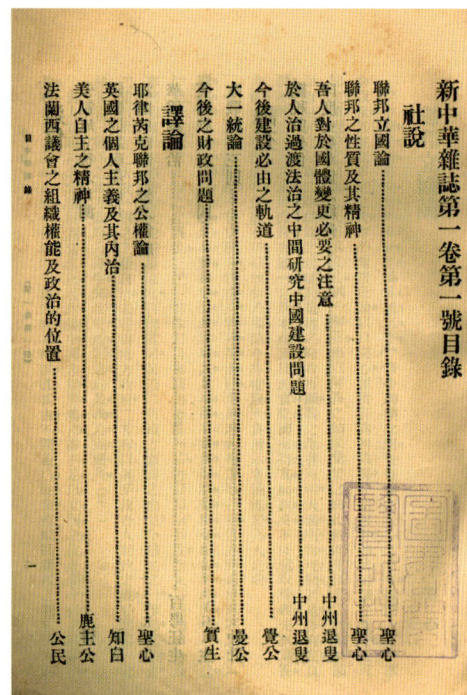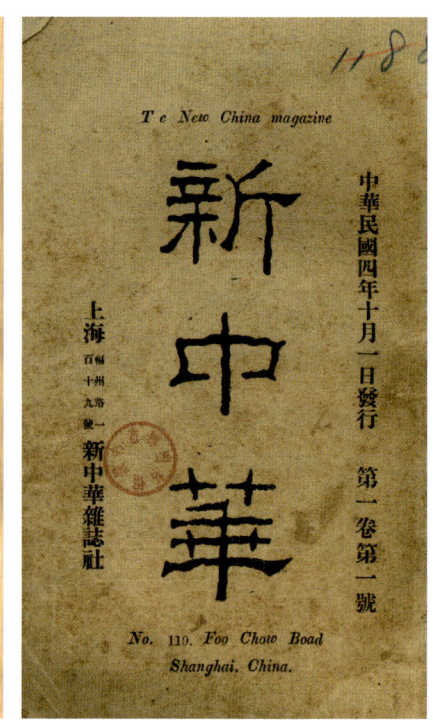

《新中华》

题名：新中华 = The New China Magazine

责任者：新中华杂志社编

出版发行：（上海）中华书局发行；全面抗战爆发后停刊，1943年于重庆复刊，抗战胜利后迁回上海。v.1,no.1（民国二十二年1月［1933,1］）— v.5,no.15（民国二十六年8月［1937,8］）；1943年1月复刊，复刊号（民国三十二年1月［1943,1］）— v.12,no.1（民国三十八年1月［1949,1］）— v.14,no.24（1951,12）

出版频率：半月刊

内容提要：该刊主要刊载探讨国家建设及民族生存问题的文章，研究中国的政治、经济等问题，分析日本等帝国主义国家的对华政策，在各帝国主义国家加紧侵略瓜分中国的时局下求得中华民族的生存和建设。刊载研究政治、经济、教育、文学、艺术等领域的学术论文。报道国际时事大事，分析各国的政治、经济状况。介绍自然科学知识和世界最新的科学技术成果。发表诗歌、散文、小说、戏剧等文学作品。刊载有徐悲鸿、刘海粟等著名艺术家的绘画作品，以及中外著名政治人物和重要政治事件的照片。刊载有郁达夫《瓢儿和尚》、陈光甫《怎样打开中国经济的出路——由上海的金融现状讲到中国的经济出路》、丰子恺《最近世界艺术的新趋势》、樊仲云《未来之太平洋大战与吾国之地位》等文章。1933年1月第1卷第2期为《淞沪抗日战争专号》，刊载有蔡廷锴、张治中、蒋光鼐、陈铭枢等抗日将领所撰的赞扬抗战军民和讨论抗日战备必要性的文章。主要栏目有社说、译论、通信、调查。

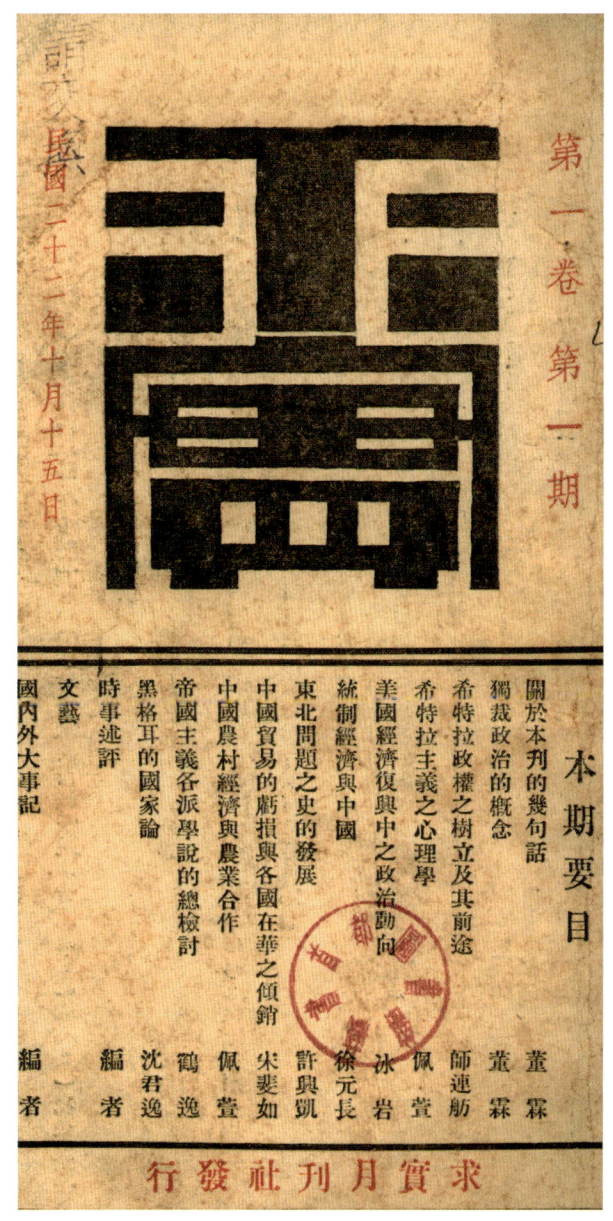

《求实月刊》

责任者：求实月刊社编

出版发行：(北平) 求实月刊社发行，v.1, no.1（民国二十二年10月 [1933, 10]）— v.2, no.4（民国二十四年6月 [1935, 6]）

出版频率：月刊

内容提要：该刊主要刊载研究探讨政治学的论著及译述，内容包括国际政治、现代各种政治思潮及主义、各国政治、经济及社会状况等，研讨中国革命相关的各方面问题。报道每月国内外重大时事，发表小说、散文、随笔等文学作品。主要栏目有时事述评、文艺、国内外大事记。

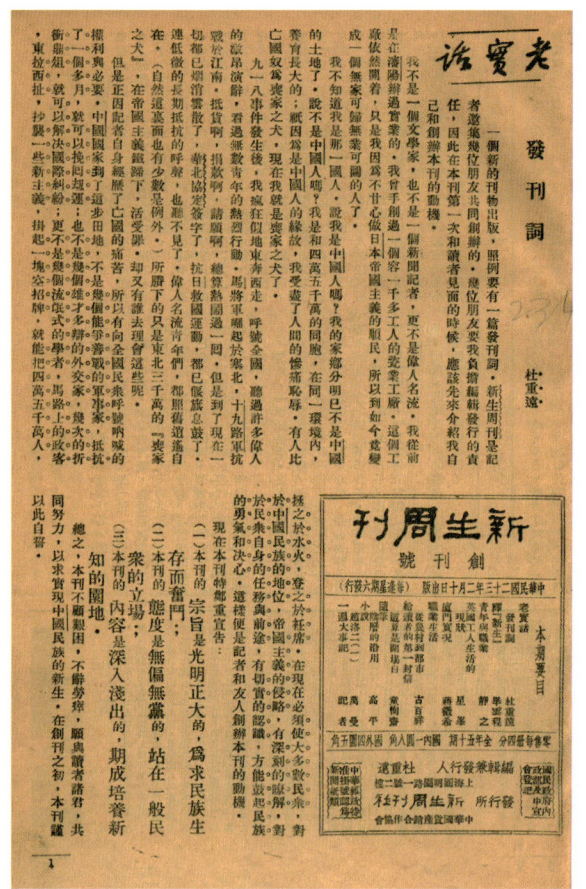

《新生周刊》

责任者:杜重远主编

出版发行:(上海)新生周刊社发行,v.1,no.1(民国二十三年2月[1934,2])— v.2,no.22(民国二十四年6月[1935,6]

出版频率:周刊

内容提要:该刊旨在光明正大地为求民族生存而奋斗。主要刊载国内外时事政治评论,批评国民政府的各项政治、经济、外交政策,研讨中国各种社会问题。报道各国的政治、经济、军事、外交等情况,介绍世界各国文化和风土民情。宣传抗日救亡运动,报道东北沦亡地区人民的苦难,揭露日本帝国主义侵略我华北的野心,分析日本侵华的各种政治、经济、文化手段,主张一致抗日,反对国民政府"攘外必先安内"的不抵抗政策。介绍中国各地名胜古迹和风土民情。发表随笔、杂文、游记、小说等文艺作品。主要作者有杜重远、毕云程、章乃器、邹韬奋、胡愈之等。主要栏目有老实话、专论、国际问题讲话、社会问题讲话、时事问题讲话、杂文、国外通讯、国内通讯。

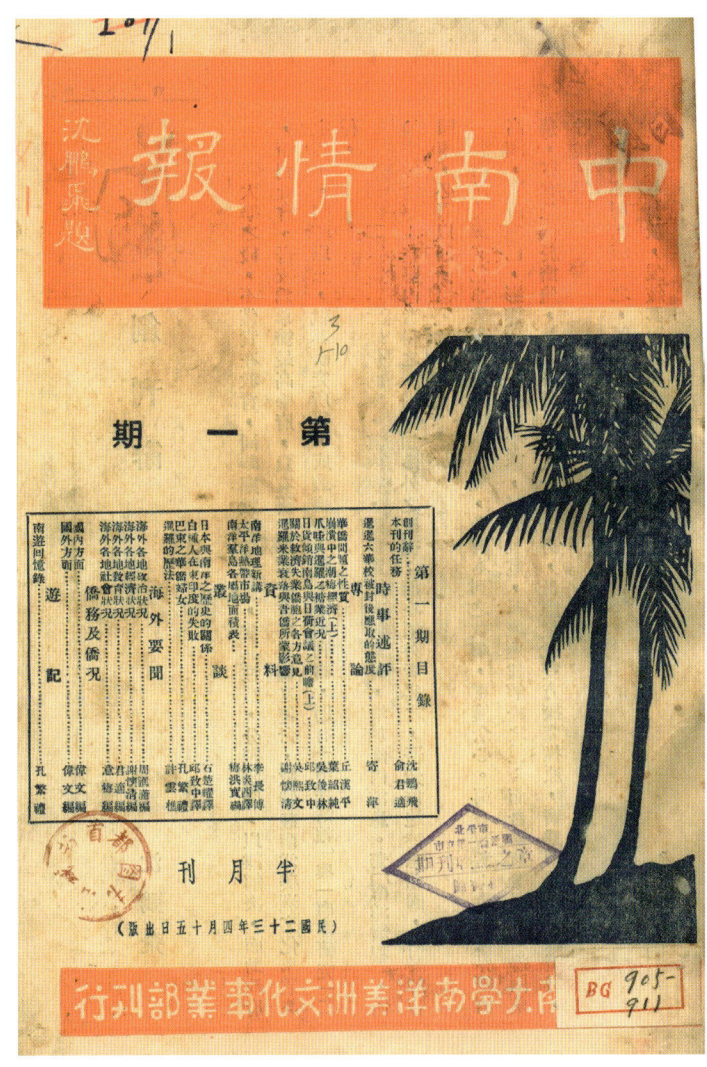

《中南情报》

责任者：国立暨南大学南洋美洲文化事业部中南情报编辑室编

出版发行：（上海）国立暨南大学南洋美洲文化事业部刊行，v.1，no.1（民国二十三年4月［1934，4］）—v.2，no.5（民国二十四年6月［1935，6］）

出版频率：半月刊

内容提要：该刊主要刊载研究南洋地区各种问题、社会情况的论著。内容涉及政治、经济、贸易、外交、历史、地理、文化、风俗等各方面。报道海外华侨的相关新闻消息，反映海外华侨在排华风潮中的困难处境，探讨解决海外华侨政治、经济、生活问题，引发国人的关注与同情，以使海外华侨获得平等待遇。报道国内各类要闻，向海外华侨介绍国内各方面的状况。发表游记、随笔、小说、传记等文学作品。主要栏目有时事述评、专论、资料、丛谈、海外要闻、侨务及侨况、游记。

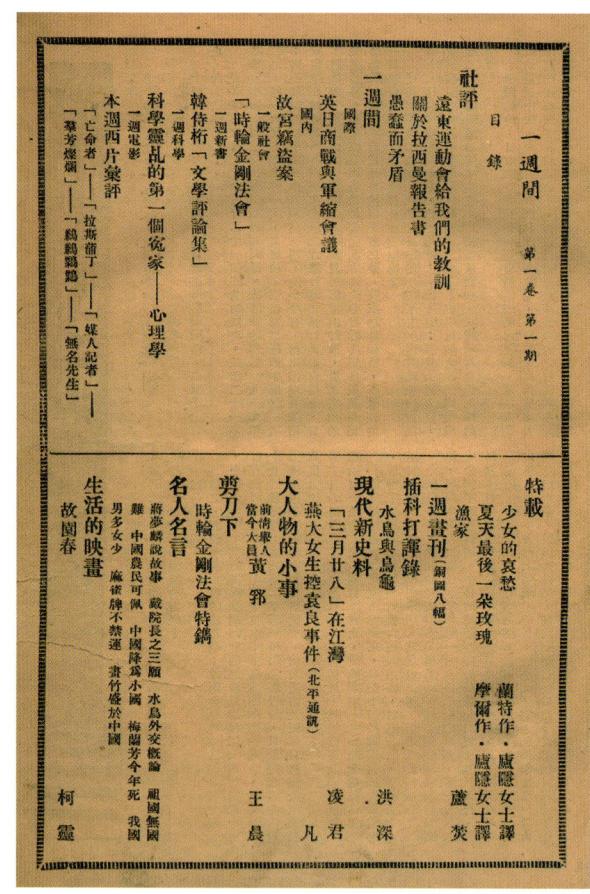 

《一周间》

责任者：洪深、张常人编

出版发行：洪雪帆出版，（上海）现代书局发行，v.1, no.1（民国二十三年5月［1934，5］）— v.1, no.6（民国二十三年6月［1934，6］）

出版频率：周刊

内容提要：该刊主要报道一周内的国内外新闻，包括国内外时事、科学知识、一周电影汇评、一周新书介绍等内容。发表评论中国政治、经济、社会、文化问题以及各类社会现象的文章。转载其他报纸期刊中有价值的文章。发表诗歌、随感、小说等文艺作品。刊载有《故宫窃盗案》、洪深《水鸟与乌龟》等作品。主要栏目有社评、一周间、特载、一周画刊、插科打诨录、现代新史料、大人物的小事、剪刀下、名人名言、生活的映画。

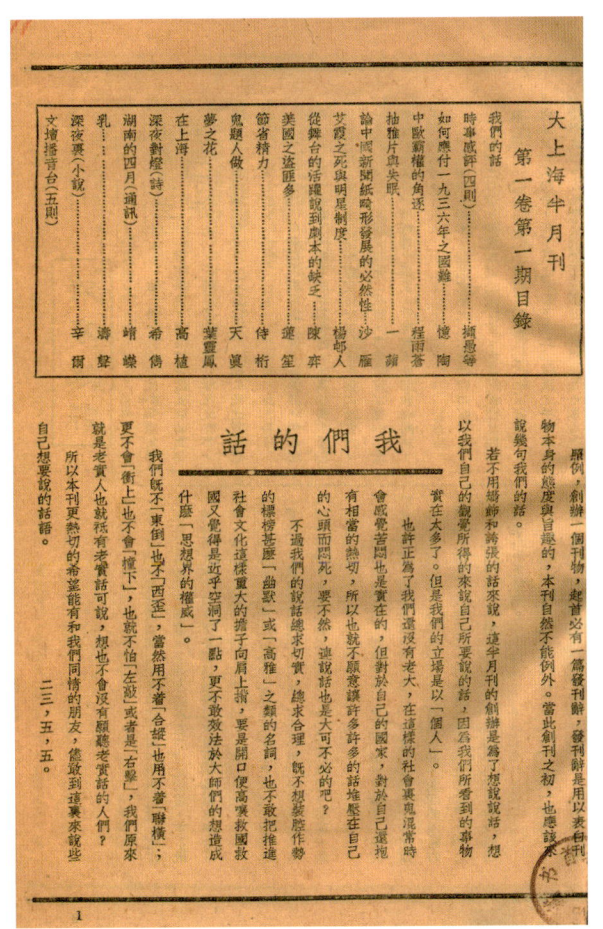

《大上海半月刊》

责任者：邱梦彤主编

出版发行：（上海）大上海图书公司出版，v.1, no.1（民国二十三年5月[1934，5]）— v.1, no.3（民国二十三年6月[1934，6]）

出版频率：半月刊

内容提要：该刊主要报道国内外新闻消息，分析评论中国的政治、经济、外交、文化、社会等各方面问题。讨论中国文艺、电影、戏剧行业的各类问题，报道电影界、戏剧界以及梅兰芳等名伶的消息和活动。发表诗歌、散文、杂文、小说、剧本等文学作品。刊载有沙雁《论中国的新闻纸畸形发展的必然性》、杨邨人《艾霞之死与明星制度》、叶灵凤《梦之花》等文章。

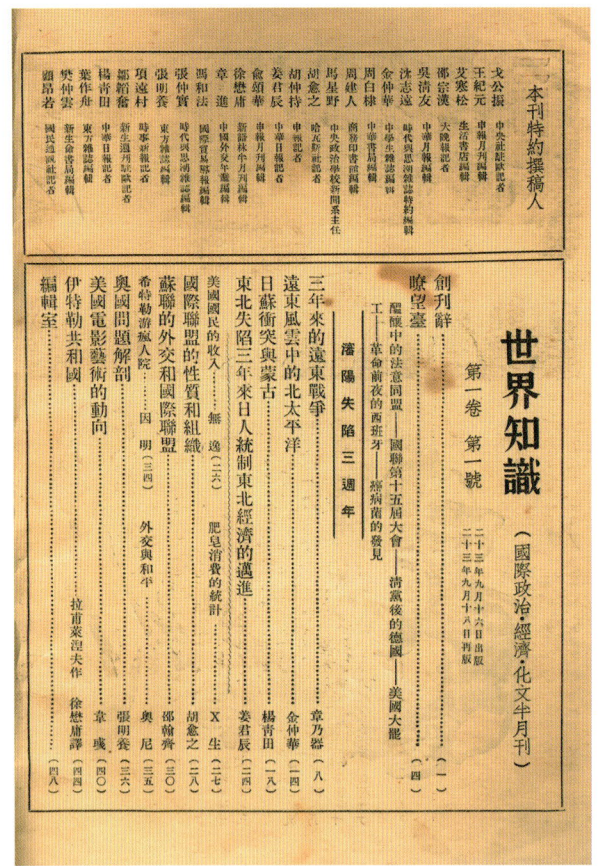

《世界知识》

责任者:毕云程编

出版发行:徐伯昕、(上海)生活书店发行;抗战期间迁至汉口、香港,1945年在上海复刊;1950年起,迁至北京。v.1,no.1(民国二十三年9月[1934,9])— v.13,no.3(民国三十年12月[1941,12]);1942年停刊,1945年12月复刊,v.13,no.1(民国三十四年12月[1945,12])至今

出版频率:半月刊;1946年10月第14卷第7期改为周刊

内容提要:该刊主要内容是报道国际重大新闻消息,评论国际重大时事政治事件,探讨各国政治、经济、文化、外交、国际形势等重大问题,分析中国外交关系及政策。转载国际主要新闻通讯及报纸杂志新闻社论。介绍社会科学及自然科学知识,发表小说等文学作品。撰稿人为戈公振、邹韬奋、周建人、胡愈之等著名记者和文化界人士。该刊出版时间颇长,自1934年起,除抗战时期暂时停刊外,一直延续至今。主要栏目有瞭望台、报海一勺。

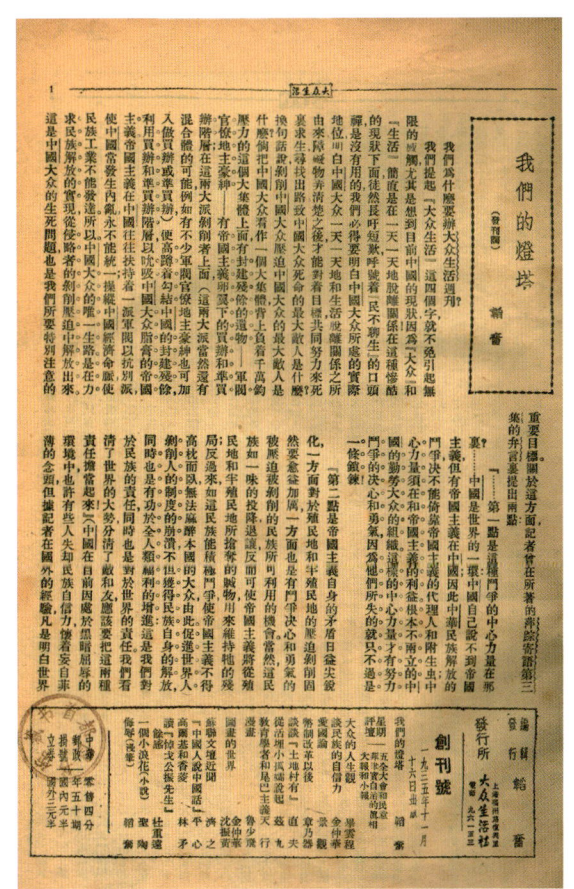 

《大众生活》

责任者：邹韬奋编

出版发行：（上海）大众生活社发行，v.1, no.1（民国二十四年 11 月 [1935, 11]）— no.16（民国二十五年 2 月 [1936, 2]）

出版频率：周刊

内容提要：该刊创刊目标是力求实现民族解放，铲除封建残余，克服个人主义。其主要内容是评论国内外时事政治，报道国内外重要新闻消息，介绍各殖民地和半殖民地的民族解放运动。宣传抗日救亡运动，支持"一二·九运动"等青年学生的爱国活动，反击"敦睦友邦"的投降言论。宣传马克思主义思想和唯物史观。探讨文学理论，发表文艺评论，刊载杂文、小说等文学作品。1936 年 2 月被国民党政府查封。主要作者有邹韬奋、叶圣陶、陶行知、金仲华、毕云程、章乃器、平心等。主要栏目有星期评坛等。

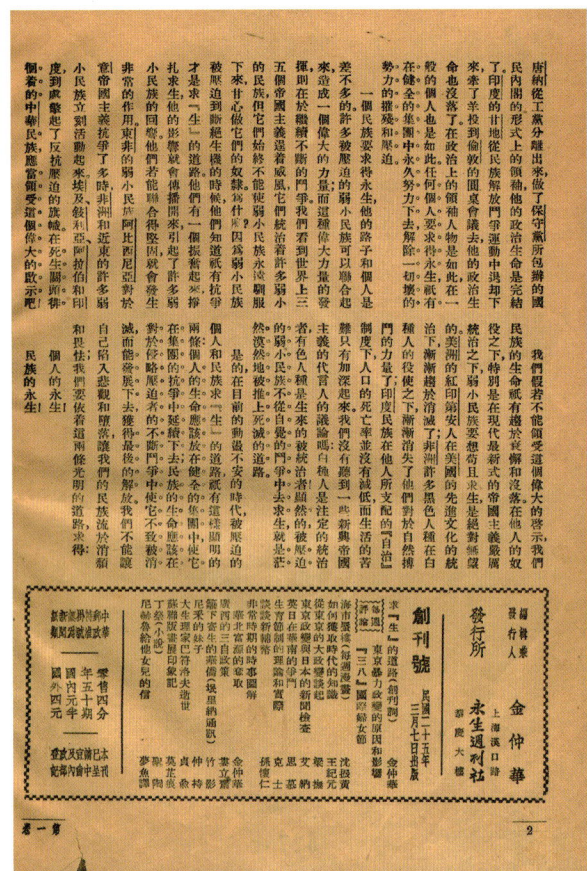

《永生》

责任者：金仲华编

出版发行：(上海) 金仲华、永生周刊社发行, v.1, no.1 (民国二十五年3月 [1936, 3]) — v.1, no.17 (民国二十五年6月 [1936, 6])

出版频率：周刊

内容提要：该刊主要评论中国时事政治，分析中国各项政治、经济、社会、民生情况，探究中国时局走向。报道分析国际重大事件，如日本"二二六"事件等。介绍各国政治、经济、社会情况，报道各殖民地和半殖民地的民族解放运动。发表介绍科学知识和文化知识的小品文。刊载有诗歌、随笔、小说等文艺作品。主要作者有茅盾、陶行知、丰子恺、金仲华等。主要栏目有每周评论等。

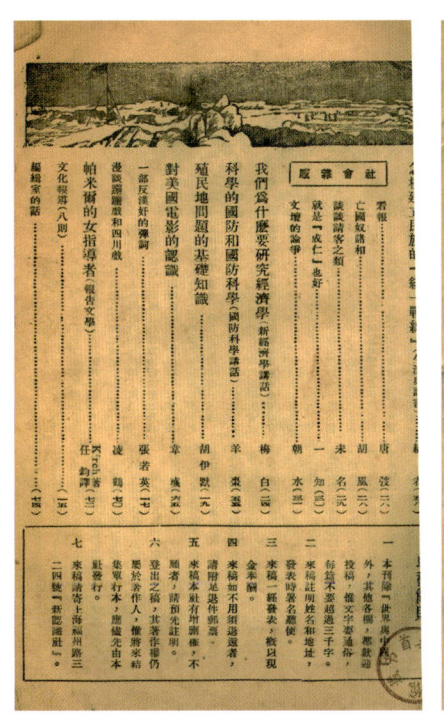 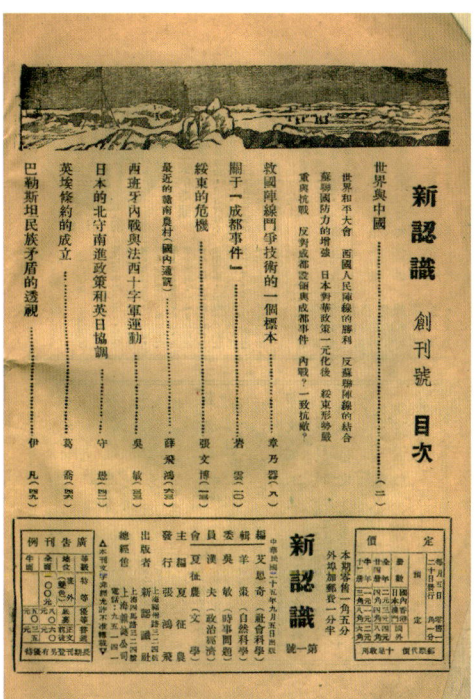 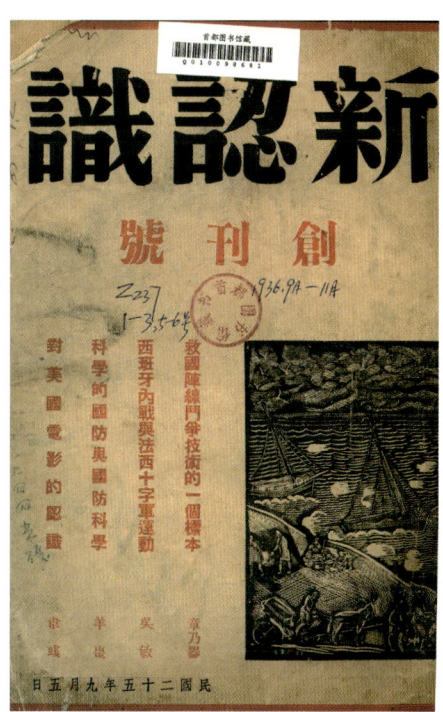

《新认识》

责任者：夏征农主编

出版发行：（上海）新认识社出版，张鸿飞发行，v.1, no.1（民国二十五年9月［1936，9］）— v.1, no.6（民国二十五年11月［1936，11］）

出版频率：半月刊

内容提要：该刊主要报道世界时事新闻，介绍英、美、苏等世界各国的政治、经济、军事状况，分析国际局势走向。介绍西班牙的反法西斯斗争，宣传殖民地的反帝民族解放斗争。发表中国时事政治评论，探讨中国的政治、经济、文化等各方面问题。报道日本对我国东北、绥远、华北的侵略扩张，分析日本的军事和外交政策，宣传抗日救国思想，呼吁建立抗日统一战线。发表小说、报告文学等文艺作品。刊载有章乃器《救国阵线斗争技术的一个标本》、胡风《亡国奴诸相》、胡伊默《殖民地问题的基础知识》、羊枣《科学的国防和国防科学》等文章。

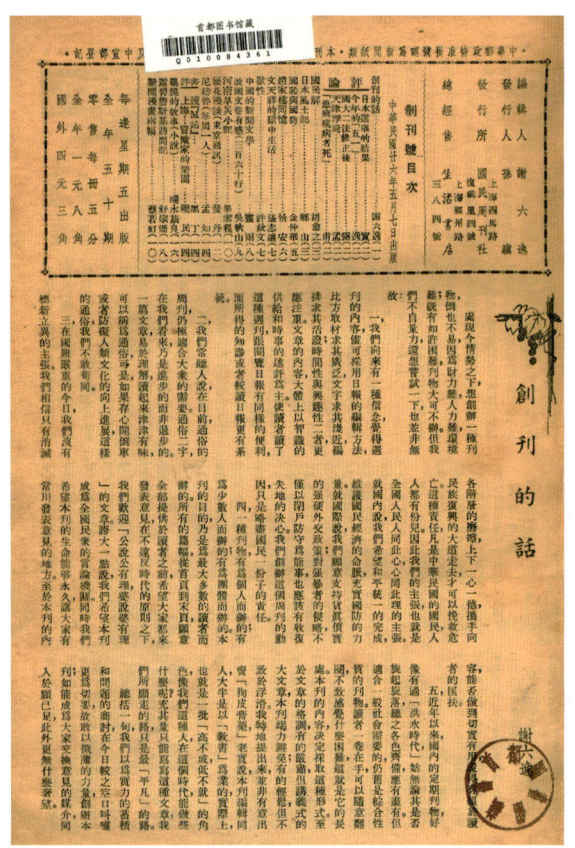
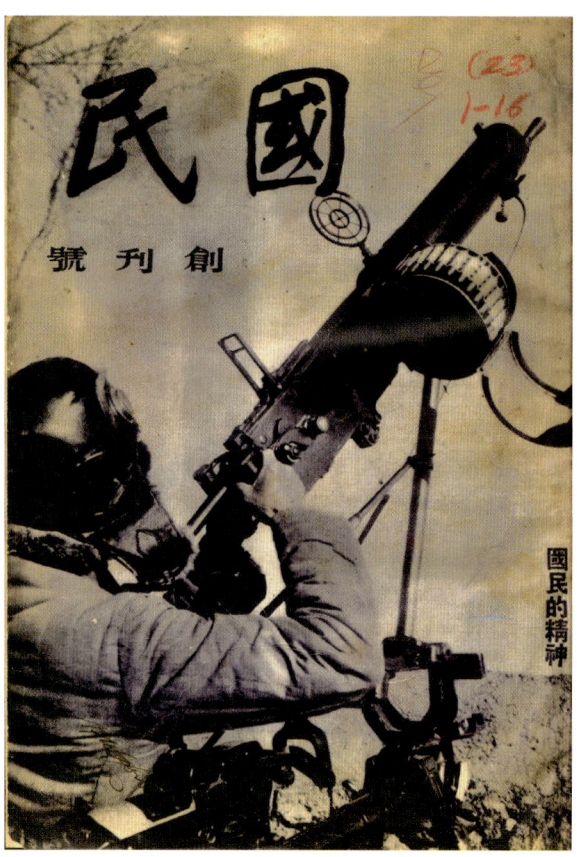

《国民》

责任者：谢六逸主编，邹韬奋、胡愈之、李公朴、钱俊瑞、章乃器、张仲实编，国民周刊社编

出版发行：(上海)孙骥、国民周刊社发行，v.1, no.1（民国二十六年5月[1937, 5]）— v.1, no.19（民国二十六年11月[1937, 11]）

出版频率：周刊

内容提要：该刊主张民族复兴、挽救危亡。创刊目的就国内说是希望和平统一的早日完成，维护国民经济的命脉，充实国防的力量；就国际说是支持货真价实的强硬外交政策，对强暴者的侵略不仅以闭户防守为主，也应该有收复失地的决心。刊载政论专论、战地通讯、文学作品等，转载各地报纸杂志的重要评论，翻译各国报章杂志重要论述，揭发敌人内情。主要内容是宣传抗日救国思想，报道抗战战局及抗战前线消息，发表时政评论，分析国际形势，刊载有冯玉祥、邹韬奋、李公朴、茅盾、艾思奇、郑振铎、端木蕻良、姚雪垠、夏衍等左翼爱国人士的抗日文章及文学作品。主要栏目有评论、书评、时事广播、救亡论坛、读者信箱。

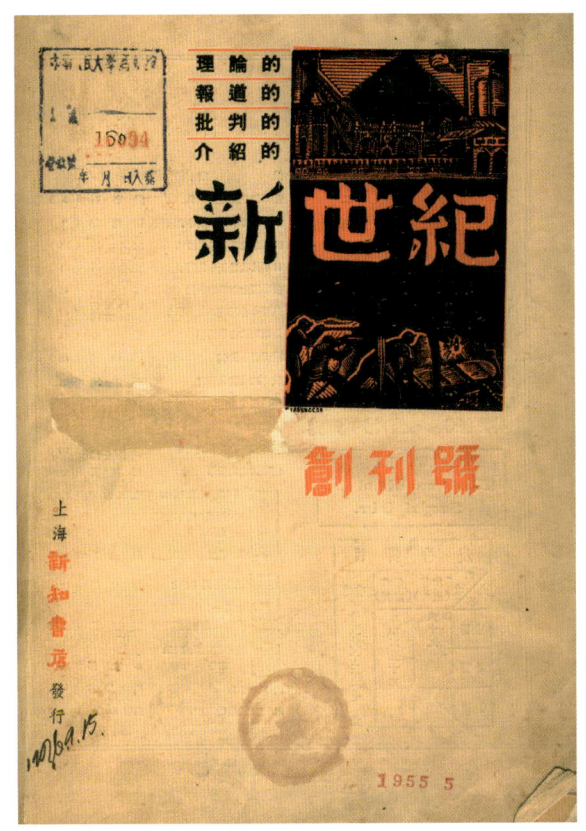 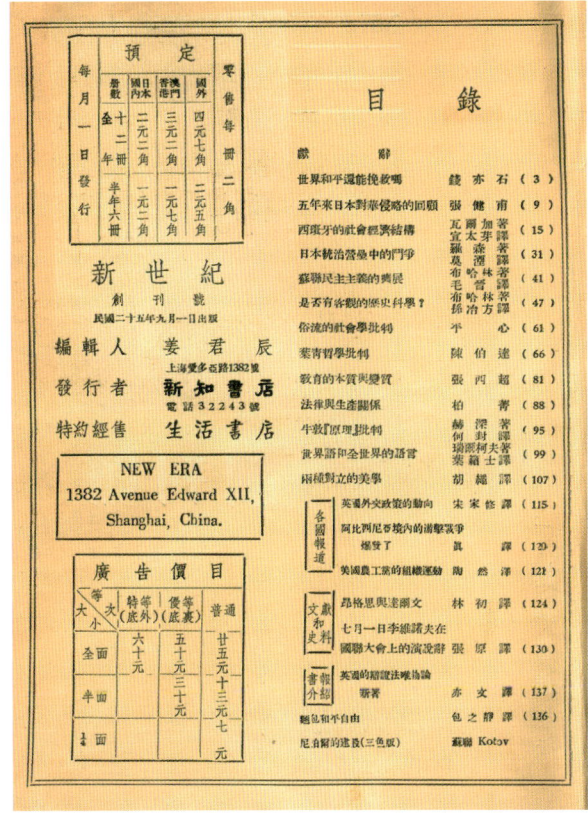

《新世纪》

题名：新世纪 = New Era

责任者：姜君辰编

出版发行：（上海）新知书店发行，v.1,no.1（民国二十五年9月［1936,9］）— v.1,no.4（民国二十五年12月［1936,12］）

出版频率：月刊

内容提要：该刊创刊目的是使理论成为大众解放、民族解放和变革世界的武器。主要内容是阐扬学术领域的最新理论，涉及政治学、经济学、历史学、教育学、语言学、美学等各个社会科学领域。介绍和批评世界各国学术理论书籍和新知识、新理论。报道中国和世界各国新闻消息，剖析世界局势的发展情势。主要作者有陈伯达、平心、胡愈之等。主要栏目有现实理论、学术论著、各国报道、文献和史料、书报介绍。

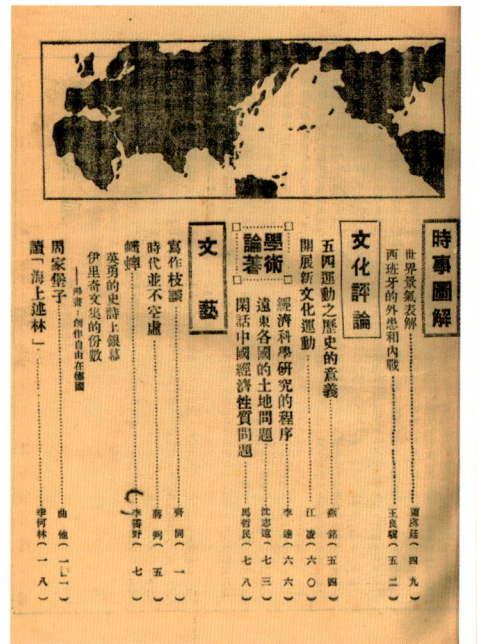 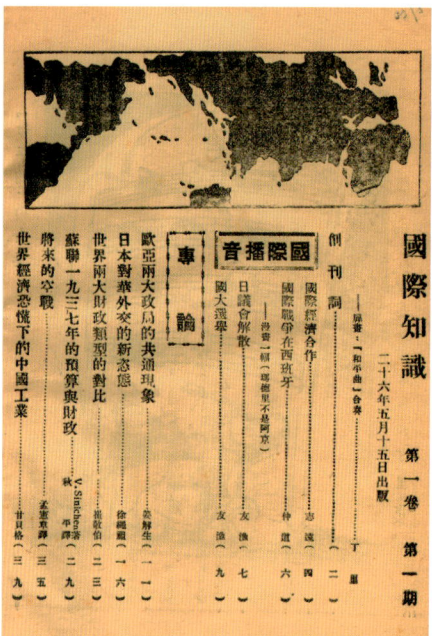 

《国际知识》

责任者：沈志远主编

出版发行：（天津）吴作民发行，v.1，no.1（民国二十六年5月［1937，5］）— v.1，no.3（民国二十六年7月［1937，7］）

出版频率：月刊

内容提要：该刊主要内容是探讨研究国际关系问题，发表国内外时事政治评论，明了各国关系和国际局势的发展趋势，介绍和探讨各国的革命运动和民族解放运动。刊载研究社会科学理论和思想方法的论述，包括政治、经济、文化等方面内容。研究文艺理论，探讨写作技巧，发表散文、小说等文学作品。主要作者有李达、沈志远等。主要栏目有国际播音、专论、时事图解、文化评论、学术论著、文艺。

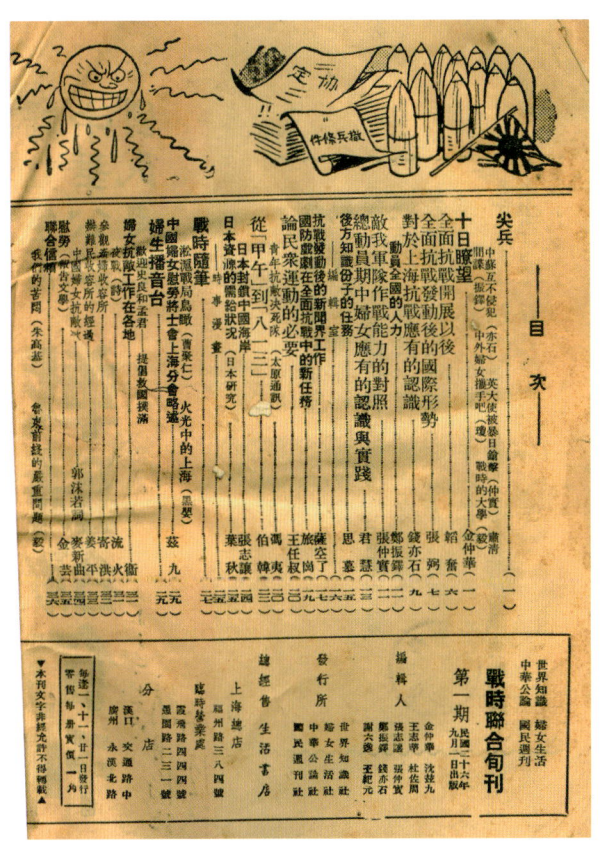
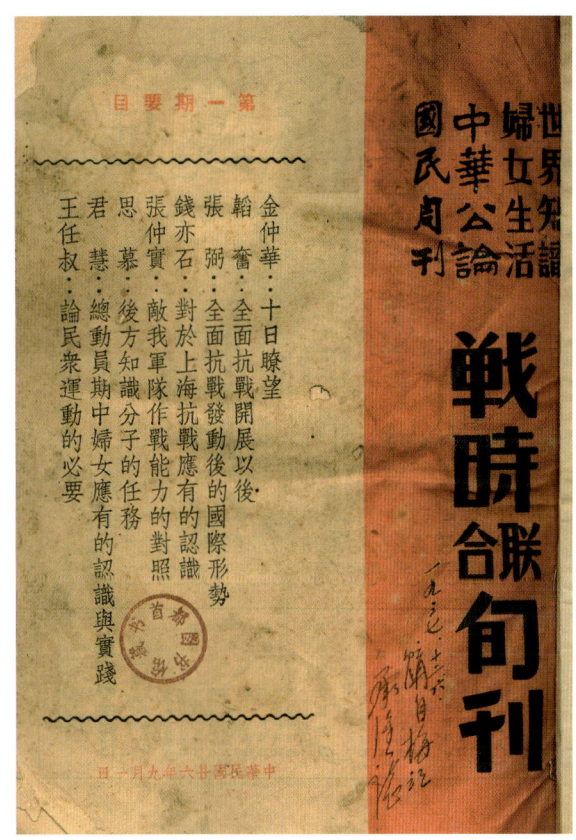

《战时联合旬刊》

责任者：金仲华、沈兹九、王志莘、杜佐周、张志让、张仲实、郑振铎、钱亦石、谢六逸、王纪元编

出版发行：《世界知识社》《妇女生活社》《中华公论社》《国民周刊社》发行，（上海）生活书店出版，no.1（民国二十六年9月［1937，9］）— no.4（民国二十六年10月［1937，10］）

出版频率：旬刊

内容提要：该刊为《世界知识》《妇女生活》《中华公论》《国民周刊》联合主办。其主要内容是分析抗日战争的战争形势，报道抗战前线的情况，分析中苏互不侵犯条约、英日冲突等有利于中国抗战的国际形势。研究探讨抗战的军事、政治、经济、外交策略以及抗战中的现实问题，包括持久战、战时保障、战时动员、工业建设、肃清汉奸等。鼓舞中国人民的抗日精神，探讨抗战中青年、妇女以及各职业各阶层人民的职责。动员妇女参与抗日斗争，积极投入支援前线、慰劳战士、后方生产等抗战工作中。发表诗歌、随笔、小说、剧本等抗战文学。主要作者有郑振铎、金仲华、潘汉年、邹韬奋、郭沫若、钱亦石、沈兹九等。主要栏目有尖兵、十日瞭望、战时随笔、妇女播音台、外论介绍。

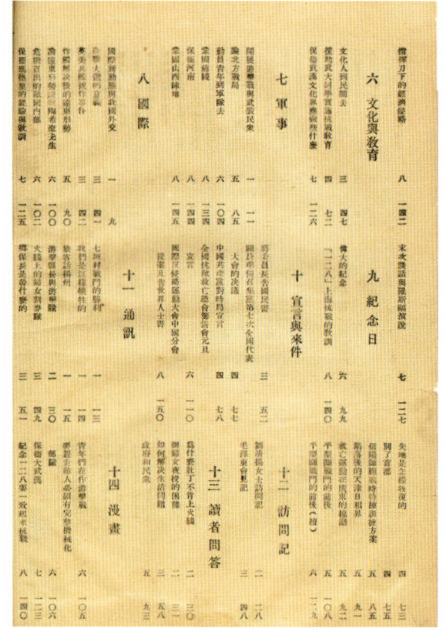 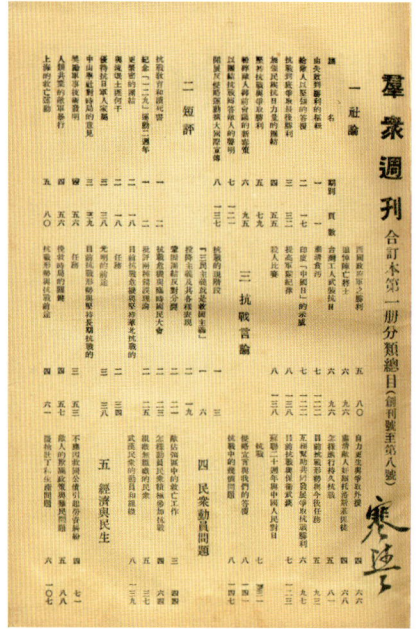 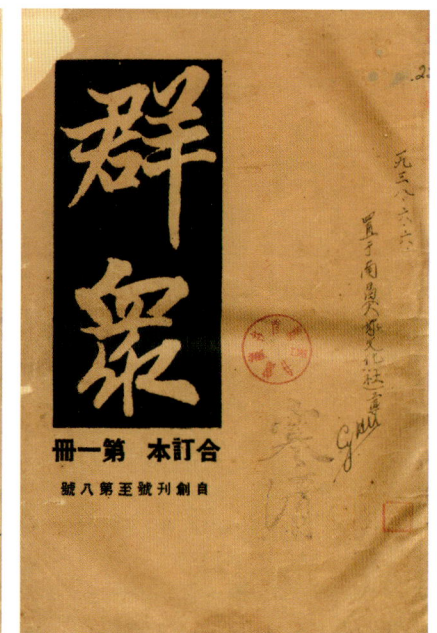

《群众》

责任者：不详

出版发行：（汉口）群众周刊社发行；1938年10月迁至重庆，1946年6月迁至上海，1947年1月迁至香港，v.1, no.1（民国二十六年12月11日[1937, 12, 11]）— v.14, no.9（民国三十六年3月[1947, 3]）；1947年1月发行香港版，v.1, no.1（民国三十六年1月30日[1947, 1, 30]）— v.3, no.43（1949年10月20日）

出版频率：周刊

内容提要：该刊1937年12月11日创刊于汉口，1947年3月被国民党当局查封。该刊是抗日战争至解放战争时期，中国共产党发行于国统区的重要刊物。抗日战争时期，其主要内容是宣传中国共产党的抗日救亡政策，呼吁团结一切抗日力量，维护抗日民族统一战线。宣传和研究马克思列宁主义思想，探讨中国共产党的思想理论和政治理论。研究抗战的战略战术和实际军事问题，介绍全国各地军民抗日救亡工作的实际经验。报道抗战前线和敌占区的战争形势，描述后方及根据地军民的建设和对前线的支援。抗战胜利后，其主要内容是宣传解放战争时期中国共产党的各项政策，探讨解放区建设和发展的政治理论及各项政策。报道评论中国和世界时事要闻，抨击国民党政府的反动统治，揭露国民党政府发动全面内战的真相。介绍解放战争的实际战况，激励鼓舞解放区和国统区人民的革命斗争。周恩来、邓小平等党的领导人在该刊发表了大量具有深远意义的文章，如周恩来《目前抗战形势与坚持长期抗战的任务》《中国现已存在全面性之内战，获至和平主要靠人民的力量》《在第一届中国人民政治协商会议第一次全体会议上周恩来报告共同纲领起草的经过和主要内容》等重要文章。主要栏目有社论、短评、抗战宣言、民众动员问题、经济与民生、文化与教育、军事、国际、纪念日、宣言与来件、通讯、访问记、读者问答、漫画。

二、政治、军事

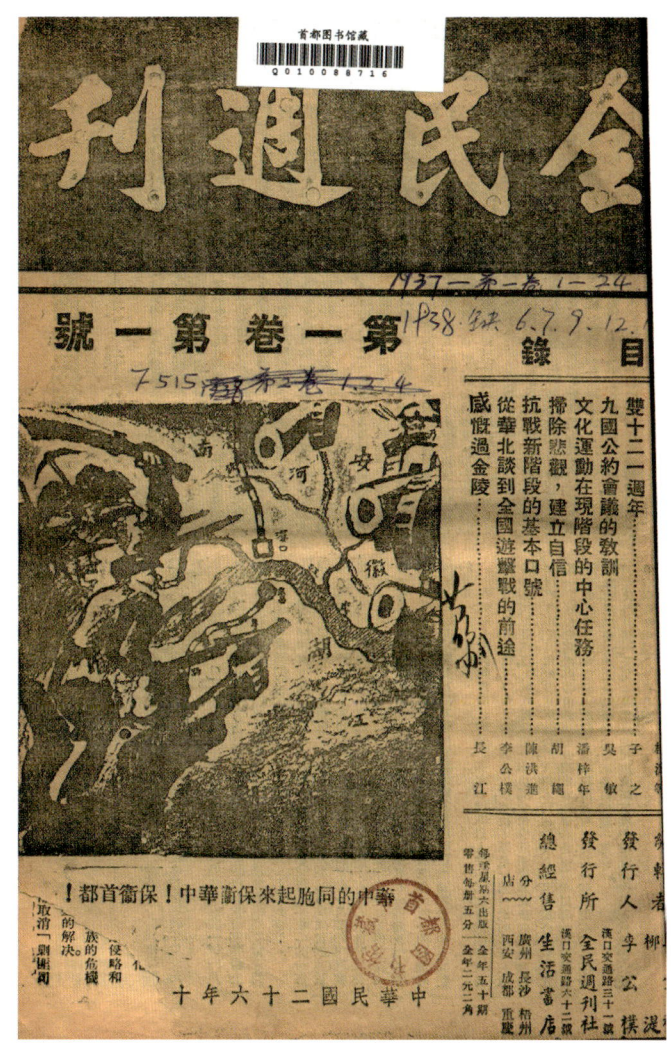

《全民周刊》

题名：全民周刊；1938年7月与邹韬奋主编的《抗战》合并，改名为《全民抗战》

责任者：李公朴、柳湜编

出版发行：(汉口) 全民周刊社发行，v.1, no.1（民国二十六年12月［1937，12］）— v.2, no.5（民国二十七年7月［1938，7］）

出版频率：周刊

内容提要：该刊主要宣传加强抗日全民族统一战线，主张坚持长久抗战，鼓舞全民族的抗战精神，批评抗战中的各种妥协投降思想。报道抗日战争的前线战况。评论国内外时事政治，探讨抗战时期的政治、经济、军事、民生、农村、教育、外交等各种问题。刊载有抗战时期毛泽东、蒋介石、冯玉祥、叶剑英等国共重要人物发表的文章、宣言。其主要作者有李公朴、柳湜、胡绳、金仲华、沈志远、沈钧儒等。主要栏目有社论、短评。

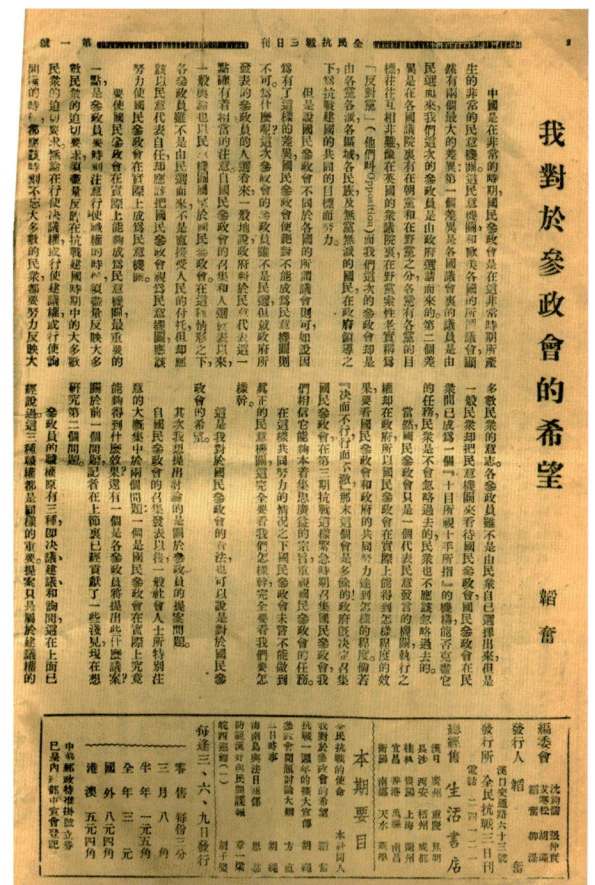 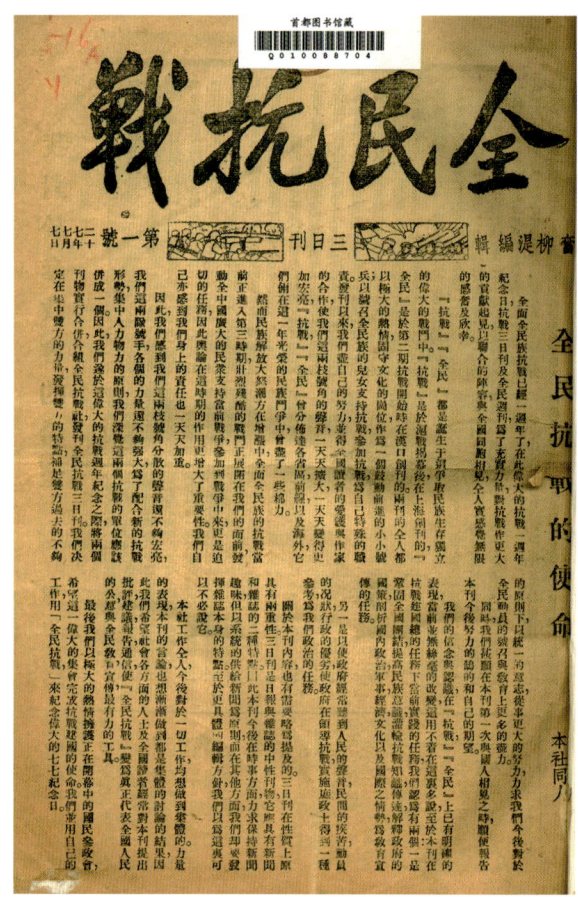

《全民抗战》

责任者：邹韬奋、柳湜编

出版发行：（汉口）全民抗战社发行，no.1（民国二十七年7月［1938，7］）— no.157（民国三十年2月［1941，2］）

出版频率：三日刊

内容提要：该刊主要宣传全民抗战和抗日民族统一战线，报道抗日前线的战况和战争形势图，分析中日双方的战争形势和国际形势。探讨抗战中的政治、经济、军事、民众教育、肃清汉奸防范间谍等问题。其创刊主要任务：一是巩固全国团结，提高民族意识，灌输抗战知识，传达解释政府的国策，剖析国内政治、军事、经济、文化以及国际之情势；二是使政府经常听到人民的声音，了解民间的疾苦、动员的状况、行政的优劣，使政府在领导抗战、实施政务上得到参考。主要作者有邹韬奋、柳湜、胡绳、沈钧儒、金仲华、李公朴、章乃器、潘汉年等。

二、政治、军事

《远东摄影新闻》

题名：远东摄影新闻 = Far Eastern Photo News

责任者：英文大美晚报馆编

出版发行：(上海) 英文大美晚报馆发行，v.1, no.1 (民国二十七年8月 [1938, 8]) — v.1, no.6 (民国二十八年1月 [1939, 1])

出版频率：月刊

内容提要：该刊为抗战初期上海租界发行的中英双语刊物。其主要内容是报道抗日战争的战争情况照片，介绍并分析日本的政治、经济、军事等各方面情况。报道国民政府的军事、外交等政治活动，反映中国军民在抗战正面战场和敌后游击战场的浴血奋战，描绘中国人民的后方生产和生活。该刊刊载有大量抗日战争战场的照片，以及大量反映国民党高层的宴席、会议、接见外宾等政治活动的照片。

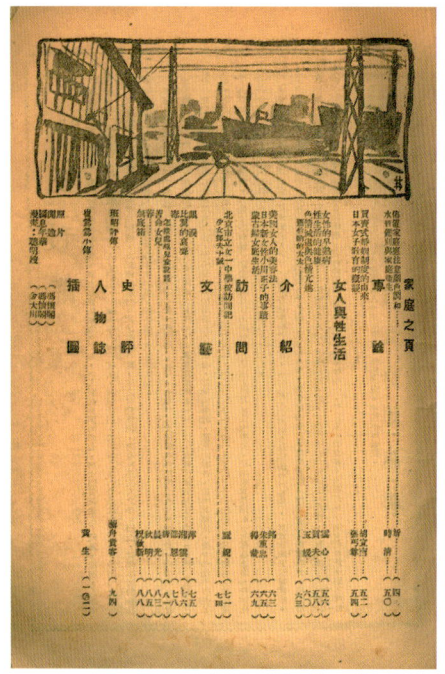 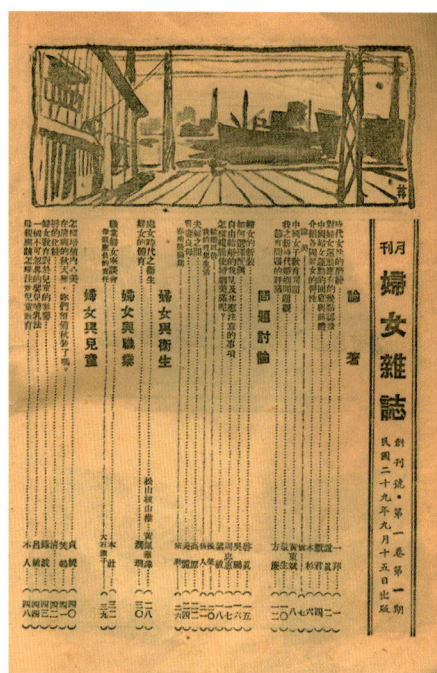 

《妇女杂志》

责任者：妇女杂志社编

出版发行：（北京）妇女杂志社发行，v.1, no.1（民国二十九年9月[1940,9]）— v.6, no.7（民国三十四年7月[1945,7]）

出版频率：月刊

内容提要：该刊创办宗旨是提高妇女生活的兴趣，增强家庭生活的活动，沟通妇女间的知识与教育。主要内容为发表探讨婚姻制度、妇女教育、妇女道德、家庭组织等妇女问题方面的论著，讨论男女关系、婚姻、恋爱、家庭等妇女相关话题。介绍世界各国妇女的生活状况，家务、女红、卫生、育儿等家庭知识，最新服饰、装饰、美容等资讯。研究中国女性的历史，介绍中国古代至近代的著名女性人物。发表诗词、随笔、小说等文学作品。主要栏目有论著、问题讨论、妇女与卫生、妇女与职业、妇女与儿童、家庭之页、专论、女人与性生活、介绍、访问、文艺、史评、人物志、插图。

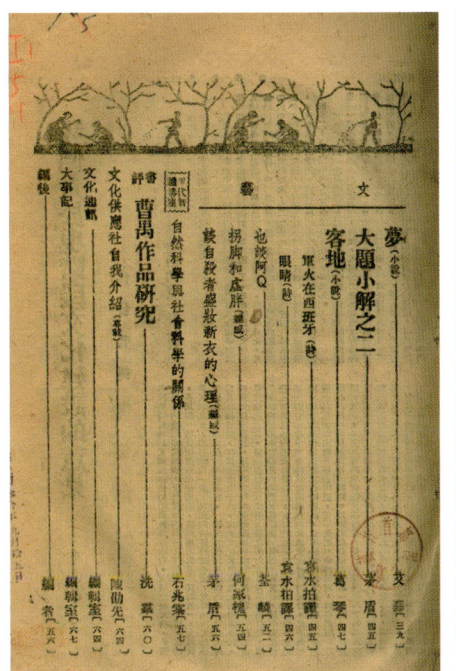  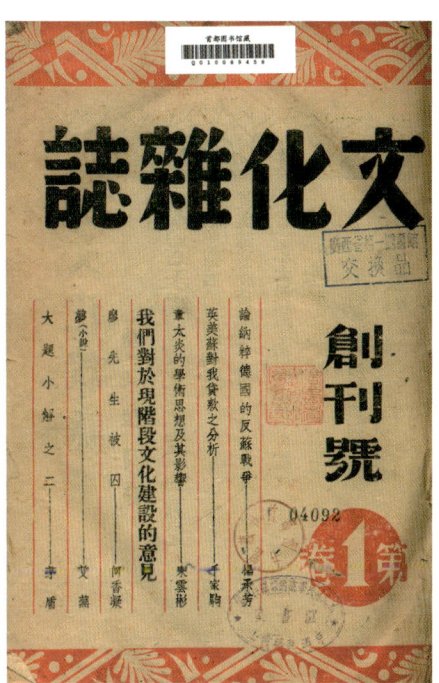

《文化杂志》

责任者：文化杂志社编

出版发行：陈劭先、（桂林）文化供应社出版，v.1，no.1（民国三十年8月［1941，8］）— v.3，no.4（民国三十二年5月［1943，5］）

出版频率：月刊

内容提要：该刊主要介绍和评论各项学术思想，内容包括政治、经济、哲学、社会学、教育学、历史、文艺、科学理论、社会科学和文学著作介绍等。研究文学理论，刊载文学评论、诗词、杂感、散文、小说等文学作品。主要作者有茅盾、李达、沈志远、胡风、何香凝、陈劭先等。主要栏目有学术论著、文艺、现代智识讲座。

《时代》

题名：时代 = The Epoch

责任者：匝开莫编

出版发行：（上海）苏商时代杂志社发行，no.1（民国三十年8月［1941，8］）— v.11，no.16（1951年8月）

出版频率：周刊；自1950年第10卷起，改为半月刊

内容提要：该刊主要内容是报道苏联的政治、经济、文化、社会等各方面情况，探讨研究以苏联为中心的国际政治及国际关系，介绍苏联人民的社会生活，报道苏联卫国战争战局，发表描写苏联人民和战斗英雄的照片和通讯报道，发表小说、人物传记等文学作品，转载有肖洛霍夫、托尔斯泰、高尔基等著名作家的作品。

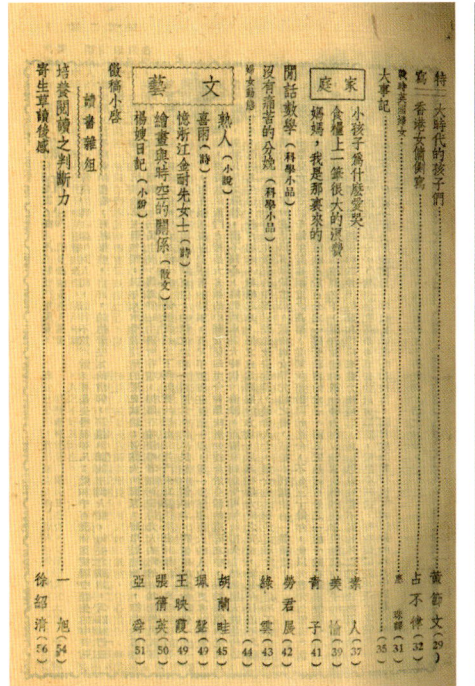 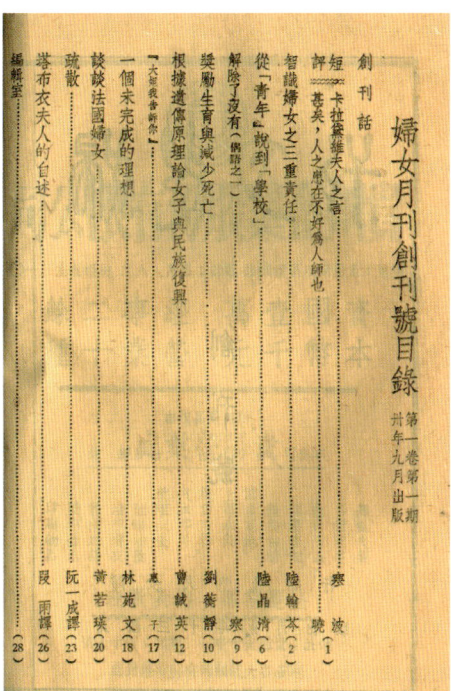 

《妇女月刊》

责任者：陈翰苓、林苑文编

出版发行：（重庆）妇女月刊社出版，创刊号（民国三十年9月［1941，9］）— v.7, no.5（民国三十七年11月［1948，11］）

出版频率：月刊

内容提要：该刊主要刊载研究妇女运动的理论等各项妇女问题的论著，内容包括妇女运动、妇女参政、抗战建国、妇女教育、儿童教育、婚姻、生育等方面，反对包办婚姻、童养媳、贞洁等封建压迫。介绍各地妇女工作经验，发表中国各地各阶层各职业妇女的生活状况调查报告。报道国内外妇女相关新闻消息，描绘各国妇女的生活情境以及战争中的贡献。普及自然科学和社会科学知识，介绍烹饪、缝纫、卫生、育儿等家庭生活知识。发表关于妇女历史的文章以及著名女性的传记。刊载散文、诗歌、小说、戏剧等文学作品。主要栏目有短评、特写、家庭、文艺、读书杂俎。

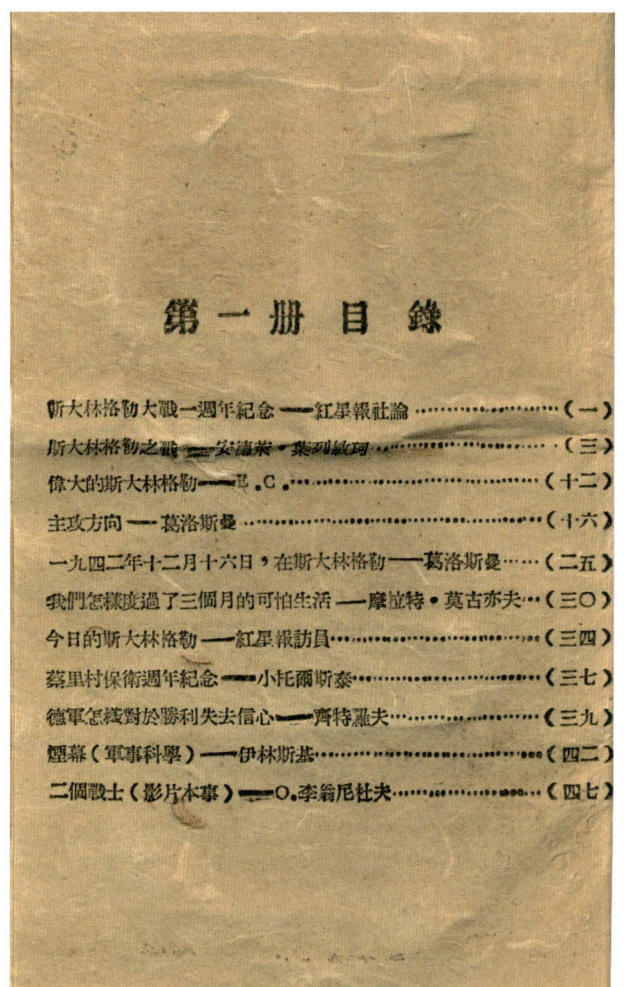
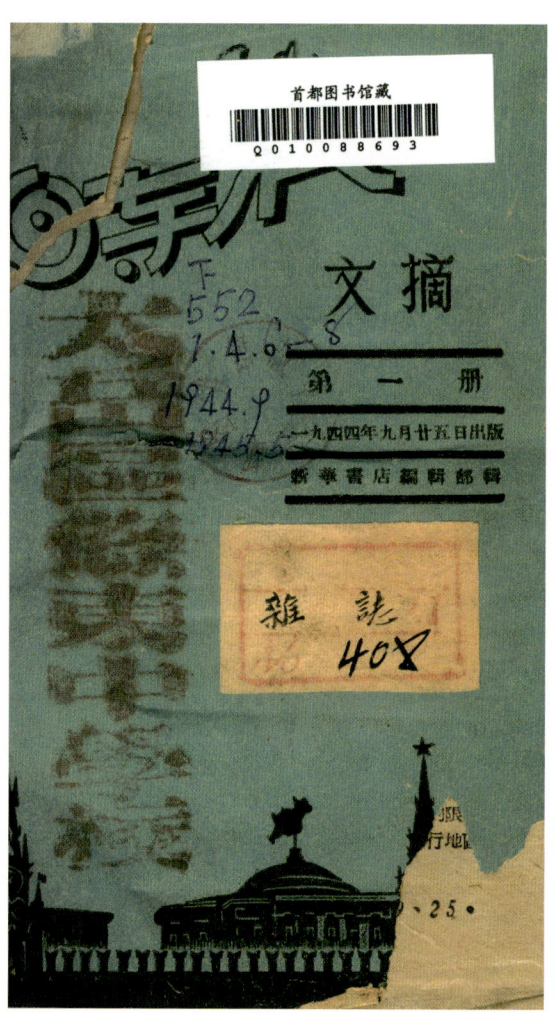

《时代文摘》

责任者：新华书店编辑部编

出版发行：新华书店出版，no.1（民国三十三年9月［1944，9］）—no.9（民国三十四年6月［1945，6］）

出版频率：旬刊

内容提要：该刊文章选摘自上海出版的《时代》杂志。其主要内容是介绍苏联政治、经济、文化、社会等各方面情况，描写苏联人民和红军在卫国战争中英勇抗战的事迹，反映欧洲被压迫民族反法西斯斗争的状况。报道苏联的军事力量、军事装备和军事科技，介绍军事、科学、政治知识。

二、政治、军事

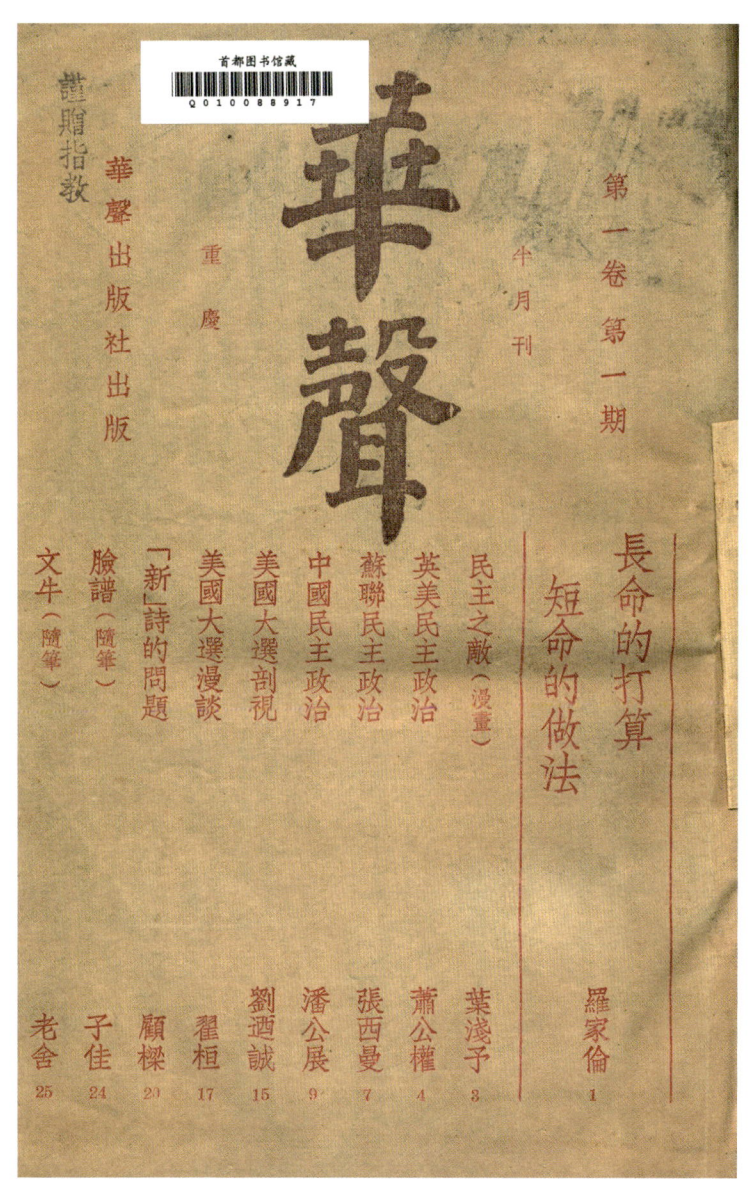

《华声》

责任者：翟桓、顾梁编

出版发行：王书林发行，(重庆)华声半月刊社出版，v.1, no.1（民国三十三年11月[1944, 11]）— v.2, no.1（民国三十六年1月[1947, 1]）

出版频率：半月刊

内容提要：该刊主要刊载研究文学、历史、经济、教育等问题的学术论著。介绍并评论国内外著名作家以及小说、戏剧等文艺作品。探讨抗战后期至战后的中国政治、经济局势问题，包括国共关系、联合国问题等。发表诗歌、散文、随笔、小说等文学作品。该刊作者均为当时著名学者、历史学家、文学家，主要有罗家伦、朱光潜、萧公权、罗尔纲、顾颉刚、吴其昌、梁实秋、老舍、穆旦、冰心等。

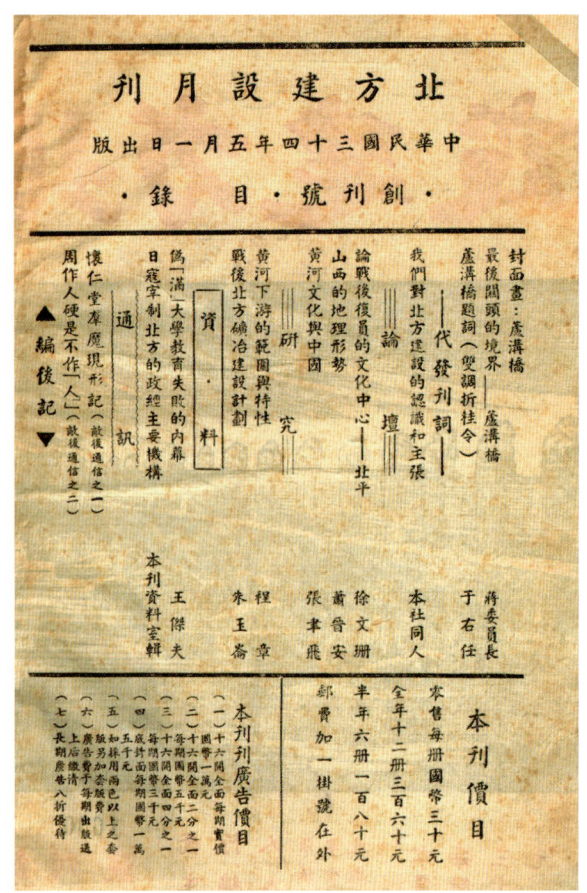 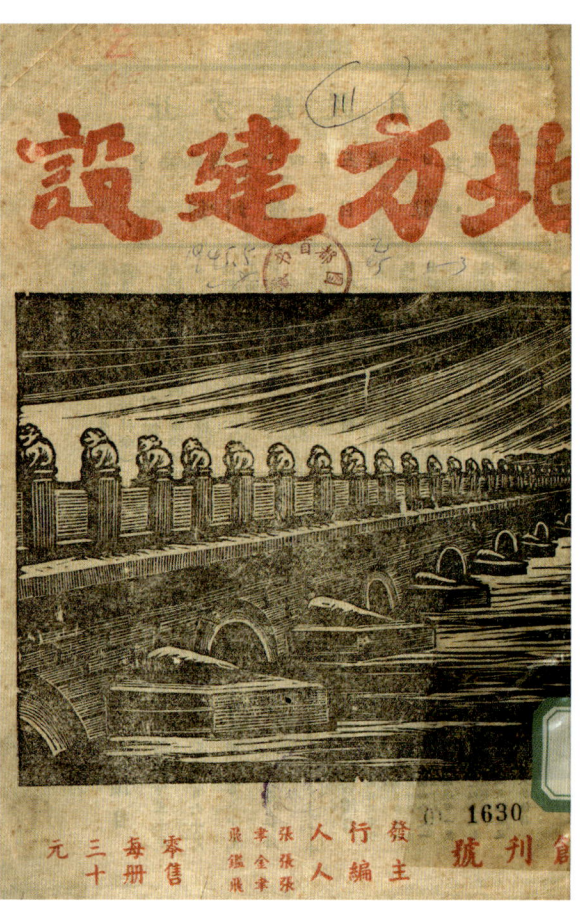

《北方建设》

责任者：张金鉴、张聿飞主编

出版发行：张聿飞，（重庆）北方建设月刊社发行，创刊号（民国三十四年5月[1945,5]）— no.2/3（民国三十四年9月[1945,9]）

出版频率：月刊

内容提要：该刊创刊于抗战即将胜利之际，主要刊载探讨北方地区战后政治、经济、文化、军事的恢复和建设的文章，涉及收复失地、惩治敌伪分子、文化恢复、工业建设、农业建设、交通建设、国防建设等方面。刊载有徐文珊《论战后复员的文化中心——北平》、朱玉仑《战后北方矿冶建设计划》《周作人硬是不作"人"》、张聿飞《黄河文化与中国》等文章。主要栏目有论坛、研究、资料、通讯。

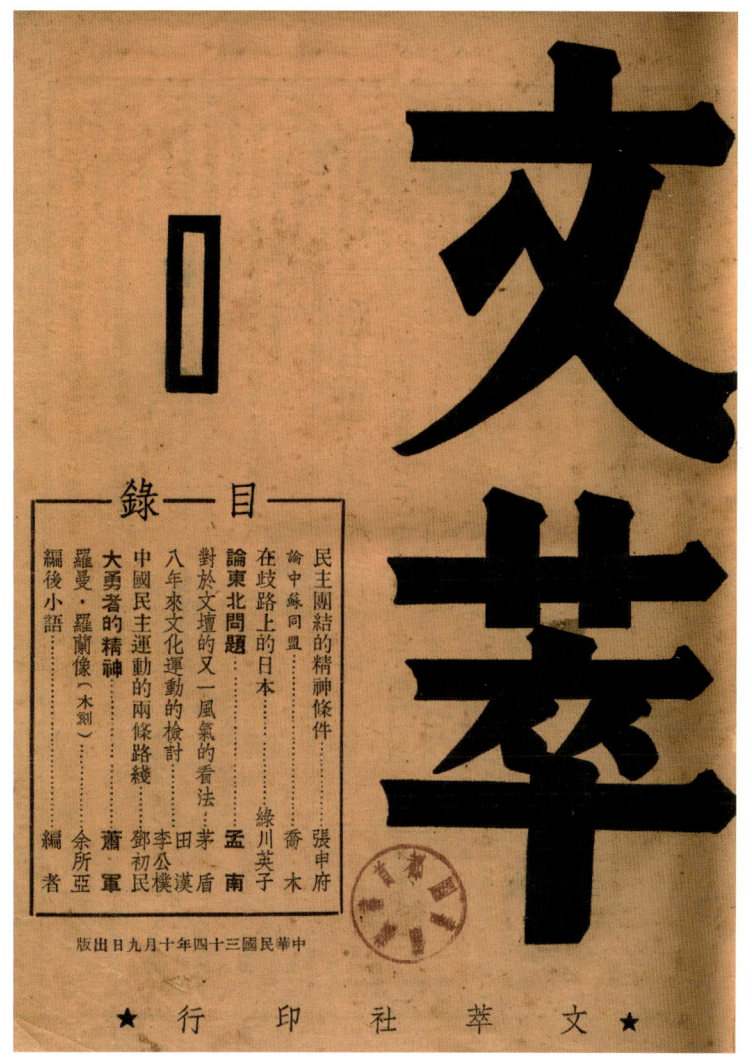

《文萃》

责任者：文萃社编

出版发行：（上海）文萃社出版，国际书报社发行，v.1, no.1（民国三十四年10月 [1945, 10]）— no.7（民国三十六年6月 [1947, 6]）

出版频率：周刊

内容提要：该刊是中国共产党在国统区创办的刊物。其主要内容是评论中国时事政治问题，批评蒋介石政府反动的政治、经济、外交政策，批驳国民党对于中国共产党的攻击污蔑。反对内战，呼吁通过会议解决中国的政治危机。探讨中国政治、经济困境的解决方法，探索建设新中国的理论与方案。报道国际时事大事，警惕日本的战后处理问题，关注战后各殖民地的民族解放运动。发表诗词、歌曲等文艺作品。主要作者有乔木、茅盾、田汉、李公朴、郭沫若、萧军、柳亚子、臧克家、陶行知、端木蕻良等。刊载有田汉《漫忆鲁迅先生》、马寅初《黄金政策所表现之经济政策》、端木蕻良《建设东北的意见》、邵力子等人《关于政治协商会议》等文章。

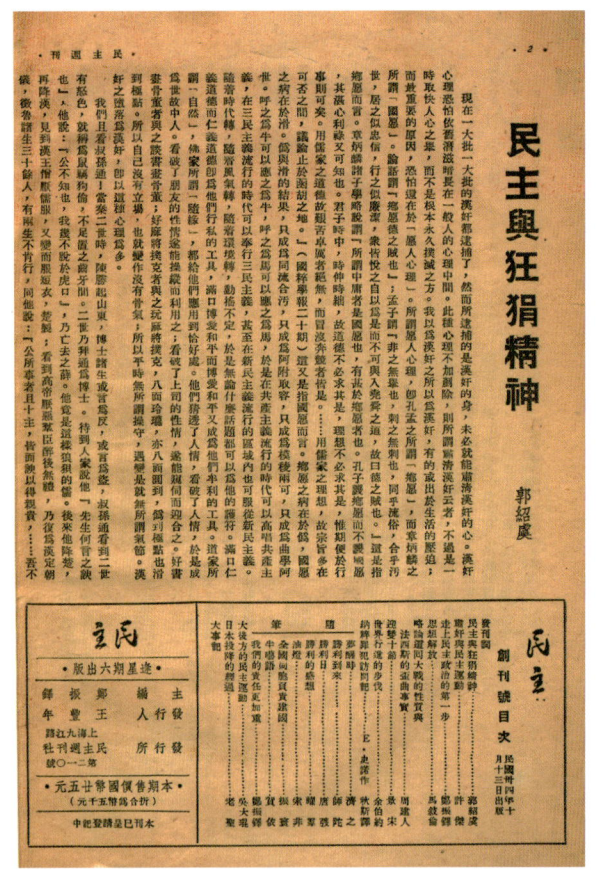
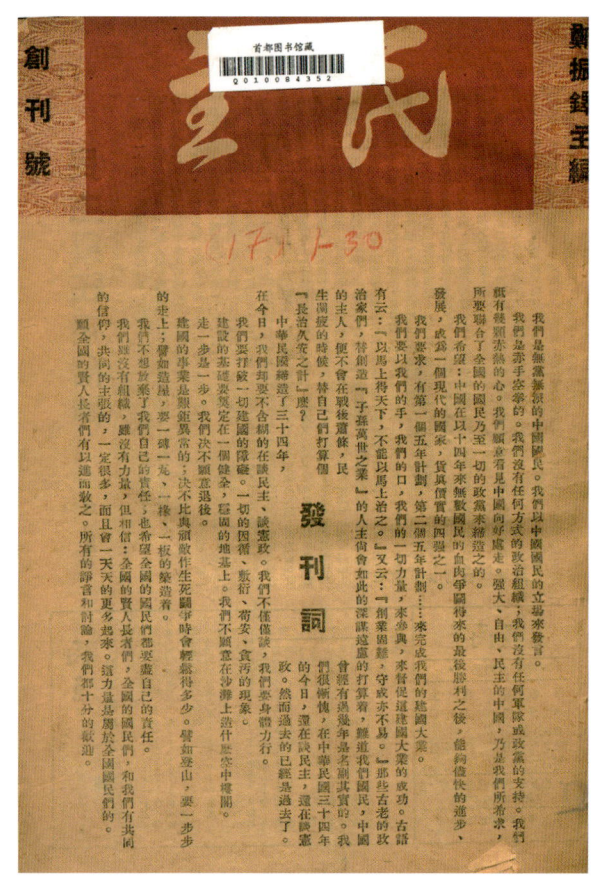

《民主》

责任者：郑振铎主编

出版发行：王丰年、（上海）民主周刊社发行，创刊号（民国三十四年10月［1945，10］）— v.2, no.3/4（民国三十五年10月［1946，10］）

出版频率：周刊

内容提要：抗战胜利后，国民党当局发动内战的企图愈发明显，对进步人士的迫害也愈发残酷，《民主》杂志在此背景下创刊。该刊以民主建国、呼吁和平、反对内战为立场，发表中国时事政治评论文章。撰稿人有郑振铎、马叙伦、周建人、茅盾、郭沫若、邓初民、胡愈之、臧克家等民主人士。1946年10月，被国民党当局强制休刊。

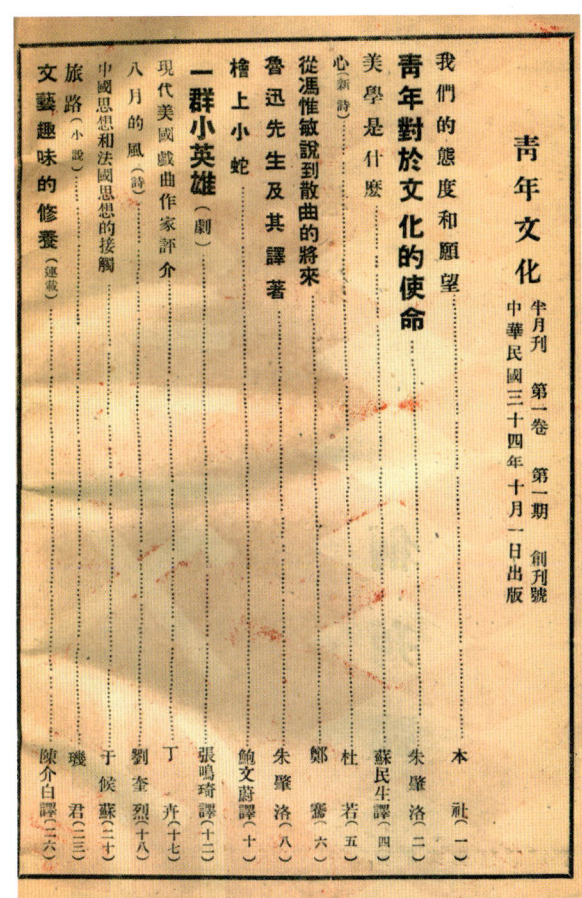 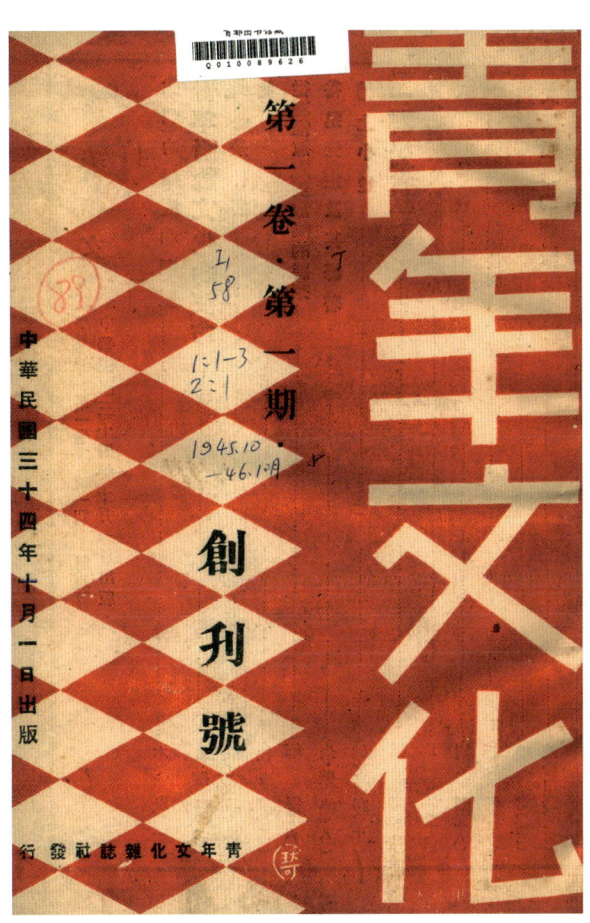

《青年文化》

责任者：青年文化杂志社编

出版发行：（北平）青年文化杂志社发行，v.1, no.1（民国三十四年10月 [1945, 10]）— v.3, no.1（民国三十五年12月 [1946, 12]）

出版频率：半月刊

内容提要：该刊创刊宗旨是创造中国新文化，培养青年新学识。其主要介绍与探讨世界新思想新文化，讨论青年与文化关系的问题。探讨文化理论和文艺理论，涉及中国文化复兴、美学、文学理论、戏剧理论、艺术理论等内容。发表诗歌、小说、戏剧等文学作品。报道国内外文化界的消息。1945年10月16日第1卷第2期为"鲁迅先生逝世九周年纪念特辑"，刊载有萧红《鲁迅先生生活忆略》等文章。

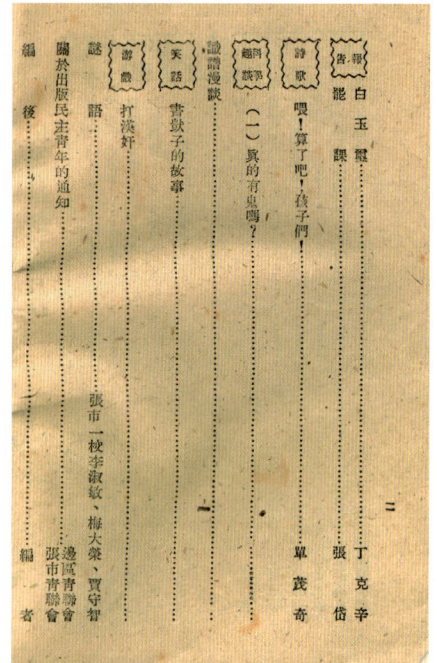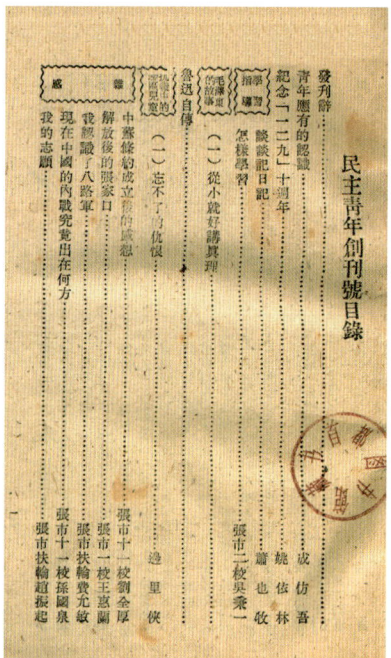

《民主青年》

题名：1946 年 5 月第 1 卷第 5 期起改名为《时代青年》

责任者：青年民主社编

出版发行：(张家口) 新华书店发行，v.1, no.1（民国三十四年 12 月 [1945, 12]）— v.4, no.3（民国三十六年 6 月 [1947, 6]）

出版频率：月刊

内容提要：该刊为解放区刊物，创刊使命是保卫我们用热血创造的民主解放区。其主要内容是发表国内外时事评论，呼吁和平，反对国民党反动派发动的内战。向青年介绍马克思列宁主义思想和政治理论，指导青年学生学习方法和数学、地理等各学科等知识，培养青年学生修养，普及科学常识。发表青年学生创作的学术研究论文和时事政治评论。发表诗歌、随笔、杂文等文艺创作。主要作者有姚依林、萧也牧、成仿吾、丁玲等。主要栏目有学习指导、毛泽东的故事、抗战中的边区儿童、杂感、报告、诗歌、科学趣谈、笑话、游戏。

二、政治、军事

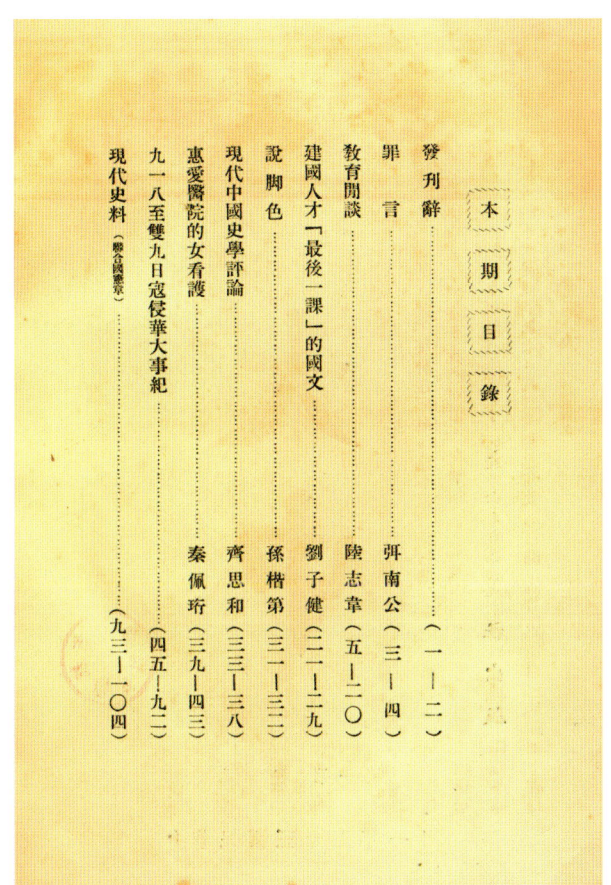
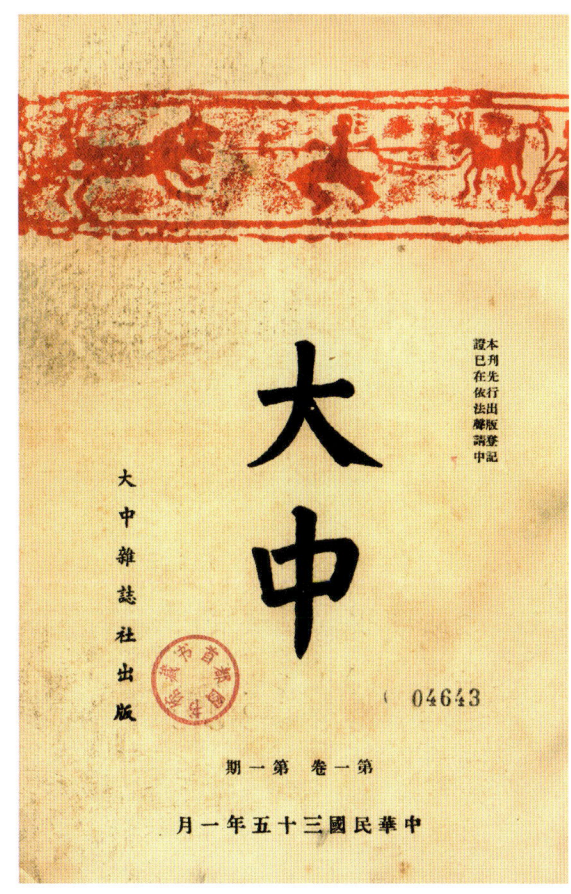

《大中》

责任者：不详

出版发行：李书春、（北平）大中杂志社发行，v.1, no.1（民国三十五年1月[1946，1]）— v.1, no.8/9（民国三十五年8月[1946，8]）

出版频率：月刊

内容提要：该刊以"中立不倚""无偏无私"为信条，主要发表中国时事政治评论，分析抗战胜利后中国的政治局势，探讨中国的政治、经济、教育、文化、外交问题。刊载社会科学研究的学术论文，涉及历史、哲学、文学、教育等学科。报道世界各国的政治、经济、文化状况，分析世界政治和外交局势。介绍世界最新的科学理论和科学技术成就。主要作者有齐思和、弭南公、秦佩珩、赵承信等。刊载有齐思和《现代中国史学评论》、陆志韦《教育闲谈》、本社资料室《雅尔达秘密协定之公布及其所引起之反响》等文章。

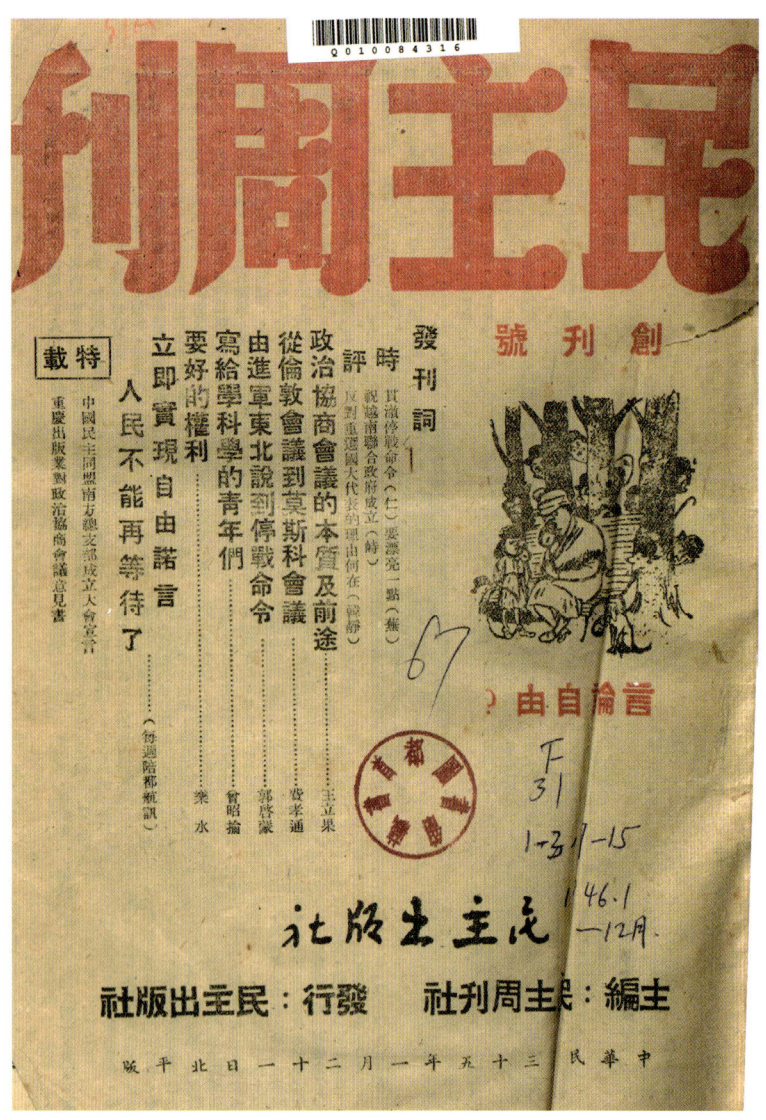

《民主周刊》

题名：民主周刊，1947年1月改名为民主半月刊

责任者：中国民主同盟主办，民主周刊社编

出版发行：（北平）民主出版社发行，no.1（民国三十五年1月［1946，1］）— no.15（民国三十五年12月［1946，12］）；1947年1月改名为民主半月刊，卷期另起，No.1（民国三十六年1月［1947，1］）— no.4（民国三十六年3月［1947，3］）

出版频率：周刊；1947年8月第7期起改为半月刊

内容提要：该刊是中国民主同盟的正式刊物。其主要发表中国时事政治评论，呼吁民主和平，反对国民党反动派发动的内战。报道国内外时事大事。发布民主同盟的宣言、政治报告、新闻消息等。撰稿人有吴晗、潘光旦、李公朴、张东荪、翦伯赞、郭沫若、茅盾、马叙伦、刘清扬等民主人士。主要栏目有时评、短评、特载。

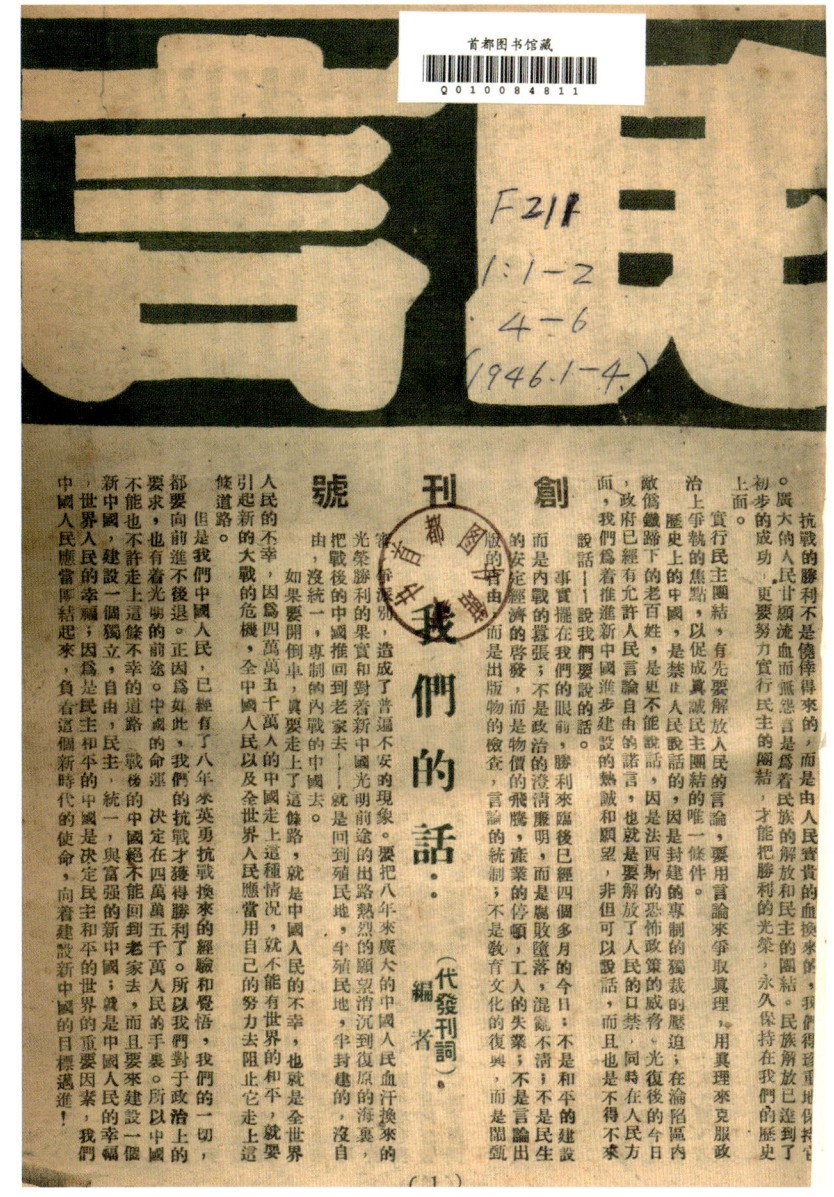

《民言》

责任者：民言出版社编

出版发行：（天津）民言出版社发行，v.1，no.1（民国三十五年1月［1946，1］）— v.1，no.6（民国三十五年4月［1946，4］）

出版频率：半月刊

内容提要：该刊主要发表国内外时事政治评论，客观地报道共产党的政策以及解放区的状况，抨击国民党政权的反动统治，分析国民党政府召开政治协商会议时期的政治局势，呼吁国民党政府停止发动内战，分析报道二战后的国际形势。

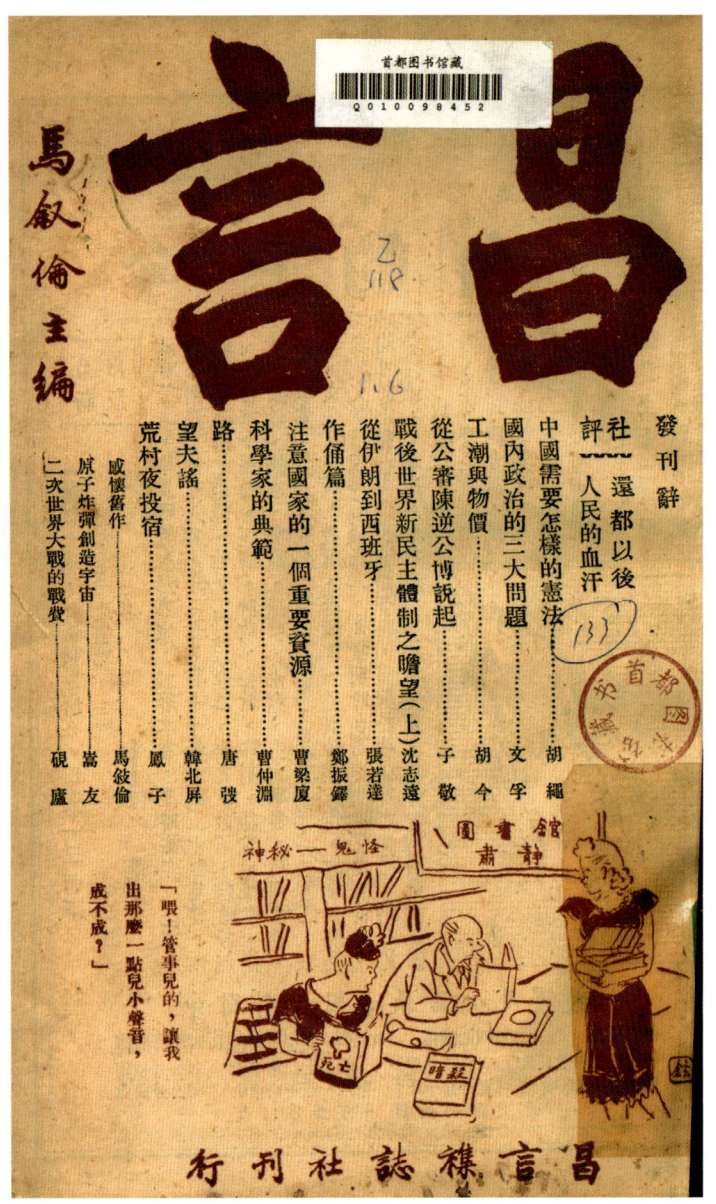

《昌言》

责任者：马叙伦主编

出版发行：（上海）昌言杂志社发行，no.1（民国三十五年1月［1946，1］）— no.6（民国三十五年6月［1946，6］）

出版频率：月刊

内容提要：该刊主要刊载研讨中国战后的政治、经济、社会及各类现实问题的评论文章。刊载研究政治、经济、文学等的论文。发表反映中国现实社会的诗歌、散文、小说等文学作品。主要作者有马叙伦、郑振铎、胡绳、沈志远、李健吾等。刊载有沈志远《战后世界新民主体制之瞻望》、马叙伦《周末几个社会主义者的反战论》、郑振铎《作俑篇》、凤子《荒村夜投宿》等作品。

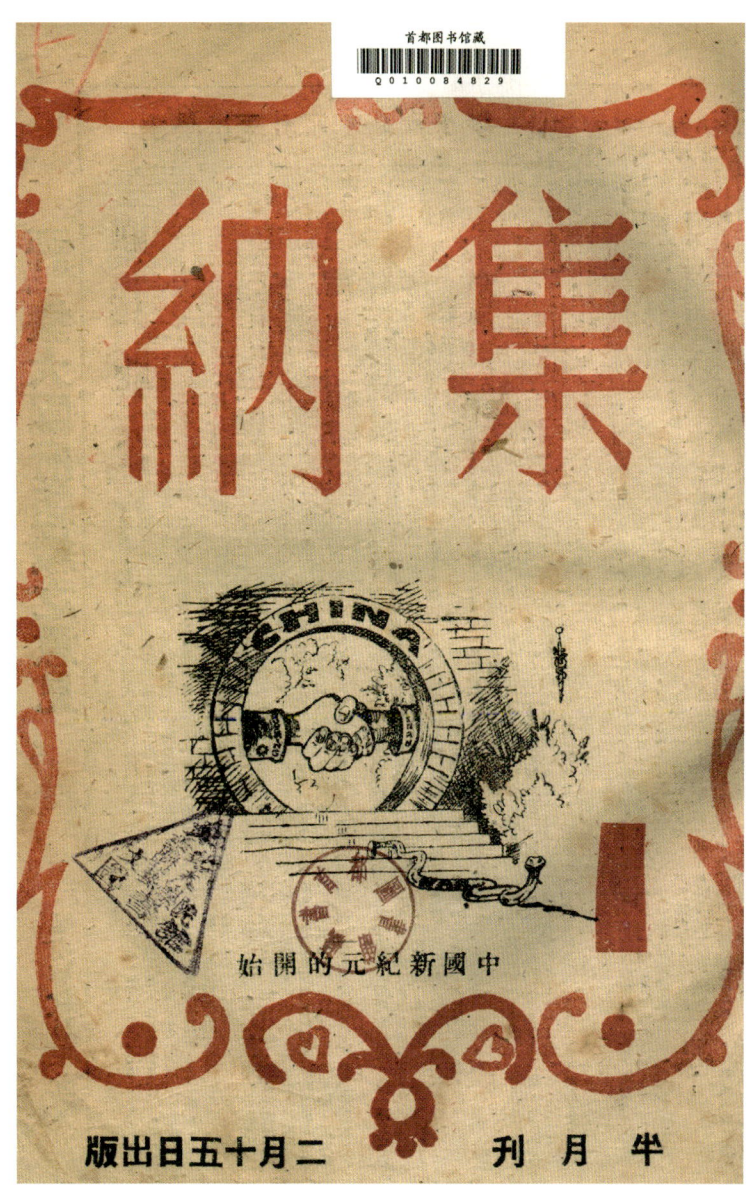

《集纳》

责任者：集纳社编

出版发行：(北平) 集纳社发行，no.1 (民国三十五年 2 月 [1946，2]) — no.6 (民国三十五年 6 月 [1946，6])

出版频率：半月刊

内容提要：该刊主要内容是宣传中国共产党的政策和政治思想，宣传社会主义制度，发表时事政治评论，抨击国民党政府的反动统治，反击对中国共产党的攻击污蔑。主要撰稿人有郑振铎、马叙伦、平心、乔木、田家英等人，转载有延安《解放日报》等解放区报刊的社论文章。

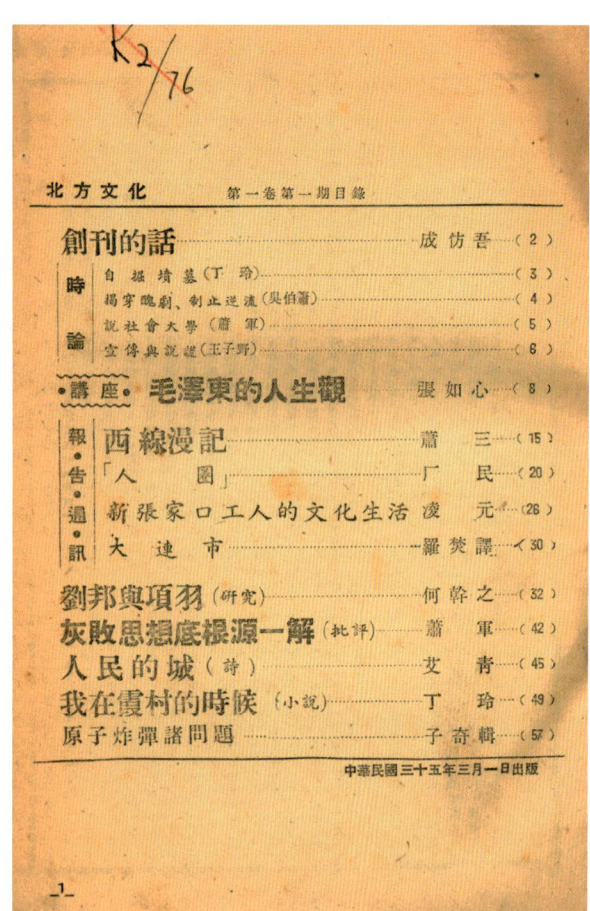
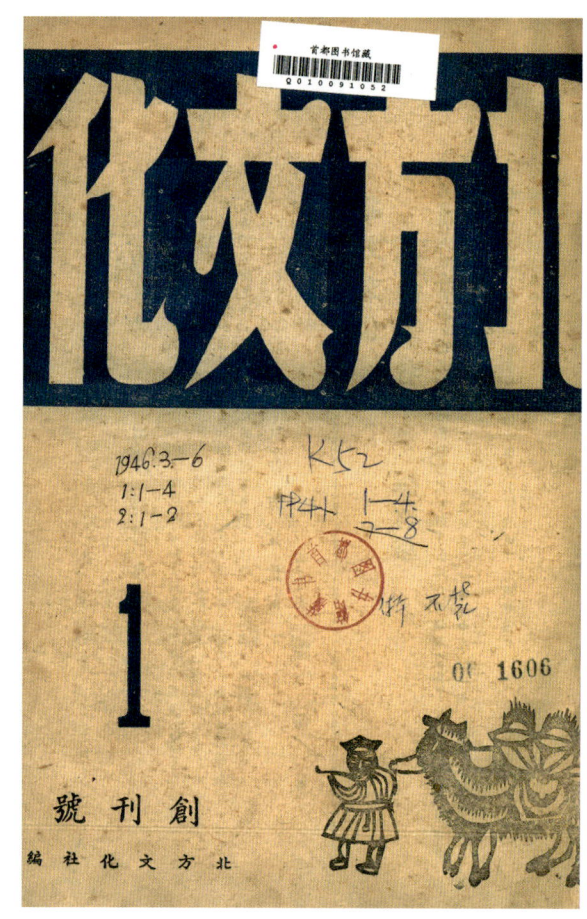

《北方文化》

责任者：成仿吾、张如心主编

出版发行：(张家口)北方文化社出版；新华书店晋察冀分店发行,v.1,no.1(民国三十五年3月[1946，3])—v.2,no.6(民国三十五年8月[1946，8])

出版频率：半月刊

内容提要：该刊为解放区刊物，主要内容是发表时事政治评论，宣传我党的各项政治、经济政策，介绍解放区的文艺政策和文艺作品。刊载诗歌、散文、小说等文艺作品，描绘解放区人民欣欣向荣的生活，歌颂介绍解放军战士的革命斗争。介绍苏联等国的政治、经济和文化事业情况以及文艺作品。主要作者有成仿吾、张如心、丁玲、陆定一、贺敬之、萧军、杨朔、沙可夫、何干之等著名作家。刊载有丁玲《我在霞村的时候》、艾青《人民的城》、萧三《西线漫记》等文艺作品。主要栏目有时论、报告通讯、诗辑。

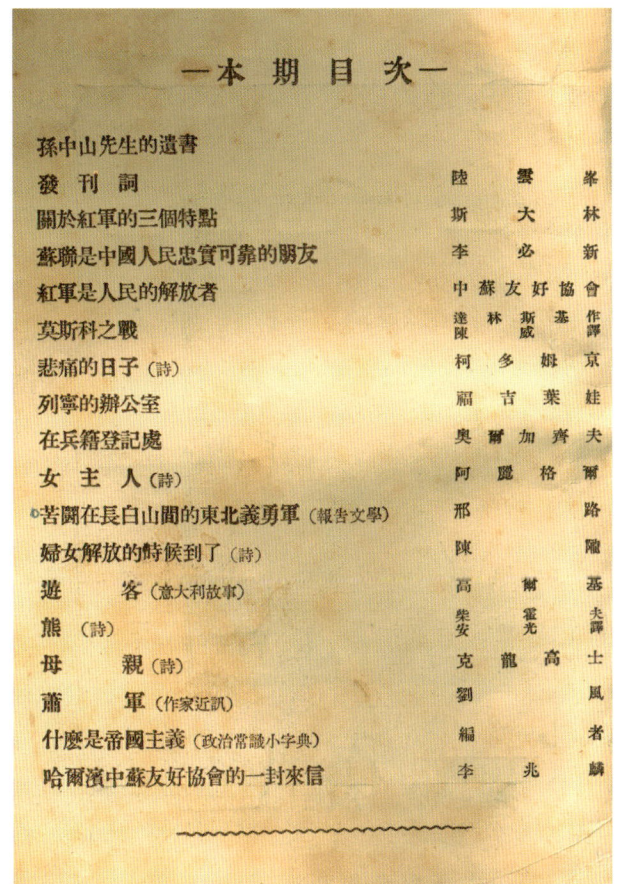

《中苏知识》

责任者：中苏友好协会编

出版发行：（大连）中苏友好协会出版，no.1（民国三十五年4月［1946，4］）— no.13（民国三十六年6月［1947，6］）

出版频率：月刊

内容提要：该刊目的是要成为唤起民众、动员广大人民保卫世界永久和平、巩固中苏永久友好的号角，倡导新文化运动、沟通中苏两大盟邦的文化的武器。其主要内容是介绍苏联的政治、经济制度、历史、文学、艺术、教育、科技等方面情况，探讨中国和苏联的政治、经济、文化、历史、艺术等各方面问题。刊载高尔基等苏联著名作家的诗歌、小说、散文等文艺作品。介绍俄语学习知识与方法。

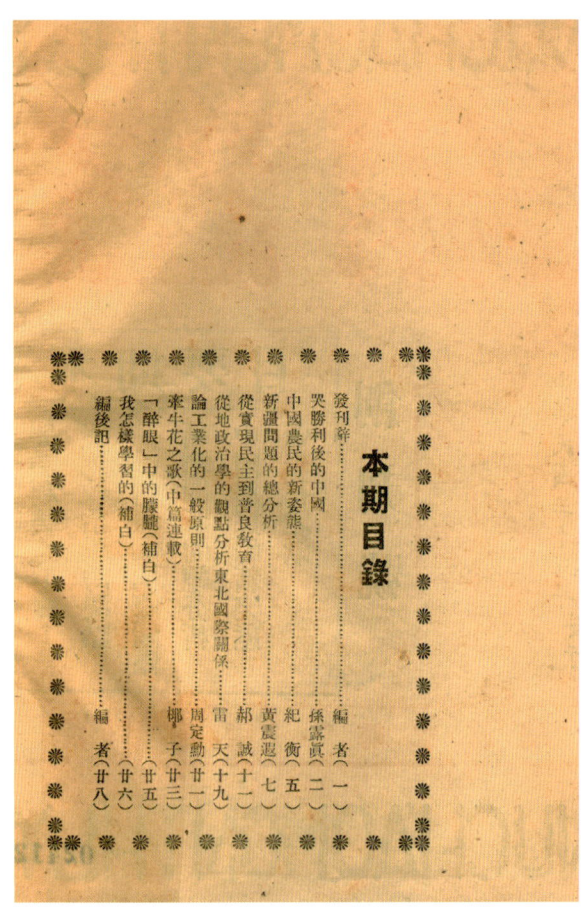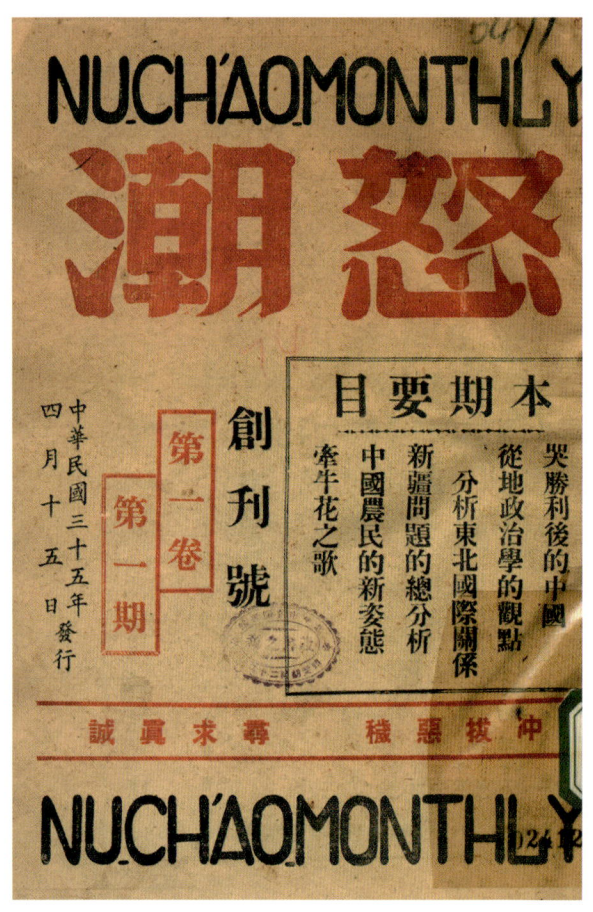

《怒潮月刊》

题名：怒潮 = Nuchao Monthly

责任者：怒潮月刊社编

出版发行：（北平）怒潮月刊社发行，no.1（民国三十五年4月［1946，4］）— no.3（民国三十五年6月［1946，6］）

出版频率：月刊

内容提要：该刊创刊目的是共克时艰，完成国家建设、民族复兴的伟业。主要刊载建设性的论著，包括政治、经济、文化、社会、心理、青年问题，以及文艺著作。

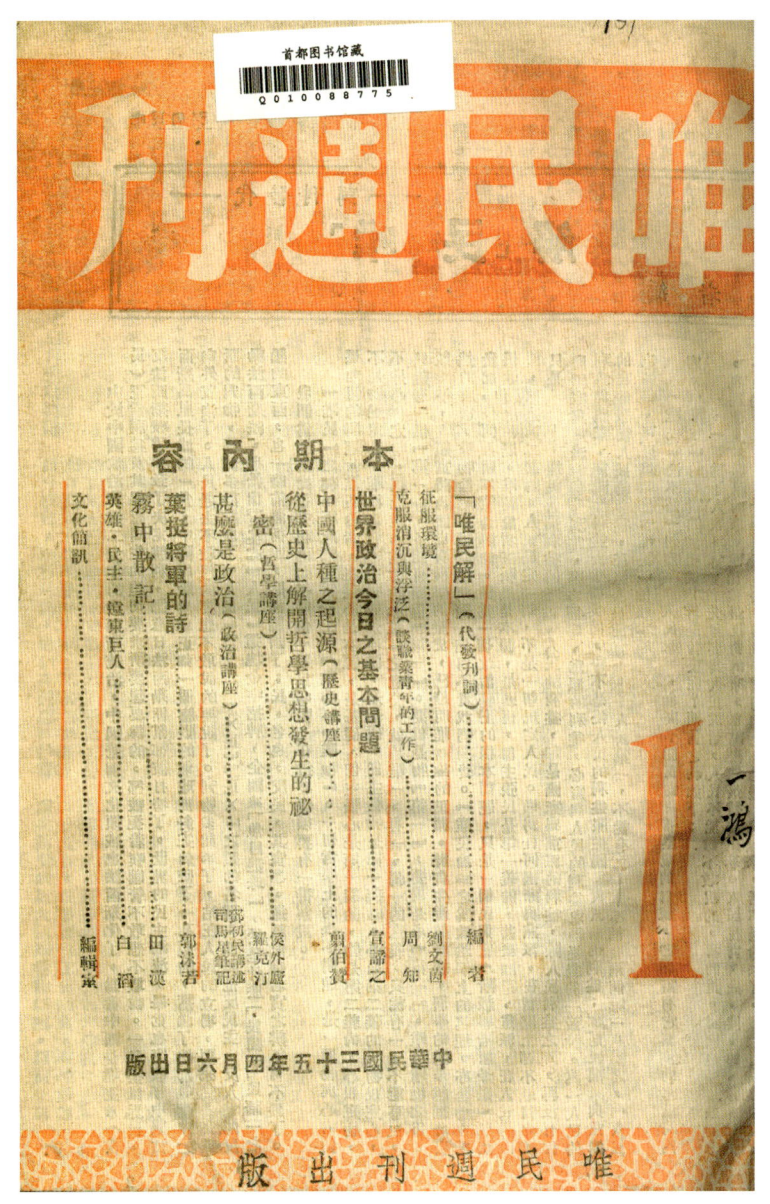

《唯民周刊》

责任者：邓初民编

出版发行：(重庆)唯民周刊社发行，v.1, no.1（民国三十五年4月[1946，4]）— v.4, no.10（民国三十六年3月[1947，3]）

出版频率：周刊

内容提要：该刊主要发表研究社会科学的学术论著，包括历史学、哲学、政治学、社会学、经济学、学习方法、教育学、文艺理论等方面内容。发表时事政治评论，揭露国民党政府的反动统治，分析中国政治、经济现状和局势走向。发表诗歌、散文、小说、剧本等文学作品。撰稿人有翦伯赞、侯外庐、陶行知、郭沫若、田汉、吴晗、邓初民等。主要栏目有唯民杂谈等。

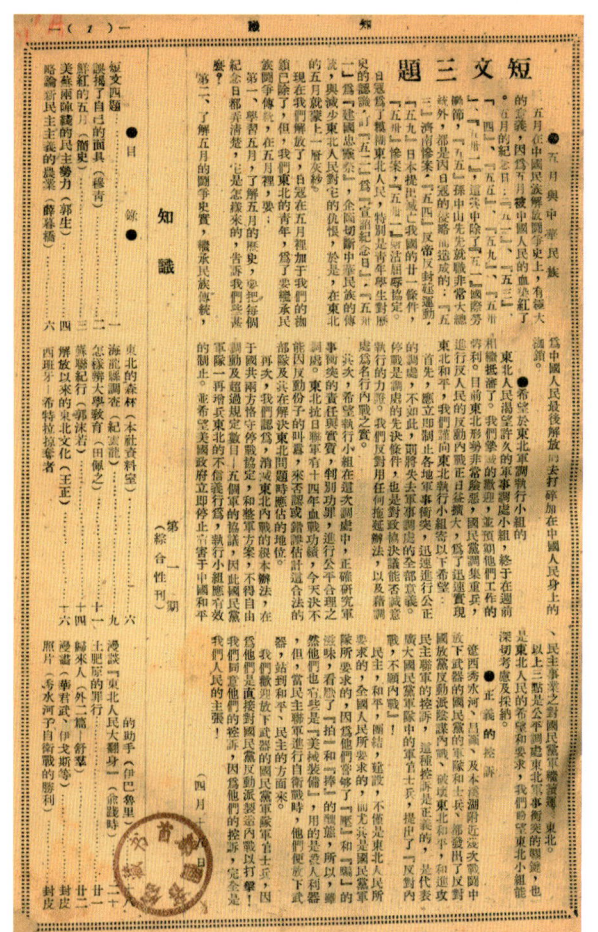

《知识》

责任者：东北杂志社知识编辑部编

出版发行：(沈阳) 东北书店发行；1946 年 12 月第 1 卷第 6 期迁至哈尔滨；1949 年 1 月第 9 卷第 6 期起迁回沈阳。v.1, no.1（民国三十五年 5 月［1946，5］）— v.12, no.2（民国三十八年 8 月［1949，8］）

出版频率：半月刊

内容提要：该刊为解放区刊物，主要内容是介绍国内外重要时事，发表国内外时事政治评论，探讨各种政治、经济、社会问题。报道中国共产党的各项政策，宣传介绍解放区的各方面情况。介绍各种自然科学知识和人文科学知识，探讨学习方法、识字、各学科教学等有关青年学习相关内容。发表诗词、歌曲、小说、漫画等文艺作品。

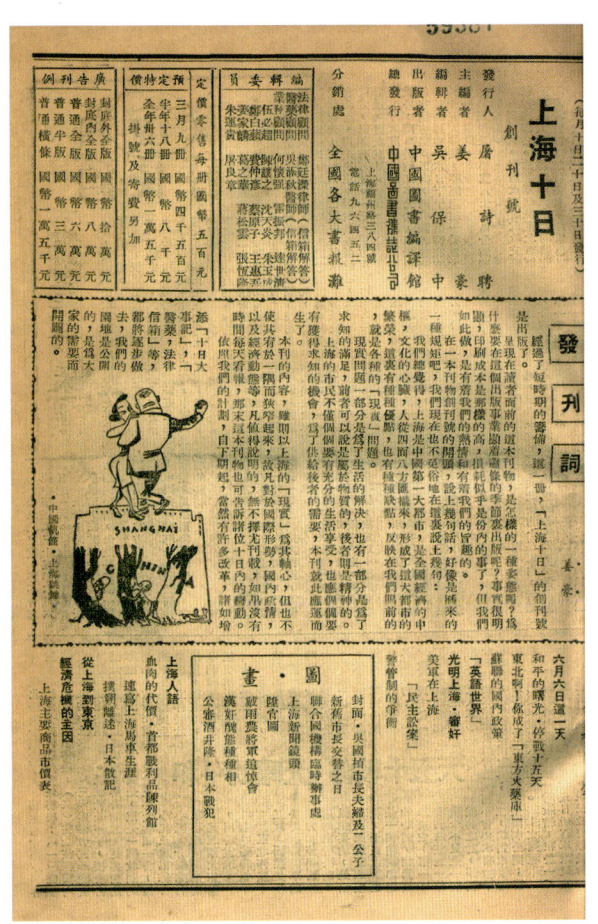

《上海十日》

责任者：姜豪主编

出版发行：（上海）中国图书编译馆出版，屠诗聘发行，中国图书杂志公司总发行，创刊号（民国三十五年6月［1946，6］）— no.3（民国三十五年7月［1946，7］）

出版频率：旬刊

内容提要：该刊"以上海的现实为轴心"，主要报道上海市的时事和社会新闻，描绘上海市民的生活，反映上海各种现实问题，涉及上海政治、经济、文化、娱乐、社会问题等各方面。报道国内外重要时事，介绍分析内战形势和国际关系局势。介绍时政知识和科学知识，涉及政治、经济、文化、军事、国际关系、科技等各方面。探讨上海市金融、投机市场等经济相关问题。主要栏目有英语世界、上海人语等。

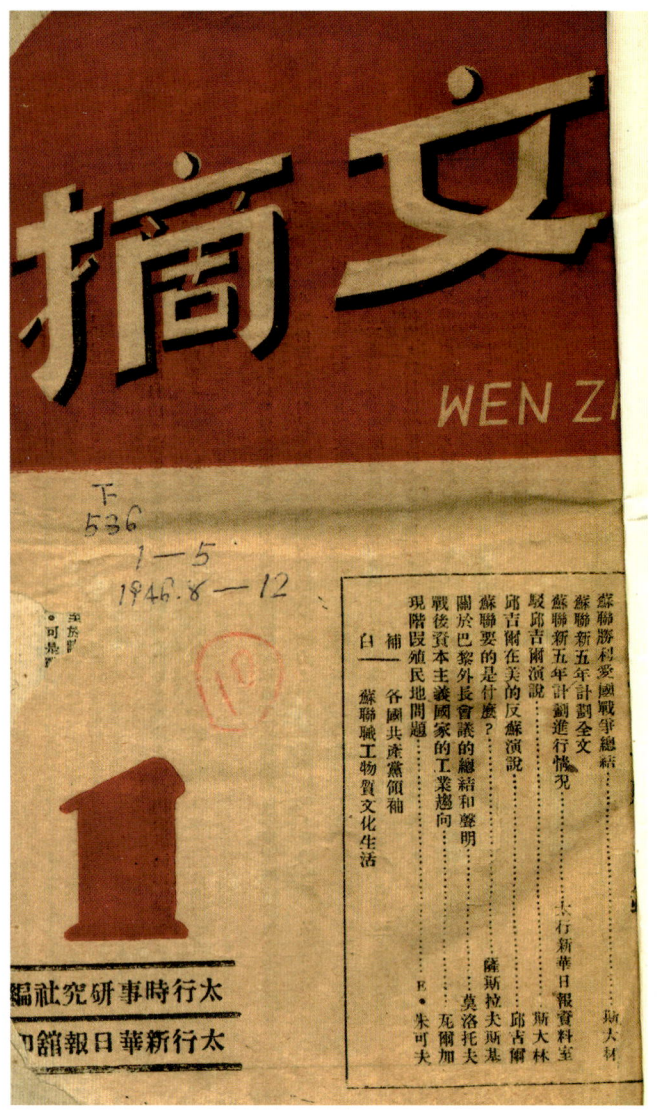

《文摘》

题名：文摘 = Wen Zhei

责任者：太行时事研究社编

出版发行：（华北）太行新华日报馆出版，no.1（民国三十五年8月［1946，8］）— no.5（民国三十五年11月［1946，11］）

出版频率：月刊

内容提要：该刊为解放区刊物，文章材料大部分选摘自解放区和国统区出版的报章杂志，以及《时代》等国际重要报纸刊物。其主要内容是宣传中国共产党的思想理论和政治政策。评论国内时事政治，分析中国的政治、经济、社会问题，研究国民党内各派系以及地方军阀势力等中国各个政治势力，研究分析中国政治、经济局势走向。报道国际时事大事，探究美苏关系、美国扶持日本、欧洲局势走向等问题。发表小说、杂文、幽默文学等文艺作品。

二、政治、军事

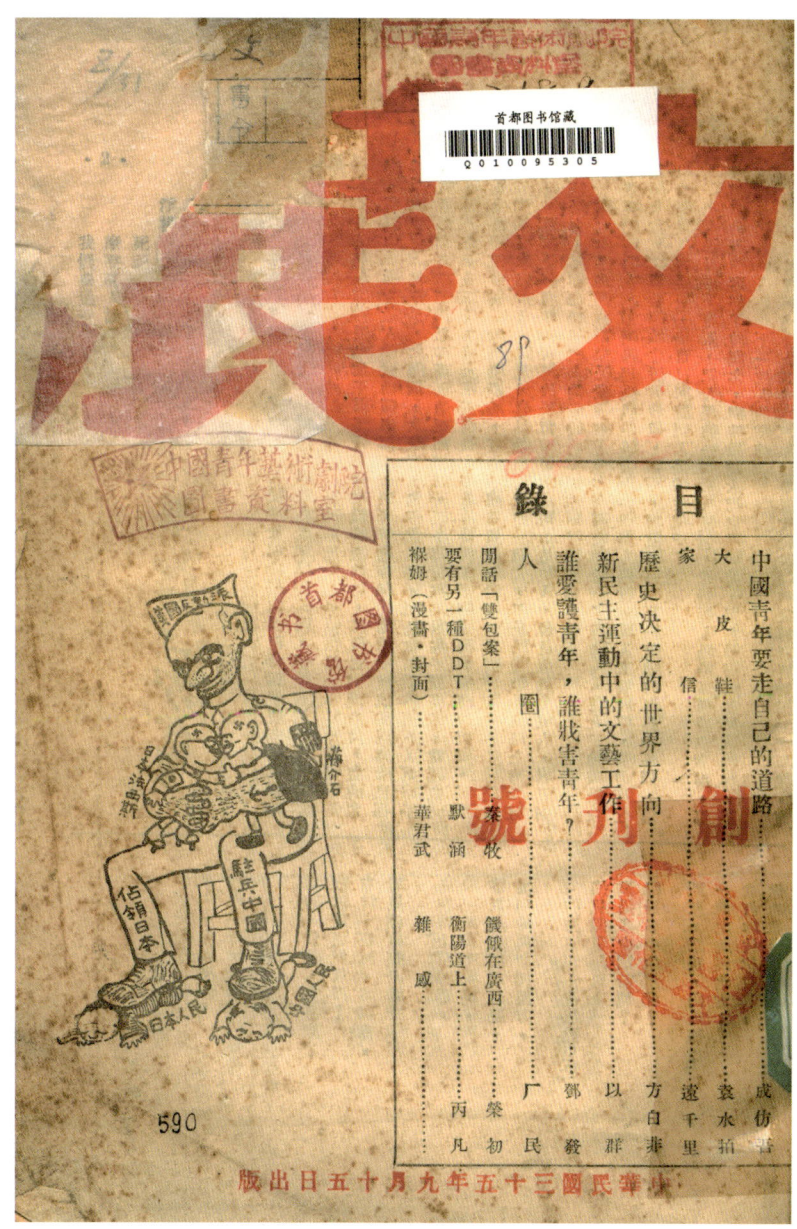

《文展》

责任者：文展社编

出版发行：东北，v.1，no.1（民国三十五年9月[1946，9]）

出版频率：仅存一期

内容提要：该刊为解放战争时期东北解放区刊物，主要转载解放区和国统区出版的各种书报杂志的文章。其主要内容是评论国内时事政治，报道国统区的黑暗统治，分析中国的政治问题和政治走向。探讨新民主主义革命的文艺政策和文艺思想。作者有郭沫若、成仿吾、以群、袁水拍等。转载有郭沫若《向人民大众学习》、成仿吾《中国青年要走自己的道路》等作品。

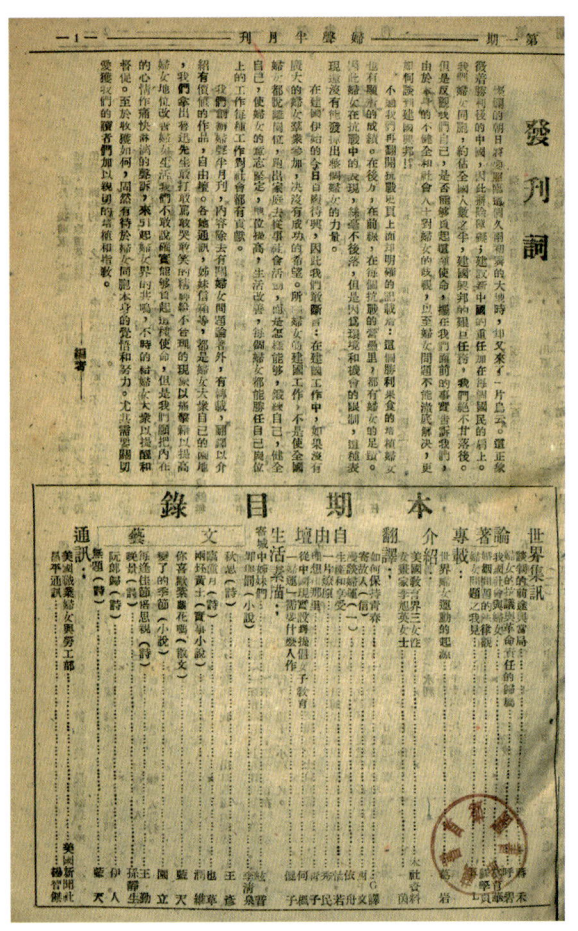

《妇声半月刊》

责任者：葛玉华主编

出版发行：(北平）妇声半月刊社发行，v.1, no.1（民国三十五年10月［1946, 10］）— v.2, no.3（民国三十六年6月［1947, 6］）

出版频率：半月刊；自1947年4月第2卷第1期起，改为月刊

内容提要：该刊宗旨是启迪妇女思想，提高妇女地位，改善妇女生活。主要内容是刊载有关妇女问题的论著，内容涉及妇女解放、妇女参政、婚姻制度、妇女教育、经济建设等方面。发表中国各地各阶层妇女的生活状况调查报告。报道国内外新闻时事，介绍国内外妇女运动的状况，发表古今中外著名女性的传记。讨论婚姻、恋爱、家庭、职业等妇女关注的话题。介绍家居装饰、烹饪、卫生、育儿、教育等家庭生活知识。刊载诗歌、随笔、游记、散文、小说等文学作品。主要栏目有论著、专载、介绍、翻译、自由坛、生活素描、文艺、通讯。封面刊名为胡适所题。

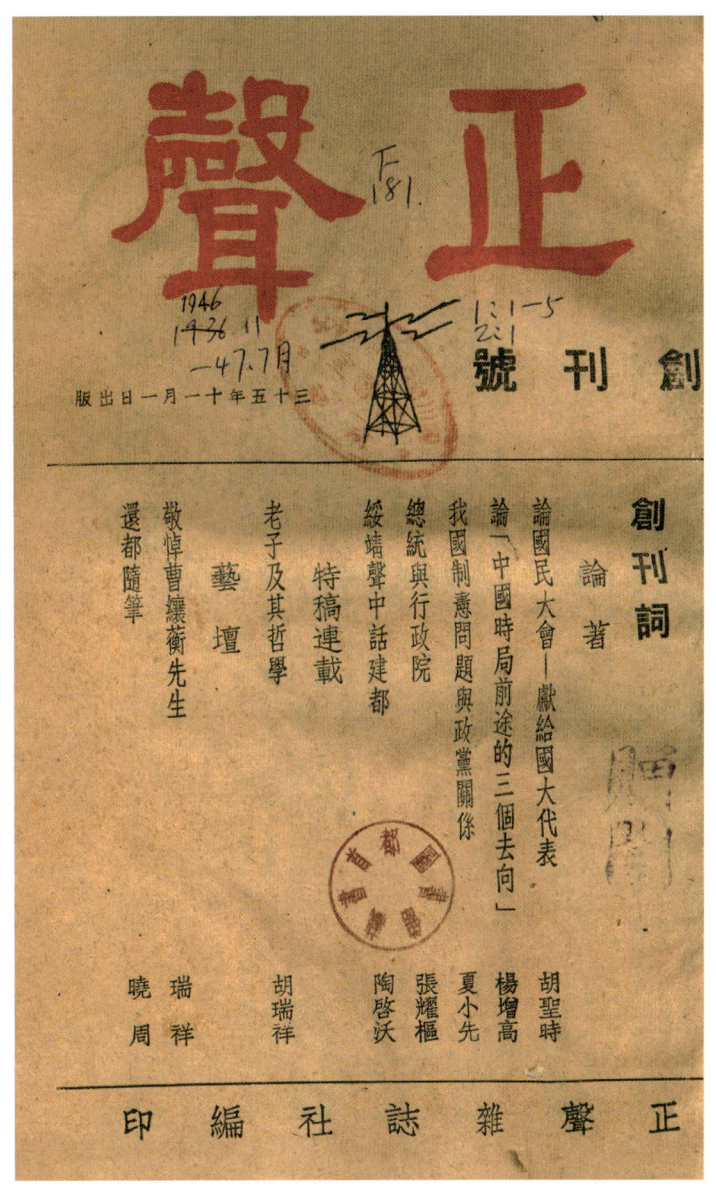

《正声》

责任者：正声杂志社编辑委员会编

出版发行：(南京) 正声杂志社发行，v.1，no.1 (民国三十五年 11 月 [1946，11]) — v.2，no.1 (民国三十六年 7 月 [1947，7])

出版频率：月刊

内容提要：该刊的宗旨是"自由、平等、进步、求真"。主要发表时事政治评论,刊载研究政治、经济、文化、历史、哲学等问题的论述，介绍学术思想以及时代新思潮，报道各地新闻消息，发表小说、诗词、随笔、游记等文学作品。主要栏目有论著、艺坛、特稿连载、时评、专论、通讯、采访、诗词。

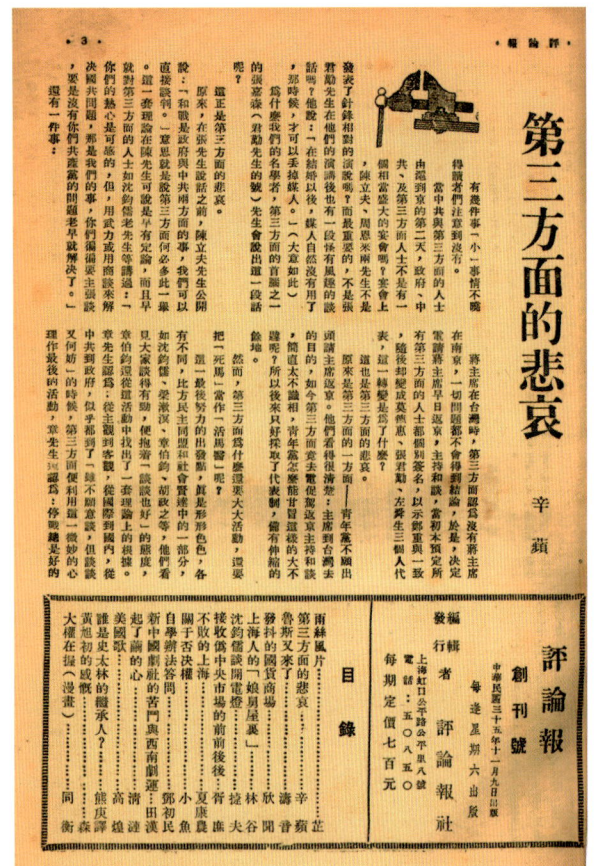
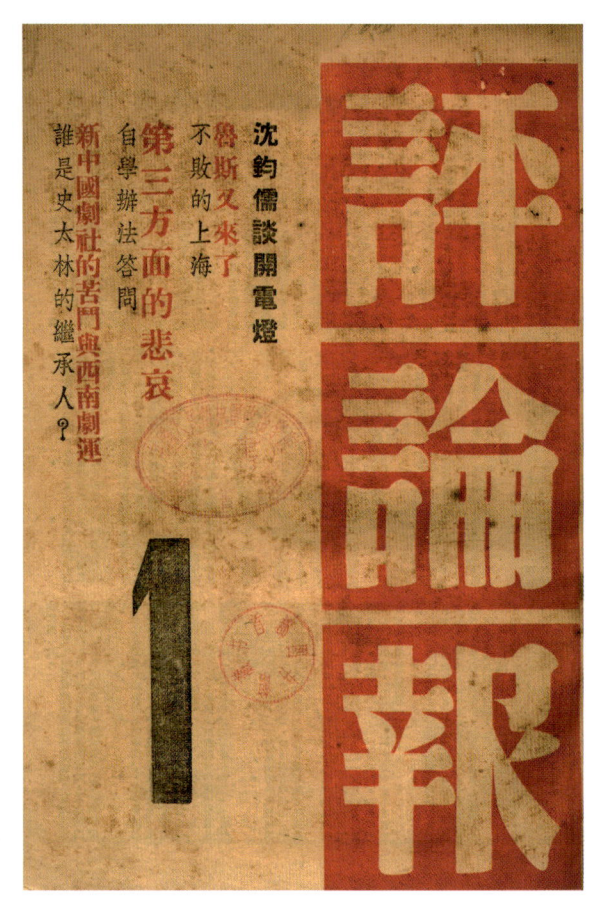

《评论报》

责任者：评论报社编

出版发行：（上海）评论报社发行，no.1（民国三十五年11月［1946，11］）— no.21（民国三十六年5月［1947，5］）

出版频率：周刊

内容提要：该刊主要发表时事政治评论，揭露国民党内"政学系""CC系"等派系斗争，批评国民党政府的反动政治、经济政策。报道国际时事消息，分析国际重大政治事件和世界局势走向，揭露美国扶持日本以遏制中国控制亚洲的野心。评论国内经济、文化、社会等各种问题。发表文学、电影、戏剧等文艺评论。刊载诗歌、随笔、杂文、漫画等文艺作品。文章作者有熊佛西、邓初民、夏康农、郑振铎、田汉、捷夫等。主要栏目有雨丝风片、小论坛、影剧评论。

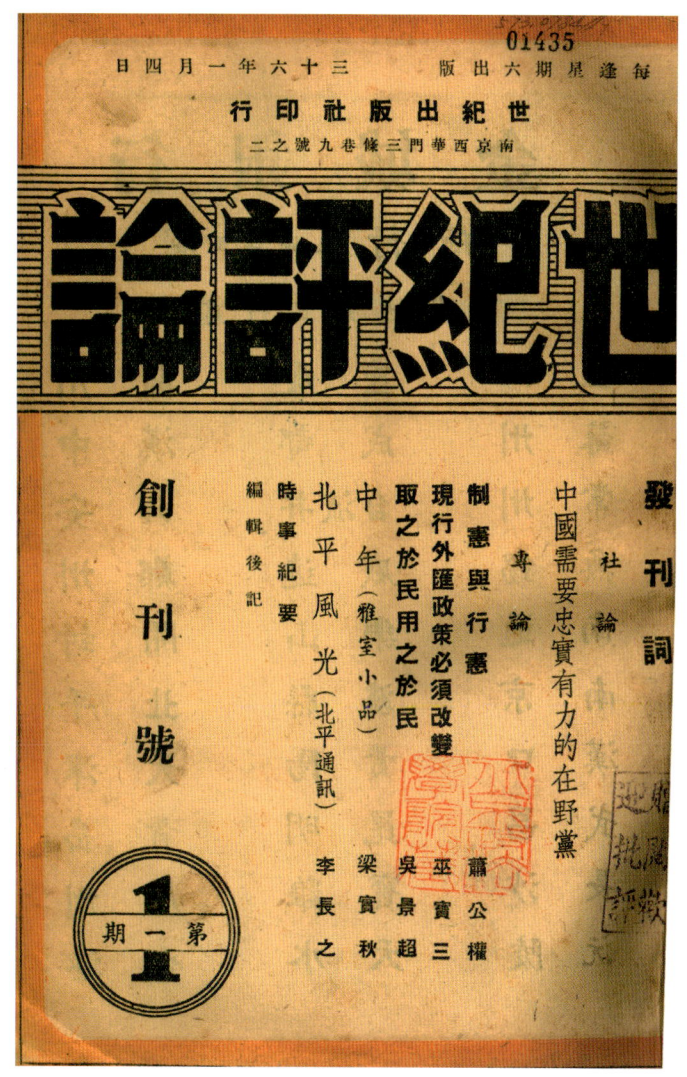

《世纪评论》

责任者：张纯明主编

出版发行：(南京)世纪出版社发行，v.1，no.1 (民国三十六年1月 [1947，1]) — v.4，no.20 (民国三十七年11月 [1948，11])

出版频率：周刊

内容提要：该刊宗旨为以超然的立场，没有党派的背景，没有宣传的作用，本着独立不倚的精神从事于现实问题的检讨。主要发表时事政治评论，评论当时社会各方面的现实问题，涉及政治、经济、国际关系、法律、外交、水利、文化、教育等。由于作者"皆系言论界、学术界、文艺界第一流的作者"，因此其文章观点对于研究抗战后的历史具有很高的价值。主要作者有季羡林、梁实秋、萧公权、潘光旦、冰心、费孝通、蒋廷黻等。主要栏目有社论、专论、时事纪要、编辑后记。

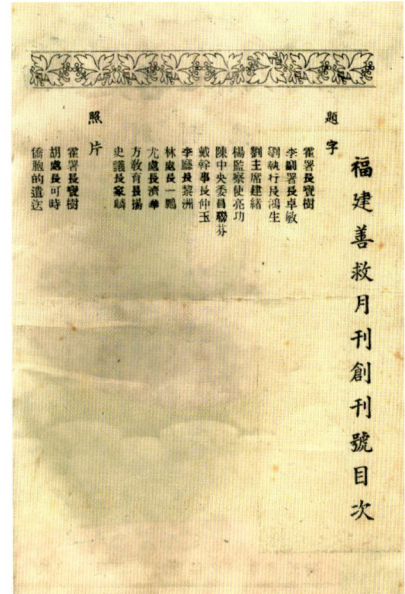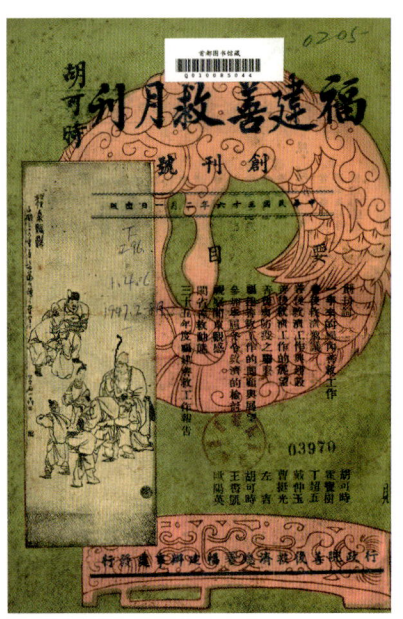
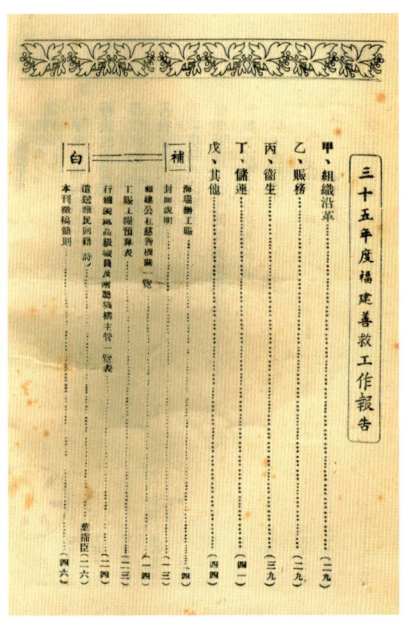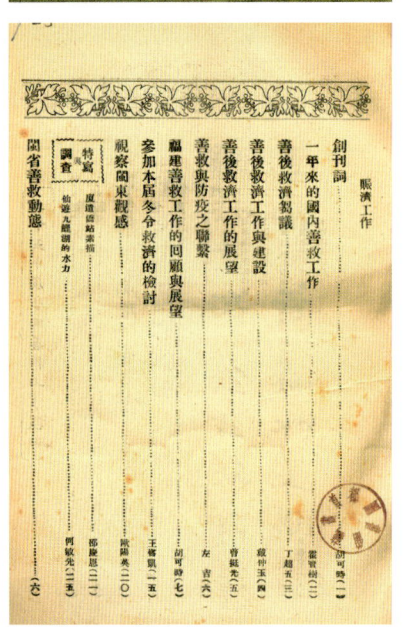

《福建善救月刊》

责任者：行政院善后救济总署福建办事处编译室编

出版发行：（福州）国民政府行政院善后救济总署福建办事处发行，no.1（民国三十六年2月1日［1947，2，1］）—no.6（民国三十六年8月31日［1947，8，31］）

出版频率：月刊

内容提要：该刊主要刊载研究社会经济工作理论，探讨社会救济的工作方针，交流各地救济工作者的工作经验。报道战后福建及全国各地善后救济工作的情况，介绍福建省的地方政府、社会团体等救济机构的设施、技术、经验以及工作报告。报道福建省民间疾苦，唤起民众对救济工作的关注。主要栏目有闽省善救动态、特写与调查、国内善救要闻、统计、计划与报告。

《时与文》

责任者：时与文周刊社编辑部编

出版发行：(上海)程博洪发行，v.1,no.1（民国三十六年 3 月 14 日 [1947，3，14]）— v.3,no.23（民国三十七年 9 月 24 日 [1948，9，24]）

出版频率：周刊

内容提要：该刊主要报道中国和世界政治、经济新闻消息，发表中国时事政治评论，呼吁和平反对内战，抨击国民党政府的反动统治。刊载研究社会科学的学术论文，包括政治、哲学、历史、社会、文化、教育、文学、艺术等学科。介绍科学知识和军事知识。发表诗歌、散文、杂感、随笔、小说、游记、漫画等文艺作品。主要作者有张东荪、马叙伦、吴晗、臧克家、翦伯赞、茅盾、沈钧儒等。刊载有吴晗的《闻一多的一生》、周谷城《现阶段中国之政治与教育》、施复亮《中间派的政治路线》等文章。

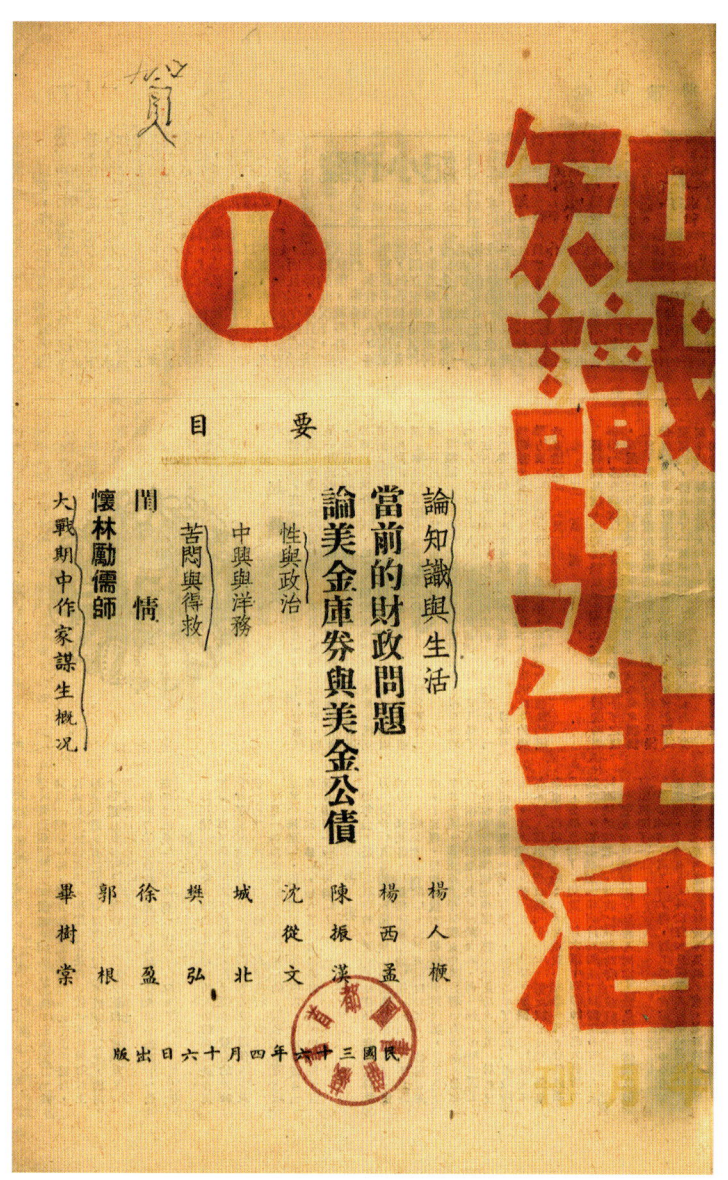

《知识与生活》

责任者：知识与生活社编

出版发行：（北平）北平正中通讯社发行，no.1（民国三十六年4月［1947，4］）— no.37（民国三十八年1月［1949，1］）

出版频率：半月刊

内容提要：该刊为综合性、评论性之大众读物，创刊宗旨是以超然立场评论当前政治、经济、文化等重要现实问题。主要发表时事政治评论，分析中国政治、经济情况以及时局走向。报道国际大事，分析战后国际局势走向。介绍科学知识，包括历史知识、自然科学知识以及名人传记。主要撰稿人有沈从文、朱自清、费孝通、俞平伯、傅雷等。主要栏目有半月间、特稿、专论、通讯、文艺、特载、文摘。

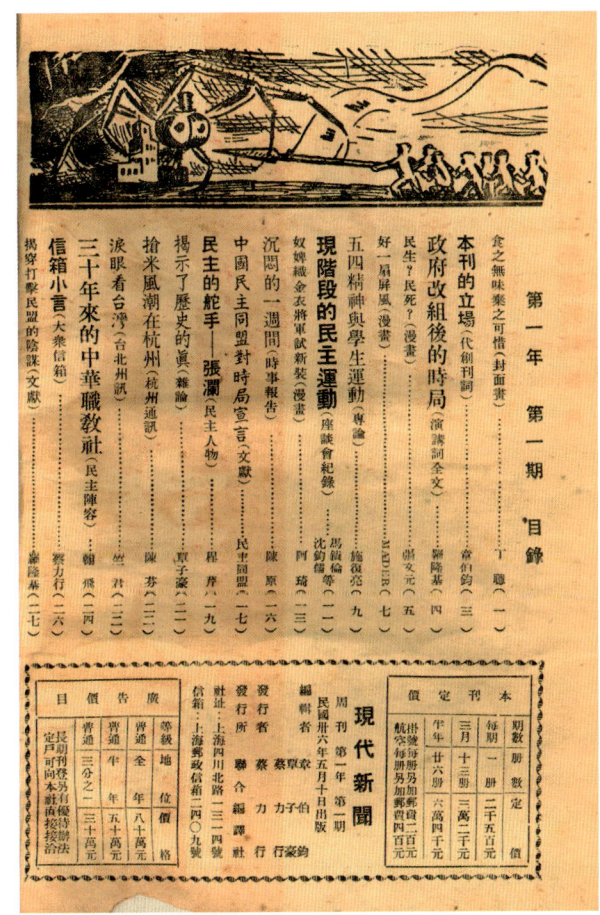 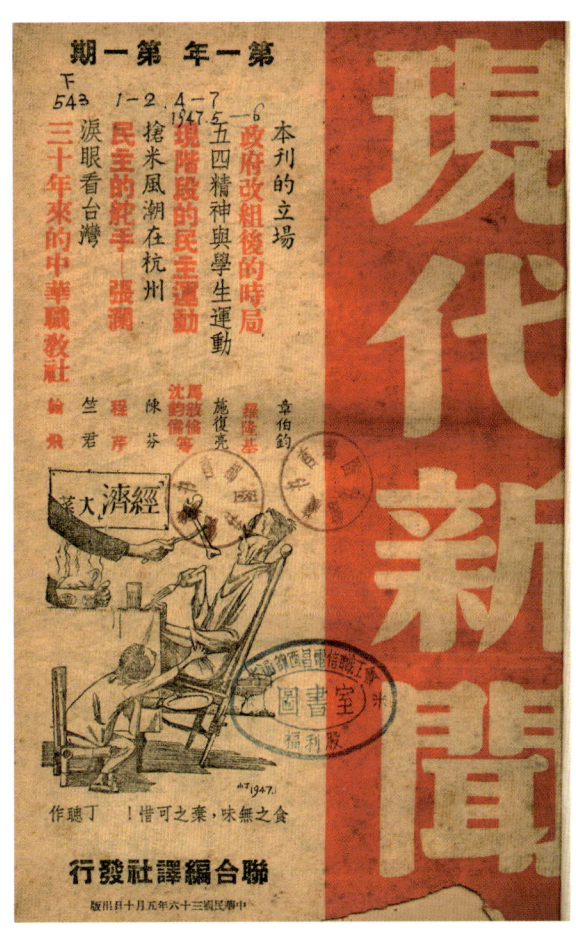

《现代新闻》

责任者：章伯钧、覃子豪、蔡力行编

出版发行：蔡力行、（上海）联合编译社发行，v.1,no.1（民国三十六年5月[1947,5]）—v.1,no7（民国三十六年6月[1947,6]）

出版频率：月刊

内容提要：该刊宗旨是提倡和平，争取民主，团结群众，明辨是非。主要发表中国时事政治评论，批评国民党政府的反动政策，呼吁停止内战改善经济民生。宣传中国民主同盟的政治主张，介绍民主同盟的座谈会等活动。主要撰稿人有章伯钧、罗隆基、马叙伦、沈钧儒、邓初民、覃子豪、蔡力行、孟宪章等。

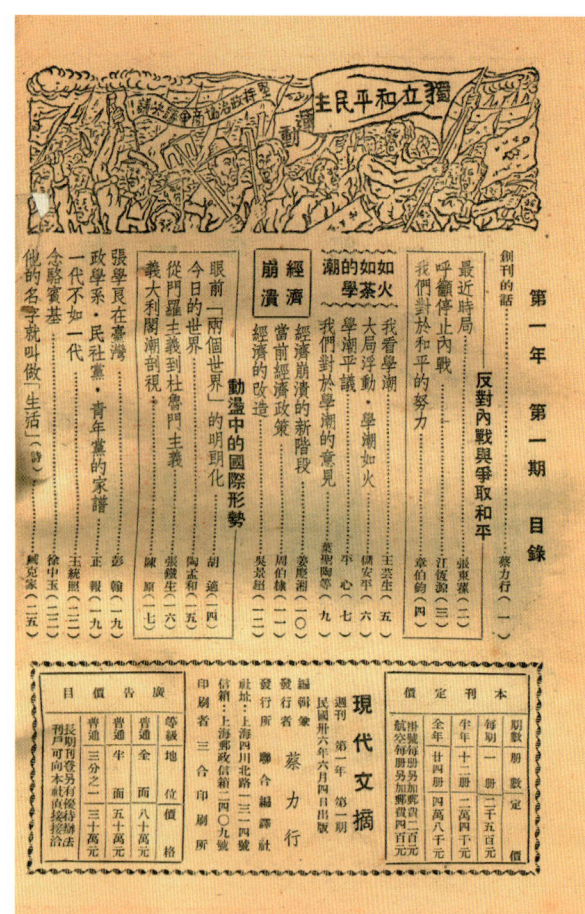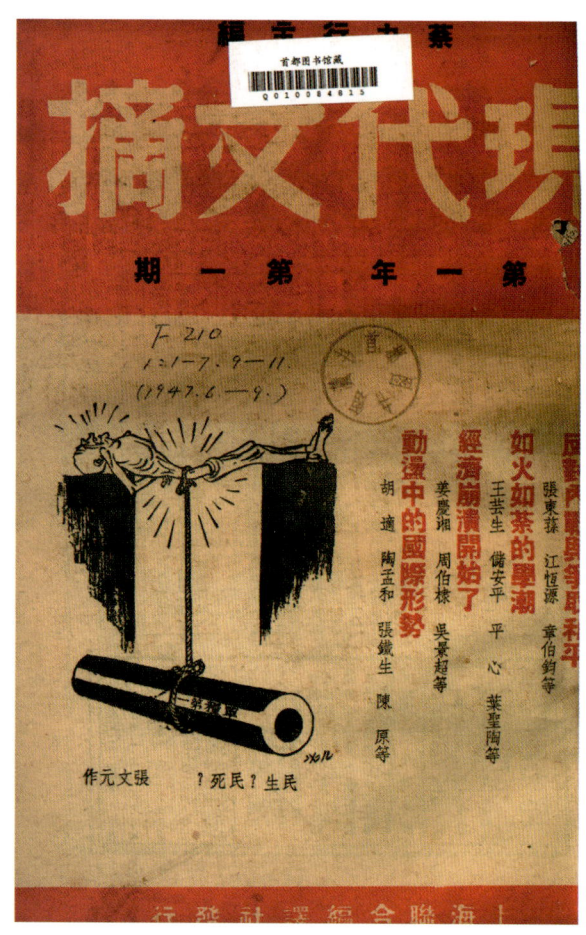

《现代文摘》

责任者：蔡力行编

出版发行：蔡力行、（上海）联合编译社发行，v.1,no.1（民国三十六年6月[1947,6]）— v.1,no.13（民国三十六年10月[1947,10]）

出版频率：周刊

内容提要：该刊宗旨为站在公正的、客观的、超党派的立场，选摘各大报章杂志。其主要内容是转载、选摘全国主要报纸杂志的政治及经济评论文章，分析中国的政局走向，探讨解决政治、经济危机的措施，报道时事大事消息。转载的文章表达了该刊的立场，即反对内战，呼吁和平，抨击国民党政府的反动统治。文章的作者有平心、郭沫若、马寅初、乔木、张东荪、叶圣陶、沈从文、臧克家等人。

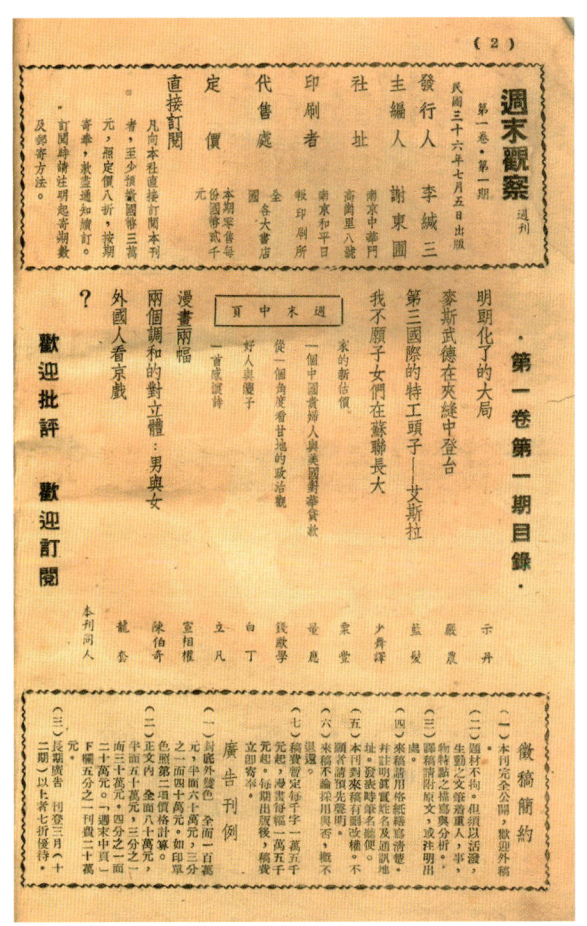 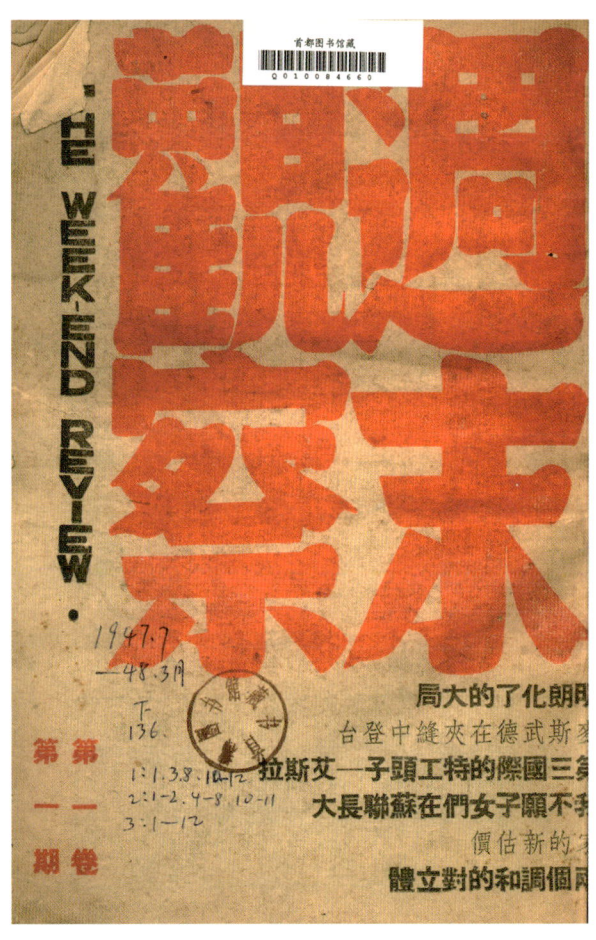

《周末观察》

题名：周末观察 = The Weekend Review

责任者：谢东圃主编

出版发行：李缄三、（南京）周末观察社出版，v.1, no.1（民国三十六年7月 [1947,7]）— v.6, no.7（民国三十七年11月 [1948, 11]）

出版频率：周刊

内容提要：该刊主要报道国内外新闻时事，分析国内外政治、经济、文化、军事等方面的相关问题。介绍普及现代生活知识，讨论生活态度与生活方式。发表诗歌、散文等文学作品。主要栏目有周末信箱、周末中页、周末漫谈、周末集纳。

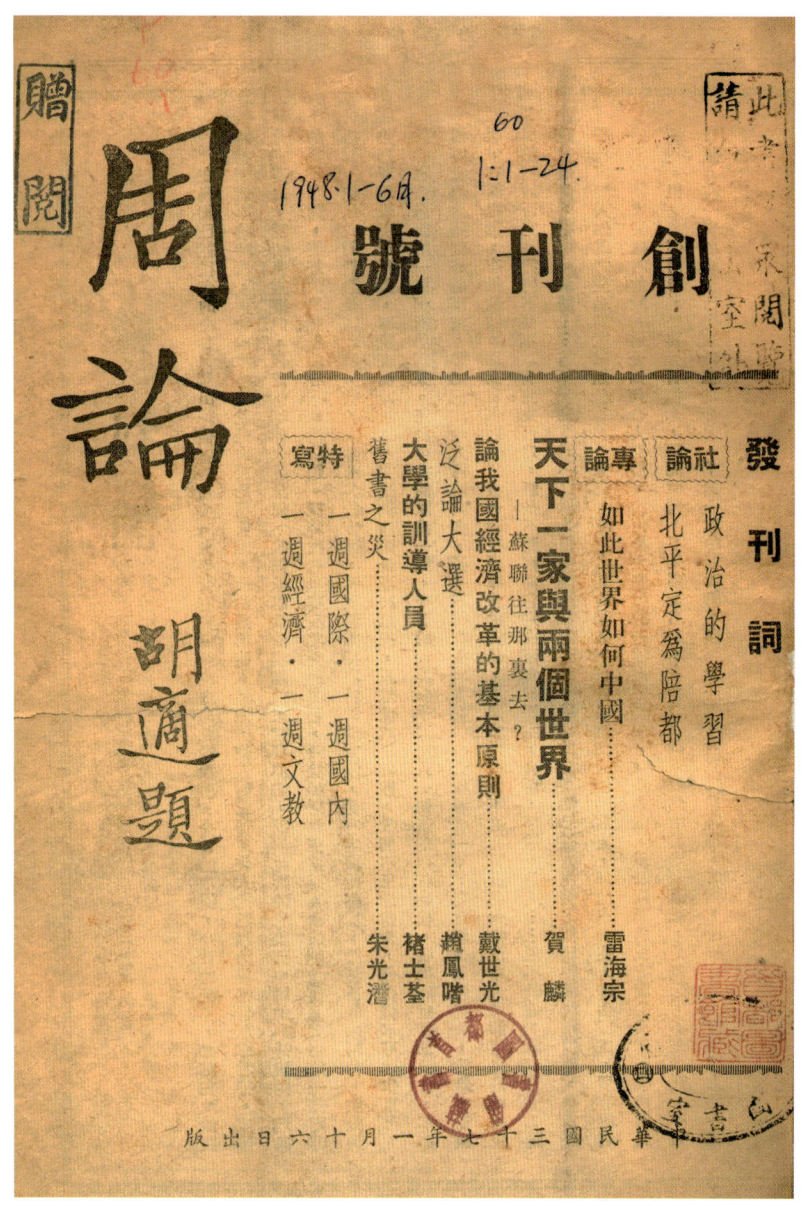

《周论》

责任者：周论编辑委员会编

出版发行：（北平）周论杂志社发行，v.1，no.1（民国三十七年1月［1948，1］）— v.2，no.24（民国三十七年12月［1948，12］）

出版频率：周刊

内容提要：该刊以"科学、客观、冷静"为宗旨，反对空谈口号。主要发表时事政治评论文章，涉及政治、经济、外交、国际局势、社会、法律、文化、青年教育等方面。标榜客观，主张国民党政权实行政治、经济改革。发表有胡适、朱自清、冯友兰、朱光潜、雷宗海、陈梦家等人的文章。主要栏目有社论、专论、特写、考试原则、各科考试。封面刊名为胡适所题。

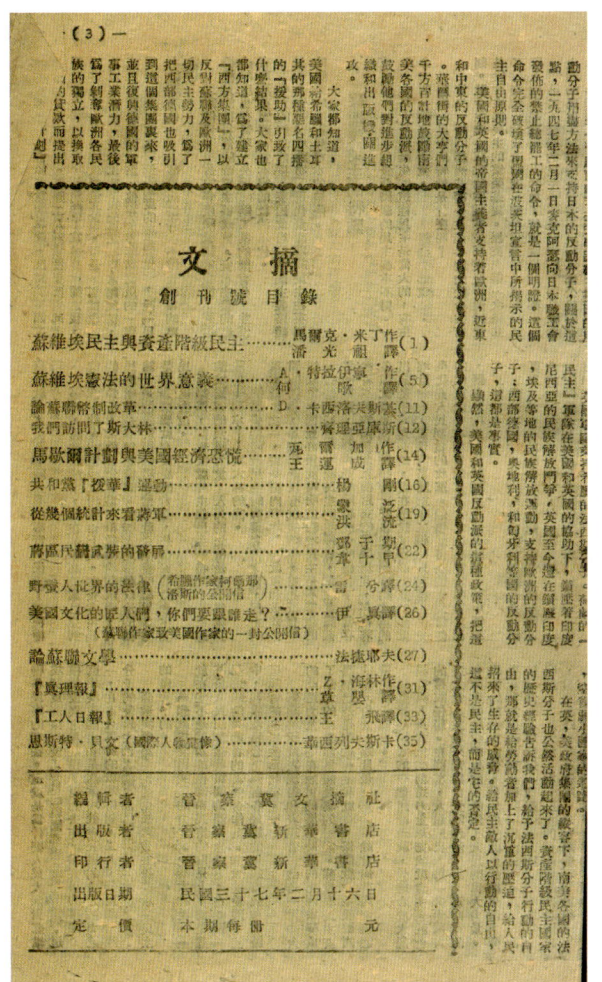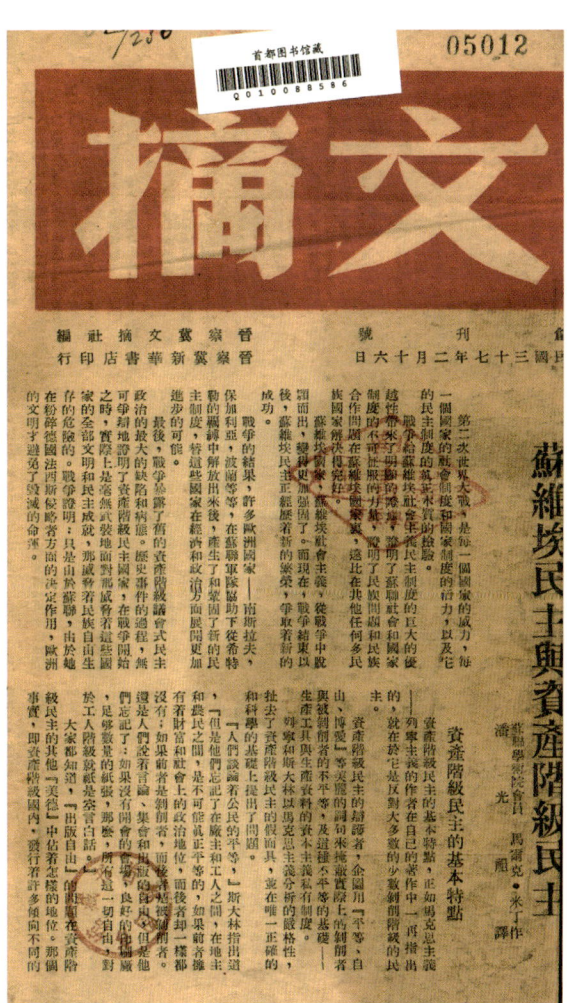

《文摘》

责任者：晋察冀文摘社编

出版发行：晋察冀新华书店出版，no.1（民国三十七年2月［1948，2］）— no.5（民国三十七年10月［1948，10］）

出版频率：不定期

内容提要：该刊为解放区刊物。主要选摘、翻译苏联的政治、经济、思想相关政策，介绍苏联社会主义政治、经济、文化建设成就。报道美英等西方资本主义国家的政治、经济、社会状况，分析国际关系和国际形势。探讨社会主义的各项政治、经济制度和政策，报道国统区的腐朽统治和经济困境。

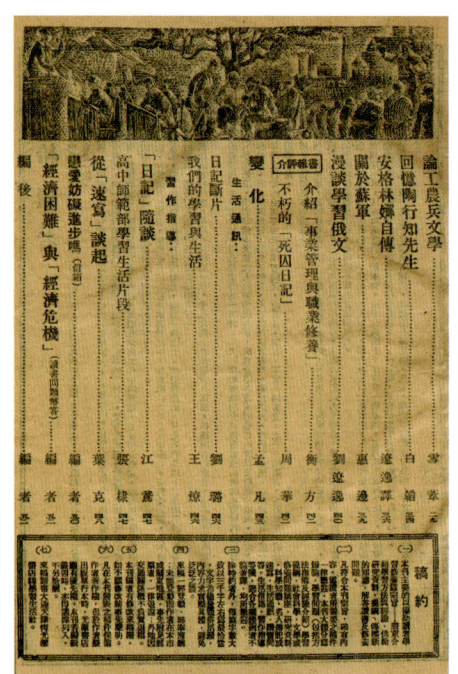 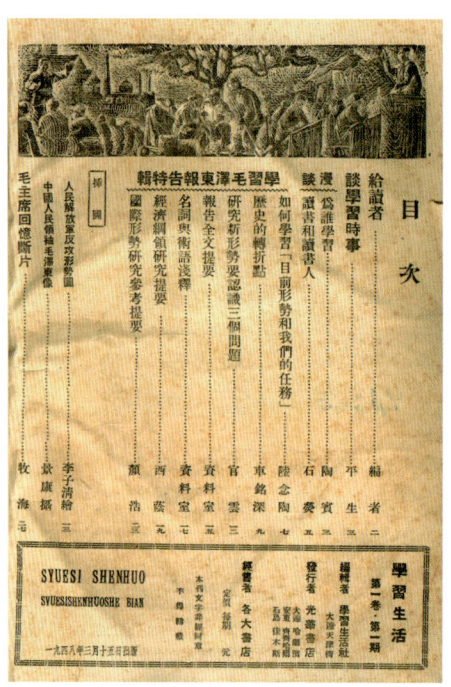 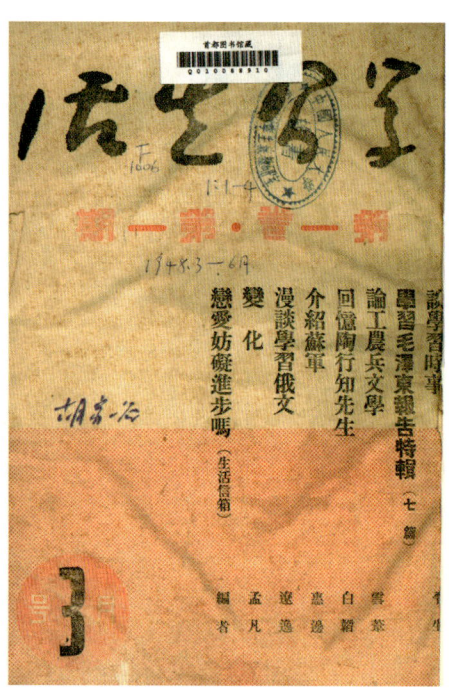

《学习生活》

责任者：学习生活社编

出版发行：（大连）光华书店发行，v.1，no.1（民国三十七年3月［1948，3］）— v.2，no.6（民国三十八年1月［1949，1］）

出版频率：月刊

内容提要：该刊为解放区刊物。其主要内容是评论国内外重要时事政治事件，宣传中国共产党的各项政治、经济、社会、文化政策和方针纲领，介绍解放区的各方面情况。刊载研究政治、经济、社会、文化等各种问题的论著。研讨学习方法和青年教育问题，介绍各学科知识、自然科学知识和人文科学知识。介绍并评论书籍报刊和文艺作品。解答青年读者提出的各种问题。主要栏目有漫谈、书报评介、生活通讯、习作指导。

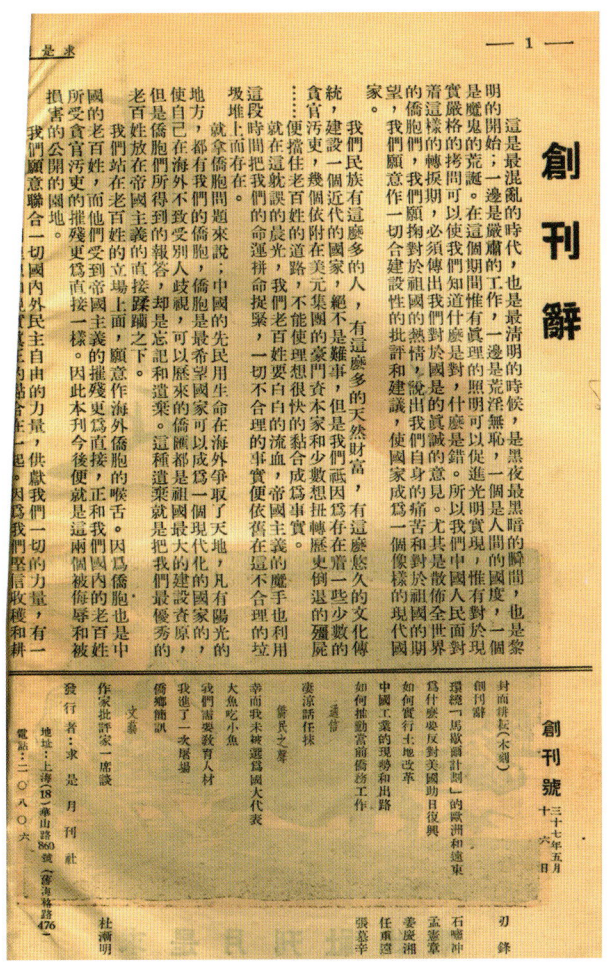

《求是》

责任者：不详

出版发行：（上海）求是月刊社发行，v.1，no.1（民国三十七年5月[1948，5]）— v.2，no.2（民国三十八年2月[1949，2]）

出版频率：月刊

内容提要：该刊主要发表国内外时事政治评论，探讨国内的重大政治、经济问题，分析国际关系和国际形势，如内战、工业经济、土地改革、美国扶持日本、马歇尔计划等国内外重大事件。报道海外华侨的相关新闻消息，介绍海外侨胞的政治、经济处境和生活状况，发表侨胞的言论和文章，为海外侨胞发声，向国内百姓反映海外侨胞为帝国主义迫害的问题。被称为"老百姓和海外侨胞这两个被侮辱和被损害的公开的园地"。刊载探讨文艺理论和文艺评论的文章，发表诗歌、杂文、小说等文艺作品。主要栏目有通信、侨民之声、文艺。

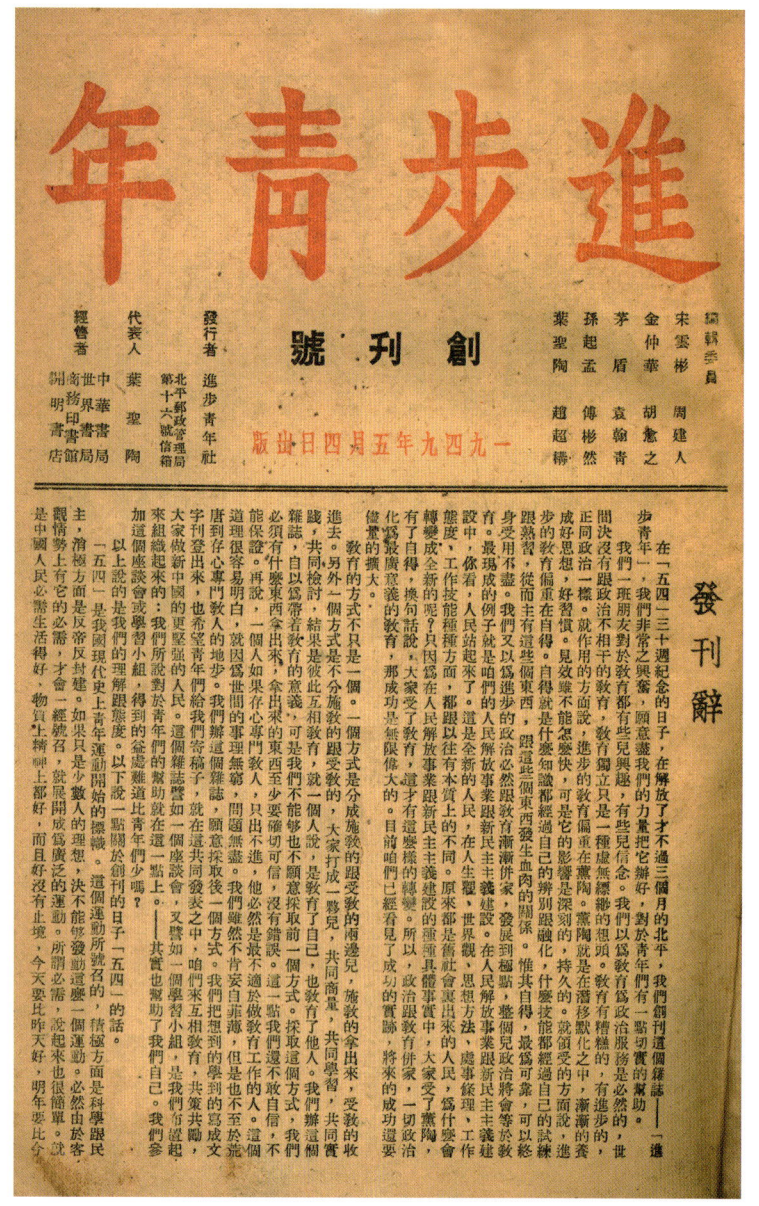

《进步青年》

责任者：叶圣陶主编

出版发行：（北平）进步青年社发行，创刊号（1949，5，4）— no.5（1949，9，4）

出版频率：月刊

内容提要：该刊创刊于解放前夕，主要内容是报道国内外时事，宣传新民主主义革命。探讨社会科学知识、自然科学知识和文艺理论，介绍各学科知识和学习方法。报道大学生、中学生、党政机关、部队、工农等青年人的生活、学习和工作。讨论青年修养、教育、就业、生活等青年人关注的话题。刊载有胡愈之《人民的和平，人民的民主》、茅盾《关于目前文艺写作的几个问题》等文章。主要作者有胡愈之、叶圣陶、茅盾、周建人等。

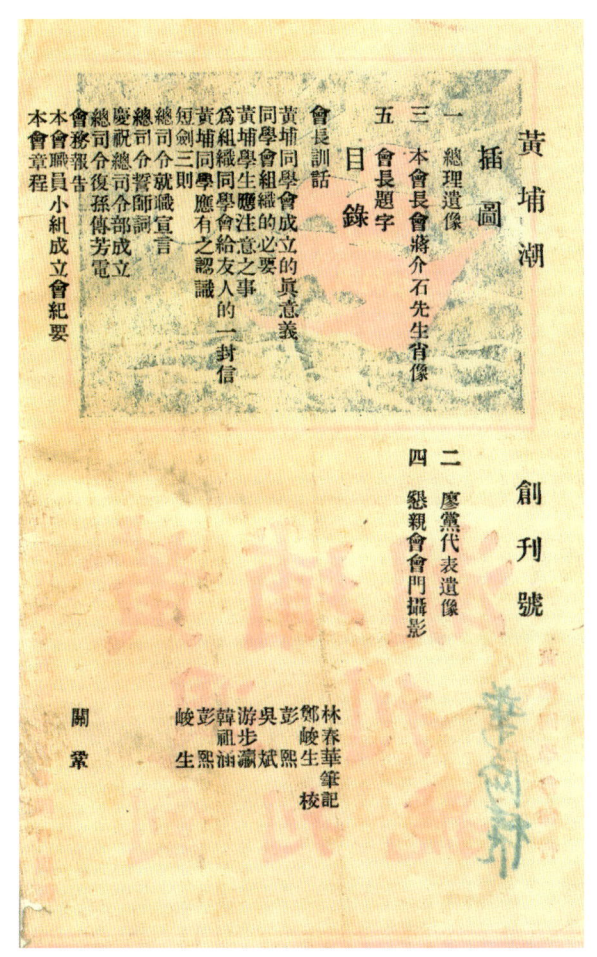
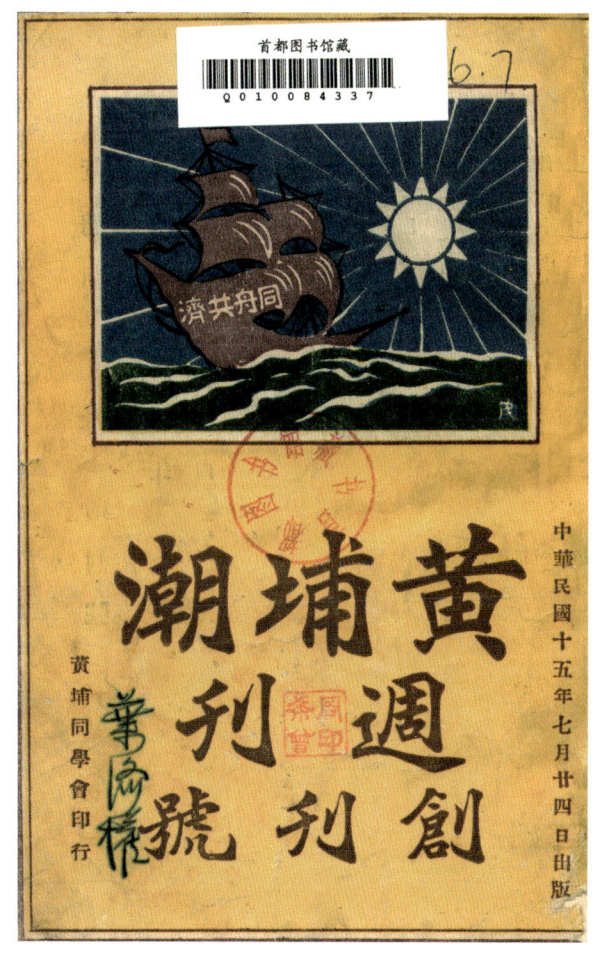

《黄埔潮周刊》

责任者：黄埔同学会宣传科编辑股编

出版发行：(广州) 黄埔同学会宣传科发行股发行，no.1 (民国十五年7月 [1926，7]) — no.51 (民国十六年 [1927])

出版频率：周刊

内容提要：该刊主要内容是宣传国民革命和北伐战争，报道北伐战争的前敌战况，报道黄埔学生的英勇奋战及人民对北伐军的支持，发布蒋介石、谭延闿等国民政府军政人员的命令、训话。公布黄埔同学会会务、章程、人事等及消息动态。该刊被称为"黄埔数千学生之喉舌，革命策源地思想之总枢"。创刊号有《总司令誓师词》《总司令就职宣言》等北伐战争的重要历史资料，以及蒋介石题词。主要栏目有时评、特载、论文、短剑、杂俎、通信。

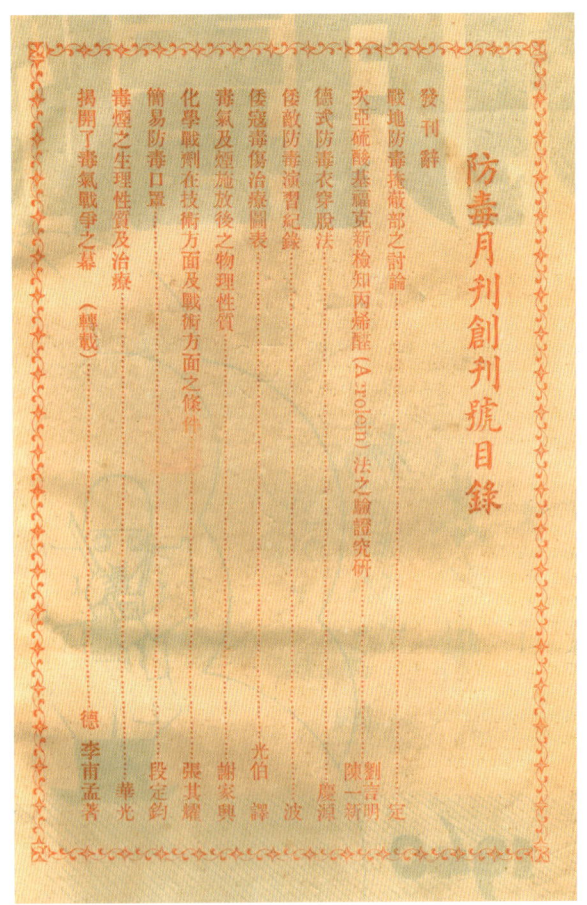
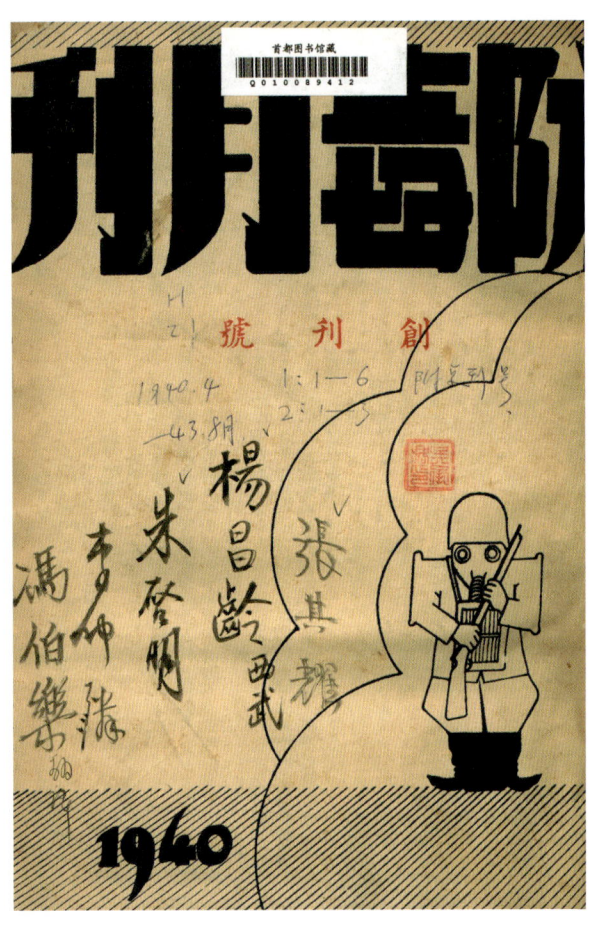

《防毒月刊》

责任者：防毒月刊社编

出版发行：重庆, v.1, no.1（民国二十九年 4 月［1940, 4］）— v.2, no.2/3（民国三十一年 6 月［1942, 6］）；复刊号（民国三十二年 1 月［1943, 1］）— no.8（民国三十二年 8 月［1943, 8］）

出版频率：月刊

内容提要：该刊创刊目的是解决防御日寇毒气战的问题。其主要刊载研究化学武器防御和治疗的论著，包括心理、技术和战术上的全面防御。介绍国内外化学武器预防和消毒及学说，普及防毒和治疗的知识。详细研究日本毒气战的化学兵器、制备、运输、储藏和施放的技术战术原则和方法，分析讨论战场和后方防毒的措施。

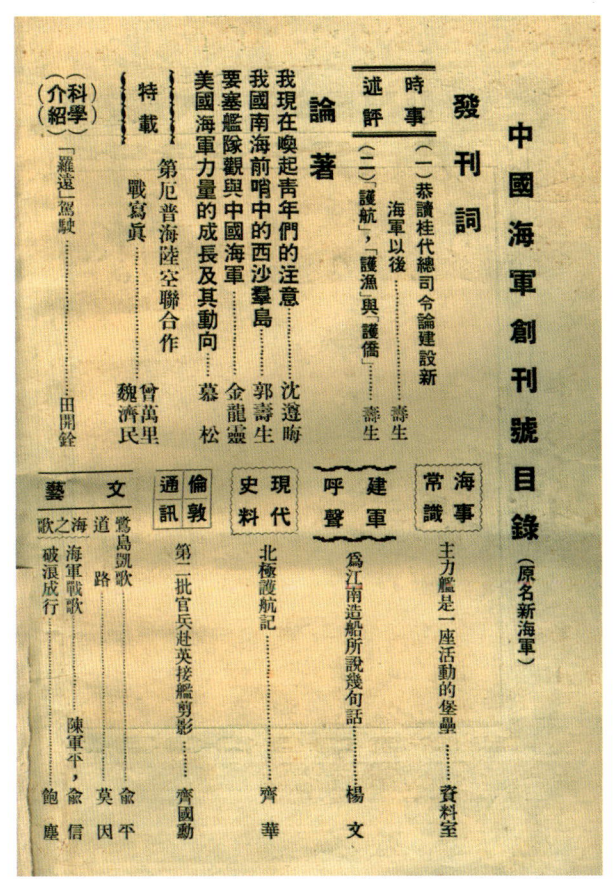 

《中国海军》

题名：中国海军 = Chinese Navy

责任者：沈遵晦、郭寿生编

出版发行：(上海)中国海军月刊社发行，创刊号(民国三十六年3月1日[1947，3，1])—no.19(民国三十七年8月10日[1948，8，10])

出版频率：月刊

内容提要：该刊创刊宗旨是增进国人对海军与国防之认识，研究建设中国新海军之理论与海军实用的学术，促进海内外同胞对于海上事业的合作。主要刊载探讨海军建设理论、研究海军技术的论著，分析比较各国海军装备及海军实力，报道世界各国海军的活动。探讨研究航海技术、渔业、水利、航运等问题。发表研究政治、经济、军事、历史、地理的文章，刊载诗词、歌曲、小说等文学作品。主要栏目有时事述评、论著、特载、科学介绍、海事常识、建军呼声、现代史料、伦敦通讯、文艺。

三、经济

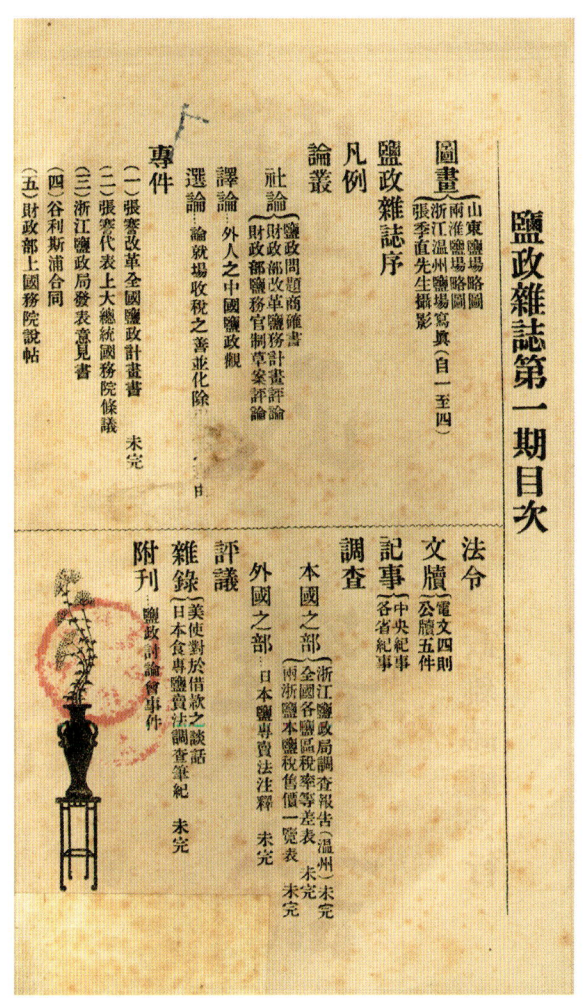

《盐政杂志》

责任者：景学钤编

出版发行：(北京)盐政杂志社发行,no.1(民国元年12月[1912,12])—no.66(民国二十六年4月[1937,4])

出版频率：月刊

内容提要：该刊创刊宗旨是"研究盐制，改良盐法，指导政府以方针，灌输社会以常识"，其主要内容是探讨与研究制盐业政策和盐业经济相关问题。发布盐业相关政策、法规、公牍以及盐业经济统计报告等。发表国内外盐业经济以及政策等情况调查报告。该刊的创刊号序文为梁启超所撰写，其主要栏目有论丛、专件、法令、文牍、记事、调查、评论、杂录。

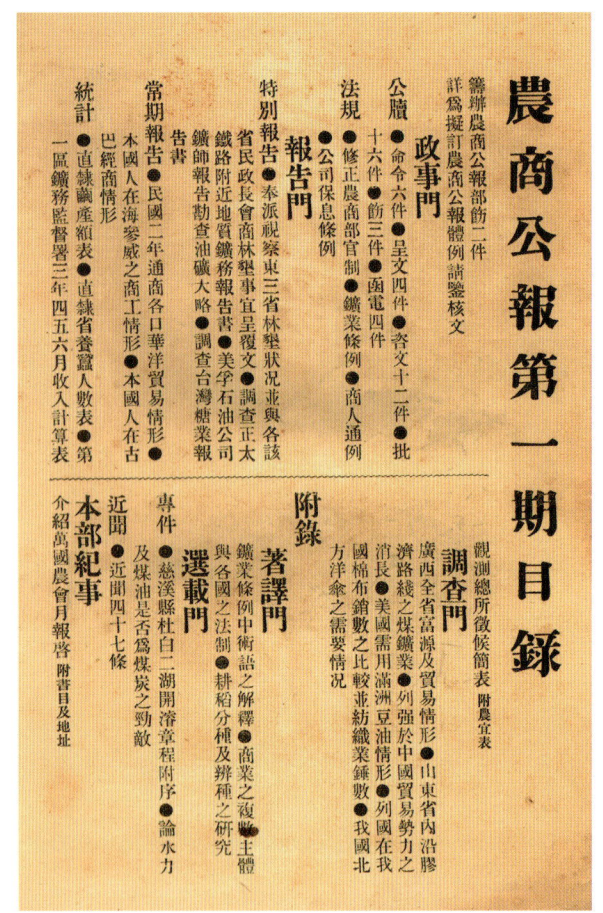
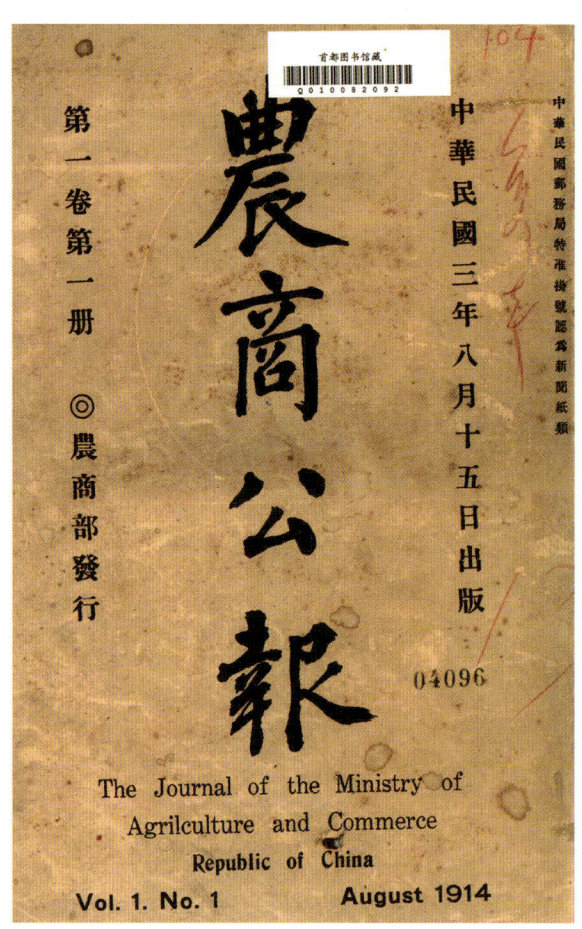

《农商公报》

题名:农商公报 = The Journal of the Ministry of Agriculture and Commerce

责任者:农商部公报编辑处编

出版发行:(北京)农商部公报编辑处发行,v.1, no.1(民国三年8月[1914,8])—v.12, no.11(民国十五年2月[1926,2])

出版频率:月刊

内容提要:该刊主要刊载民国初期北洋政府农商部发布的经济政策、命令、法规、公文、全国经济统计数据等,刊载中国工业、农业、矿业、商业、贸易、基建等情况的调查报告,介绍国内外经济情况和经济新闻。主要栏目有政事门、报告门、调查门、著译门、选载门、本部纪事。

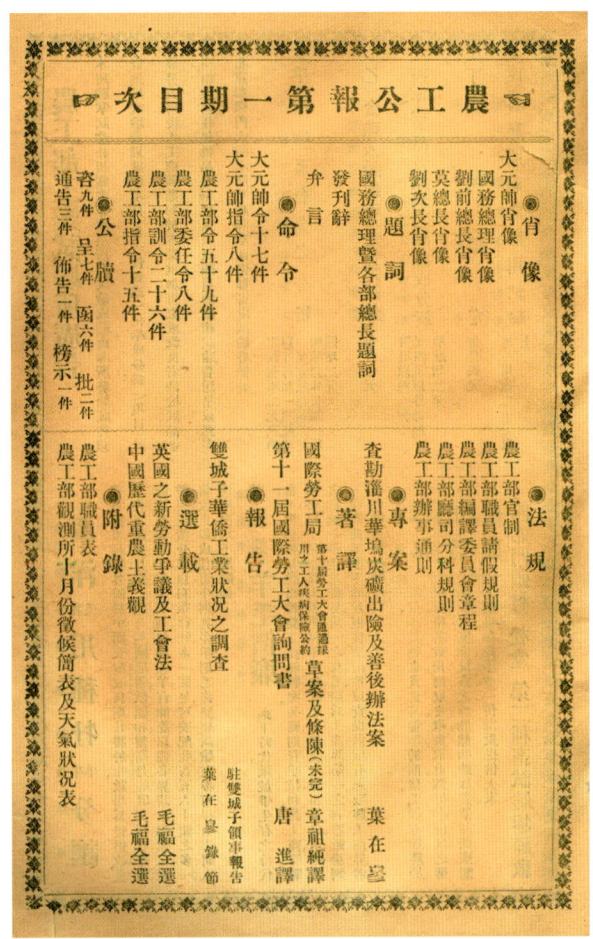

《农工公报》

责任者：农工部总务厅编

出版发行：（北京）农工部总务厅刊行，no.1（民国十六年11月［1927,11］）— no.6（民国十七年4月［1928,4］）

出版频率：月刊

内容提要：该刊主要发布农业工业有关的命令、法规、公牍，刊载国内外农业、工业、渔业、畜牧业等新技术及最新学说的著作，发布各地农业、工业经济情况调查报告，选录国内外各公报杂志中关于农工有价值的著作等。主要栏目有命令、公牍、法规、专案、著译、报告、选载。

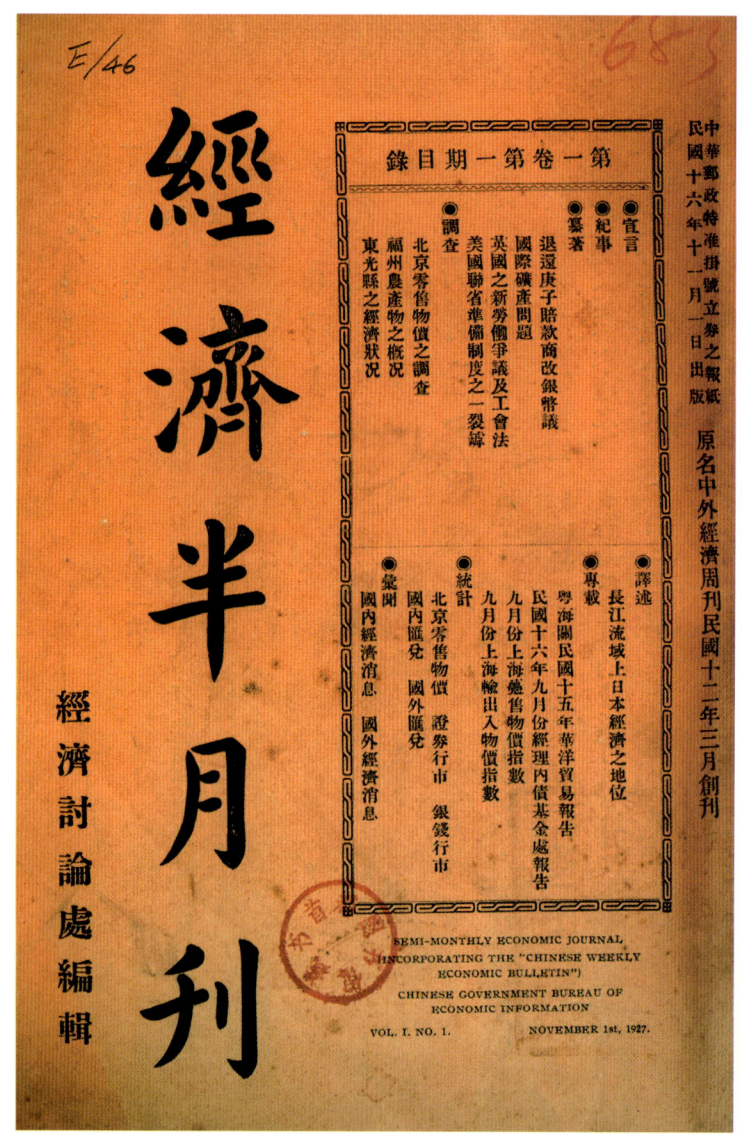

《经济半月刊》

题名：经济半月刊＝Semi-Monthly Economic Journal；1929年1月后改名为《工商半月刊》，卷期另起

责任者：经济讨论处编辑；1928年7月第2卷第14期起改为国民政府工商部工商访问局编

出版发行：（北京）经济讨论处、（上海）经济讨论处驻沪分处发行，1928年7月第2卷第14期起改为国民政府工商部工商访问局发行，v.1，no.1（民国十六年11月[1927，11]）— v.2，no.20/21（民国十七年11月[1928，11]）

出版频率：半月刊

内容提要：该刊主要刊载经济学研究学术论文，包括国内外经济政策、对外贸易、商业、工业、农业、矿业、交通运输等经济问题。发表各地农业、工业、商业等经济情况调查报告，发布外汇汇率、证券行情、各地物价指数等经济情况。主要栏目有纪事、纂著、调查、译述、评述、专载、统计、汇闻。

三、经济

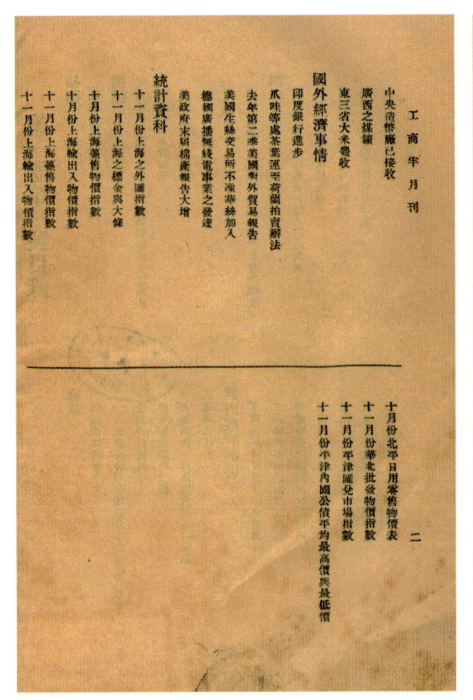 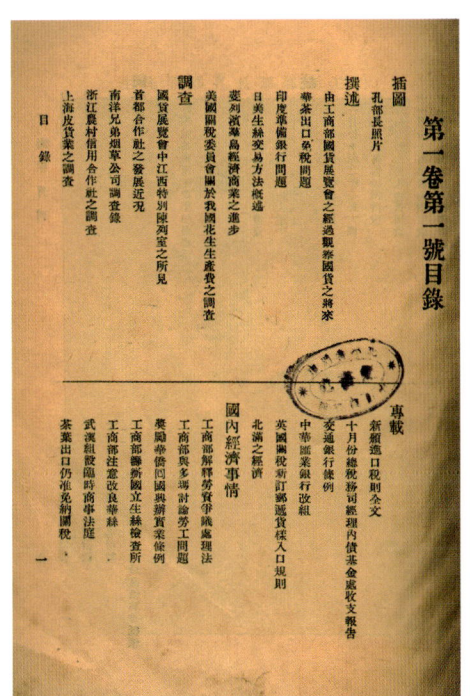 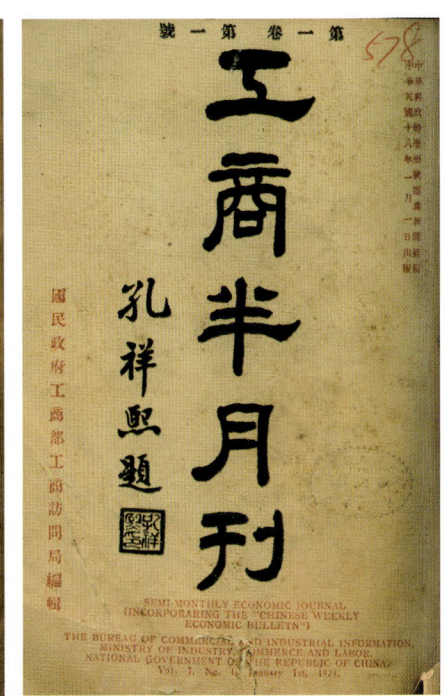

《工商半月刊》

题名：工商半月刊 = Semi-Monthly Economic Journal

责任者：国民政府工商部工商访问局编，1931年1月起改为国民政府实业部国际贸易局编

出版发行：（上海）国民政府工商部工商访问局发行，1931年1月起改为（上海）国民政府实业部国际贸易局发行，v.1, no.1（民国十八年1月［1929，1］）— v.8（民国二十四年12月［1935，12］）

出版频率：半月刊

内容提要：该刊主要发布国内工农商业等经济情况调查报告，发布工商业、外汇、物价、公债等数据及图表的统计资料，刊载经济学研究学术论文，以及报道国内外经济消息。创刊号封面刊名为孔祥熙所题。主要栏目有撰述、调查、专载、国内经济事情、国外经济事情、统计资料。

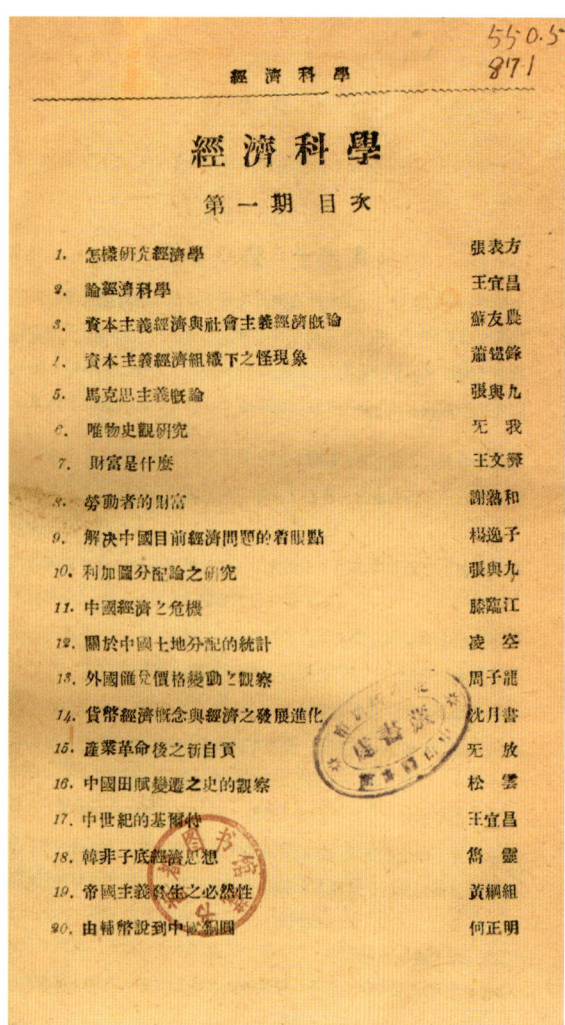

《经济科学》

责任者：国立成都大学经济学会编

出版发行：成都，no.1（民国十八年1月［1929，1］）— no.2（民国十八年7月［1929，7］）

出版频率：季刊

内容提要：该刊办刊宗旨是对于古来之各种经济学说及现今流行之一切与经济有关的主义，均加以研究。其主要内容是刊载经济学研究学术论文，包括经济学理论、经济学研究方法、马克思主义、唯物史观、土地制度、货币经济、经济史等。

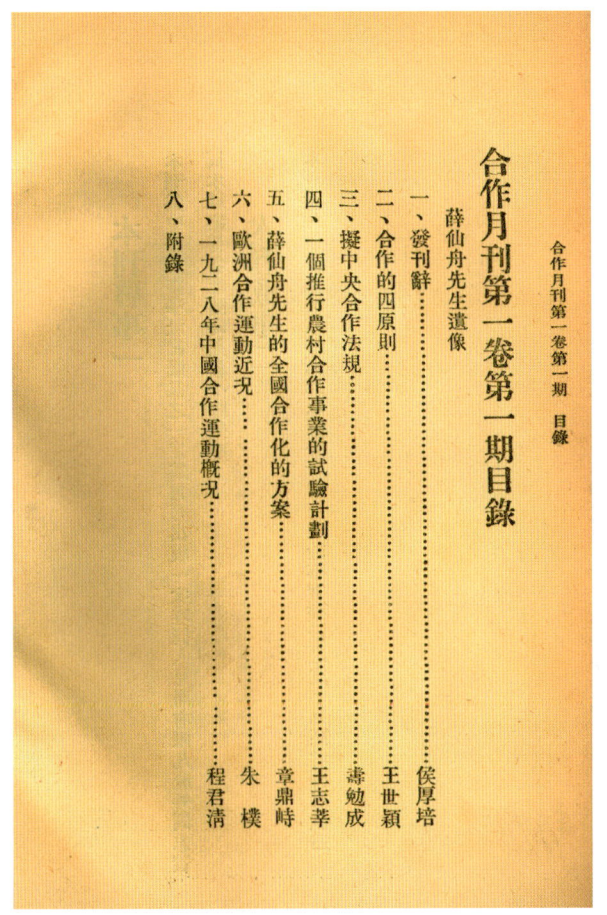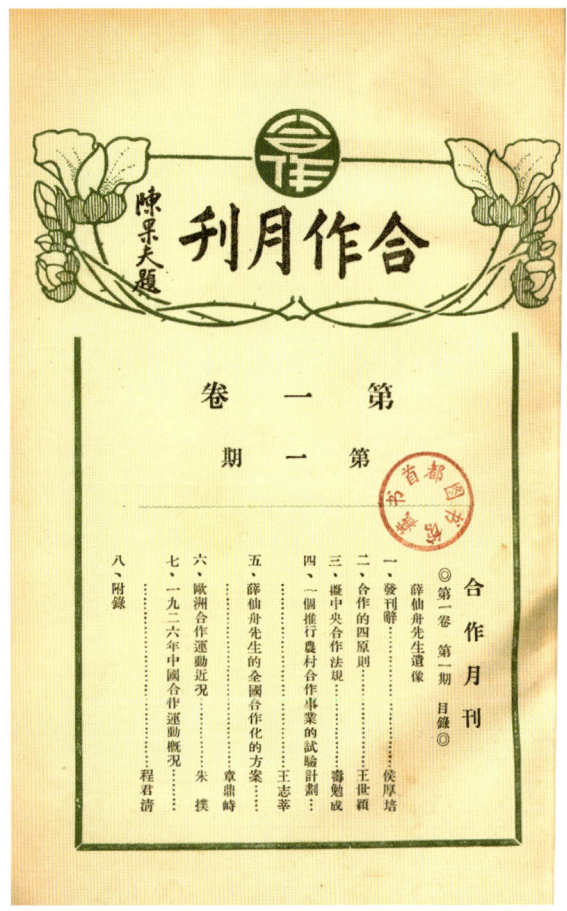

《合作月刊》

责任者：中国合作学社编

出版发行：（上海）中国合作学社发行，v.1，no.1（民国十八年 3 月［1929，3］）— v.9，no.7（民国二十六年 7 月［1937，7］），第 6 卷起迁至南京；1938 年 7 月复刊迁至湖南芷江，1939 年 9 月迁至重庆，复刊：no.1（民国二十七年 4 月［1938，4］）— no.38（民国三十三年 12 月［1944，12］）

出版频率：月刊

内容提要：该刊办刊目的是阐明合作的理论，发扬合作的精神。其主要内容是"研究合作的原理""介绍各国的合作学说""探求各地的经济情况"，是 20 世纪 20 年代以来中国合作运动的产物。刊载探讨研究合作运动理论的文章，涉及合作理论、经济组织合作、农村合作、劳动合作、商业合作、银行合作等内容。发布合作相关法规及章程，研究合作的组织管理及运营，探讨合作事业的实施方案，发布中国各地合作事业情况的统计及调查报告，介绍各国合作运动的情况。主要栏目有合作小评、专载、报告、国内合作消息。

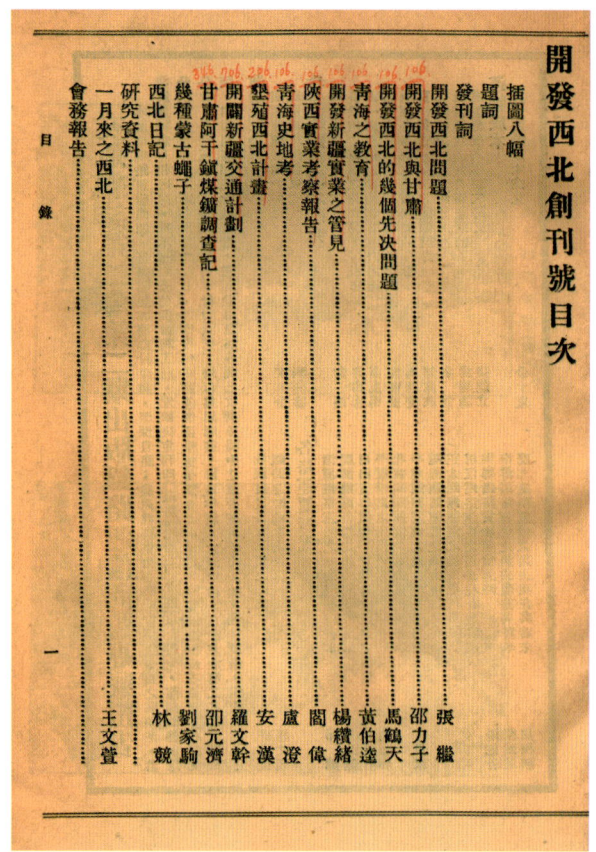 

《开发西北》

责任者：开发西北协会编

出版发行：（南京）正中书局发行，v.1，no.1（民国二十三年1月［1934，1］）— v.4，no.6（民国二十四年12月［1935，12］）

出版频率：月刊

内容提要：该刊宗旨是：一、介绍西北实地情形；二、研讨开发西北计划；三、集中开发西北力量；四、促进开发西北事业。其主要内容是研究探讨陕、甘、察哈尔、绥远、西藏、西康、新疆在内的整个西北部地区的政治、经济文化开发计划，刊载介绍及研究西北地区历史、地理、文化、民族等问题的文章，介绍西北部地区的政治、经济情况，发布西北部地区实地考察的调查报告。第1卷第1期有蒋介石、林森、汪精卫、于右任、何应钦、居正、蔡元培等国民党军政要人的题词。

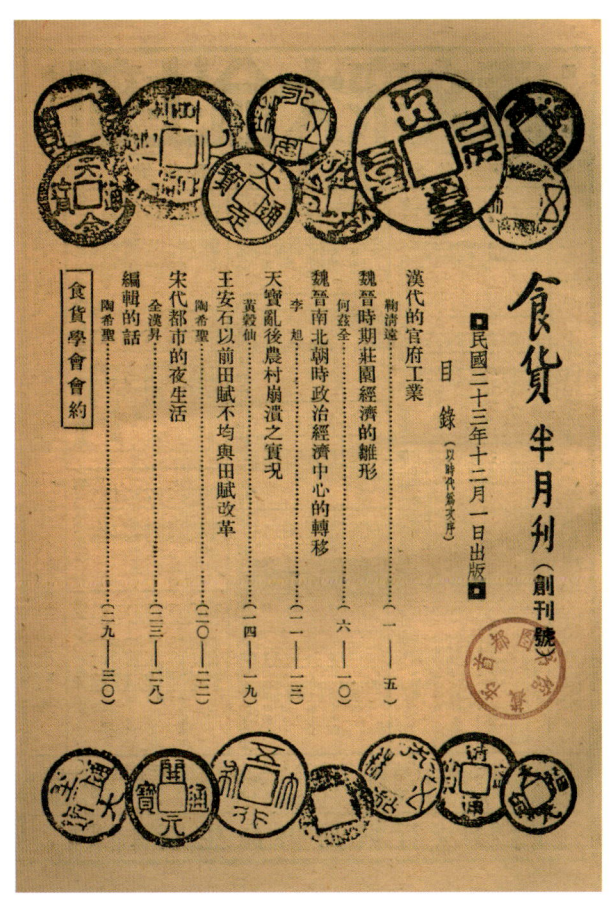
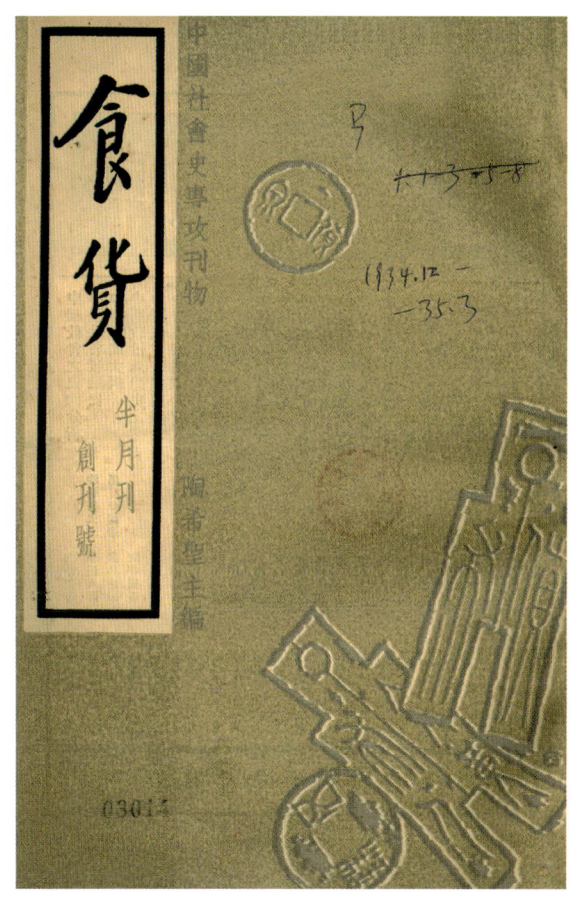

《食货》

责任者：陶希圣主编

出版发行：(上海)新生命书局发行，v.1, no.1（民国二十三年 12 月 [1934，12]）— v.6，no.1（民国二十六年 7 月 [1937，7]）

出版频率：半月刊

内容提要：该刊是在 20 世纪二三十年代"中国社会史论战"的背景下创办的，以研究中国社会经济史为主要内容的学术杂志。《食货》半月刊取名自《汉书·食货志》，食货志即中国古代史书中经济史部分的专称。杂志主编陶希圣主张史学离不开史料，理论和方法没有充分的史料不能证实。主张一点一滴地搜集累积史料，然后得出心得见解与理论方法，切实地讨论，反对把方法当结论，反对先有结论再印证。《食货》半月刊的主编是著名学者兼政客陶希圣，何兹全、全汉昇、杨联陞、吕振羽、马非百等著名历史学家在此发表学术文章。《食货》半月刊是民国时期重要的历史学学术刊物，对于历史学乃至各学术界具有很深的影响。主要栏目有研究方法、理论与方法、研究资料、参考资料、论文、读书随笔、通信、杂俎、编辑的话。

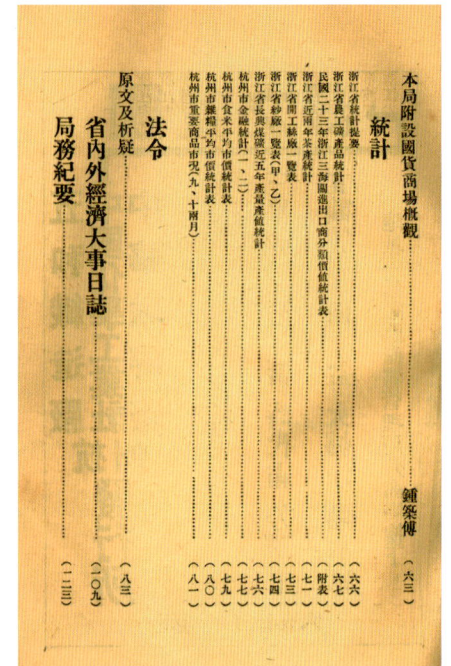
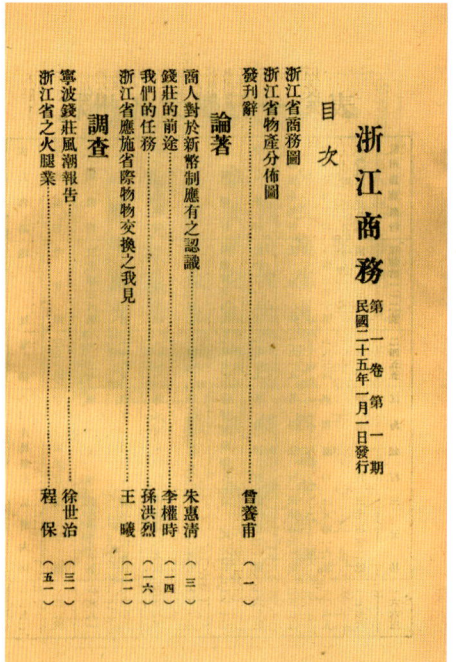
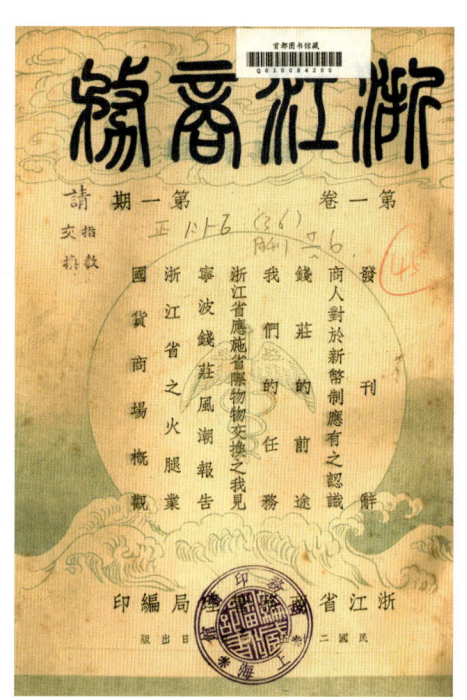

《浙江商务》

责任者：浙江省商务管理局编，第 1 卷第 6 期改为浙江省建设厅工商管理处编

出版发行：(杭州) 浙江省商务管理局发行，v.1, no.1（民国二十五年 1 月 [1936, 1]）— v.1, no.6（民国二十五年 6 月 [1936, 6]），第 1 卷第 6 期改为浙江省建设厅工商管理处发行

出版频率：月刊

内容提要：该刊专门刊载浙江省经济及工商有关之论著、译述、调查统计。其主要刊载研究经济学和浙江省经济的文章，包括商业、金融、货币政策、贸易、工业、农业、农村经济、物价等经济相关内容。发布并解析国民政府及浙江省所颁布法规章程，发布浙江省各地工农商业等经济状况调查报告，发布杭州及浙江省工厂、商业、农工矿产品、进出口货物、金融、物价等各项经济统计数据及图表。报道浙江省及全国经济消息及大事。公布浙江省商务管理局章程、人事、工作动态等消息。主要栏目有论著、调查、统计、法令、省内外经济大事日志、局务纪要。

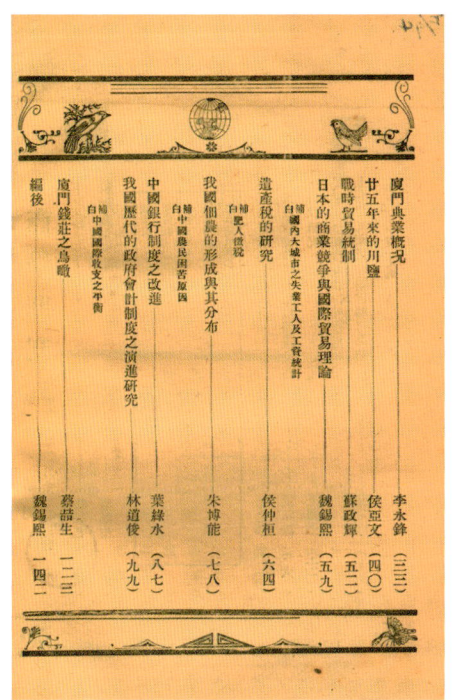 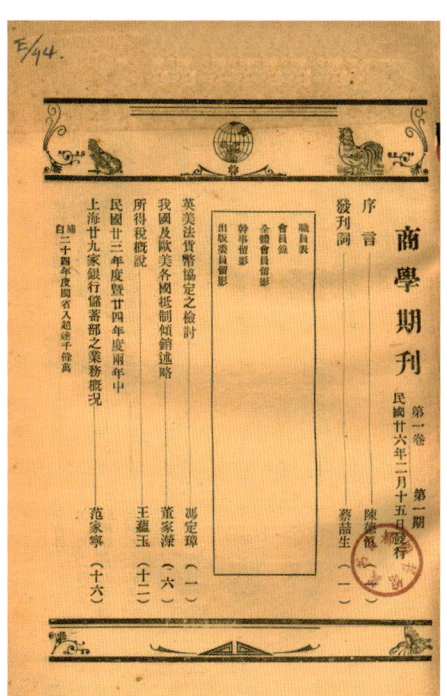 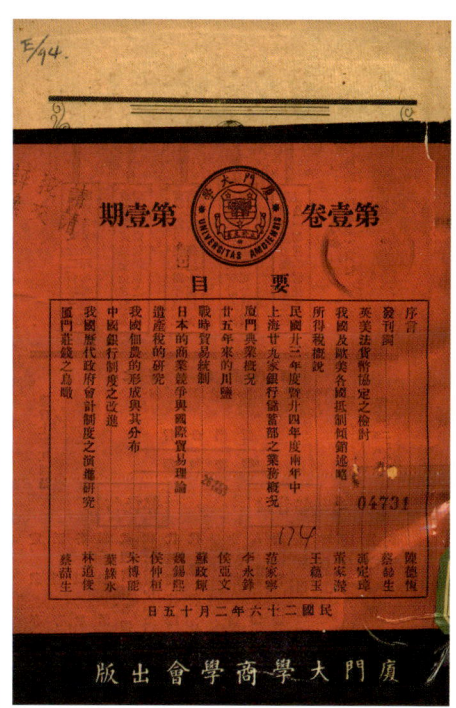

《商学期刊》

责任者：厦门大学商学期刊出版编辑委员会编辑部编

出版发行：（厦门）厦门大学商学会出版发行，v.1，no.1（民国二十六年2月［1937，2］）

出版频率：仅出版一期

内容提要：该刊宗旨是藉学术之探讨，收切磋之功效，以谋精神之团结、见解之统一。其主要内容是刊载战时经济政策、财政政策、货币政策、税收政策、农业生产以及金融等经济问题的学术研究文章。

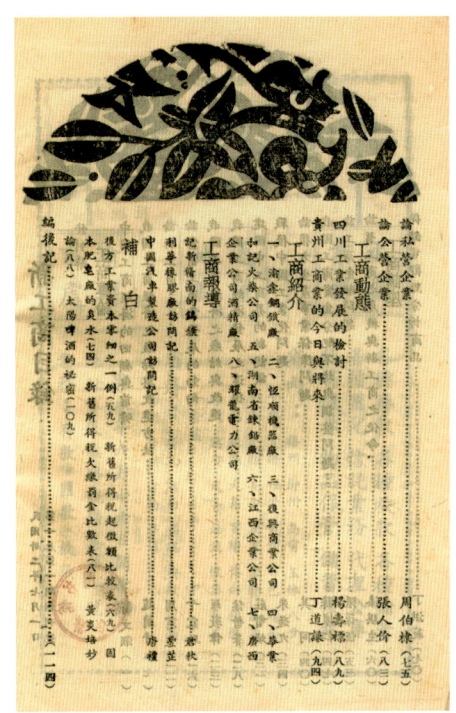 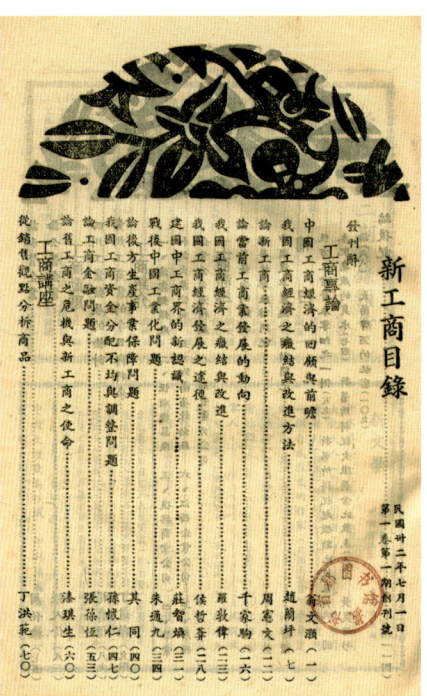 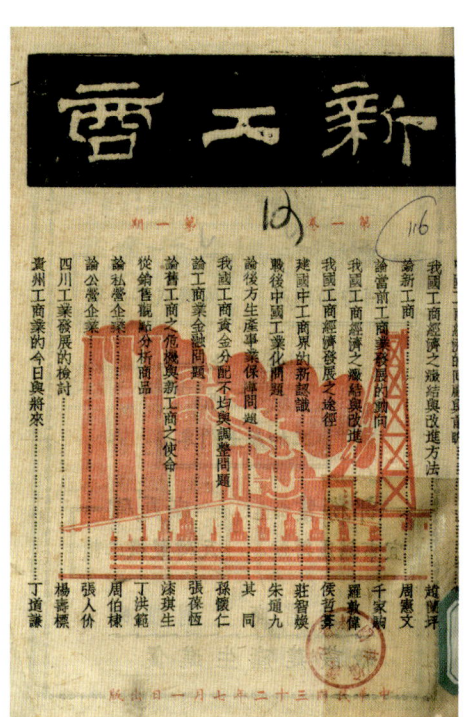

《新工商》

责任者：漆琪生编

出版发行：（桂林）新工商杂志社发行，v.1，no.1（民国三十二年7月［1943，7］）— v.2，no.1（民国三十三年1月［1944，1］）

出版频率：月刊

内容提要：该刊主要内容是研究工商原理，评论中国现行的工商制度，研究实际的工商管理问题，汇编并研究工商业法律规章。研究探讨中外财政等工商业以外的其他经济相关领域。报道工商界新闻动态，介绍工商业企业情况。主要栏目有工商专论、工商讲座、工商动态、工商介绍、工商报导、工商法规、工商信箱、工商拾锦。

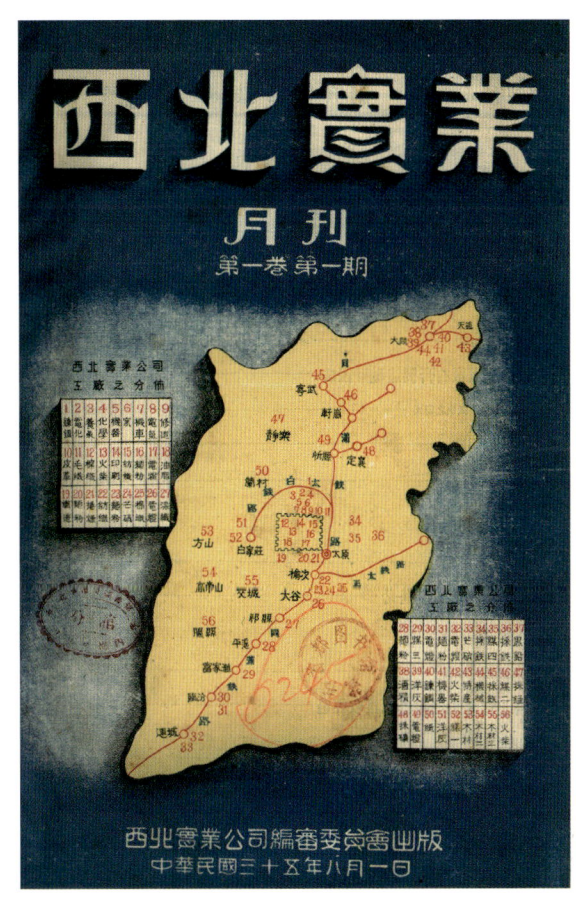

《西北实业月刊》

责任者：西北实业公司编审委员会编

出版发行：（太原）西北实业公司发行，v.1，no.1（民国三十五年8月[1946，8]）—v.6，no.1（民国三十八年2月[1949，2]）

出版频率：月刊

内容提要：该刊办刊目的是实写与报道建设开发西北的工作动态，并提供有关建设西北的各种资料；使国人更进一步地认识西北，重视西北。其主要内容是介绍与研究矿业、冶金、化工、农业等生产技术和管理方法，发表工业矿业实验报告，发布山西省矿产资源调查报告，以及工业矿业生产统计数据。主要栏目有专论、论著、特载、工厂介绍、复员报道、工作报告、工业新闻、科学新闻、公司动态。

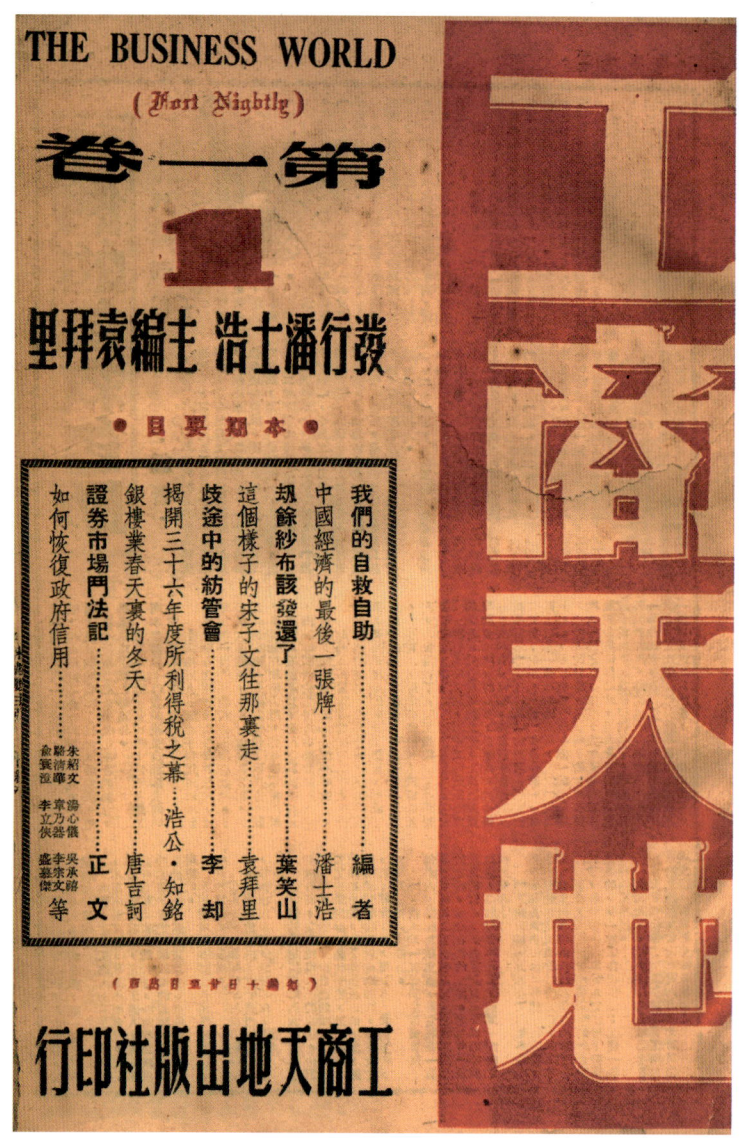

《工商天地》

题名：工商天地 = The Business World

责任者：袁拜里主编

出版发行：(上海)潘士浩发行，工商天地出版社印行，v.1, no.1（民国三十六年4月[1947，4]）— v.4, no.4（民国三十八年4月[1949，4]）

出版频率：半月刊

内容提要：该刊宗旨是代表广大的工商业者，为了协助政府完成经建大计，为了自助自救，为了报道自己的现状，积极向政府建议，以督促政府的改善。其以工商业自助自救为中心，主要刊载中国经济状况分析、税制改革、货币改革、金融业、贸易、纺织业、小工商业等的评论以及中外经济通讯报道。

三、经济

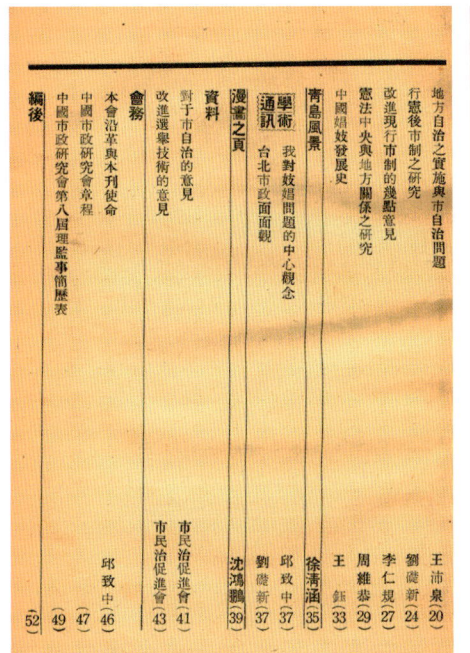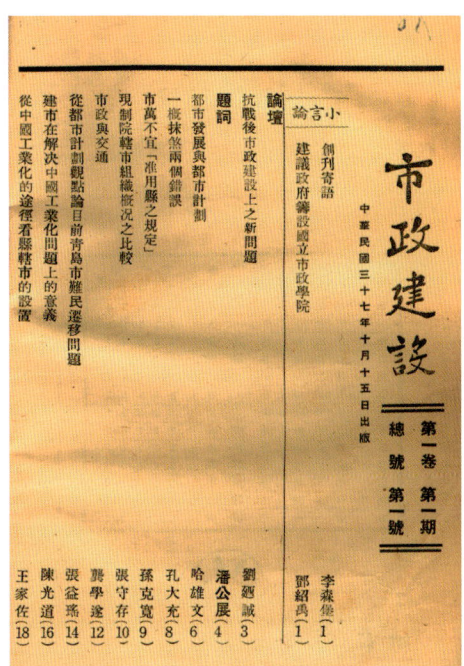

《市政建设》

责任者：李森堡主编

出版发行：张益瑶、（青岛）中国市政研究学会青岛分会市政建设社发行，v.1, no.1（民国三十七年10月[1948，10]）—v.1, no.2（民国三十七年12月[1948，12]）

出版频率：月刊

内容提要：该刊宗旨是研究市政学术，协助国家全面市政建设。其主要刊载探讨城市建设相关问题的学术论著和译述，协助中央及各地方政府设计市政规划方案，介绍国内外城市建设的情况。主要栏目有论坛、学术通讯、资料、会务。

四、文化、科学、教育、体育

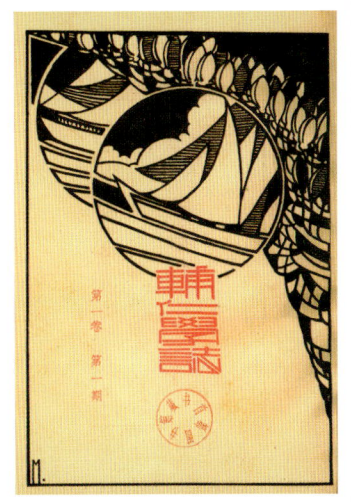

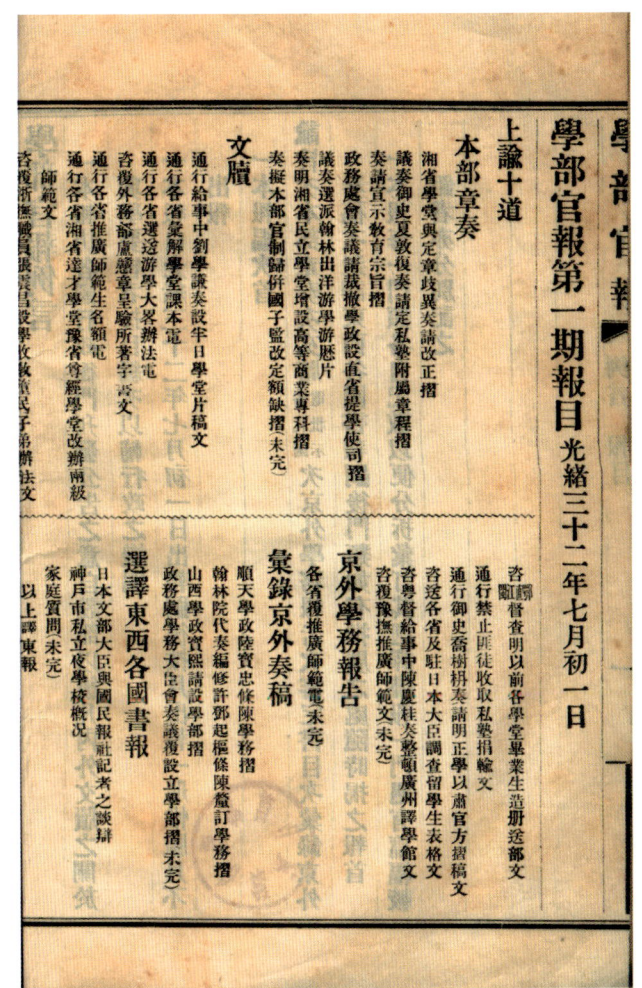
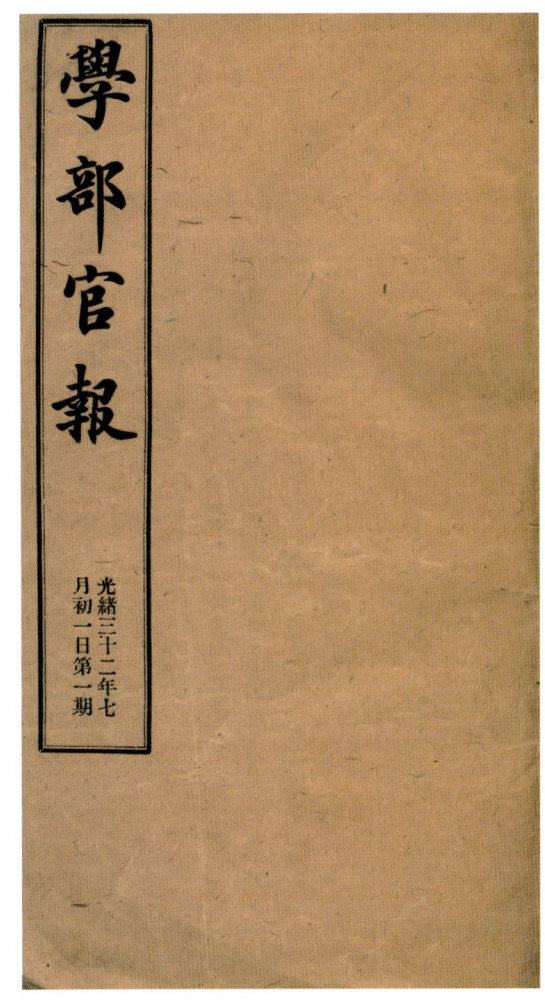

《学部官报》

责任者：学部图书局编

出版发行：（北京）北京学部图书局出版，no.1（光绪三十二年七月［1906，7］）— no.183（宣统三年七月［1911，7］）

出版频率：月刊；1906年9月第3期起改为旬刊

内容提要：1905年清政府结束科举制度，设立学部，正式开始近代教育体制。该刊主旨为仿各国行政衙门刊发公告之意，刊发学部关于"兴学要旨"的内外公牍（按目编次），以辅助各省提学使司、各府州县学等各级行政机关及学校。其主要刊载清政府及学部关于教育的上谕、奏章以及公牍，发布全国各地教育相关情况的学务报告以及赴外留学生报告。公布经审定的各级学校教科书的书目。刊载探讨教育制度、教学方法、教育行政等问题的论著。以及刊载各国图书报刊关于教育的文章，介绍各国的教育史、教育制度和教育理论。刊载有《奏请宣示教育宗旨折》《政务处学务大臣会奏议复设立学部折》《教育史》《文明史》《法兰西农业教育》等奏折及文章，是我们研究中国近代教育转型的重要史料。主要栏目有谕旨、本部章奏、文牍、京外学务报告、汇录京外奏稿、审定书目、选译东西各国书报、译著。

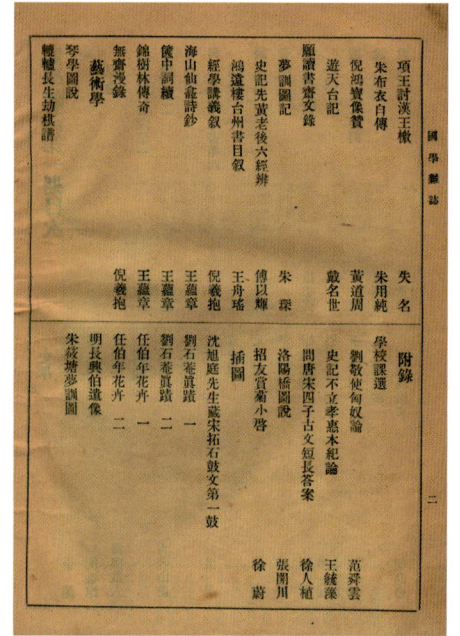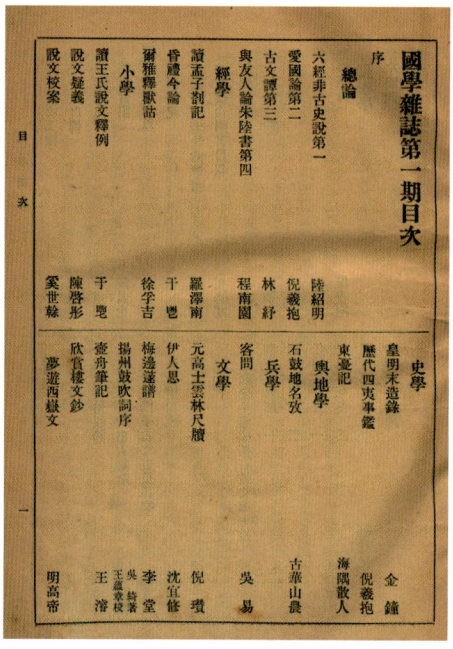

《国学杂志》

责任者：倪义抱编

出版发行：（上海）国学昌明社发行，no.1（民国四年3月［1915，3］）—no.8（民国五年12月［1916，12］）

出版频率：月刊

内容提要：该刊主要发表研究国学的论著，内容包括儒学、经学、历史学、地理学、文字学、金石学、文学、艺术、天文、历法等。宣传中国传统文化的重要性，反对民初新史学家所强调的"六经皆史"的观点。报道中国重要时事政治消息，特别是中日互换条约事件，指出日本对我山东、东北的侵略，宣传爱国思想，揭露日本、英国等帝国主义国家的侵略野心。选录古代及近世文人学者所著文集、笔记、诗集等，并对其进行批注、校勘、题跋。介绍古文学习方法。刊载古文课题及解释。刊载诗词、随笔、戏剧等文言文学作品。主要作者为于邕、倪义抱、林纾、罗泽南等学者。刊载有于邕《昏礼今论》、林纾《古文谭》、罗泽南《读孟子札记》等文章。刊载有大量的照片图片，如金石拓片、书画作品。主要栏目有总论、通论、专论、经学、小学、史学、舆地学、兵学、文学、艺术学、天文算学、附录、时事辑要、插图。

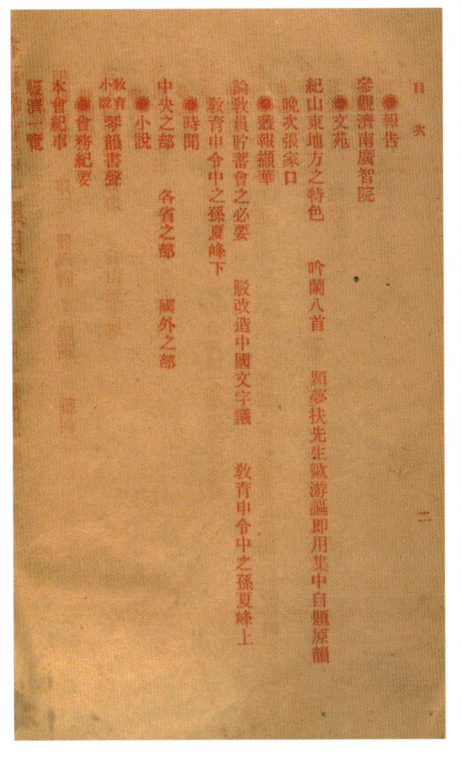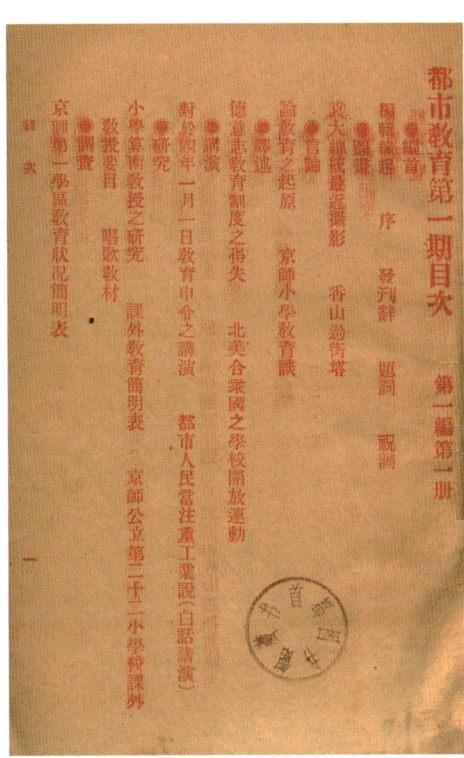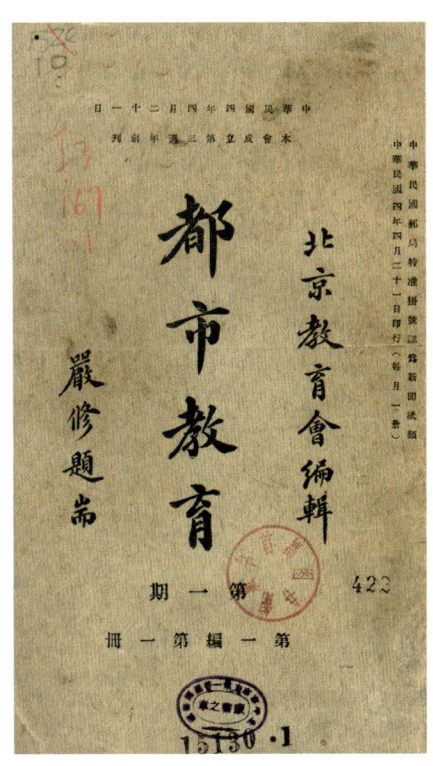

《都市教育》

责任者：北京教育会编

出版发行：(北京) 北京教育会发行，no.1 (民国四年4月 [1915, 4]) — no.41 (民国七年8月 [1918, 8])

出版频率：月刊

内容提要：该刊主要刊载研究教育学理论和实际教育问题的论文，涉及教育学理论、教育制度、义务教育、教育思想、教务管理、军事教育等各方面内容。探讨各学科教学方法，包括教学设备、国文、数学、地理、音乐、体育等各学科教学研究。介绍欧美各国教育理论和教育制度，以及各国的学科教学方法和教学经验。发布北京国民政府与教育相关的法规命令，刊载袁世凯等北洋政府高层关于教育的演讲和文章。报道国内外教育相关的新闻消息。发表北京地区为主的教学实践活动和教育实验的报告，发布北京及周边地区的教育情况调查报告。刊载以教育为主题的诗歌、散文、小说等文学作品。记载北京教育会人事、章程、公文、会议记录等各项会务情况。刊载有维藩《论教育之起原》等文章。主要栏目有讲演、调查、谈丛、杂俎、会务纪要。

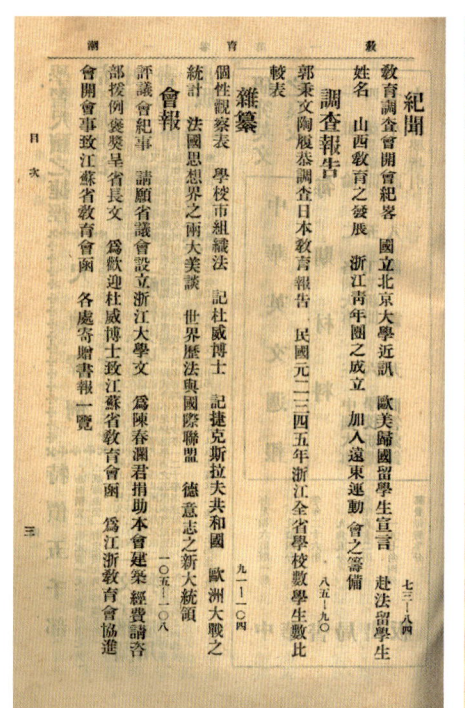 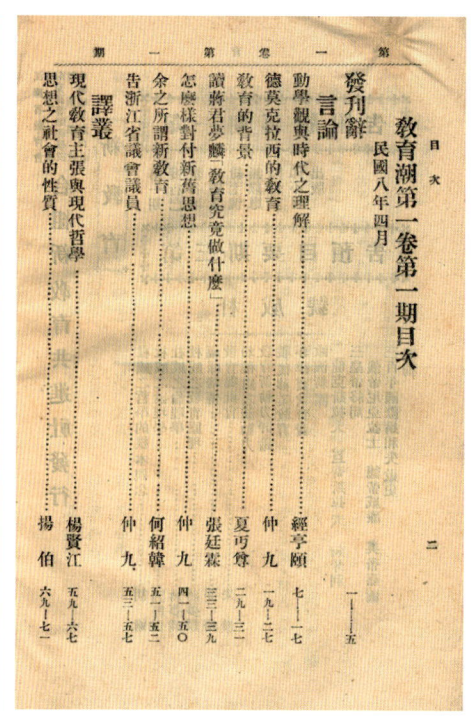 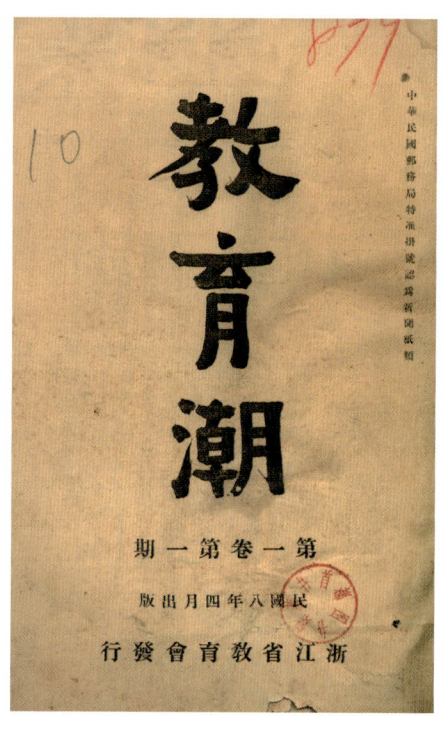

《教育潮》

责任者：浙江省教育会编

出版发行：（杭州）浙江省教育会发行，v.1，no.1（民国八年4月[1919，4]）— v.1，no.10（民国十年1月[1921，1]）

出版频率：月刊

内容提要：该刊宗旨是阐发教育之真义，力图改进。主要内容为介绍世界最新教育思想和教育学术问题的论著。分析中国教育现状的弊病缺点，探讨中国新教育制度建设和各项实际问题的解决措施。研究国文、地理、经学、算学等各学科教学的方法。该刊涉及近代教育普及、教育行政管理、学校管理、平民教育、妇女教育、职业教育、五四运动、扫除文盲、注音字母推广等民国初年近代教育发展的各方面内容。刊载有何绍韩《余之所谓新教育》、仲九《做教师应该怎样》等文章。主要栏目有言论、译丛、纪闻、调查报告、杂纂、会报。

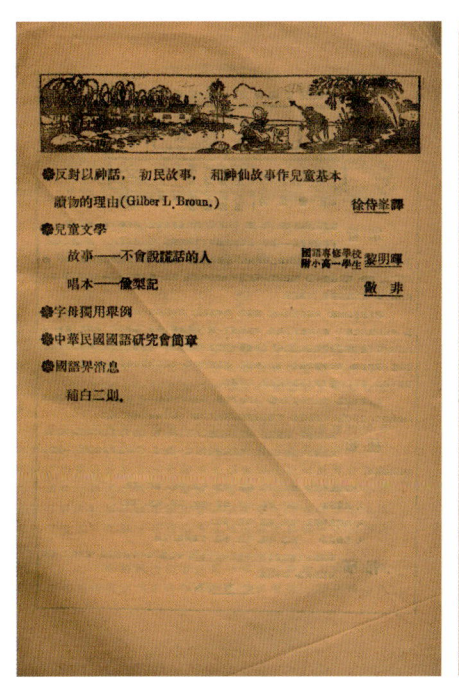  

《国语月刊》

责任者：中华民国国语研究会编

出版发行：（上海）中华书局发行，v.1, no.1（民国十一年 2 月［1922，2］）— v.2, no.3（民国十四年 5 月［1925，5］）

出版频率：月刊

内容提要：该刊主要用科学的精神和方法从学理上研究国语，探讨推广国语的理论、方针与措施，涉及国语普及、国语统一、注音符号、汉字改革、扫除文盲、汉语语音、字词、语法等国语推广和汉语语言学内容。探讨以小学为主的国语教学理论、教学方法及教学实践经验。刊载儿童文学和通俗文学作品，并用注音字母予以标音，以供指导儿童和民众学习国语和国音。介绍中华民国国语研究会的各项事务以及国语界的相关消息。主要作者有钱玄同、黎锦晖、赵元任、周作人、杨树达、蔡元培、马国英等。刊载有钱玄同《注音字母与现代国音》、赵元任《五声的标准》、马国英《新式标点符号用法指南》、蔡元培《汉字改革说》、周作人《国语改造意见》等文章。主要栏目有论述、专著、遗著、辑佚、杂俎、近人词录、词林文苑、女子词录、通讯、杂缀。

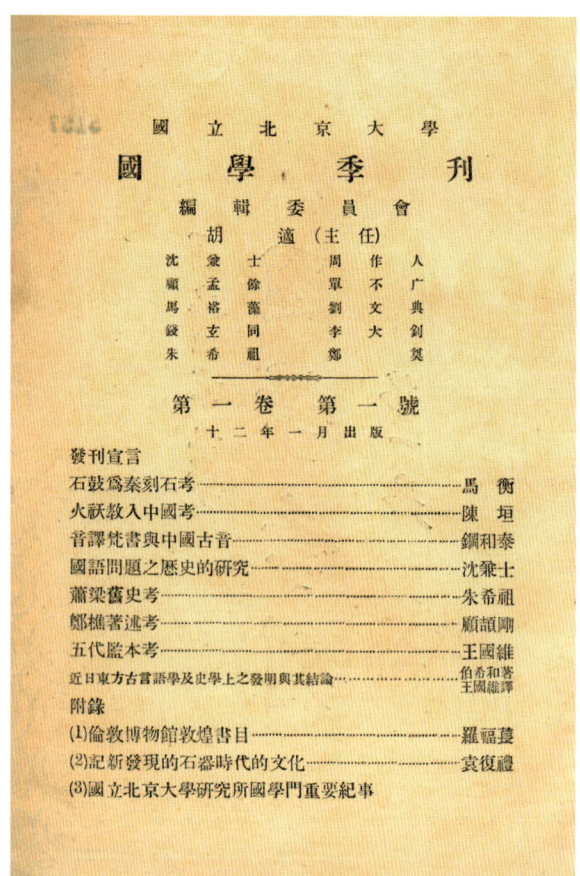 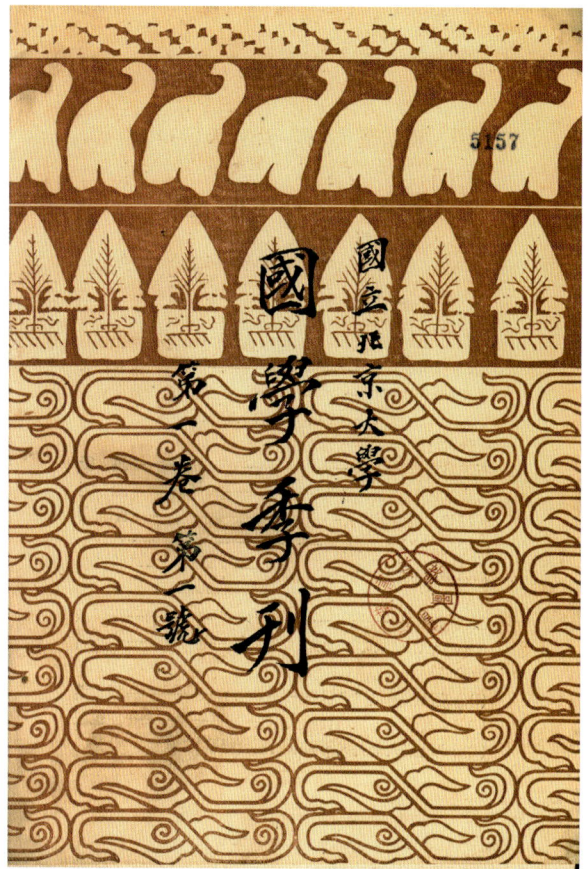

《国学季刊》

题名：国学季刊 = The Journal of Sinological Studies

责任者：北京大学国学季刊编辑委员会编

出版发行：（北京）北京大学出版部发行，v.1, no.1（民国十二年1月［1923，1］）— v.7, no.3（1952，12）

出版频率：季刊

内容提要：该刊办刊目的是：第一，用历史的眼光来扩大国学研究的范围；第二，用系统的整理来部勒国学研究的材料；第三，用比较的研究来帮助国学材料的整理与解释。其主要刊载研究中国历史和传统文化的学术论文，内容包括历史学、考古学、民族史、语言学、古文字学、经济史、政治史、中外交往史、思想史、学术史、宗教史、文学史、艺术史、风俗史、制度史等方面，目的是对中国文化历史进行系统的研究。发表北京大学研究所国学门的组织、学术研究、馆藏文物等各项事务。胡适为编辑委员会主任，文章作者均为当时著名学者，主要有王国维、罗振玉、陈垣、容庚、马衡、顾颉刚、沈兼士等著名历史学家。刊载有王国维《五代监本考》、顾颉刚《郑樵著述考》、罗振玉《魏正始石经残字跋》、陈垣《元西域人华化考》、容庚《甲骨文之发现及其考释》、容庚《金文编序》等重要的史学研究论文。

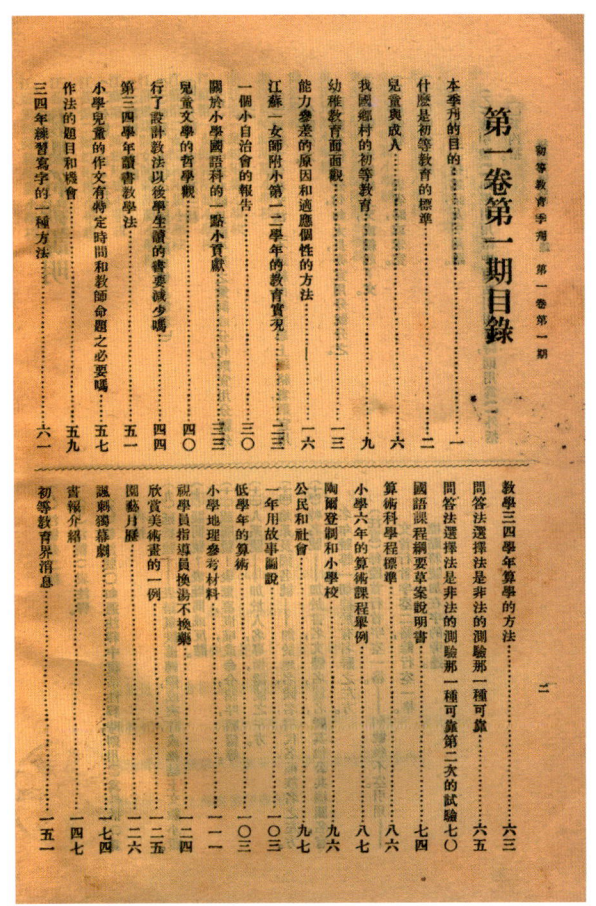

《初等教育》

题名：初等教育 = Elementary Education

责任者：初等教育季刊社编

出版发行：(南京)初等教育季刊社编辑发行,v.1,no.1（民国十二年3月［1923,3］）— v.2,no.4（民国十三年12月［1924,12］）

出版频率：季刊

内容提要：该刊主要刊载研究初等教育理论以及实际教育问题的论述，包括初等教育制度、小学教育、幼稚园教育、考试、课外活动、教育行政、教务管理等内容。介绍并探讨小学各学科教学方法、教学设计、教学案例和教学经验，涉及国语、算学、历史、地理、理学、自然、体育、书法、英语等小学各学科教学。报道国内外教育界的新闻消息以及最新小学教学方法和理论。介绍全国各地名小学的概况及教学实况。该刊作者为北京、上海、江苏、浙江等各地小学教职员，刊载有刘平江《什么是初等教育的标准》等文章。

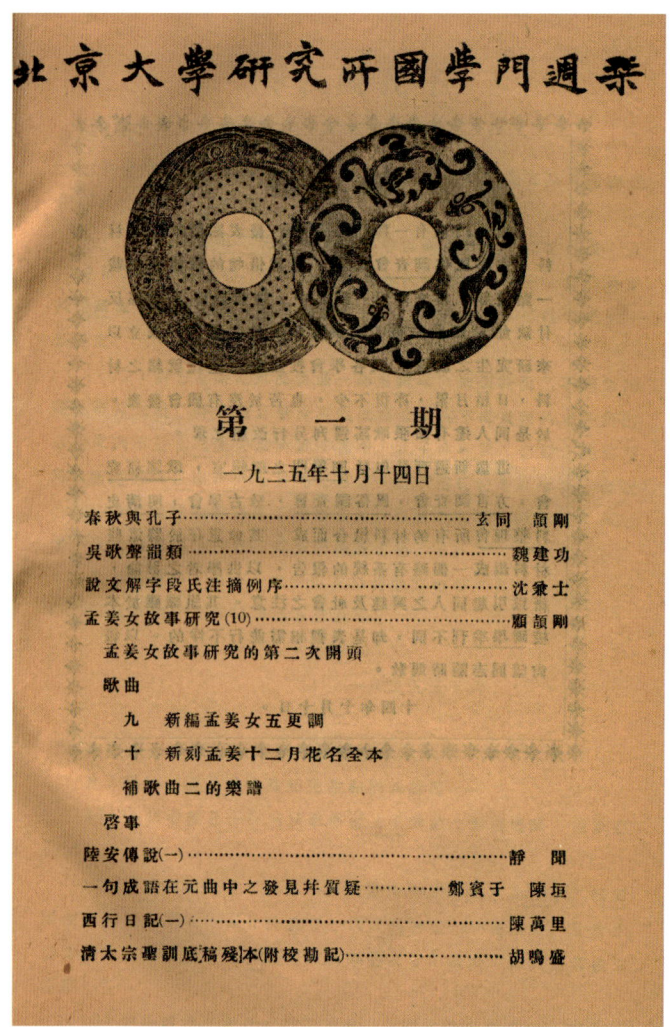

《北京大学研究所国学门周刊》

题名：北京大学研究所国学门周刊 = Bulletin De L'institut De Sinologie De L'universite Nationale De Pekin

责任者：北京大学研究所国学门编

出版发行：（北京）北京大学第三院本学门发行，v.1，no.1（民国十四年10月［1925，10］）— v.2，no.24（民国十五年8月［1926，8］）

出版频率：周刊

内容提要：该刊主要刊载研究中国历史和文化的国学研究论文，内容包括历史学、考古学、民俗学、文学、训诂学、目录学、校勘学、文字学、语言学等各文史类学科。主要作者为顾颉刚、陈垣、沈兼士、马衡、胡适、陈万里、容庚、林语堂等著名学者。介绍学术书目、学术出版、学术会议、学术组织、考古发掘等学术界的各项消息。刊载有《本学门所藏清代昇平署剧本目录》、钱玄同顾颉刚合著《春秋与孔子》、顾颉刚《孟姜女故事研究》、胡适《汉初儒道之争》等文史研究论著。1926年10月发行有"考古学专号"。

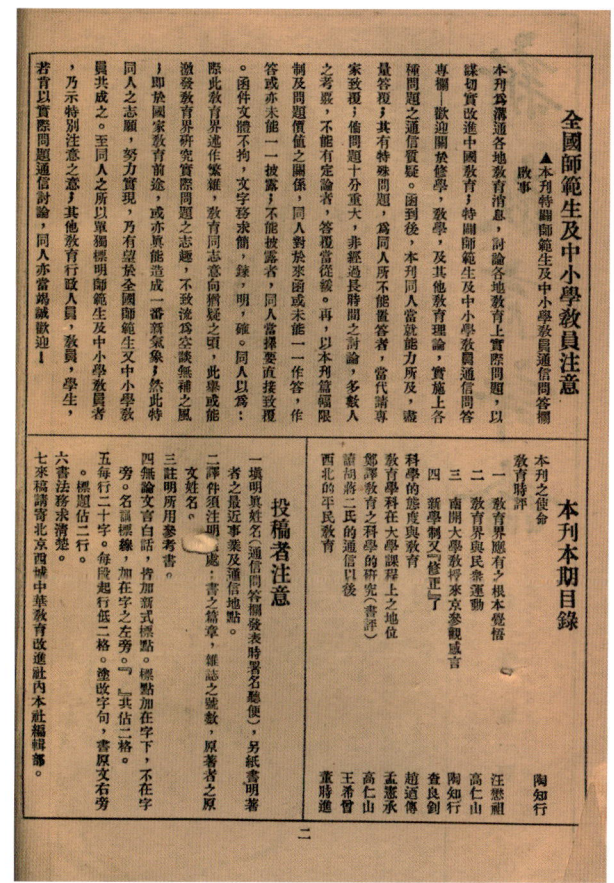
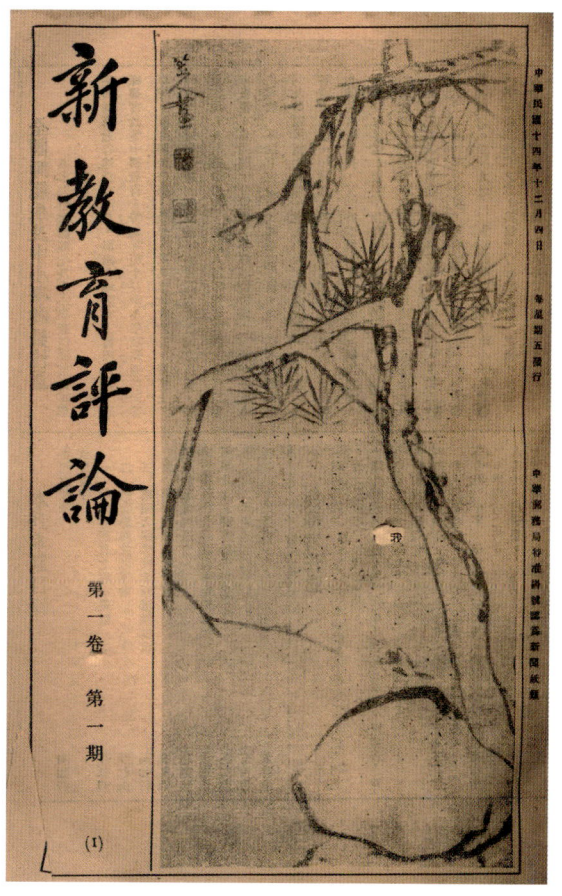

《新教育评论》

责任者:中华教育改进社、北京大学教育系联合主办

出版发行:北京中华教育改进社出版,v.1,no.1(民国十四年12月 [1925,12])— v.4,no.22(民国十七年3月 [1928,3])

出版频率:周刊

内容提要:该刊主要评论中国教育制度、教育思想以及实际教育问题,刊载研究教育学理论和实际教育问题的论著,涉及教育政策、女子教育、小学教育、大学教育、社会教育、教育统计、爱国教育、乡村教育等内容。介绍美国、英国、苏联等国的教育制度,评论国内外教育学著作及理论。探讨日本对华文化事业、庚子赔款问题等帝国主义对中国文化教育渗透的问题。主要作者有陶行知、查良钊、高仁山、汪懋祖等教育学家。刊载有陶知行《时局变化中的义务教育》、赵迺传《科学的态度与新教育》等文章。主要栏目有教育时评等。

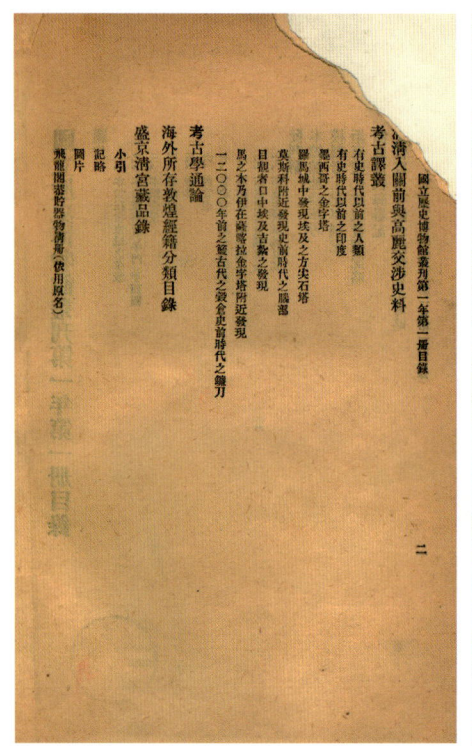 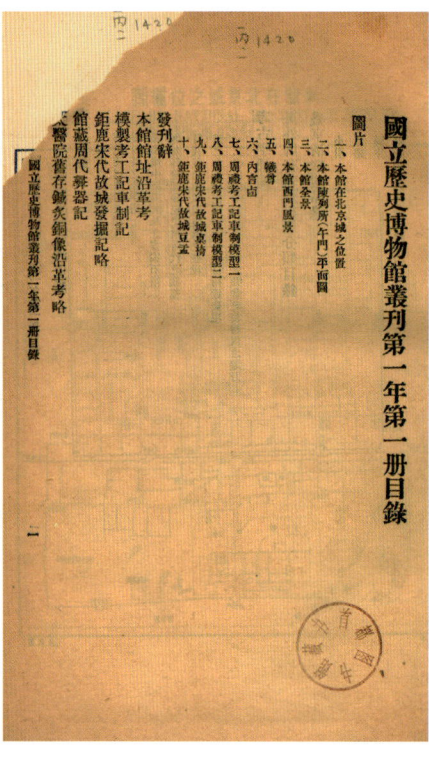 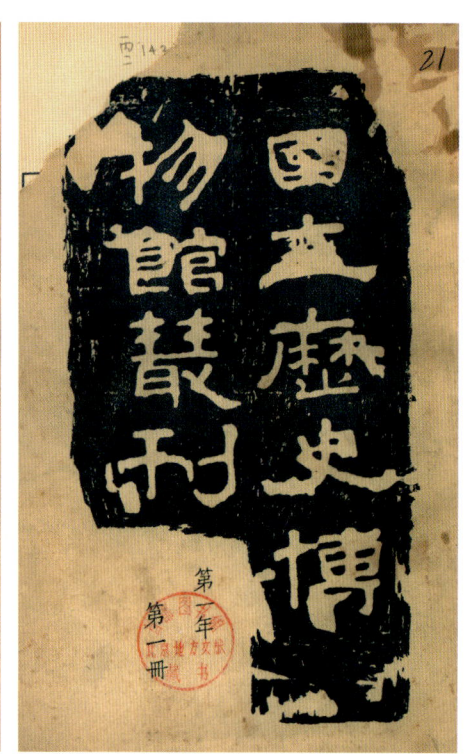

《国立历史博物馆丛刊》

责任者：国立历史博物馆编辑部编

出版发行：（北京）国立历史博物馆售品处发行，v.1,no.1（民国十五年10月[1926,10]）—v.1,no.3（民国十六年2月[1927,2]）

出版频率：双月刊

内容提要：该刊主要刊载考古学和历史学研究论著，包括考古发掘报告、古器物研究、文物修复、历史考证、文献整理等内容。介绍馆藏文物以及各地博物馆主要藏品，包括青铜器、金银器、书画、陶瓷器、家具等历代文物。发表历史博物馆整理的清代内阁大库档案，极大地丰富了明清史研究的史料。该刊收录有大量本馆风景、馆藏文物和考古研究的图片。刊载有《满清入关前与高丽交涉史料》《馆藏周代彝器记》《海外所存敦煌经籍分类目录》《盛京清宫藏品录》《明清之际史料丛残》《信阳汉冢发掘记》等文章。

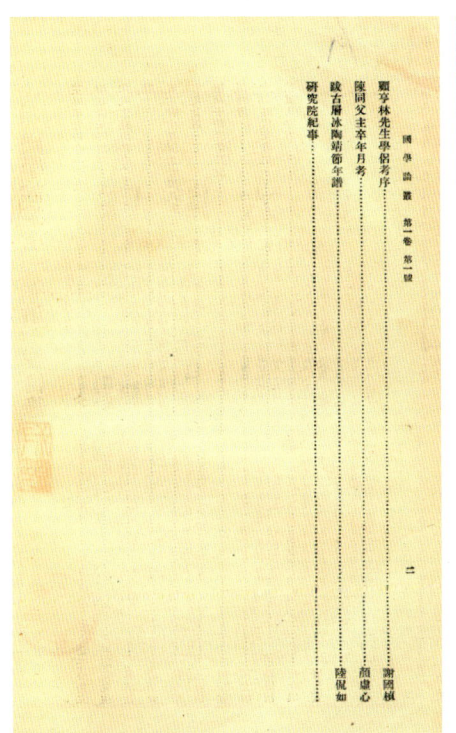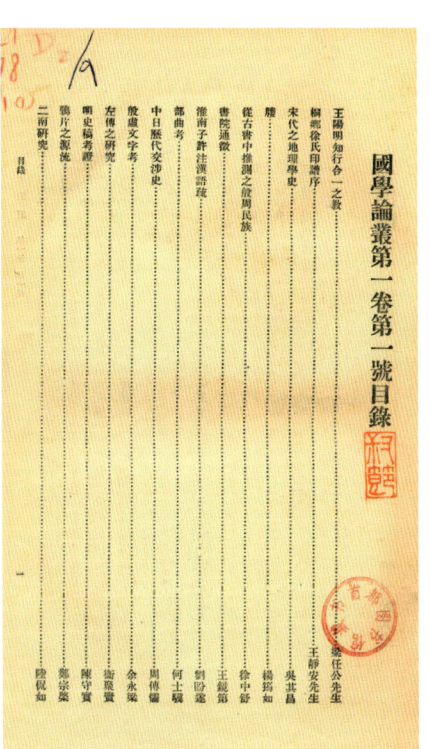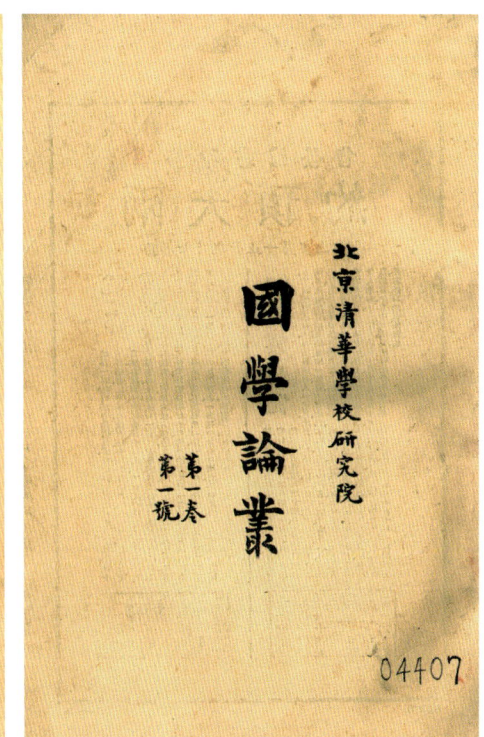

《国学论丛》

责任者：清华学校研究院编

出版发行：(上海)商务印书馆发行，v.1, no.1（民国十六年6月［1927, 6］）— v.2, no.2（民国十九年12月［1930, 12］）

出版频率：季刊

内容提要：该刊主要刊载清华学校教授及优异毕业生所撰写的国学研究的学术论著，包括历史学、考古学、文献学、地理学、语言学、民族史、史实考证等内容。刊载清华学校研究院规章、组织、教师、课程大纲、学生、出版品等及统计报告。该刊文章作者均为当时著名学者，主要以清华学校的学者为主，有王国维、梁启超、陈寅恪、徐中舒、赵元任、吴其昌、卫聚贤、王力、戴家祥、陆侃如等。刊载有梁启超《王阳明知行合一之教》、陈寅恪《元代汉人译名考》、吴其昌《宋代之地理学史》、徐中舒《从古书中推测之殷周民族》、卫聚贤《左传之研究》等学术论文。

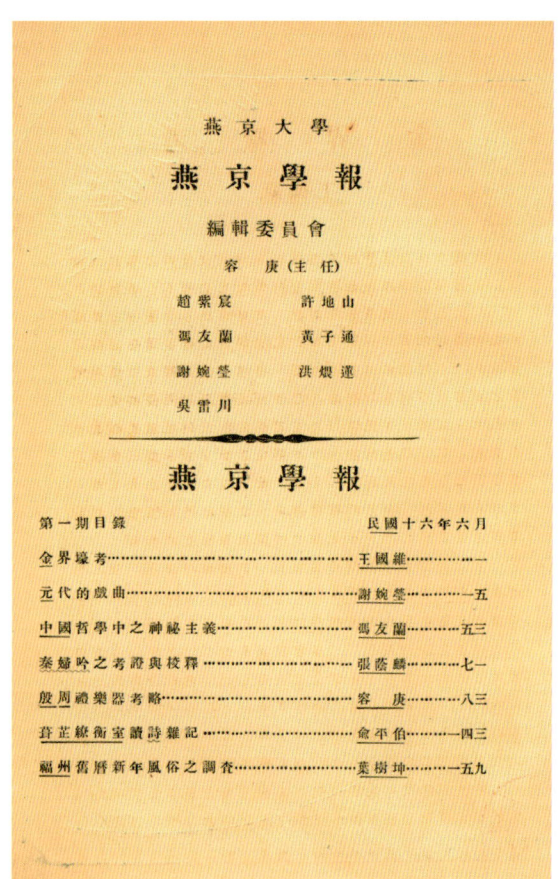
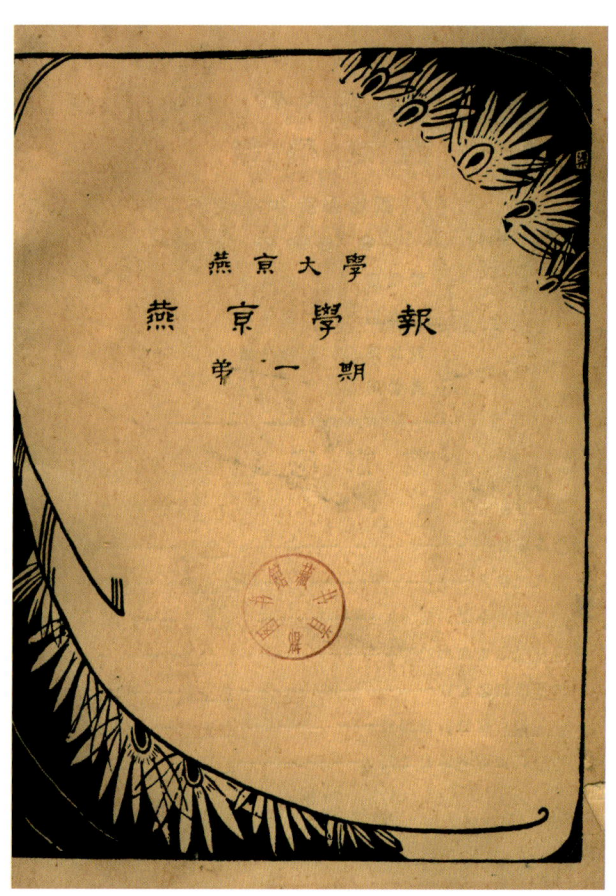

《燕京学报》

责任者：容庚主编，燕京大学燕京学报编辑委员会编

出版发行：（北京）北京海甸燕京大学图书馆发行，no.1（民国十六年6月[1927,6]）— no.40（1951,6）

出版频率：半年刊

内容提要：该刊主要刊载研究中国历史文化为主的社会科学学术论著，内容涉及历史学、考古学、语言学、文字学、文献学、文学、艺术、民俗学、宗教学等各学术领域。编委会主任为著名历史学家容庚，主要作者为陈垣、冯友兰、容庚、张荫麟、王国维、吴其昌、俞平伯等著名历史学家、哲学家和文学家。刊载有王国维《金界壕考》、容庚《殷周礼乐器考略》、陈垣《西域胡人华化考》、陈垣《史讳举例》、冯友兰《中国哲学中之神秘主义》等文史研究论著。

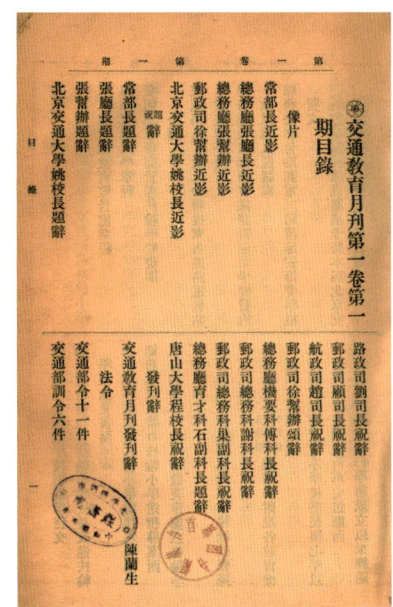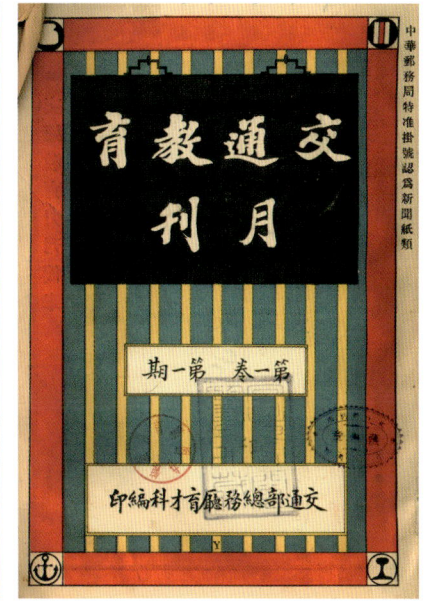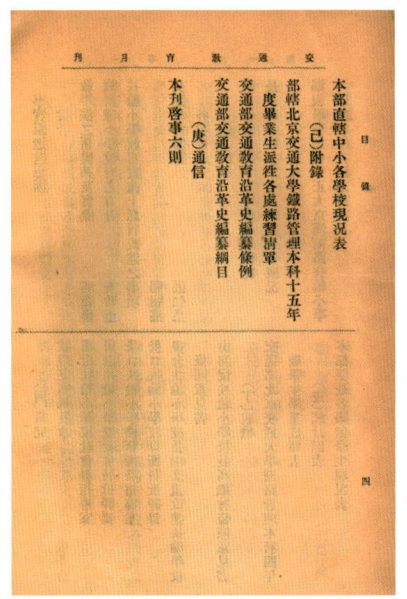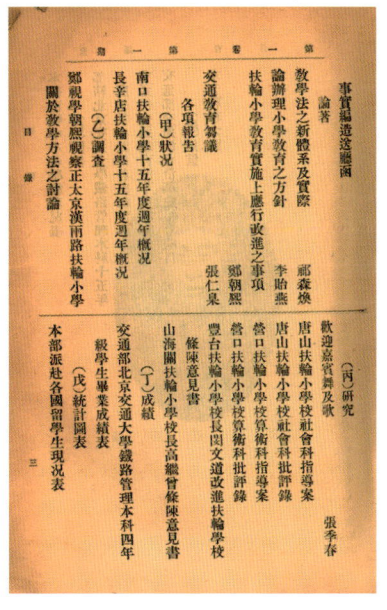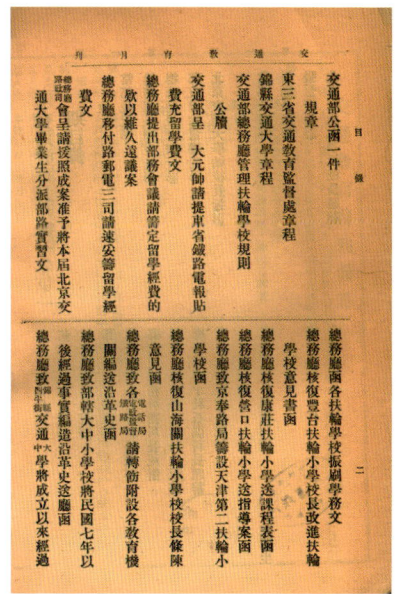

《交通教育月刊》

责任者：交通部总务厅育才科编

出版发行：(北京)交通部总务厅育才科编辑发行，v.1，no.1（民国十六年11月［1927，11］）—v.1，no.6（民国十七年4月［1928，4］）

出版频率：月刊

内容提要：该刊宗旨是联络直辖各校同人，共图发扬交通教育，并研究学术交换智识及刊布直辖各学校暨留学生练习生状况。其主要刊载北京国民政府交通部关于交通教育的法令和公牍，发布交通部下属机构及学校关于交通教育的章程规则。刊载关于交通、教育学以及交通教育的学术论著，内容涉及交通管理、列车技术、列车维修、铁路交通、交通运输、交通安全、小学教育、教育学理论、教育心理学、职业教育、学科教学方法等。发表交通部直辖各地交通大学、扶轮中学和扶轮小学的概况、教学、成绩、学生、毕业生等各项情况调查报告和统计数据。刊载有张仁㠯《交通教育刍议》、程懋坼《小学教育与儿童心理学》等文章。主要栏目有法令、规章、公牍、论著、各项报告。

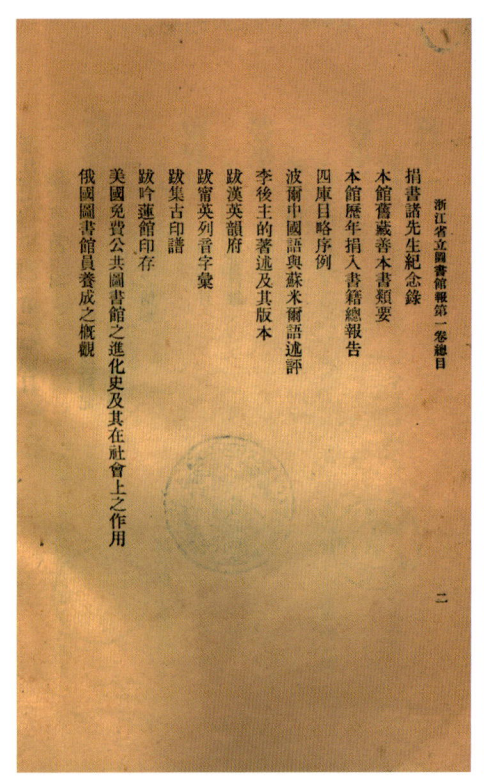 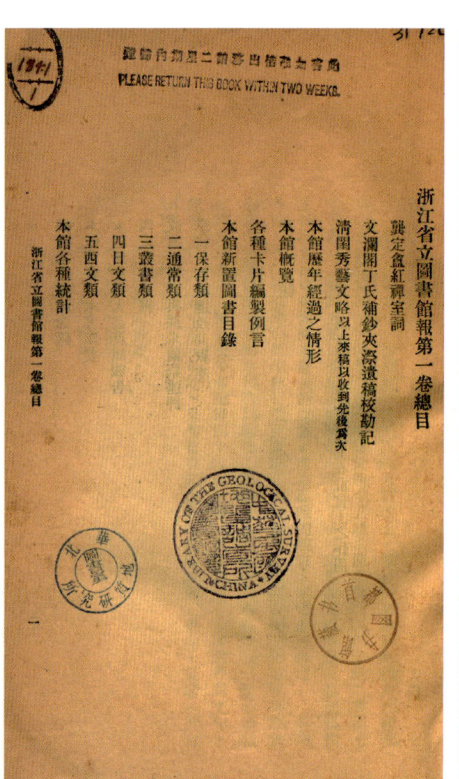 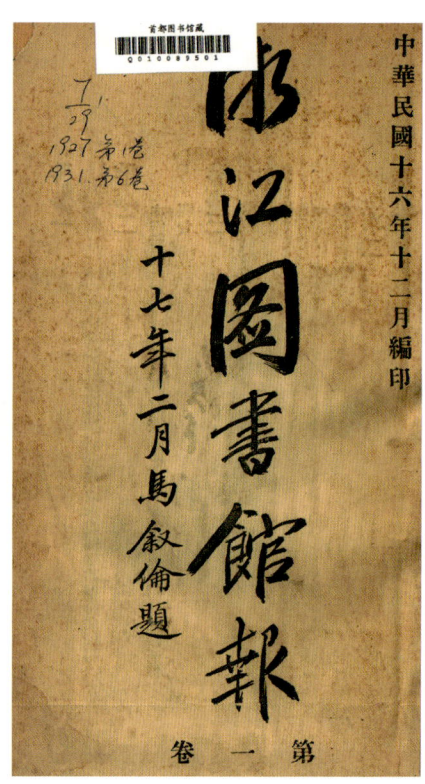

《浙江图书馆报》

责任者：浙江省立图书馆编

出版发行：（杭州）浙江省立图书馆出版，no.1（民国十六年12月[1927,12]）— no.6（民国二十年12月[1931,12]）

出版频率：年刊

内容提要：该刊主要刊载文献学、目录学、校雠学、文献考证、金石学等研究的论著。介绍图书馆学和文献学知识，如卡片目录编制、王云五的中外图书统一分类法等。刊载浙江省立图书馆每年新购置中西文图书目录，发表馆藏善本书目和题跋。介绍俄国、英国等国的图书馆事业概况，以供中国图书馆界参考。发布浙江省立图书馆每年度各月参观人数、阅借图书报刊本数等统计数据。封面刊名为马叙伦所题。该刊对研究浙江省图书馆事业的发展具有重要的史料价值。主要栏目有图书馆消息、公牍辑要、馆务纪要、统计、本馆书目、本馆新置图书目录、国内图书馆概况摘要。

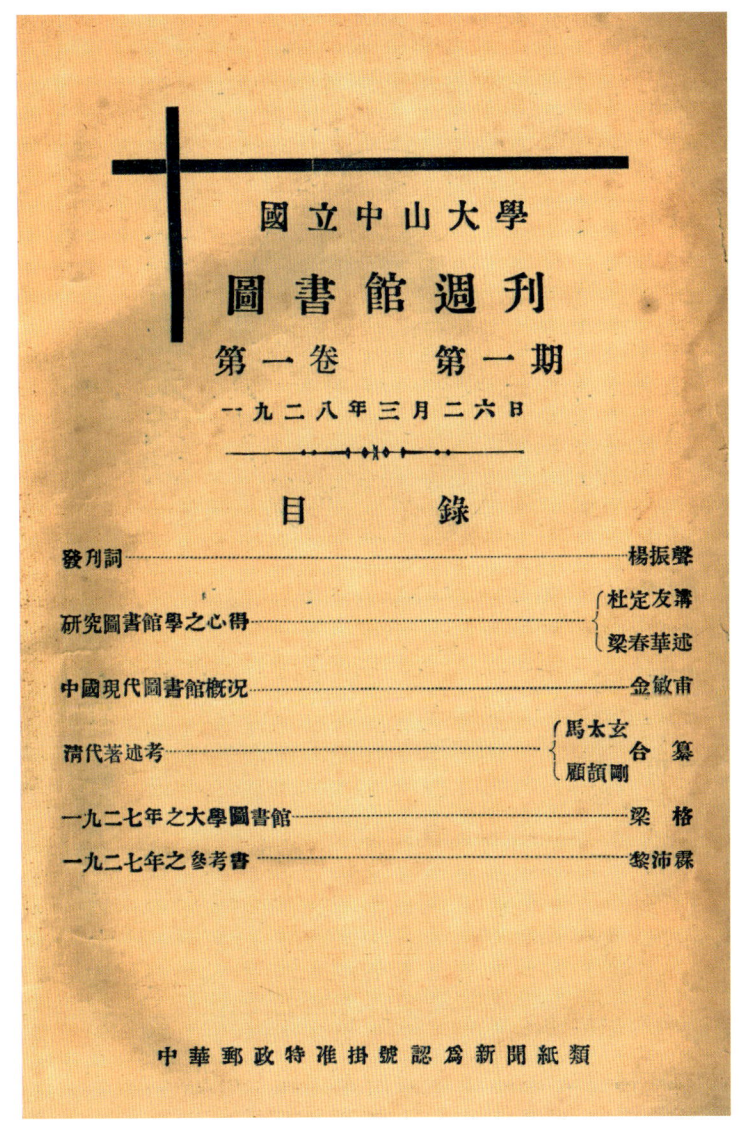

《国立中山大学图书馆周刊》

责任者：国立中山大学图书馆编

出版发行：(广州)国立中山大学出版部发行,v.1,no.1（民国十七年3月［1928，3］）— v.7,no.6（民国十八年7月［1929，7］）

出版频率：周刊

内容提要：该刊主要刊载研究图书馆学的学术论著，涉及分类法、学校图书馆、中国图书馆事业等内容。刊载文献学、目录学、历史学研究的论述，发表古籍文献的考证、校勘及题跋。发布中山大学图书馆新入场中西文图书的目录。主要作者有图书馆学家杜定友、金敏甫，历史学家顾颉刚等。刊载有杜定友《研究图书馆学之心得》、顾颉刚《清代著述考》、金敏甫《中国现代图书馆概况》、施乃晃《文件分类法》等文章。

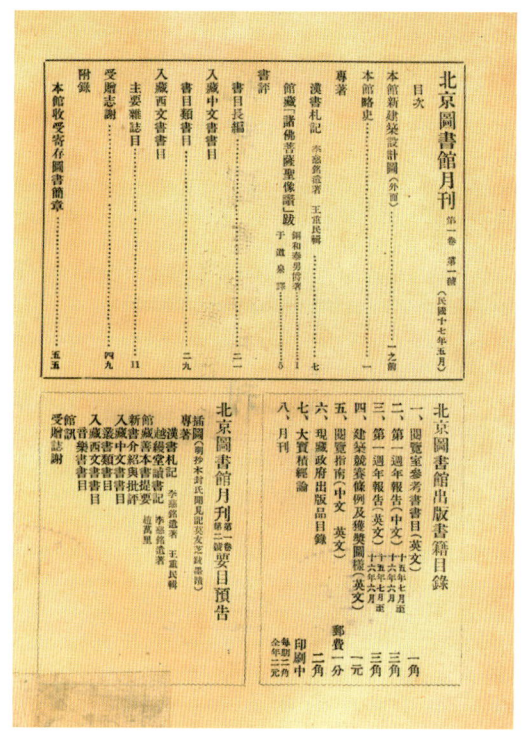 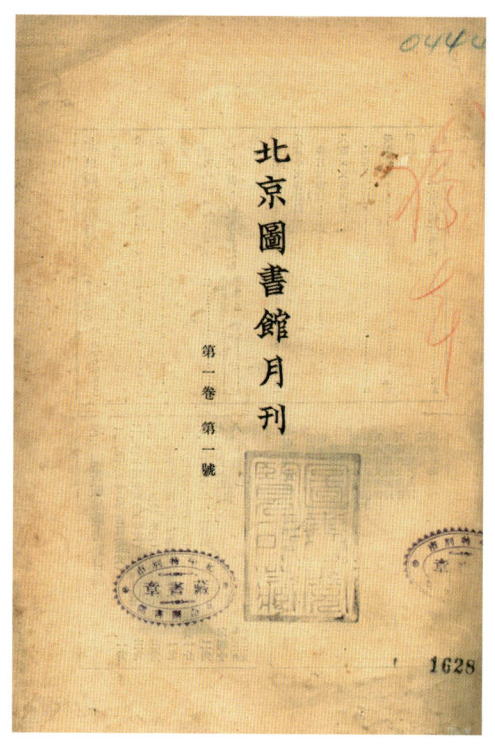

《北京图书馆月刊》

题名：北京图书馆月刊 = Bulletin of the Metropolitan Library；1928 年 10 月第 1 卷第 5 期起改名为《北平北海图书馆月刊》(Bulletin of the Metropolitan Library)；1929 年 7 月第 3 卷第 1 期起改名为《国立北平图书馆月刊》(Bulletin of the Metropolitan Library)；1930 年 2 月第 4 卷第 1 期起改名为《国立北平图书馆馆刊》(Bulletin of the National Library of Peiping)

责任者：北京图书馆编，1928 年 10 月起改为北平北海图书馆月刊编辑部编，1929 年 7 月起改为国立北平图书馆月刊编辑部编，1930 年 2 月起改为国立北平图书馆馆刊编辑部编

出版发行：(北平) 北京图书馆出版发行，1928 年 10 月起改为北平北海图书馆月刊编辑部出版发行，1929 年 7 月起改为国立北平图书馆月刊编辑部出版发行，1930 年 2 月起改为国立北平图书馆馆刊编辑部出版发行，v.1，no.1 (民国十七年 5 月 [1928，5]) — v.11，no.1 (民国二十六年 2 月 [1937，2])

出版频率：月刊；1930 年 1/2 月第 4 卷第 1 期起改为双月刊

内容提要：馆名原名北京图书馆，1928 年 10 月更名为北平北海图书馆，1929 年 7 月与国立北平图书馆合并。本馆收藏有大量古籍善本和美国退还庚子赔款所入手书籍，主要收藏采购书目为：书目、志书、丛书、稿本、批校本、李越缦藏书、谱牒、外国政府出版品、中国政府出版品、重要参考书、整部专门杂志、英文文学、音乐美术。该刊主要刊载研究文献学、目录文、校雠学、图书馆学和历史学的学术论文。发表古籍文献整理的研究和论述，包括传世古籍以及甲骨、金石、简牍、敦煌文献以及西夏文献等出土文献的整理与研究。公布国立北平图书馆馆藏善本书目以及馆藏善本的题跋和内容提要。介绍图书馆界和图书馆学的消息和新知识。介绍国立北平图书馆组织、历史沿革、人事、赠书、外交等各项工作和事务。刊载有李慈铭《汉书札记》、陈寅恪《忏悔灭罪金光明经冥报传跋》、赵万里《馆藏善本书提要》等文章。1929 年 3、4 月，第 2 卷第 3、4 期为《永乐大典专号》。《北平北海图书馆月刊》时期封面刊名为钱玄同所题。《国立北平图书馆馆刊》是民国时期最重要的图书馆学刊物之一，是研究民国时期图书馆事业和图书馆学发展的重要史料。主要栏目有专著、书评、馆藏善本提要、入藏中文书书目、入藏西文书书目、校勘、辑佚、目录、通讯、馆讯。

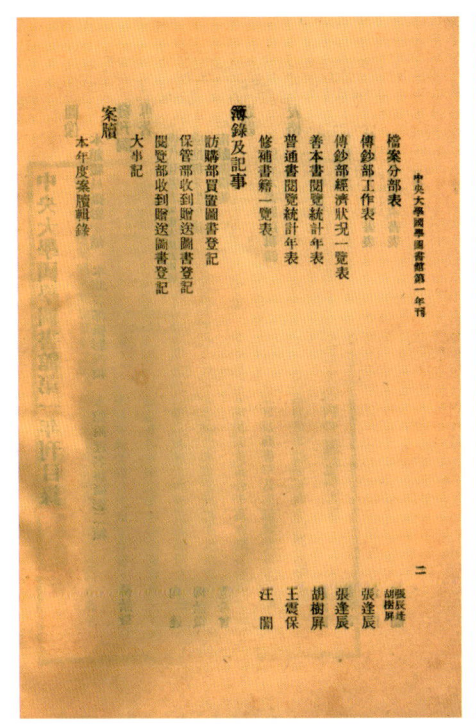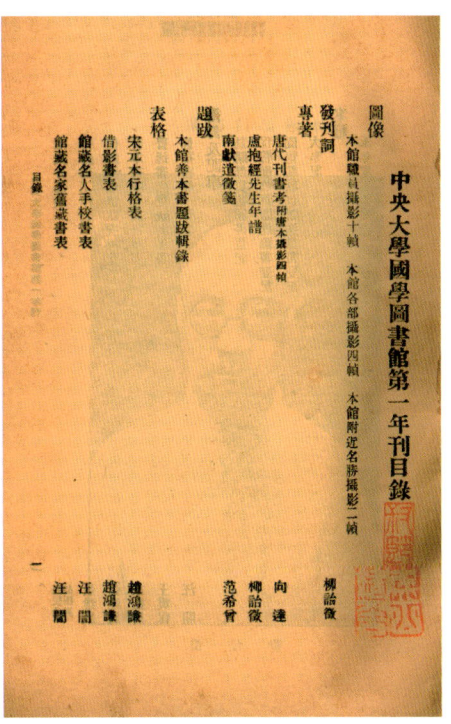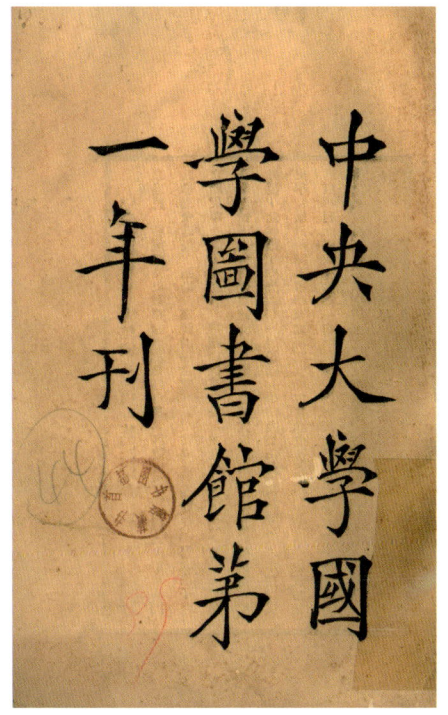

《中央大学国学图书馆年刊》

题名：中央大学国学图书馆年刊；1929年改名为《国学图书馆年刊》；1930年起改名为《江苏省立国学图书馆年刊》

责任者：国学图书馆编

出版发行：（南京）国学图书馆发行，no.1（民国十七年11月［1928，11］）— no.10（民国二十六年10月［1937，10］）

出版频率：年刊

内容提要：馆长为著名学者柳诒徵。主要刊载研究文献学、目录学、校勘学的论文。刊载文献校勘和文献考证的研究，发表馆藏善本和书画的题跋。发表馆藏宋元本、名人手校书、名家藏书等珍稀图书的名录和内容简介。发表国学图书馆各部门工作、经济状况、图书阅览、修补书籍、买置图书登记、赠送图书登记等情况簿录和统计表。1929年改为国学图书馆。主要栏目有专著、题跋、表格、簿录及记事、案牍。

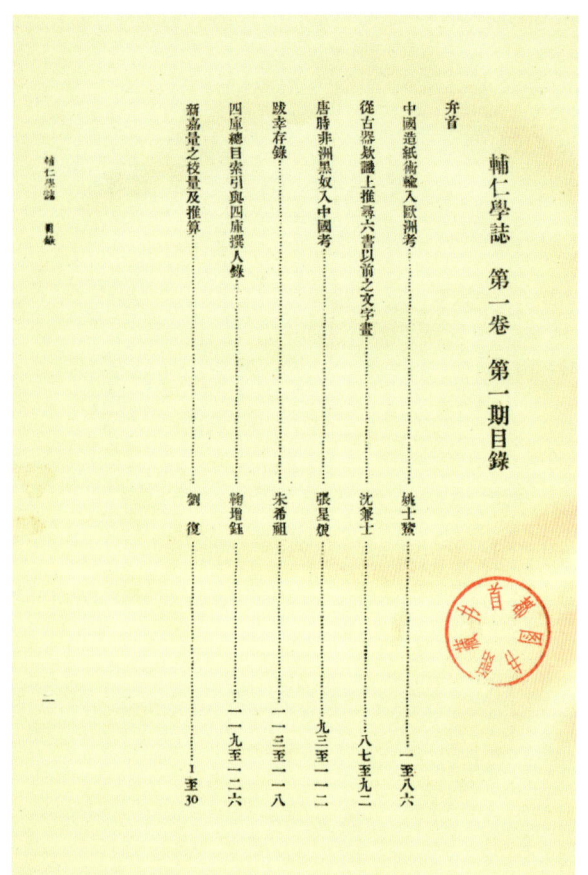

《辅仁学志》

责任者：辅仁大学辅仁学志编辑会编

出版发行：（北平）辅仁大学图书馆发行，v.1，no.1（民国十七年 12 月［1928，12］）— v.15，no.2（民国三十六年 12 月［1947，12］）

出版频率：半年刊

内容提要：该刊主要刊载研究中国历史文化和学术的论著或译文，涉及历史学、语言学、文字学、哲学、美术、宗教学、考古学、金石学等内容。主要作者为沈兼士、柯昌泗等学者。刊载有沈兼士《从古器款识上推寻六书以前之文字画》、姚士鳌《中国造纸术输入欧洲考》、刘复《新嘉量之校量及推算》、那志廉《四库总目韵编勘误》等作品。

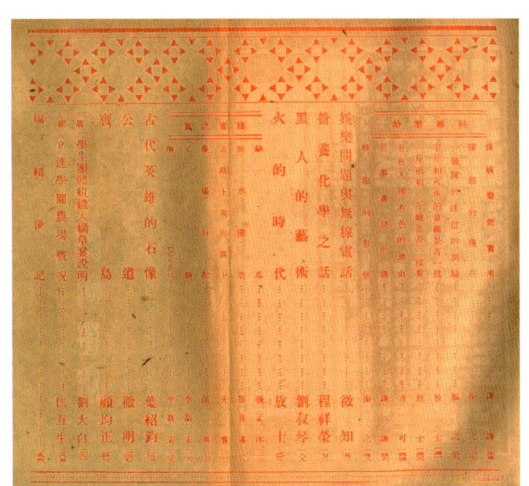 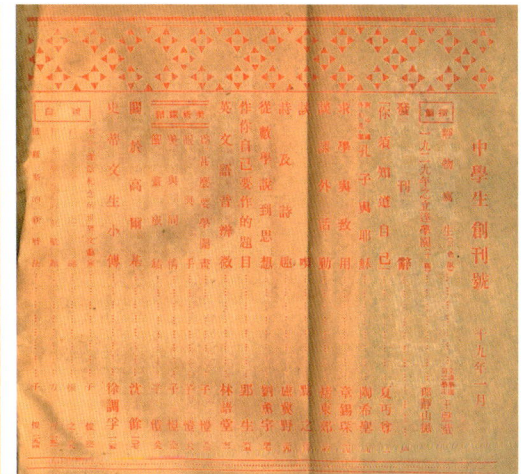 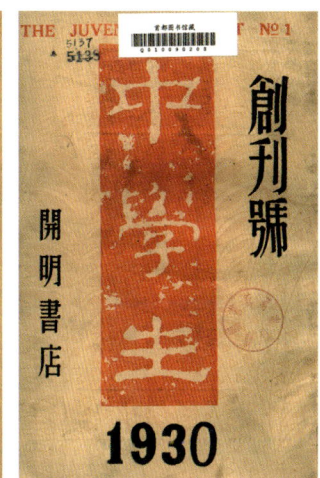

《中学生》

题名：中学生 = The Juvenile Student

责任者：夏丏尊、叶圣陶、丰子恺主编

出版发行：（上海）开明书店出版；抗战时期迁至重庆，抗战胜利后迁回上海，1949年10月后迁至北京，1953年第5期起改为中国青年出版社出版；1958年后改为中国少年儿童出版社出版，创刊号（民国十九年1月［1930，1］）至今

出版频率：月刊

内容提要：该刊主要普及自然科学知识和文史知识，介绍国文、数学、英文等中学学科知识和学习方法，指导青年人的写作技巧，发表中学生创作的文艺作品。介绍世界著名的文学家、艺术家及其作品，培养中学生的文学艺术素养。报道国内外时事大事，分析国际形势，培养青少年的爱国主义精神。探讨青年人专注的求学、就业等问题，为青年的人生答疑解惑。该刊是我国出版时间最长影响力最大的青少年刊物之一。主要撰稿人有林语堂、丰子恺、叶圣陶、夏丏尊、郭沫若、冰心、巴金、茅盾、胡愈之等著名文学家和学者。刊载有夏丏尊《你须知道自己》、林语堂《机器与精神》等文章。主要栏目有插图、美术讲话、科学零拾、中学生生活漫画、读者之页、专载。

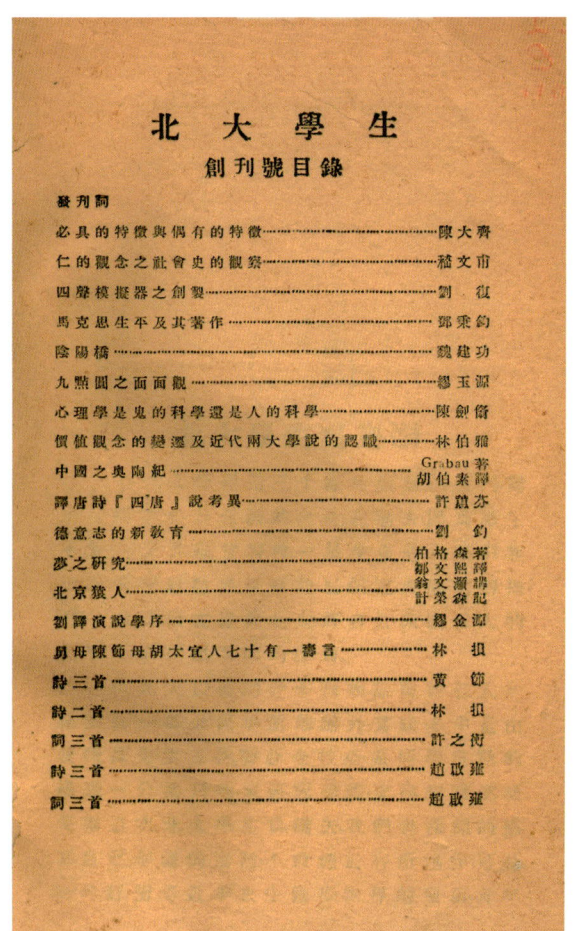
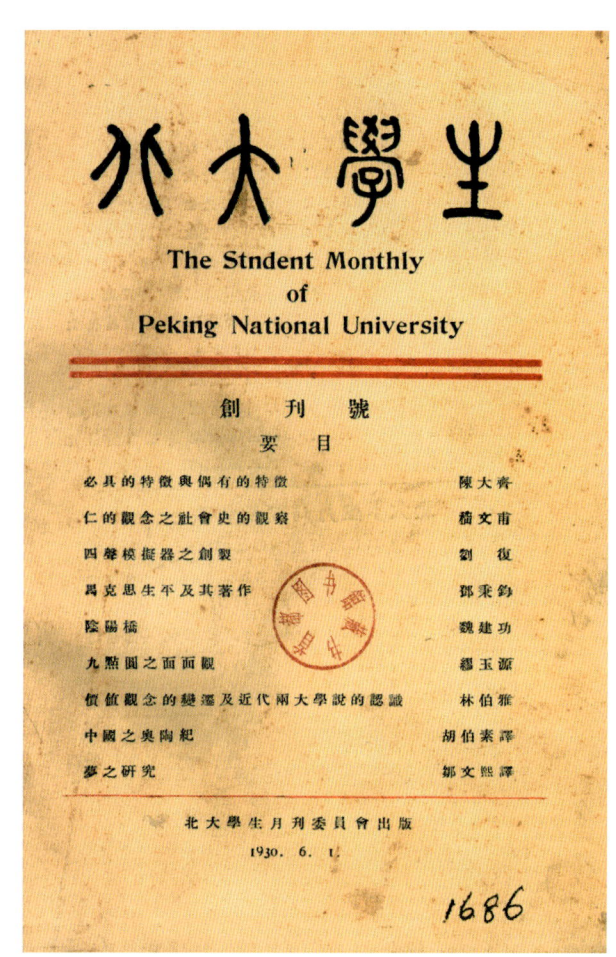

《北大学生》

题名：北大学生 = The Student Monthly of Peking National University

责任者：北京大学学生月刊委员会编

出版发行：（北平）北京大学学生月刊委员会编辑发行，v.1，no.1（民国十九年 6 月［1930，6］）—v.1，no.6（民国二十年 6 月［1931，6］）

出版频率：月刊

内容提要：该刊主要刊载北京大学教职员、在校同学和离校同学的社会科学及自然科学学术论著和翻译，包括政治学、经济学、历史学、考古学、哲学、心理学、社会学、教育学、数学、物理学、化学、地质学等各学科。刊载北京大学师生创作的诗词、散文等文学作品。主要作者有杨伯峻、劳干、邓秉钧、刘复、嵇文甫等。刊载有邓秉钧《马克思生平及其著作》、翁文灏《北京猿人》、傅振伦《北大国学研究所考古学会之过去与未来》等文章。

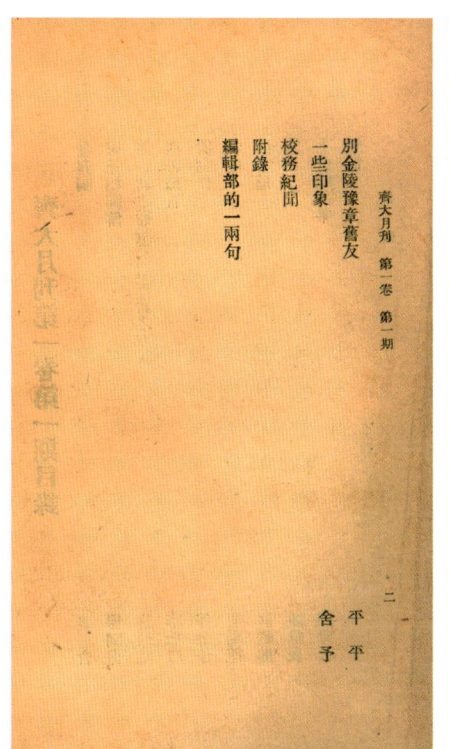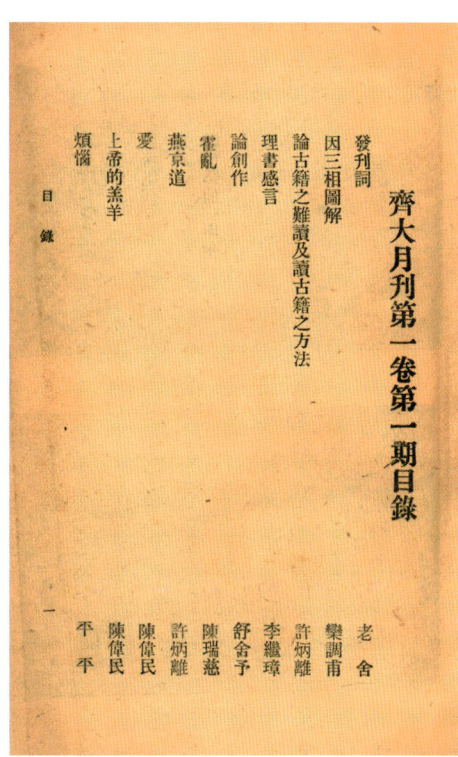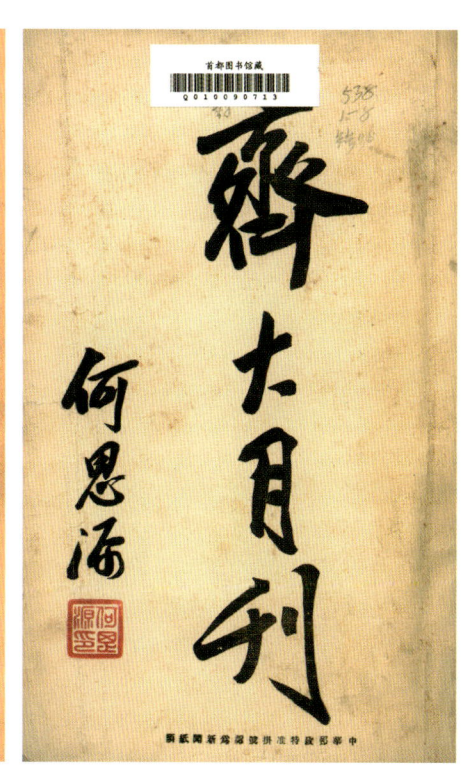

《齐大月刊》

责任者：不详

出版发行：(济南)私立齐鲁大学印行，v.1，no.1（民国十九年10月[1930，10]）— v.2，no.8（民国二十一年6月[1932，6]）

出版频率：月刊

内容提要：该刊主要刊载齐鲁大学师生的社会科学和自然科学学术研究论文，内容包括历史学、哲学、地理学、社会学、文学、文献学、人类学、化学、医学等学科。报道齐鲁大学及师生的各项新闻消息和校园活动，刊载齐鲁大学的课程、会议、成绩、人事、出版、校友等各项校务。发表诗歌、散文、小说等文艺创作。主要作者有老舍、许炳离、周干庭等，刊载有老舍《论创作》、许炳离《论古籍之难读及读古籍之方法》、张维华《南京教案始末》、周干庭《楚辞研究》等文章。封面刊名为何思源所题。

《读书月刊》

责任者：读书月刊社编

出版发行：（上海）光华书局发行，v.1，no.1（民国十九年11月［1930，11］）— v.3，no.6（民国二十二年10月［1933，10］）

出版频率：月刊

内容提要：该刊主要介绍阅读和文学研究的方法，探讨文学理论和文学创作手法。介绍并评论中外著名作家和最新出版的各类图书及文学作品。探讨青年相关的各类问题，发表青年创作的论文、小说、诗歌等各类创作。报道出版界和国内外文学界的消息和动态。主要作者有郁达夫、沈从文、胡适、赵景深、杨荫深、汪倜然、匡亚明等。刊载有邱韵铎《怎样研究西洋文学》、沈从文《论落华生》、胡适《为什么读书》、郁达夫《学文学的人》等文章。主要栏目有介绍与批评、随笔、作家论、现代中国作家录、出版界消息、文坛消息。

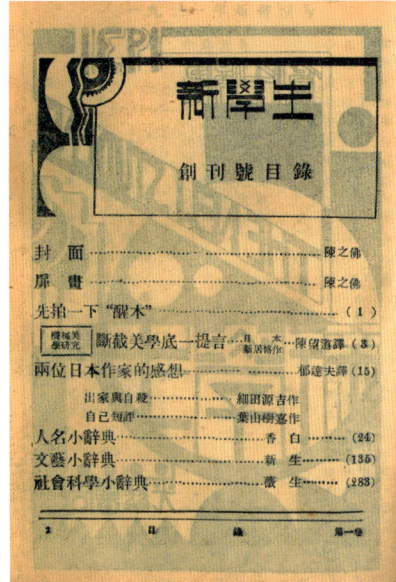

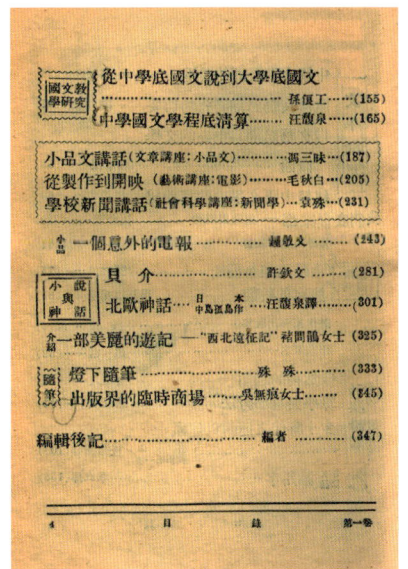
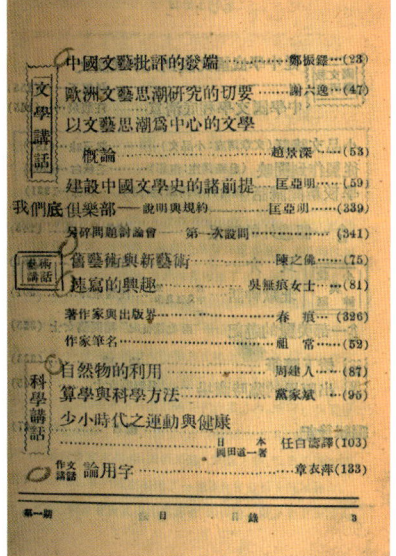

《新学生》

责任者：汪馥泉编

出版发行：（上海）光华书局发行，v.1, no.1（民国二十年1月[1931，1]）— v.1, no.6（民国二十年11月10日[1931，11，10]）

出版频率：月刊

内容提要：该刊主要刊载文学、艺术及社会科学研究的学术论著，包括文学、艺术、历史、哲学、思想等方面。介绍社会科学和自然科学知识，介绍国内外著名人物的事迹及名著。指导学生的写作技巧和学术研究方法。介绍国文、数学等各学科的学习方法和教学研究方法。发表诗歌、小品、随笔、小说等文学作品。主要作者有郑振铎、郁达夫、丰子恺、周建人、匡亚明、赵景深、冯三昧等。刊载有郑振铎《中国文艺批评的发端》、谢六逸《欧洲文艺思潮研究的切要》、陈之佛《旧艺术与新艺术》等文章。主要栏目有机械美学研究、文学讲话、艺术讲话、科学讲话、国文教学研究、小说与神话、随笔、人名小辞典、文艺小辞典、社会科学小辞典。

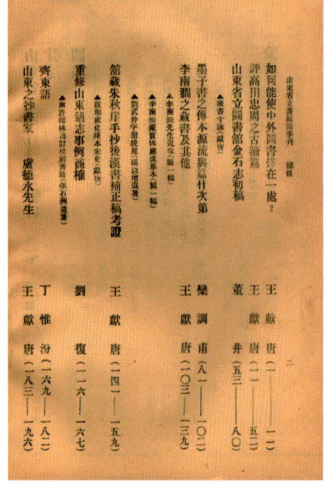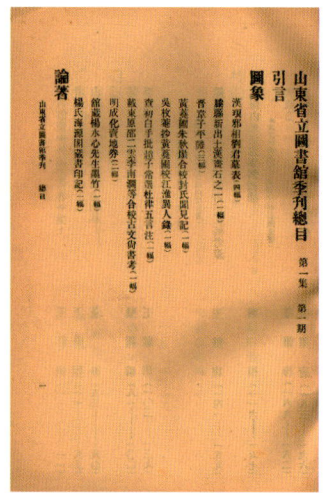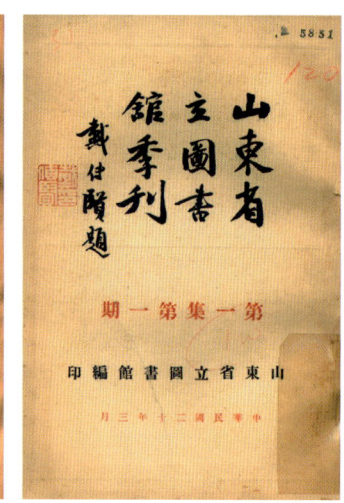
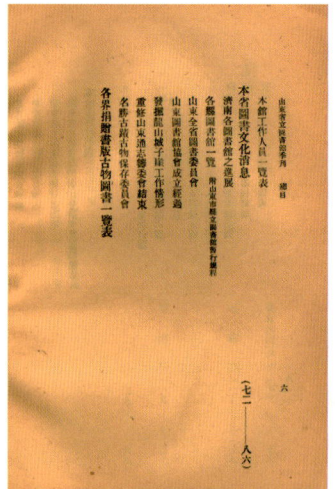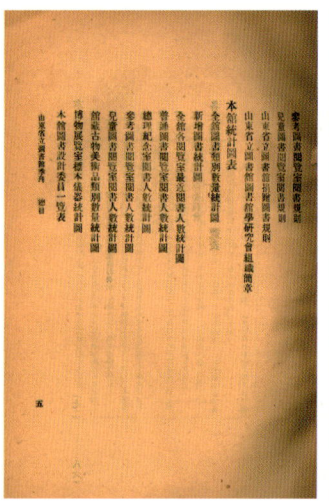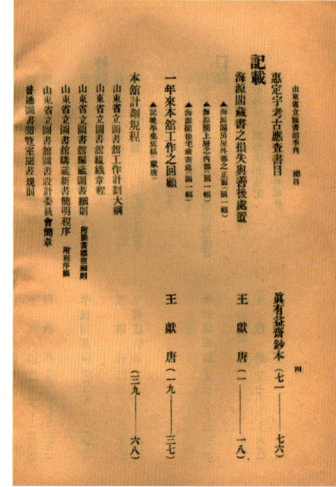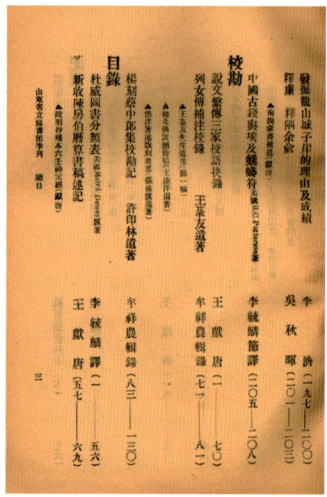

《山东省立图书馆季刊》

责任者：山东省立图书馆编

出版发行：(济南)山东省立图书馆编辑发行，v.1,no.1（民国二十年3月［1931,3］）— v.1,no.2（民国二十五年12月［1936,12］）

出版频率：季刊

内容提要：该刊主要刊载研究图书馆学、历史学、考古学、文献学、目录学、校勘学的学术论著，刊载王献唐等文献学家的古籍校勘、辨伪、考据的研究成果。刊载山东省立图书馆的组织、章程、工作计划、阅览规则、图书类别数量统计图、阅书人数统计图、馆藏古物美术品类别数量统计图等各项馆务工作情况。该刊刊载有大量山东地区碑铭、石刻、金石等文物的图像拓片等资料。馆长为著名历史学家、考古学家、文献学家王献唐。主要作者有王献唐、李济、刘复等历史学家和考古学家。刊载有李济《发掘龙山城子崖的理由及成绩》、王献唐《评高田忠周之古籀篇》、王献唐《说文系传三家校语抉录》等文章。主要栏目有图像、论著、校勘、目录、记载。

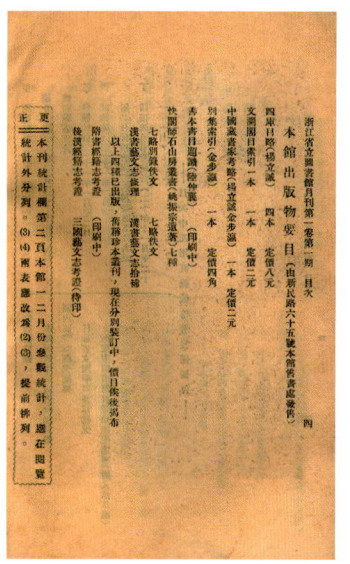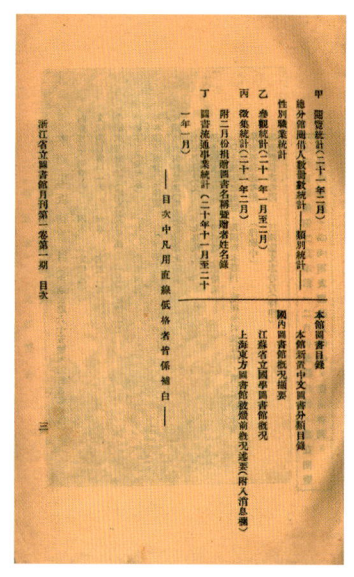
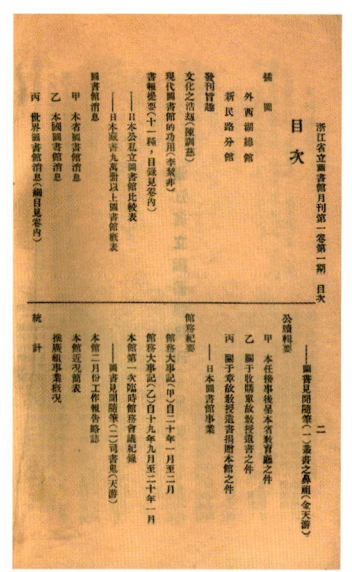

《浙江省立图书馆月刊》

题名：浙江省立图书馆月刊；1933年2月改名为《浙江省立图书馆馆刊》

责任者：浙江省立图书馆编纂组编

出版发行：(杭州)浙江省立图书馆附设印行所销售处发行，v.1, no.1（民国二十一年3月［1932，3］）— v.4, no.6（民国二十四年12月［1935，12］）

出版频率：月刊；1933年2月第1卷第1期起改为双月刊

内容提要：该刊宗旨为发表本馆馆务进行状况，促进图书馆事业，并谋本省各县市图书馆之联络。其主要内容是刊载浙江省立图书馆的各项馆务工作，包括工作报告、会议记录、捐赠书籍、每月开馆日数、参观人数和阅借书册数统计等各项事务。发布关于图书馆的训令、呈文和公函。宣传提倡民众阅读，介绍图书馆和读书的相关知识。刊载该馆最近两月内新购图书目录，以及新整理的重编书目录。介绍国内外图书杂志，并注明内容与特点，以供读者采择。报道中外各主要图书馆和出版界的重要消息，介绍国内各大图书馆的概况。该刊与《国立北平图书馆馆刊》相比较，更加重视图书馆工作，是研究民国时期浙江省图书馆事业的重要史料。主要栏目有图书馆消息、公牍辑要、馆务纪要、统计、本馆书目、学术评坛、国内图书馆概况摘要。

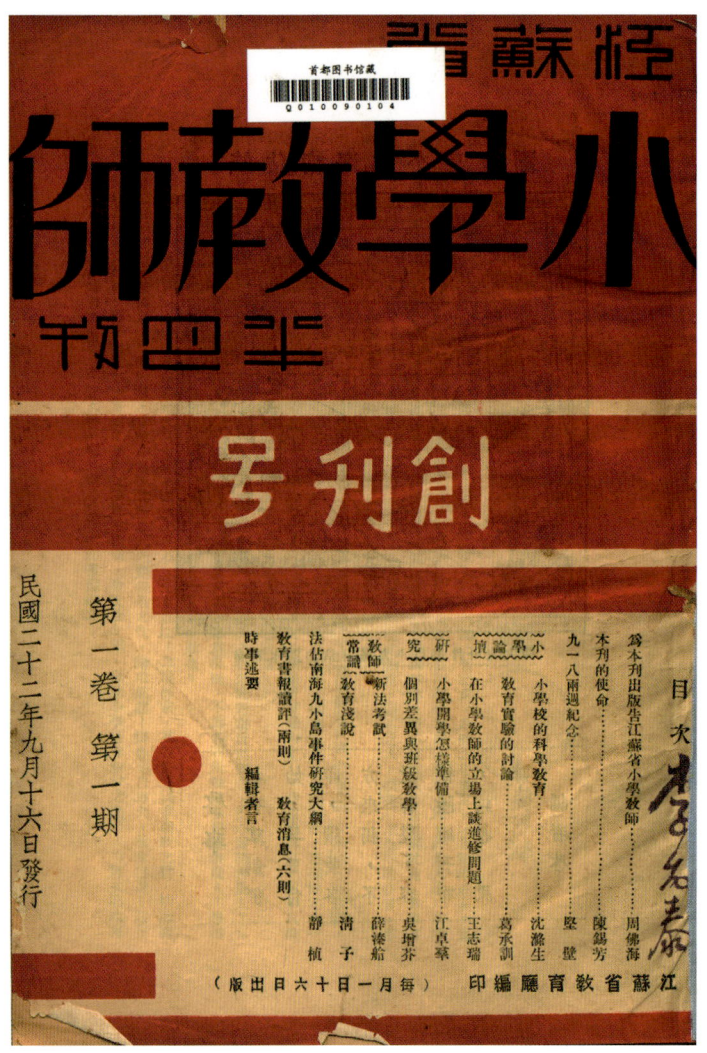

《江苏省小学教师半月刊》

责任者：江苏省教育厅第二科编

出版发行：(镇江)江苏省教育厅庶务室发行,v.1,no.1(民国二十二年9月[1933,9])— v.4,no.24(民国二十六年9月[1937,9])

出版频率：半月刊

内容提要：该刊宗旨是供给进修之材料，指导进修之方法，取材以进步的及实际的为标准。其主要刊载研究教育学理论、教育实验及小学教育的实际问题的论著。介绍探讨小学教学理论、教学设计、教学案例和教学方法，内容包括小学各学科教学、公民教育及劳动教育等。介绍教育学说、教育常识、社会常识、文学、电影、戏曲、医药、自然科学知识、社会科学知识等教育和其他各类知识，以提高教师的专业知识和综合素养。报道中国"九一八事变""法国侵占南海诸岛"等重要时事消息，揭露帝国主义对中国的侵略，宣传爱国主义思想。刊载有沈涤生《小学校的科学教育》、坚壁《九一八两周纪念》等文章。主要栏目有小学论坛、研究、教师常识、教材介绍、教育书报读评、时事述要。

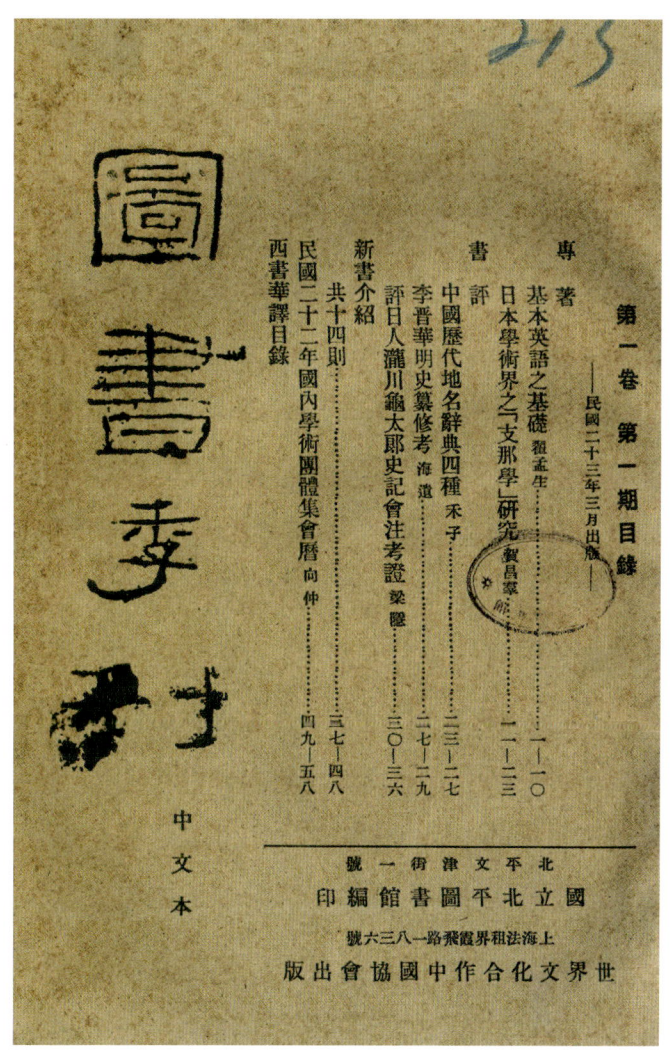

《图书季刊》

责任者：国立北平图书馆编

出版发行：(上海)世界文化合作中国协会出版，v.1, no.1（民国二十三年3月[1934, 3]）— v.4, no.2（民国二十六年12月[1937, 12]）；七七事变后停刊，1939年3月复刊，卷期另起，v.1, no.1（民国二十八年3月[1939, 3]）— v.9, no.2（民国三十七年12月[1948, 12]）

出版频率：季刊

内容提要：该刊创刊目的是向国内外人士传达中外学术界之消息，藉谋万国人士在知识上之谅解，以为人类和平辟未来之新路。其主要内容是介绍和评论国内外新出的学术著作，介绍和批评国内外学术思想和理论，涉及历史学、考古学、文献学、经济学等各个社会学门类。报道国内外学术界动态和最新消息。作者有胡适、刘节、童书业、唐兰等学者。刊载有刘节《中国金石学绪言》、胡适《元典章校补释例序》、童书业《书辨序》等文章。主要栏目有专著、书评、新书介绍、西书华译目录、学术界消息、国内重要杂志论文目录。

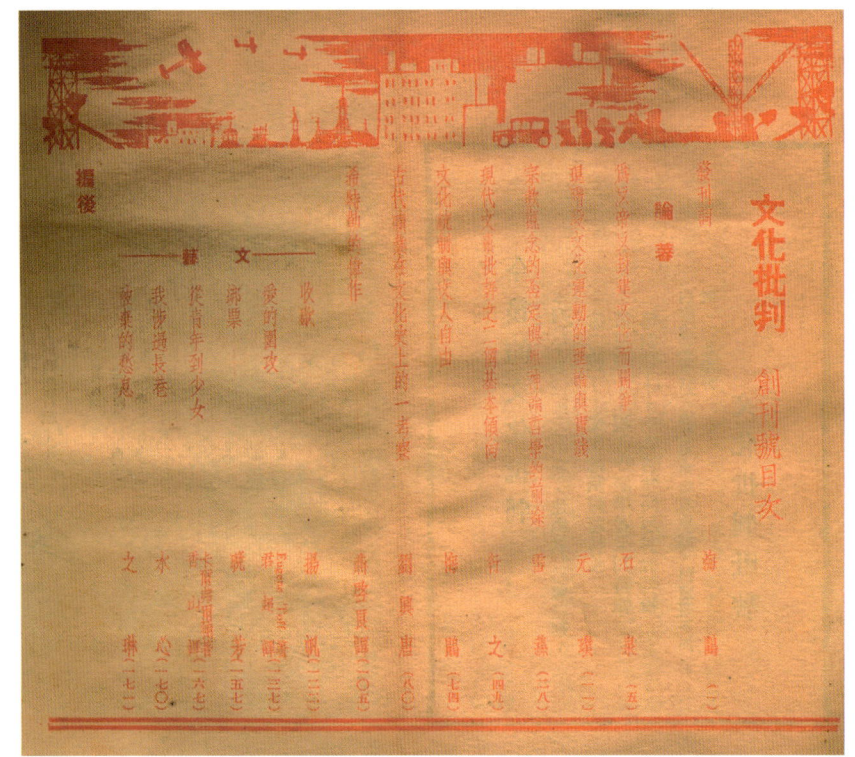

《文化批判》

责任者：文化批判社编

出版发行：（北平）文化批判社发行，1935年3月第3卷第1期起迁至南京，全面抗战爆发后迁至重庆，创刊号（民国二十三年5月［1934，5］）— v.6, no.4（民国三十年1月［1941，1］）

出版频率：月刊；1935年3月第3卷第1期起改为季刊

内容提要：该刊的立场是复兴民族文化，集中追求真理之精神，创刊目的是研究学术，交换智识，以推进中国社会之进化。其主要内容是探讨中国的政治、经济问题，研究国际局势问题。讨论中华民族文化复兴问题，评论当代的文化理论和文化状况。刊载社会科学研究论文，涉及历史、哲学、政治、经济、文艺理论等方面。探讨中国的社会问题，特别是中国的妇女解放和青年运动。发表诗歌、散文、小说等文艺创作。刊载有刘兴唐《中国社会史上诸问题之清算》、石泉《为反帝反封建文化而斗争》等文章。主要栏目有论著、文艺、政治、经济、历史研究、哲学问题、教育问题、妇女与青年、文艺理论、小说诗歌散文、编后。

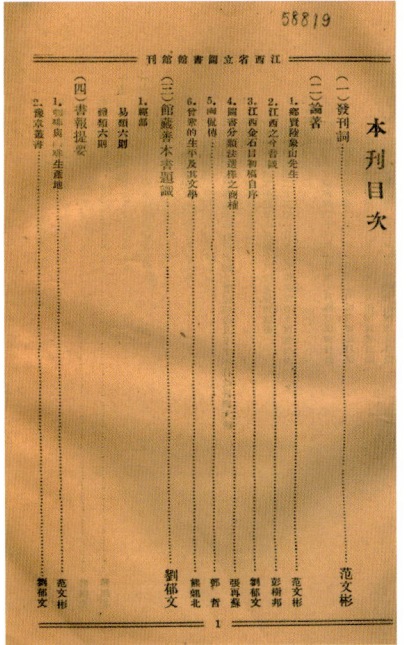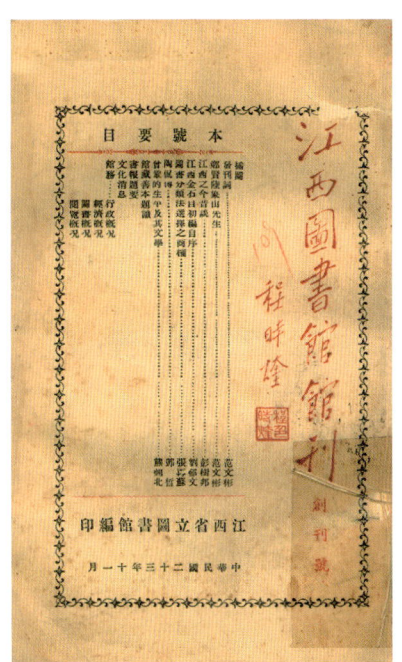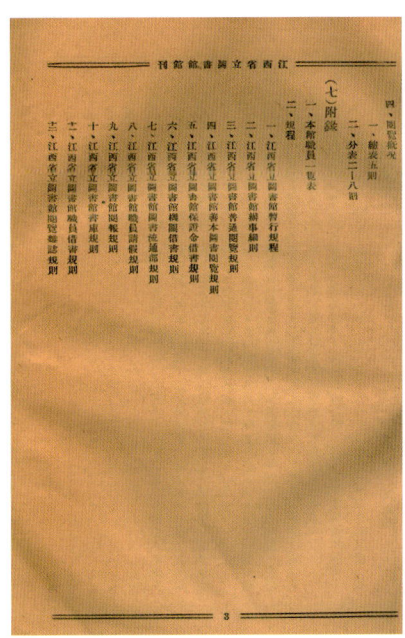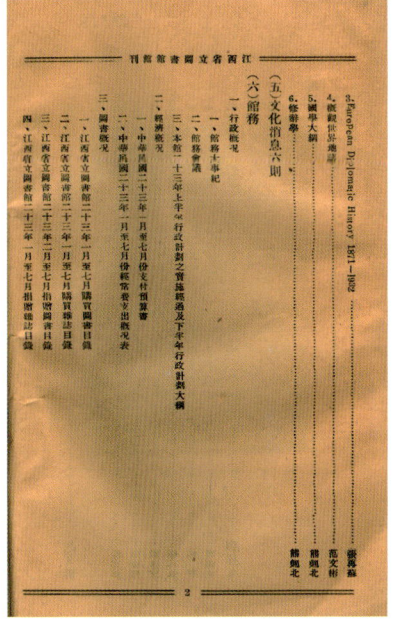

《江西图书馆馆刊》

责任者：江西省立图书馆编

出版发行：（南昌）江西省立图书馆出版，no.1（民国二十三年11月［1934，11］）— no.2（民国二十四年7月［1935，7］）

出版频率：年刊

内容提要：该刊创刊目的是发扬江西省文化。其主要刊载研究江西省文化的论著，涉及历史、地理、金石、文学、先贤名人传记等各方面内容。探讨图书分类法等图书馆学研究论著，发表馆藏善本书以及普通图书报纸的内容提要。刊载江西省立图书馆的会议记录、行政计划、经济概况、职员一览、规程、购买图书杂志目录、捐赠图书目录、阅览概况等馆务工作。刊载有彭树邦《江西之今昔谈》、张再苏《图书分类法选择之商榷》等文章。主要栏目有论著、馆藏善本题识、书报提要、文化消息、馆务、服务。

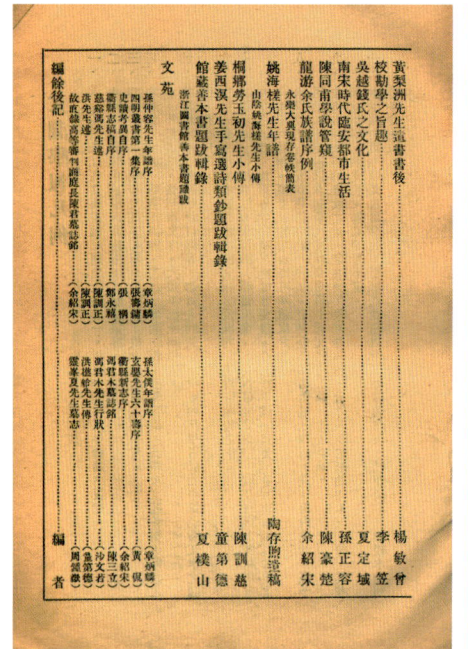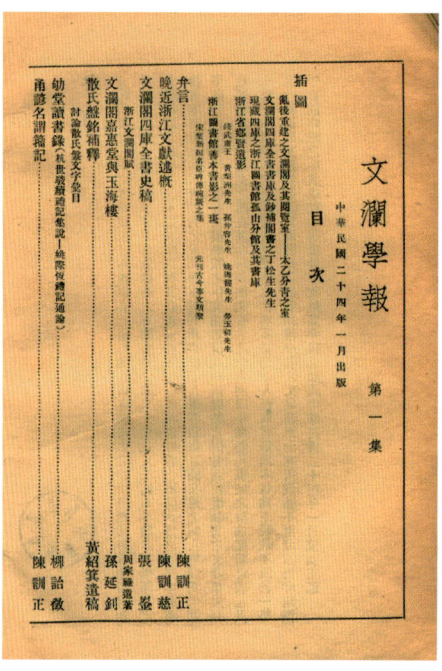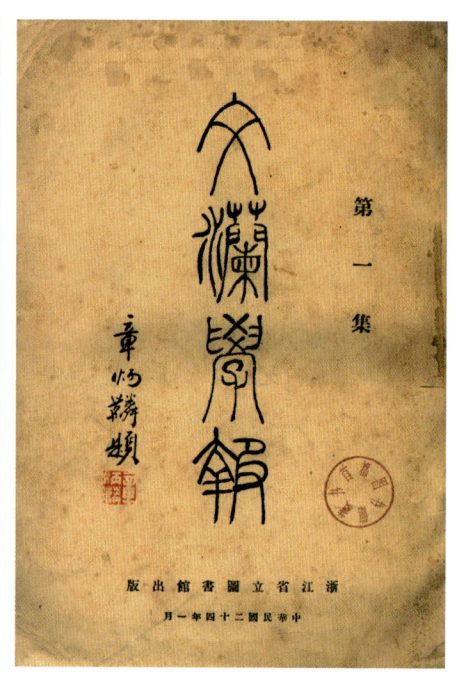

《文澜学报》

责任者：浙江省立图书馆编

出版发行：（杭州）浙江省立图书馆发行，no.1（民国二十四年1月[1935，1]）— v.3，no.2（民国二十六年6月[1937，6]）

出版频率：季刊

内容提要：该刊的宗旨是研究中国学术，阐扬浙江文献。因该馆藏书滥觞于文澜阁四库全书，该刊定名为《文澜学报》。其主要刊载古籍善本文献的考订和校勘的论著，发表馆藏善本文献的目录和序跋，内容以馆藏四库全书和浙江省古籍善本文献为主。刊载研究中国历史文化和学术的论文，涉及历史学、考古学、文献考证、文献学、目录学、校勘学等内容。发表浙江省学者的诗词、散文、序文、墓志等文学作品，以及其他省学者关于浙江的文学作品。主要撰稿人有章炳麟、黄侃、顾颉刚、傅增湘、钱宝琮等学者。刊载有张釜《文澜阁四库全书史稿》、李笠《校勘学之旨趣》、孙正容《南宋时代临安都市生活》、顾颉刚《三统说的演变》等文章。主要栏目有专著、通论、文苑、书林、特载。封面刊名为章炳麟所题。

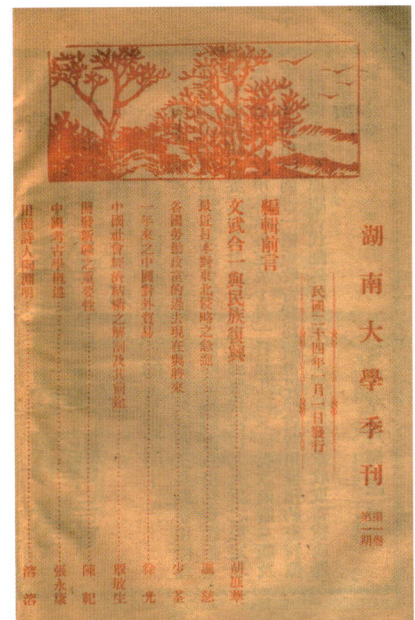
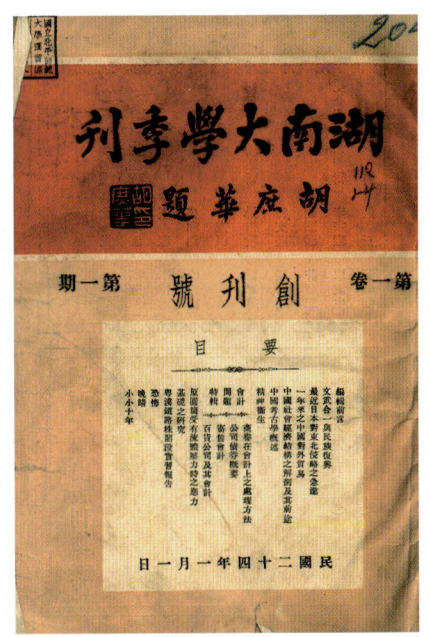
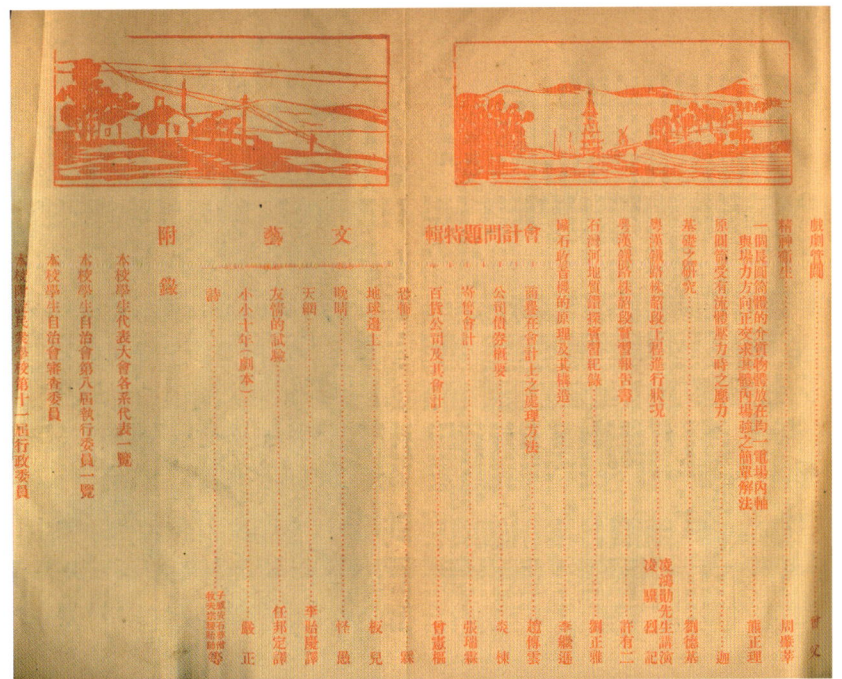

《湖南大学季刊》

题名：湖南大学季刊 = Quarterly Journal of Human University

责任者：湖南大学学生自治会编纂委员会编

出版发行：（长沙）湖南大学学生自治会出版股发行，v.1，no.1（民国二十四年1月[1935，1]）—v.3，no.2（民国二十六年1月[1937，1]）

出版频率：季刊

内容提要：该刊主要刊载社会科学和自然科学研究的论著和译述，内容涉及政治、经济、历史、考古、文学、戏剧、艺术、建筑、物理、化学、统计、生物、医学等各学科。发表诗歌、散文、小说、剧本等文学作品。出版有"会计问题特辑""国际关系特辑"等学科专辑。刊载有覃敏生《中国社会经济结构之解剖及其前途》、胡庶华《文武合一与民族复兴》、张永康《中国考古学概述》等文章。主要栏目有论著、文艺等。

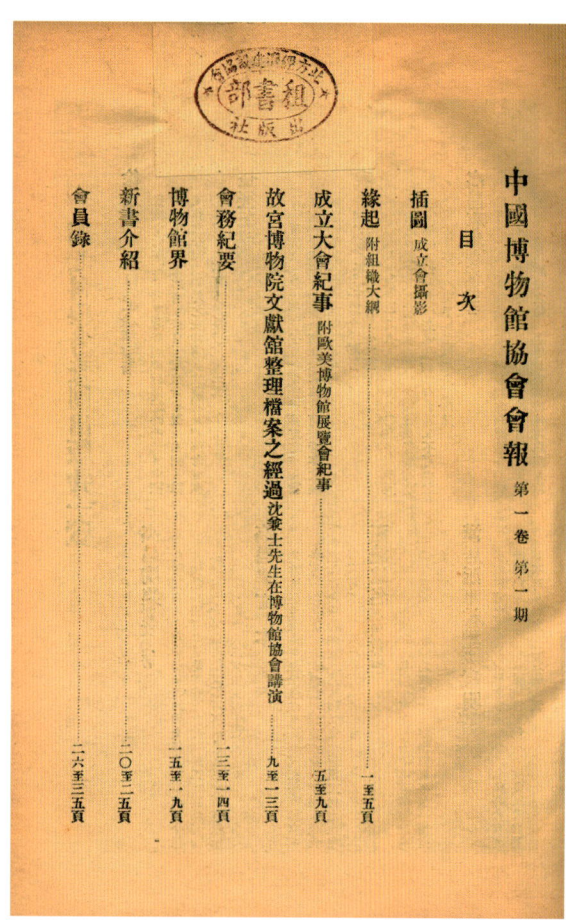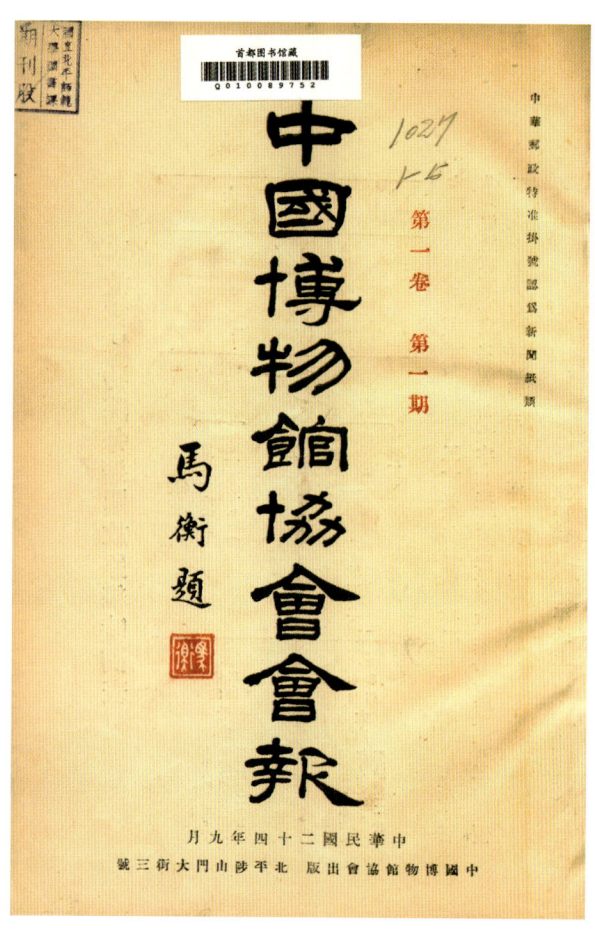

《中国博物馆协会会报》

责任者：中国博物馆协会编

出版发行：(北平) 中国博物馆协会出版，v.1, no.1（民国二十四年9月［1935，9］）— v.2, no.5（民国二十六年5月［1937，5］）

出版频率：双月刊

内容提要：该刊主要探讨博物馆学研究论述，介绍世界各国博物馆的概况、陈列方式以及游记。发布故宫博物院、国立中央博物馆、震旦博物馆、国立北平研究院博物馆等国内主要博物馆的工作报告和工作计划。介绍新出版的考古学、历史学、金石学、文献学研究的学术著作。报道国内外博物馆界的相关消息。公布中国博物馆协会的成立缘起、发起人、组织大纲、会议纪事等情况。刊载有沈兼士《故宫博物院文献馆整理档案之经过》、李瑞年《欧美博物馆及美术馆陈列法之演进》等文章。封面刊名为马衡所题。主要栏目有专门论文、报告、会务纪要、博物馆界、新书介绍。

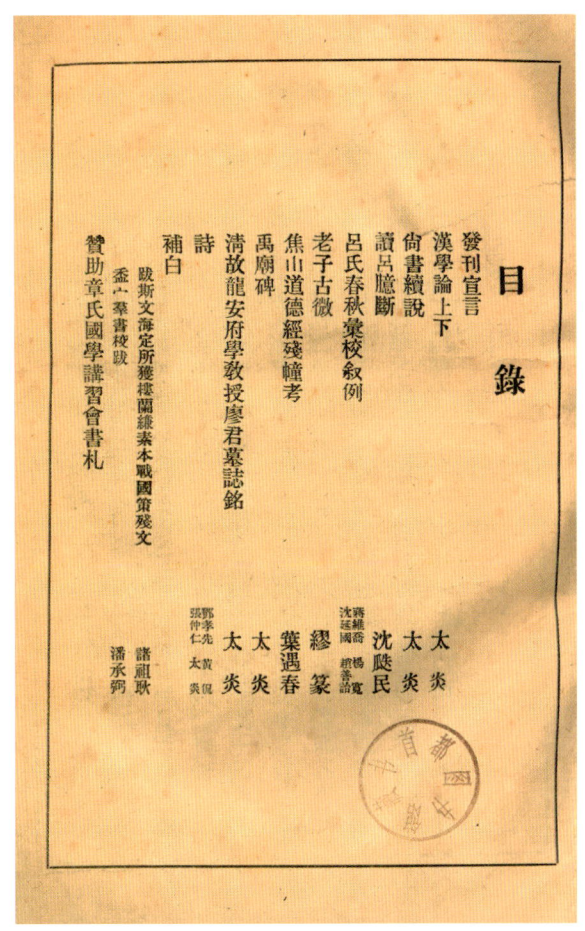 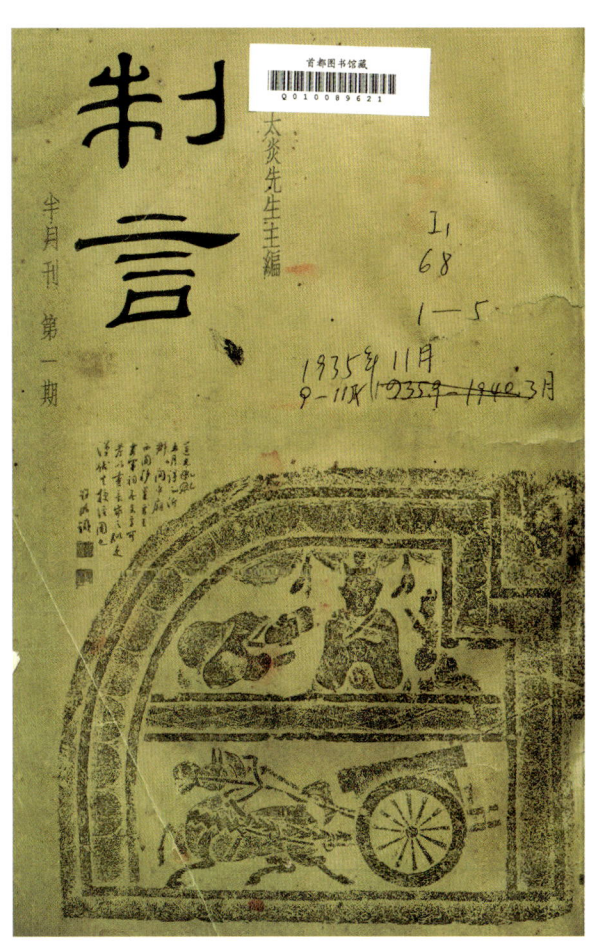

《制言》

责任者：章太炎主编

出版发行：（苏州）章氏国学讲习会发行，no.1（民国二十四年9月［1935，9］）— no.62（民国二十九年3月［1940，3］）

出版频率：半月刊

内容提要：该刊宗旨是研究中国固有文化，造就国学人才。其主要探讨中国传统学术，考证"经史传"等古代典籍，内容包括经学、历史学、文献学、文字学、训诂学、音韵学、文献学、金石学、诸子学、文学等。主要作者有章太炎、叶遇春、沈颐民、汤炳正等。刊载有章太炎《汉学论上下》《韵学余论》等文章。主要栏目有教育、文艺、妇女与儿童、电影与戏剧。

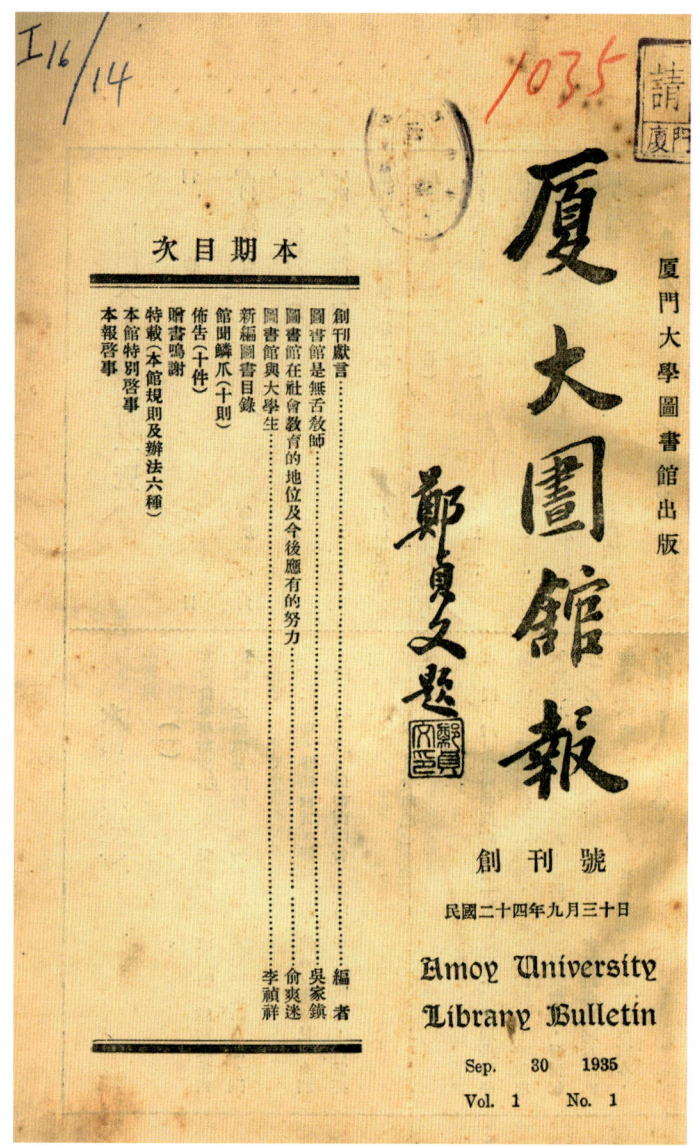

《厦大图书馆馆报》

题名：厦大图书馆馆报 = Amoy University Library Bulletin

责任者：厦门大学图书馆编

出版发行：（厦门）厦门大学图书馆发行，v.1, no.1（民国二十四年9月［1935，9］）— v.1, no.8（民国二十五年5月［1936，5］）

出版频率：月刊

内容提要：该刊创刊目的是提倡图书馆学，研究实际问题，解决应用方法。其主要刊载厦门大学师生及毕业同学所撰写的关于图书馆工作和读书相关的文稿，内容包括图书馆利用方法、图书索引、图书分类法、阅读宣传、读书方法等。刊载文献考证、历史学、考古学、教育学相关的学术研究论文。刊载厦大图书馆的新闻消息、公告、借书办法等各项馆务，公布借书人数、借书册数及类别等统计数据。主要栏目有论述、研究、书报评介、杂俎、特载。

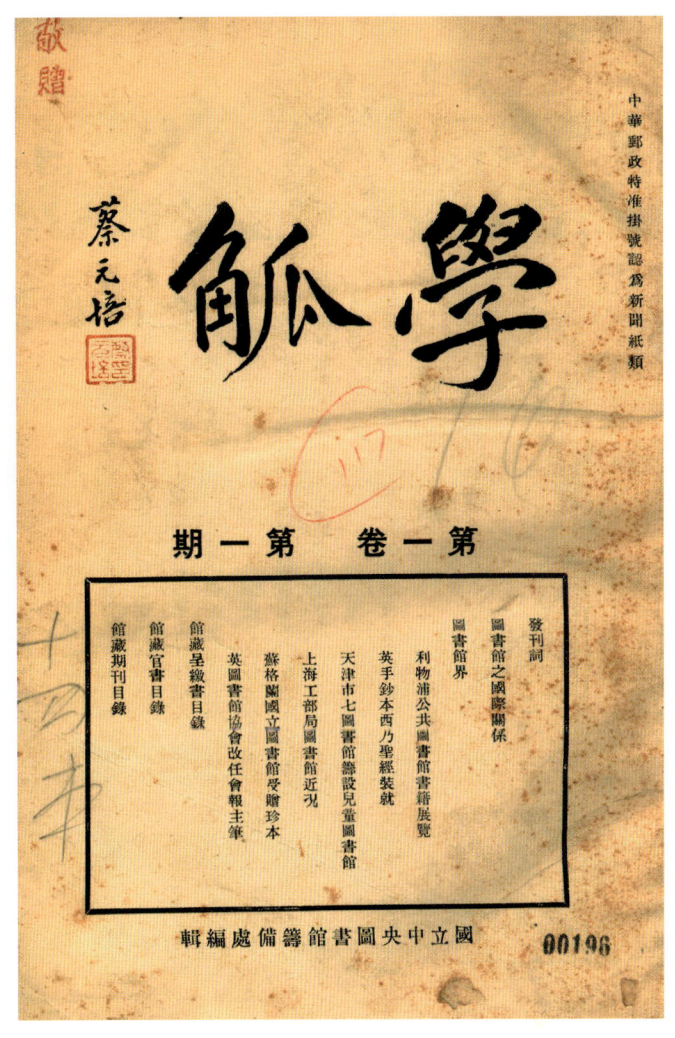

《学觚》

责任者：国立中央图书馆筹备处编

出版发行：（南京）国立中央图书馆筹备处发行部发行，v.1，no.1（民国二十五年2月［1936，2］）—v.2，no.4（民国二十六年4月［1937，4］）

出版频率：月刊

内容提要：该刊主要刊载研究图书馆学理论以及图书馆工作的论著和译述。报道国内外图书馆界的动态和消息，介绍新出版的图书。作为国家图书馆，发布每月收藏的全国各出版家所呈缴图书的目录，以及国民党中央和国民政府官方出版物的官书目录，按内容分类为经学、哲学、历史、心理、教育、宗教考古、传记、地理、社会、统计、政治、法律、经济、财政、交通、商业、语言、文学、音乐、美术、自然科学、数学、天文、物理、化学、地质、生物、人类、应用科学、医药、农业、工业、荒政、劳工、军事、目录学，并标明著译者、出版年、出版者、价格、页数、装订、册数等信息。第1卷第12期刊载有嘉卜《图书馆期刊阅览室之容量及方位》等文章，第1卷第8期刊载有毛宗荫《图书馆事业合理化之刍见》等文章。主要栏目有图书馆界、馆藏呈缴书目录、馆藏官书目录、馆藏期刊目录、馆藏金石拓片目录、新书介绍、译著。封面刊名为蔡元培所题。

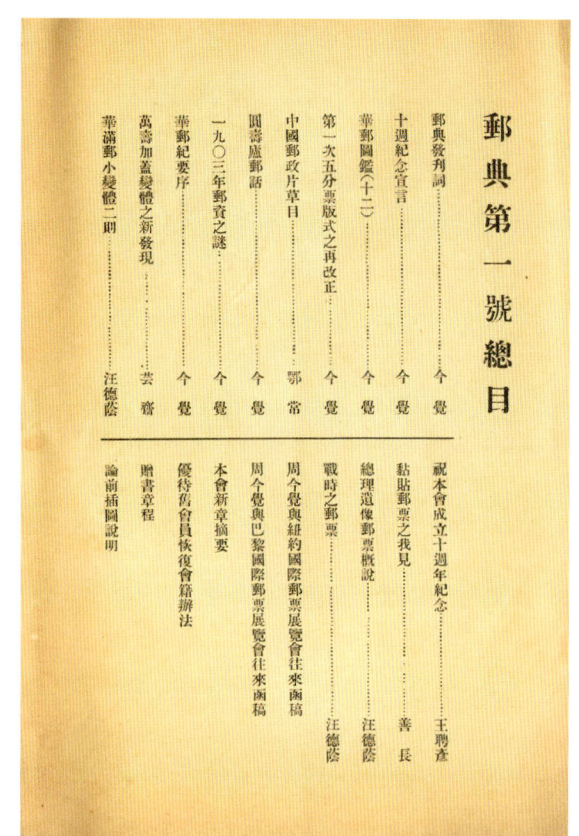 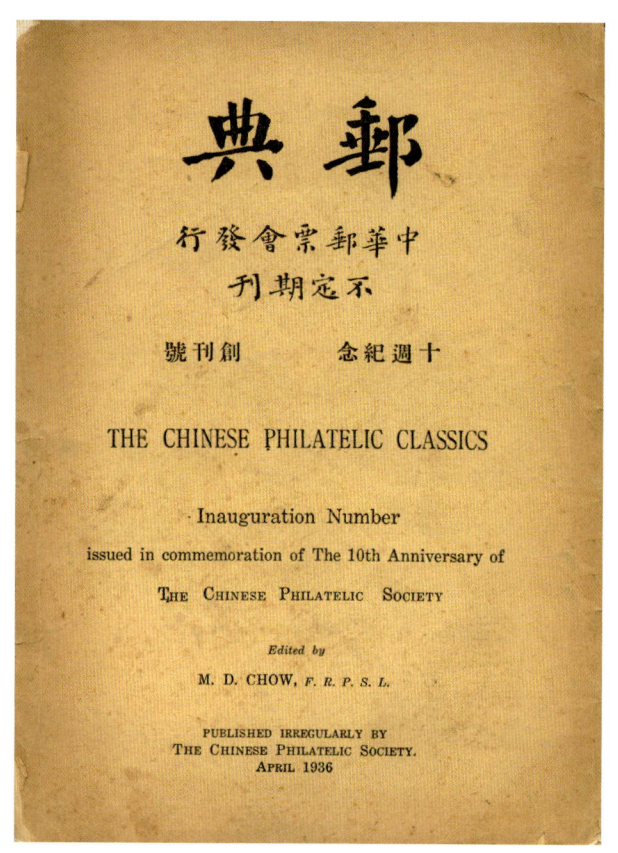

《邮典》

题名：邮典 = The Chinese Philatelic Classics

责任者：不详

出版发行：（上海）中华邮票会发行，no.1（民国二十五年4月[1936，4]）；1940年1月复刊，no.1（民国二十九年1月[1940，1]）— no.5（民国二十九年5月[1940，5]）

出版频率：不定期

内容提要：该刊1936年4月创办于上海。主要刊载中华邮票会会员及中外邮票专家撰写的学术论文，探讨邮票形制、版式、印制、发行、美术和集邮等学术问题，研究中国邮票事业的历史和发展。介绍中国珍稀邮票品种及其鉴定鉴赏，刊载有"宣统登极纪念邮票""总理遗像邮票"等珍品邮票的照片和图例。刊载有今觉《华邮图鉴》、鄂常《中国邮政片草目》、芸斋《万寿加盖变体之新发现》等文章。

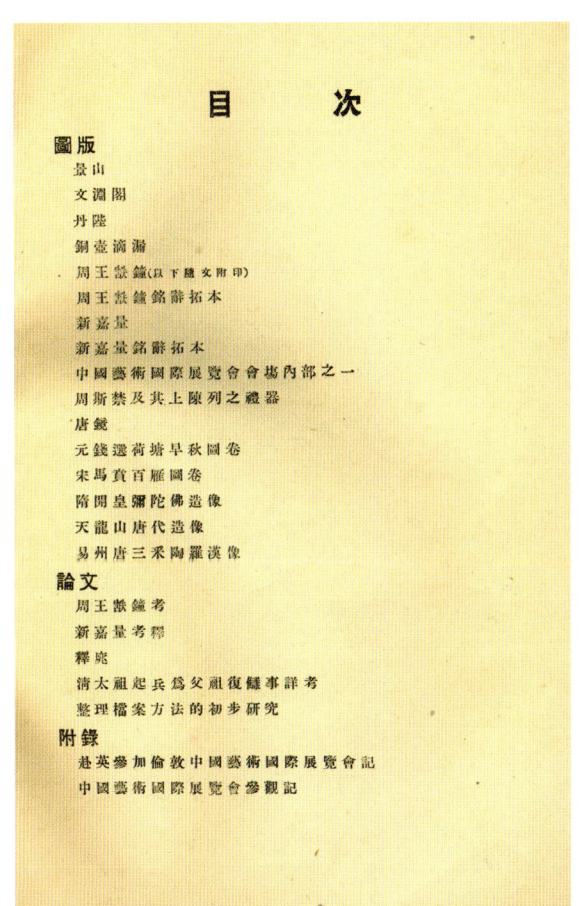
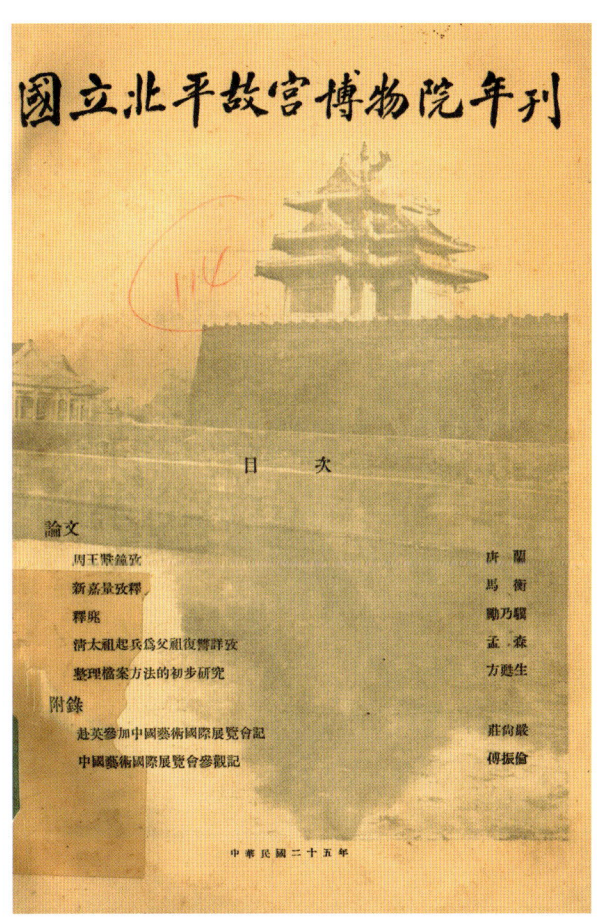

《国立北平故宫博物院年刊》

题名：国立北平故宫博物院年刊 = Bulletin of the National Palace Museum Peiping

责任者：北平故宫博物院编

出版发行：（北平）北平故宫博物院发行，民国二十五年7月［1936，7］

出版频率：年刊

内容提要：该刊创刊目的是研究学术，阐扬文化，并传达国内外博物馆及考古学界重要消息。其主要刊载考古学研究以及文物研究的学术论著。依据清宫档案的大量材料，研究档案整理的理论和方法。刊载有大量故宫古建筑及故宫博物院馆藏文物的照片，如文渊阁、丹陛、周王钟、新嘉量、周斯禁等重要古建及历代国宝级文物。文章作者为唐兰、马衡、孟森、傅振伦等历史学家和博物馆学家。刊载有唐兰《周王馘钟考》、马衡《新嘉量考释》等论文。记录了故宫博物院赴英参加中国艺术国际展博览会的经过和游览记。主要栏目有图版、论文等。

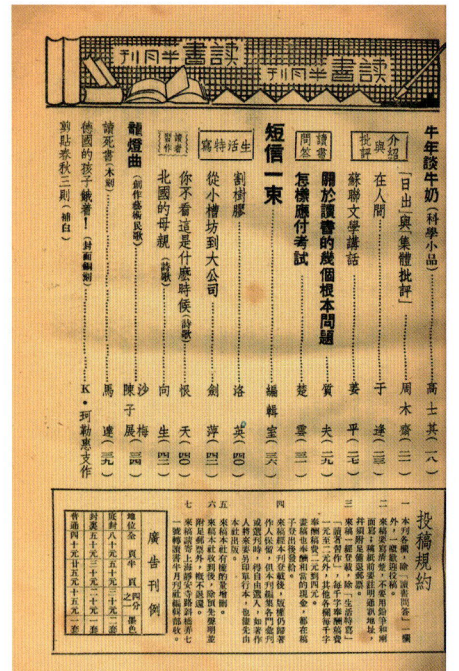 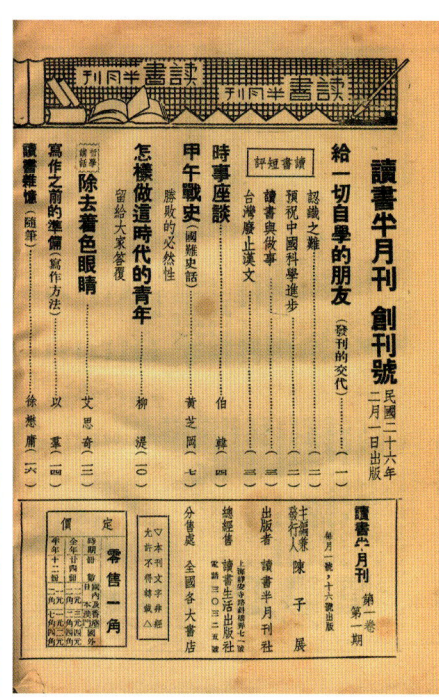 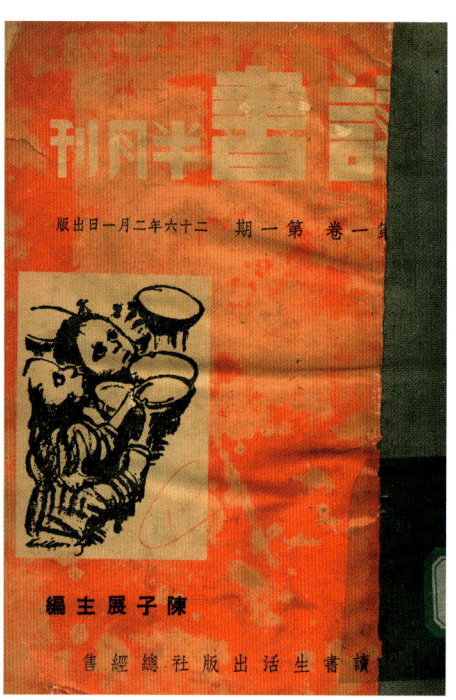

《读书半月刊》

责任者：陈子展主编

出版发行：(上海)读书半月刊社出版，陈子展发行，v.1，no.1（民国二十六年2月［1937，2］）— v.1，no.2（民国二十六年2月［1937，2］）

出版频率：半月刊

内容提要：该刊主要发表时事政治评论，宣传抗日救国运动。评论文学、戏剧等文艺作品，探讨文艺理论，介绍并评论国内外图书及著名作家。介绍读书方法和写作技巧，介绍生活常识和自然科学知识。发表诗词、歌曲、小说、随笔等文学作品。主要作者有柳湜、艾思奇、高士其、徐懋庸等。刊载有柳湜《怎样做这时代的青年：留给大家答复》、艾思奇《除去着色眼睛》、剑魂《从陕甘问题说到绥远抗战》等文章。主要栏目有读书短评、哲学讲话、介绍与批评、读书问答、生活特写、读者习作。

《国文月刊》

责任者：浦江清主编

出版发行：（桂林）国立西南联合大学师范学院国文月刊社出版；1946年3月第41期起改为开明书店出版；1947年7月起迁至上海，no.1（民国二十九年6月［1940，6］）—no.82（民国三十八年8月［1949，8］）

出版频率：月刊

内容提要：该刊宗旨是促进国文教学以及补充青年学子自修国文的材料。其主要向青年学生介绍中国语言文字及文学的基本知识，讨论国文教学理论及各种问题，交流国文教学经验和教学方法，探讨改进中学及大学国文教育的方案。刊载研究汉语及文学的学术论著，涉及文学史、文学批评、语言学、文字学、音韵学、修辞学、文法学等内容。刊载由著名作家撰写的指导各文体写作方法的文章。展示写作错误示例，指摘学生作文中的错字病句以及写作谬误。刊载诗词、古文及现代文学作品，并进行详细的注释及解说，以作为学生自修的研究材料。主要作者为朱自清、闻一多、陈梦家、吕叔湘、沈从文、叶圣陶、罗常培等学者和文学家。刊载有朱自清《中学生的国文程度》、闻一多《乐府诗笺》、陈梦家《认字的方法》、吕叔湘《全体和部分》、沈从文《习作举例》等文章。

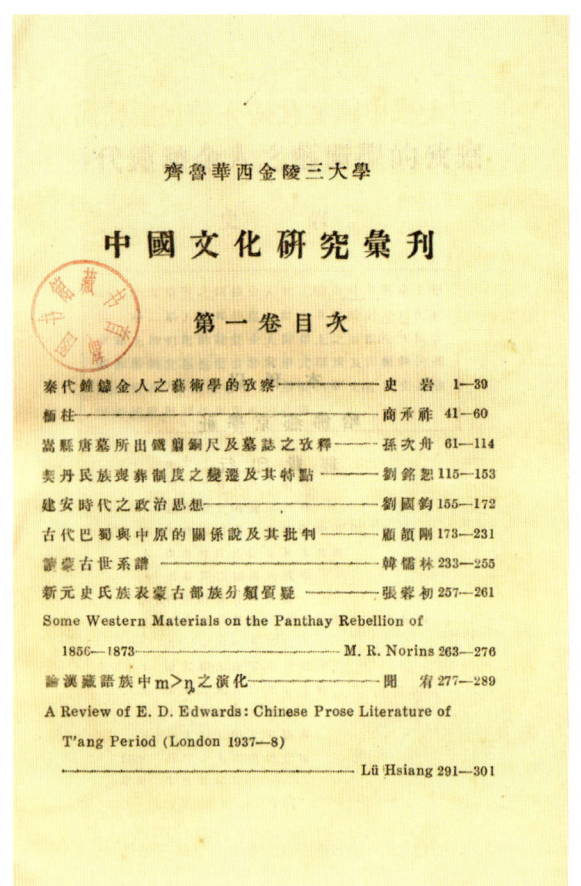 

《中国文化研究汇刊》

题名：中国文化研究汇刊 = Bulletin of Chinese Studies

责任者：齐鲁大学国学研究所、华西大学中国文化研究所、金陵大学中国文化研究所联合出版委员会编

出版发行：（成都）齐鲁大学国学研究所、华西大学中国文化研究所、金陵大学中国文化研究所联合出版委员会出版，v.1，no.1（民国三十年9月［1941，9］）— v.10，no.1（1951）

出版频率：不定期

内容提要：该刊主要刊载研究中国历史和文化的国学考证论文、调查报告及重要史料，涉及历史学、考古学、民族学、语言学、文字学、艺术史等文史学科领域。主要作者为商承祚、顾颉刚、胡厚宣、钱穆、吕叔湘、孙次舟、闻宥、刘国钧等著名学者。刊载有顾颉刚《古代巴蜀与中原的关系说及其批判》、胡厚宣《殷代年岁称谓考》、刘国钧《建安时代之政治思想》、胡厚宣《气候变迁与殷代气候之检讨》等文章。

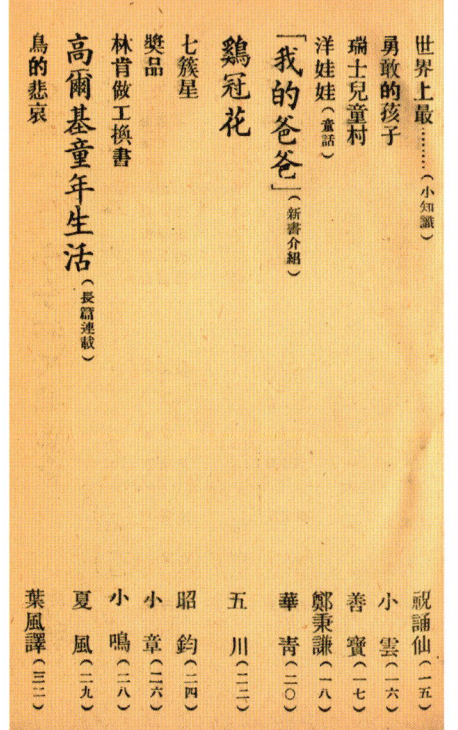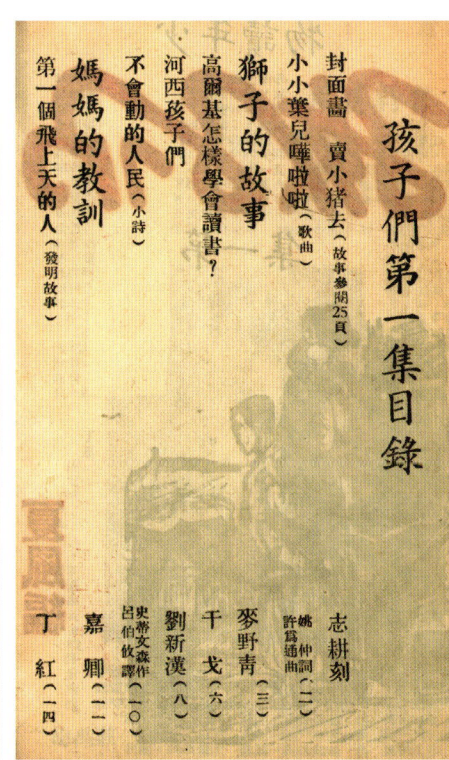

《孩子们》

责任者：夏风主编

出版发行：（昆明）北门出版社出版，no.1（民国三十三年10月［1944，10］）— no.6（民国三十四年4月［1945，4］）

出版频率：不定期

内容提要：该刊主要刊载诗词、歌曲、故事、神话、童话、小说等儿童文学作品。介绍自然科学和社会科学知识。刊载高尔基、罗斯福、居里夫人、莱特兄弟等世界著名人士的传记。介绍各学科学习方法和学习心得。发表中小学生创作的文学作品，以及成年人回忆童年生活的随笔散文。介绍新出版的教育学和儿童文学书籍。刊载有陶行知《人生两个宝》、张恨水《我作小孩的时候》等文学作品。主要栏目有读者园地等。

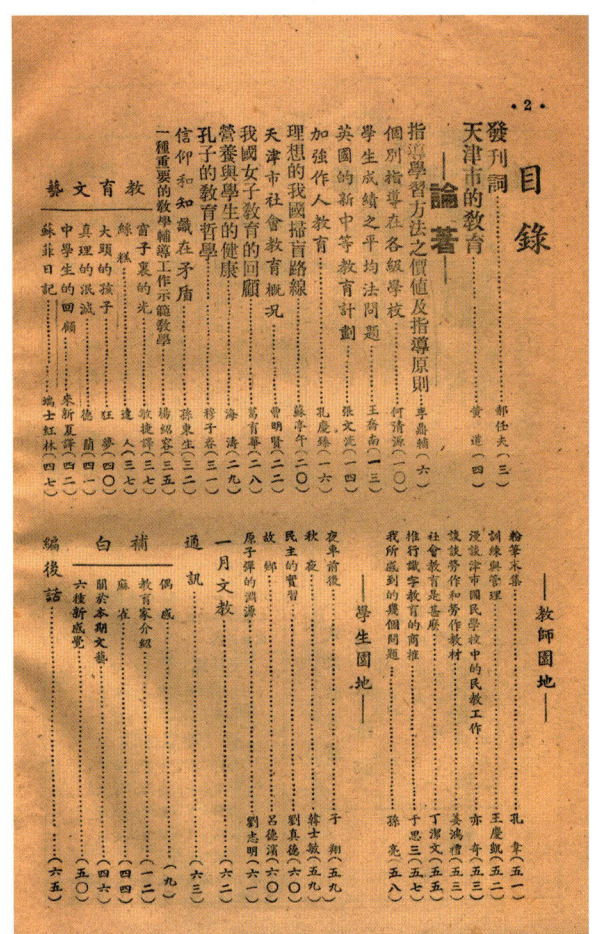
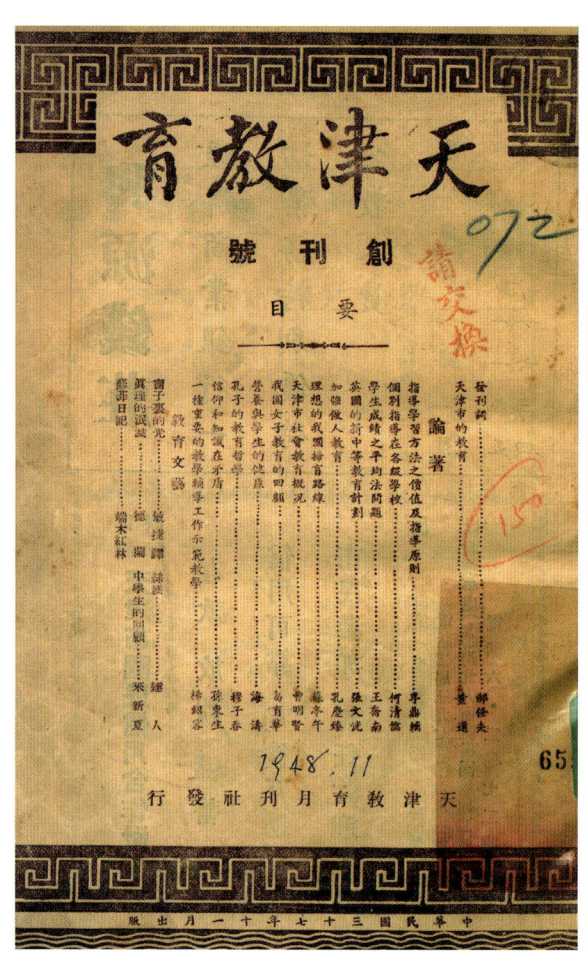

《天津教育》

责任者：天津教育月刊社编辑部编

出版发行：（天津）天津教育月刊社发行，创刊号（民国三十七年11月［1948，11］）

出版频率：仅出版一期

内容提要：该刊主要发表研讨天津中等教育和社会教育的论述，探讨天津各项实际教育问题，以改进和发展天津的教育事业，内容涉及教学方法、学生成绩统计方法、社会教育、扫除文盲、女子教育、学生健康等。介绍各学科教学方法和学习方法。刊载天津市教师和学生的文艺作品。主要栏目有论著、教育文艺、教师园地、学生园地。

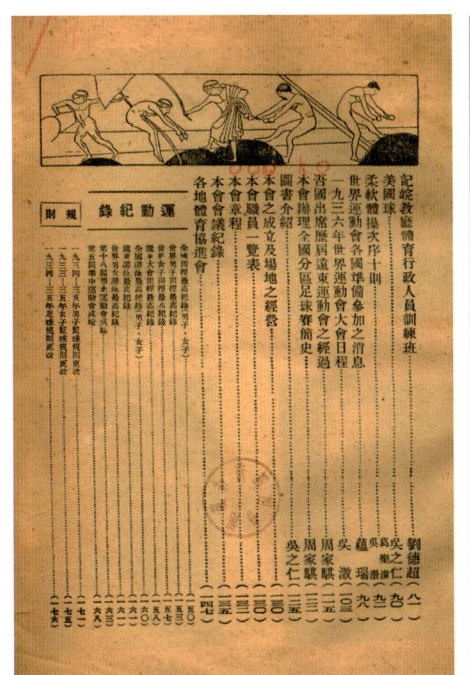 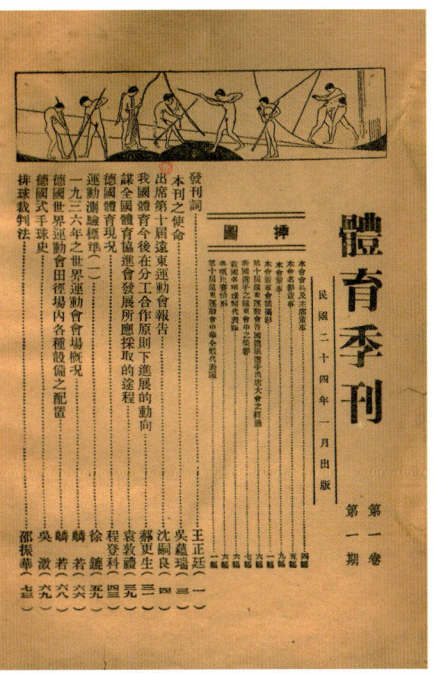 

《体育季刊》

题名：体育季刊 = Physical Education Quarterly

责任者：吴蕴瑞编

出版发行：(上海)中华全国体育协进会出版，v.1, no.1（民国二十四年1月 [1935, 1]）— v.3, no.2（民国二十六年6月 [1937, 6]）

出版频率：季刊

内容提要：该刊主要介绍国外体育理论和学说，探讨体育制度、体育行政管理、体育训练、体育教育、运动医学等问题，研究探讨田径、游泳、足球、篮球等各项运动的理论、技术、设施和规则。介绍全国各地体育运动和体育行政的状况，报道德国世界运动会（柏林奥运会）、远东运动会等世界体育界的消息。报道第六届全国运动会等中国体育赛事的新闻消息。向民众倡导体育思想，宣传体育对于国家发展民族复兴的重要作用。公布田径、游泳特别是球类运动的规则及规则的修改，公布全国及世界各项运动纪录。刊载有郝更生《我国体育今后在分工合作原则下进展的动向》等文章。

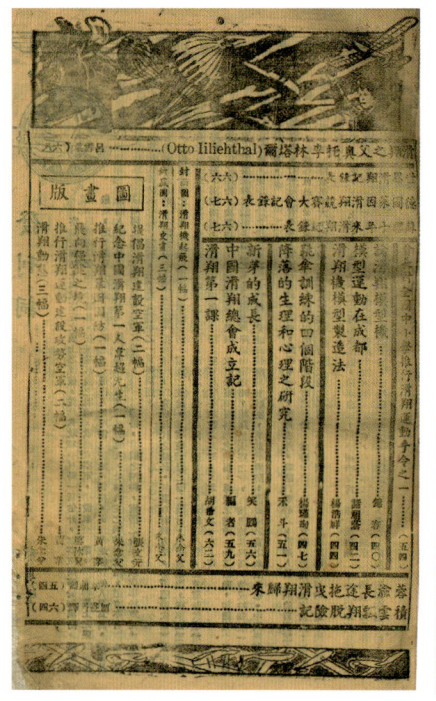 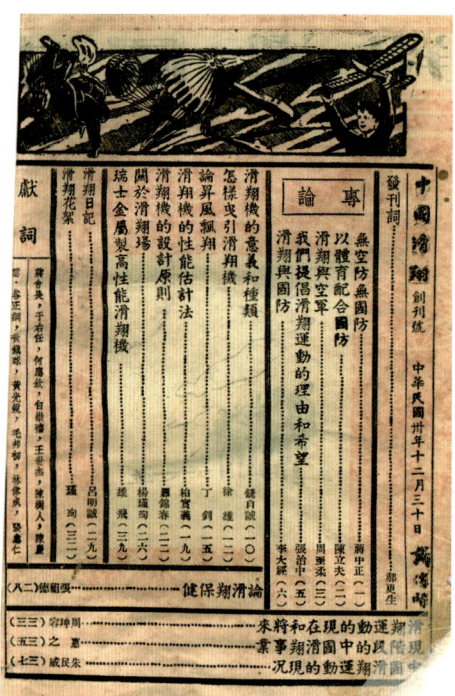 

《中国滑翔》

责任者：中国滑翔出版社编

出版发行：（重庆）中国滑翔总会发行，创刊号（民国三十年12月［1941，12］）— v.2，no.6（民国三十三年3月［1944，3］）

出版频率：季刊

内容提要：该刊主要刊载研究滑翔运动和跳伞运动的论著，内容包括滑翔运动理论、空气动力学理论、滑翔机操纵技术、滑翔机制造、跳伞技术等。探讨滑翔机和跳伞的国防和军事应用，介绍各国的空军装备、伞兵装备以及空降战术理论和实战应用。报道国内外滑翔运动和跳伞运动的相关新闻和消息，介绍滑翔机的历史及各国的滑翔运动。刊载有蒋中正《无空防无国防》、陈立夫《以体育配合国防》、张治中《我们提倡滑翔运动的理由和希望》等文章。主要栏目有专论、史料、研究、介绍、记述、特载、图画版。

五、文学

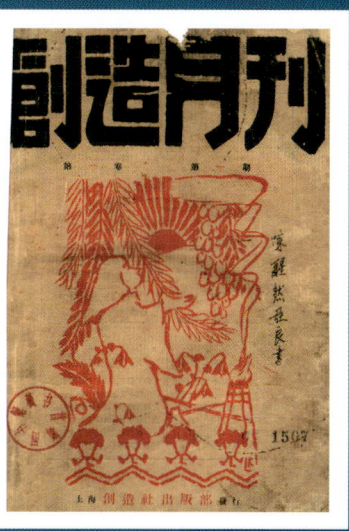

《小说月报》

责任者：王蕴章编

出版发行：（上海）小说月报社发行，v.1，no.1（宣统二年7月［1910年7月］）— v.22，no.12（民国二十年12月［1931，12］）

出版频率：月刊

内容提要：该刊主要刊载短篇小说和长篇小说，发表诗歌、散文、等文学作品。前期主要刊载旧体的文言小说和章回体小说，内容以言情、侦探、政治、历史、科学等为主。1921年起沈雁冰和郑振铎先后担任主编，使之成为倡导新文学运动、反对封建旧思想的文学阵地。主要发表以反映现实社会和群众现实生活为主的白话小说。研究探讨文学理论，评论中国文学界、文学流派及文学作品。沈雁冰、巴金、鲁迅、郑振铎、老舍、叶圣陶、沈从文、朱自清、周作人、冰心等近现代著名文学家都曾在该刊发表过作品，如巴金的《灭亡》、茅盾的《幻灭》、老舍的《老张的哲学》、沈从文的《萧萧》、丁玲的《梦珂》、冰心的《三年》等文学作品。主要栏目有长篇连载、短篇小说、译丛、杂纂、文苑、谐乘。

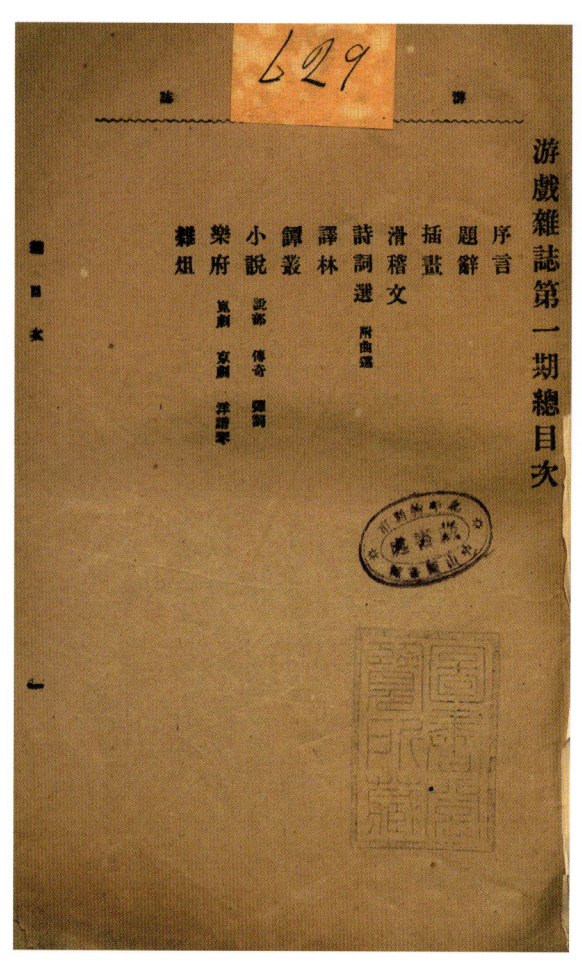

《游戏杂志》

题名：游戏杂志 = The Pastime

责任者：钝根主编

出版发行：（上海）中华图书馆发行，no.1（民国二年11月［1913,11］）— no.19（民国四年6月［1915,6］）

出版频率：月刊

内容提要：该刊为近代著名游戏类杂志。其主要收录民间文学作品，内容包括旧体诗词、文言散文、民间传奇、滑稽文、章回体小说等。翻译短篇小说、滑稽文、笑话等国外文学作品。介绍研究京剧、昆曲、魔术、弹词等民间艺术和民间曲艺。介绍京剧、昆曲名角等。刊载有《新官场现形记》等章回体小说，以及《武家坡》《珍珠衫》等京剧、昆曲剧本。主要栏目有图画、滑稽文、诗词曲选、译林、谭丛、小说、乐府、杂俎。

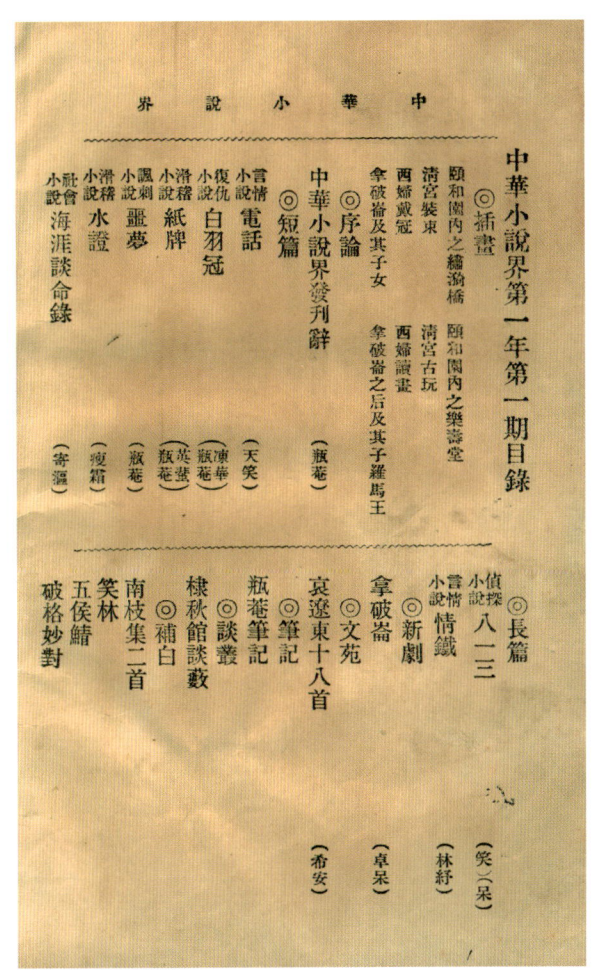

《中华小说界》

责任者：中华小说界社编

出版发行：(上海)中华书局发行，v.1,no.1（民国三年1月 [1914,1]）— v.3,no.6（民国五年6月 [1916,6]）

出版频率：月刊

内容提要：该刊主要刊载文言及章回体短篇小说、长篇小说、剧本以及外国小说翻译，题材包括言情小说、复仇小说、滑稽笑说、讽刺小说、社会小说、侦探小说等类型。发表诗词、文言散文等文学作品。主要作者有林纾、包天笑、周瘦鹃、刘半农、瓶庵、严独鹤等。刊载有包天笑《电话》、林纾《情铁》、徐卓呆《拿破仑》等作品。主要栏目有短篇、长篇、新剧、文苑、谈丛。

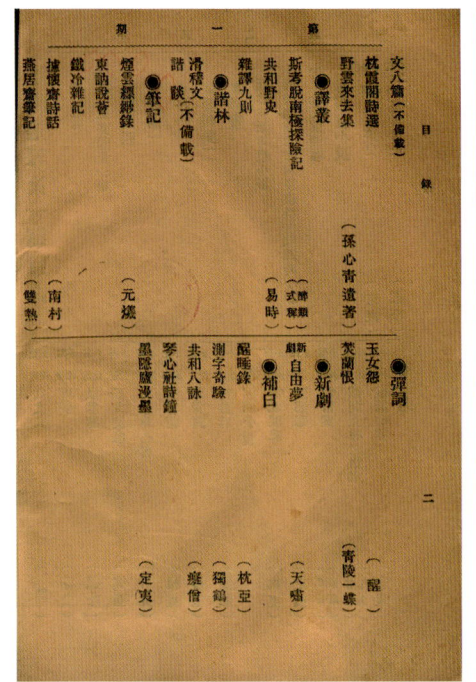
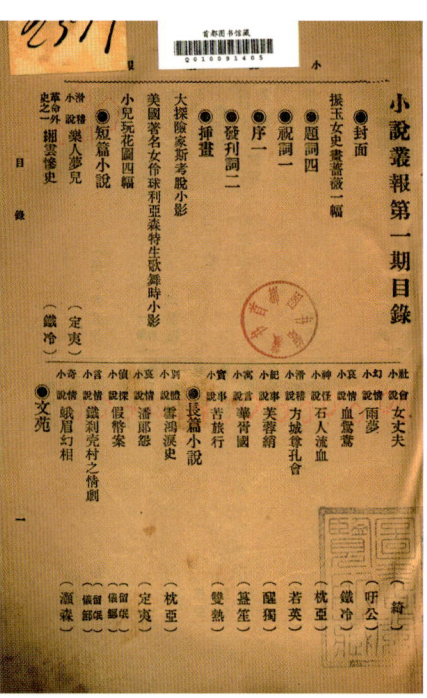
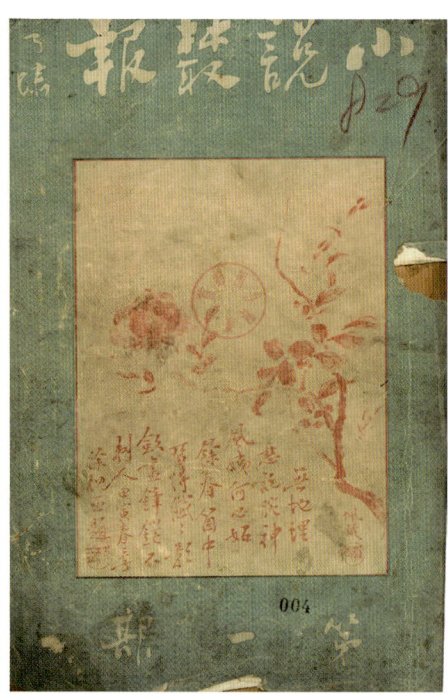

《小说丛报》

责任者：徐枕亚主编

出版发行：(上海)小说丛报社发行,no.1(民国三年5月[1914,5])— v.4,no.9(民国八年7月[1919,7])

出版频率：月刊

内容提要：该刊主要刊载"游戏性""消闲性"的通俗小说、剧本，内容以言情小说、滑稽小说、哀情小说和侦探小说等为主。发表诗词、笔记、散文等文学作品。介绍并翻译国外文学作品。主要作者为徐枕亚、李定夷、许天啸、吴双热、严独鹤等鸳鸯蝴蝶派文人。刊载有徐枕亚《雪鸿泪史》、李定夷《潘郎怨》等小说。是鸳鸯蝴蝶派的文学刊物。主要栏目有插画、短篇小说、长篇小说、文苑、译丛、谐林、笔记、弹词、新剧。

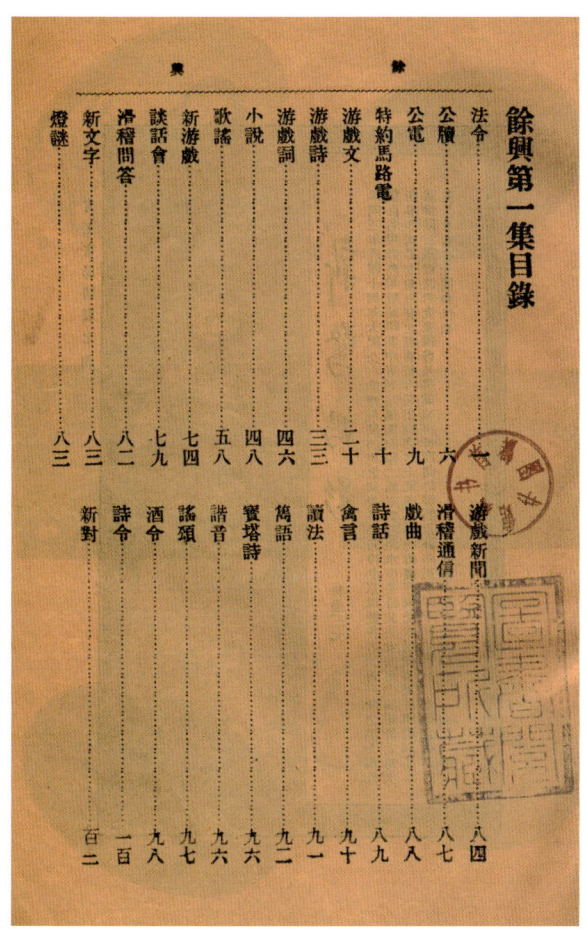 

《余兴》

责任者：时报馆编辑

出版发行：(上海)有正书局发行，no.1(民国三年8月[1914.8])—no.30(民国六年7月[1917.7])

出版频率：月刊

内容提要：该刊主要刊载通俗娱乐性的诗歌、小说、戏剧、弹词、笑话等文艺创作，内容以滑稽小说、社会小说、战争小说等为主。刊载有游戏诗文、酒令、诗令、滑稽问答、滑稽新闻等游戏之作。发表幽默类及讽喻类小品文，劝诫不良社会风气，讽刺北洋政府的统治。刊载有蕉心《兵匪问答》等作品。

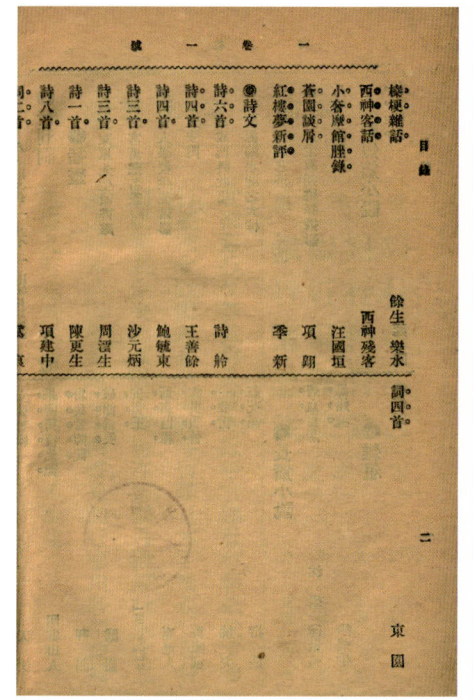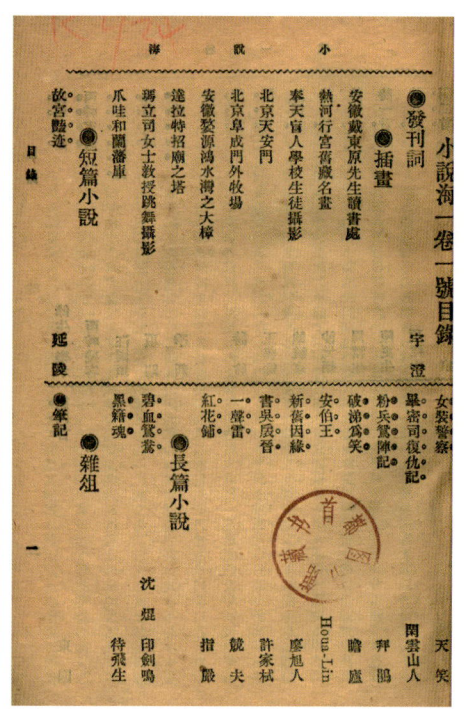

《小说海》

题名：小说海 = Short Story Magazine

责任者：黄山民主编

出版发行：（上海）中国图书公司和记发行，创刊号（民国四年1月［1915，1］）— v.3 no.12（民国六年12月［1917，12］）

出版频率：月刊

内容提要：该刊主要刊载短篇小说及长篇章回体小说，发表诗词、文言散文、游记、笔记、弹词等文艺作品，以及国外短篇、长篇小说译文。主要作者有包天笑、林纾、待飞生、公鹤等。刊载有待飞生《黑籍魂》、沈焜《碧血鸳鸯》、林纾《拿云手》、季新《红楼梦新评》、公鹤《上海闲话》等作品。主要栏目有插画、短篇小说、长篇小说、杂俎。

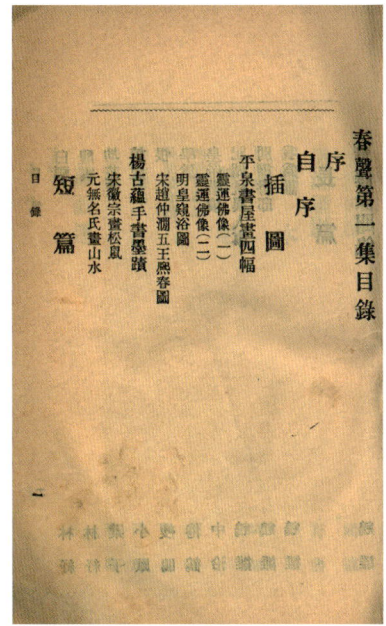

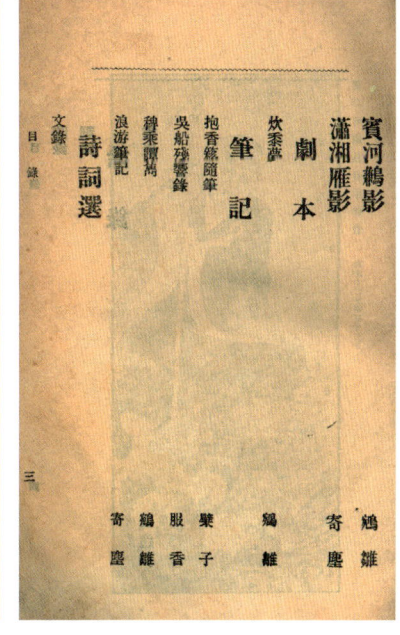
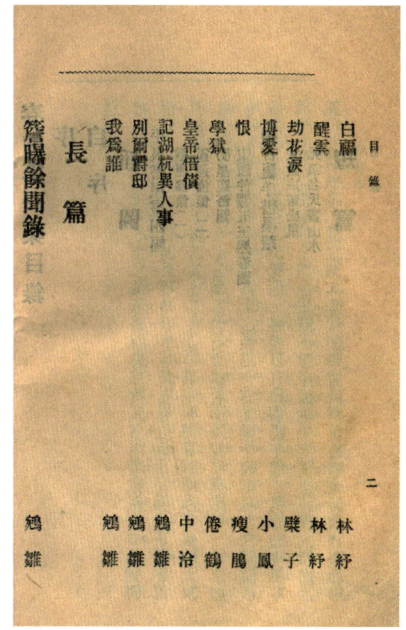

《春声》

题名：春声 = The Spring Voice

责任者：姚鹓雏主编

出版发行：(上海)文明书局发行,no.1（民国五年1月［1916,1］）— no.6（民国六年6月［1917,6］）

出版频率：月刊

内容提要：该刊主要刊载长篇小说、短篇小说、剧本、传奇故事、随笔、游记、旧体诗词等文学创作，翻译外国小说、剧本等文学作品。刊载中国传统书画以及西洋绘画作品。介绍名角、名剧、逸闻等中国戏剧界的各项消息。主要作者有林纾、姚鹓雏、周瘦鹃等。刊载有林纾《白福》、姚鹓雏《檐曝余闻录》等小说作品。主要栏目有插图、长篇、短篇、剧本、笔记、诗词选、传奇、剧谈、词话、译丛、余录。

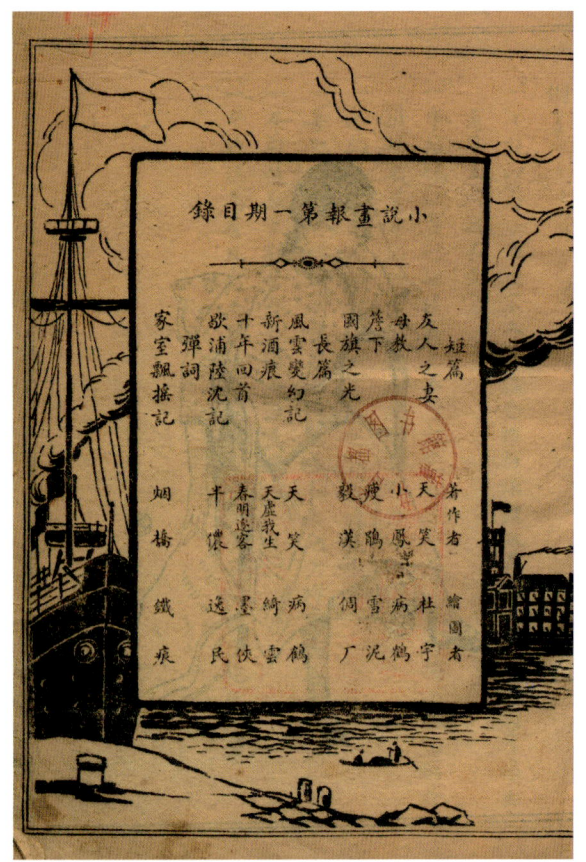 

《小说画报》

题名：小说画报 = Illustrated Novel Magazine

责任者：包天笑主编

出版发行：（上海）文明书局发行，no.1（民国六年1月［1917,1］）— no.22（民国九年8月［1920,8］）

出版频率：月刊

内容提要：该刊在例言中指出"小说以白话为正宗"，主张"雅俗共赏，凡闺秀学生上街工人无不咸宜"。该刊小说全部采用白话，是中国最早的白话文学刊物之一。主要刊载关于道德、教育、政治、科学等"最益身心、最有兴味"的小说和弹词等文艺作品，并配有钱病鹤等所绘插图。主要作者有包天笑、钱病鹤、周瘦鹃等。刊载有包天笑《风云变幻记》、毅汉《国旗之光》、春明逐客《十年回首》等作品。主要栏目有短篇、长篇、弹词。

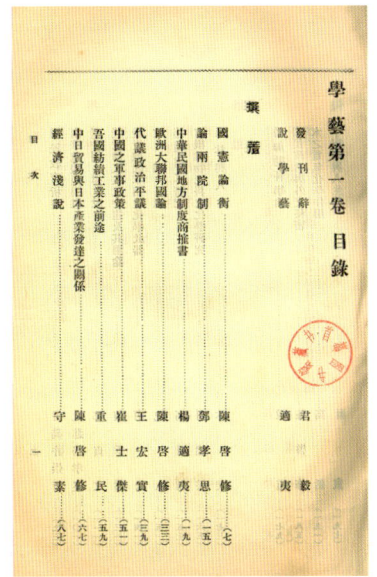

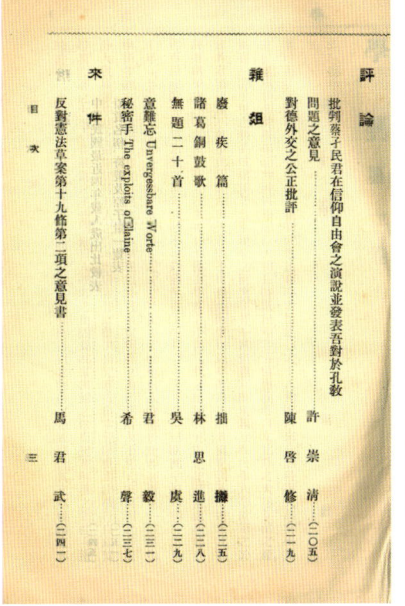
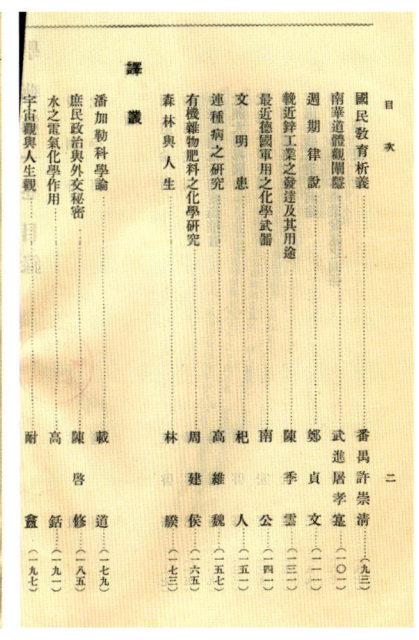

《学艺》

题名：学艺 = Missenu und Missenschaft

责任者：丙辰学社编辑科编

出版发行：(北京)学艺杂志社发行；1923年6月第5卷第2期起，改为上海中华学艺社出版，v.1, no.1 (民国六年4月 [1917,4]) — v.27, no.9 (1958)

出版频率：季刊；1920年4月第2卷第4期起改为月刊

内容提要：该刊宗旨是研究学术，阐明真理。主要刊载自然科学和社会科学研究的学术论著，内容涉及政治、经济、外交、历史、文化、译述、哲学、数学、物理、化学、天文学、地质学等各文理学科。评价中国时事政治和各种学术思想。介绍世界最新学术理论、科学技术和工农业生产技术。发表诗歌、散文、小说、剧本等文艺作品。主要作者有郭沫若、周昌寿、君毅、陈启修等。刊载有蔡元培的《以美育代宗教说》、郭沫若《艺术之象征》、周佛海《空想的社会主义和科学的社会主义》等文章。主要栏目有撰著、译丛、评论、杂俎、来件。

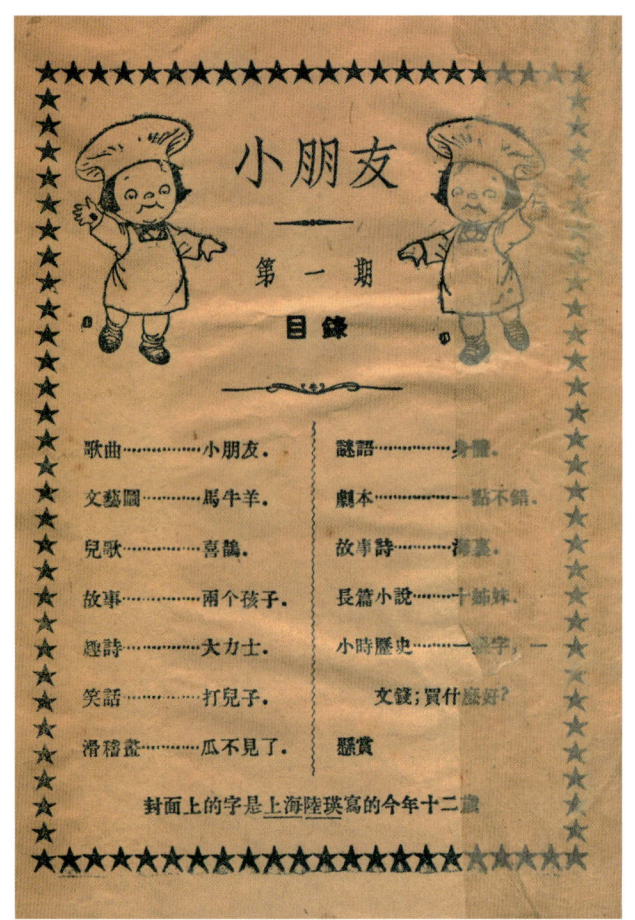 

《小朋友》

责任者：小朋友编辑部编

出版发行：（上海）中华书局发行；1953年改为少年儿童出版社主办，no.1（民国十一年4月［1922，4］）至今

出版频率：周刊

内容提要：该刊主要刊载儿童文学作品，包括歌曲、诗词、故事、笑话、剧本、小说、民间故事、童话等。该刊面向少年儿童读者，文章配有大量插图和漫画，内容图文并茂生动活泼，部分文章标注注音符号以便于儿童阅读。介绍自然科学和社会科学常识。此外，该刊还鼓励小学生投稿自己创作的诗歌和故事，并给予图书、玩具作为奖励。该刊是我国发行至今延续时间最长、影响力最大的儿童刊物。主要栏目有图画、歌曲、故事画、滑稽歌、短篇故事、笑话、长篇故事、谜语、剧本、长篇小说、小时故事。

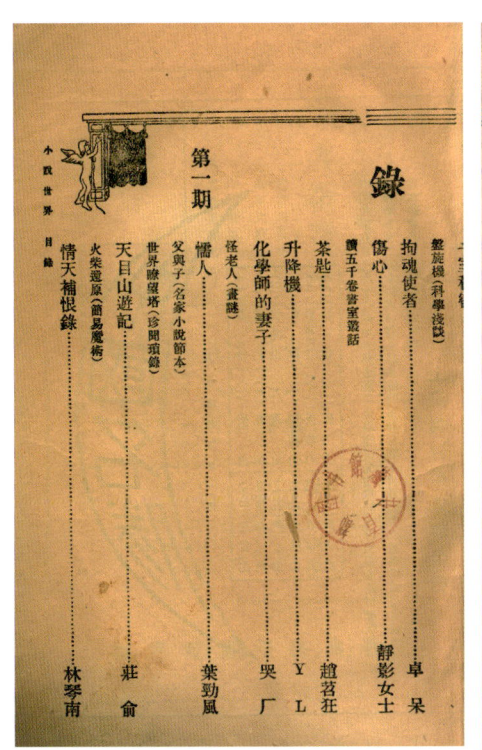 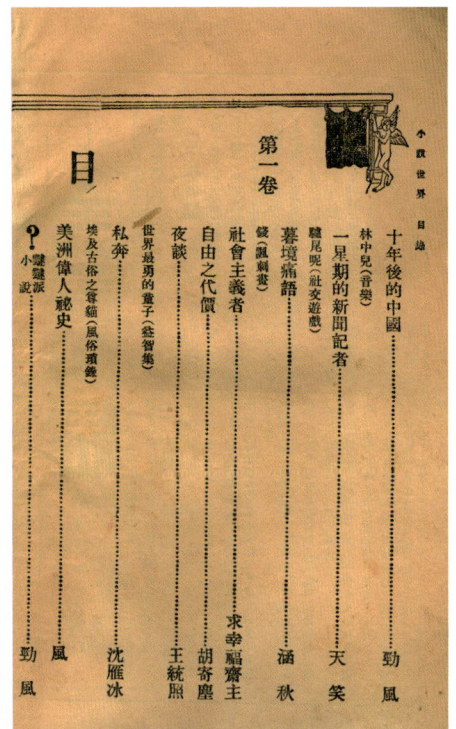 

《小说世界》

责任者：叶劲风编

出版发行：(上海)商务印书馆发行，v.1，no.1（民国十二年1月［1923，1］）— v.18，no.4（民国十八年9月［1929，9］）

出版频率：周刊；自1928年1月第17卷第1期起改为季刊

内容提要：该刊主要刊载短篇小说和长篇小说，刊载名家小说作品节选，评论旧小说以及新出版小说作品。普及自然科学和社会科学知识，介绍科学游戏和小实验。刊载名人逸事以及野史奇闻，介绍中国及世界各地风俗和奇闻趣谈。介绍社交游戏、魔术、玩具、谜语、益智游戏等各类娱乐游戏活动。刊载有沈雁冰《私奔》、林琴南《情天补恨录》等作品。

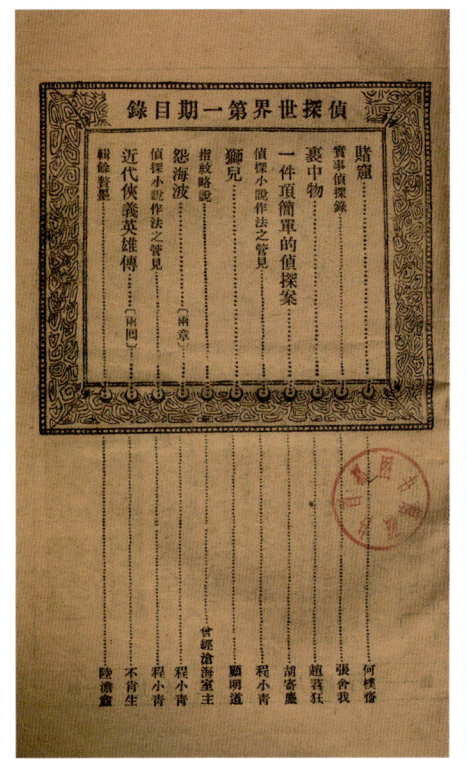 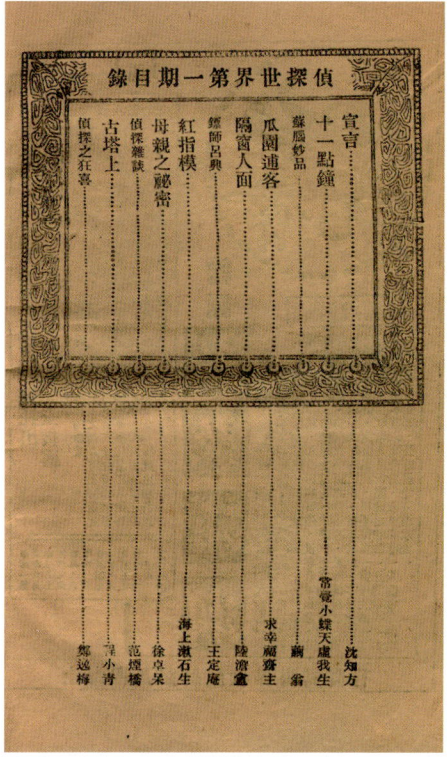 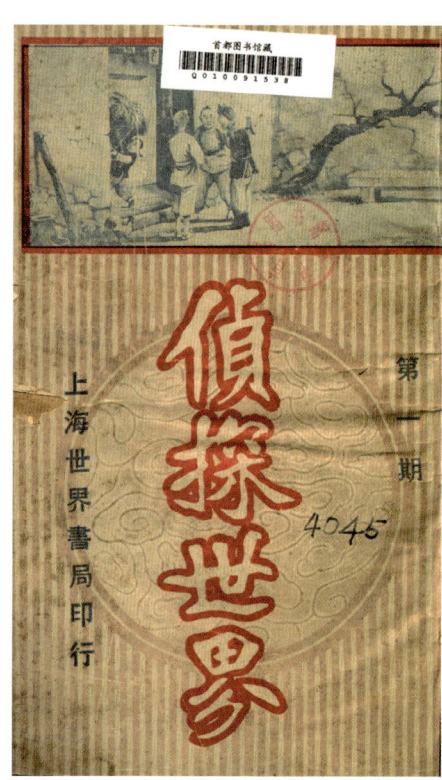

《侦探世界》

责任者：严独鹤、程小青、施济群主编

出版发行：（上海）世界书局发行，no.1（民国十二年6月［1923,6］）— no.24（民国十三年5月［1924,5］）

出版频率：半月刊

内容提要：该刊以刊载侦探小说为主，兼及武侠和冒险小说。刊载与侦探、武侠、冒险相关的小品文。介绍指纹、刑事侦查、现实案例等刑侦相关知识，探讨侦探小说和武侠小说的创作方法。刊载有著名侦探小说家程小青、孙了红等的作品，如程小青的《古塔上》《怨海波》《侦探小说作法之管见》以及孙了红《傀儡剧》等。

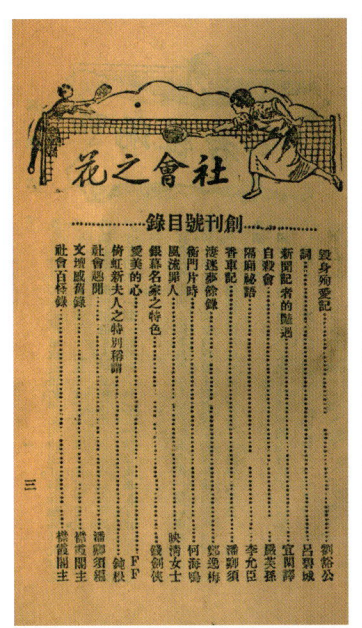 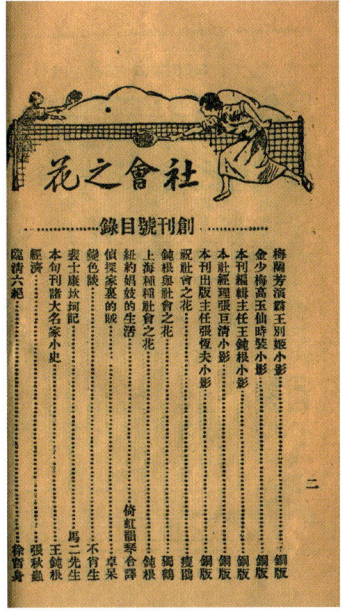 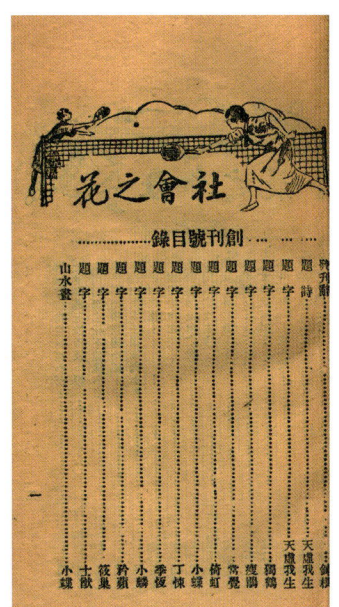 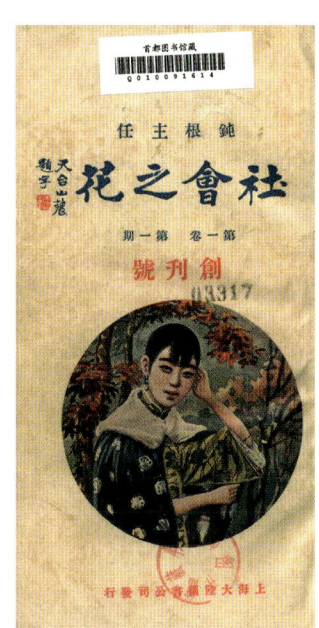

《社会之花》

责任者：王钝根主编

出版发行：（上海）藜青社出版，大陆图书公司发行，v.1, no.1（民国十三年1月［1924, 1］）— v.2, no.18（民国十四年11月［1925, 11］）

出版频率：旬刊

内容提要：该刊主要报道电影界及戏剧界的消息动态。介绍电影明星、戏剧名伶、政客名人的近况和逸闻。刊载政治、经济、文化、民情等各方面的新闻和社会百态。介绍世界各国的奇闻逸事和风俗民情。发表诗歌、通俗小说等文艺作品。刊载有王钝根《上海种种社会之花》、钱剑侠《银幕名家之特色》等文章。

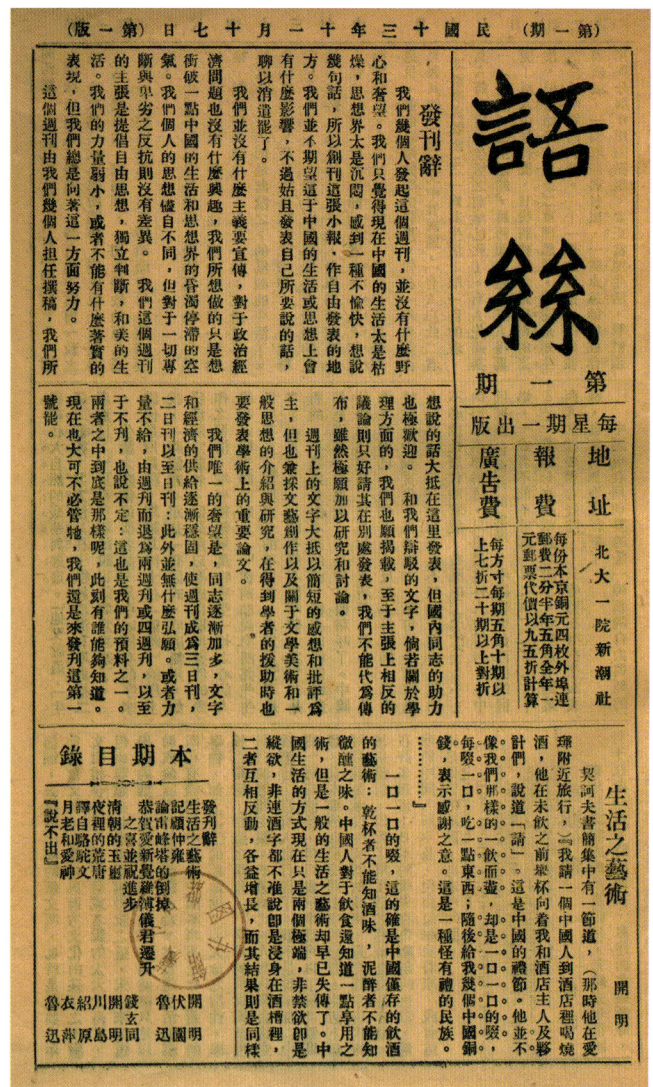

《语丝》

责任者：北京大学新潮社编，1927 年 12 月第 4 卷开始由鲁迅编辑

出版发行：（上海）北新书局发行；自 1927 年 12 月第 4 卷第 1 期起迁至上海，改为上海语丝社编辑发行，no.1（民国十三年 11 月［1924，11］）— v.5，no.52（民国十九年 3 月［1930，3］）

出版频率：周刊

内容提要：该刊提倡新思想，刊载以感想和批评为主的杂文和散文，刊载诗歌、小说等文艺作品。发表研究文艺理论、文艺思想和文艺创作的论著，刊载历史学、考古学等文史类学术论文。该刊文章简短而深刻，任意而闲适，幽默而锐利，形成了民国时期著名的"语丝体"。主要作者有鲁迅、胡适、钱玄同、顾颉刚、周作人、俞平伯、林语堂、刘半农、章川岛、江绍原等。发表有鲁迅《论雷峰塔的倒掉》《野草》"醉眼"中的朦胧》《文艺与革命》等著名杂文，以及徐志摩《死尸》，顾颉刚《古史杂论》，林语堂《论土气与思想界之关系》等文章。

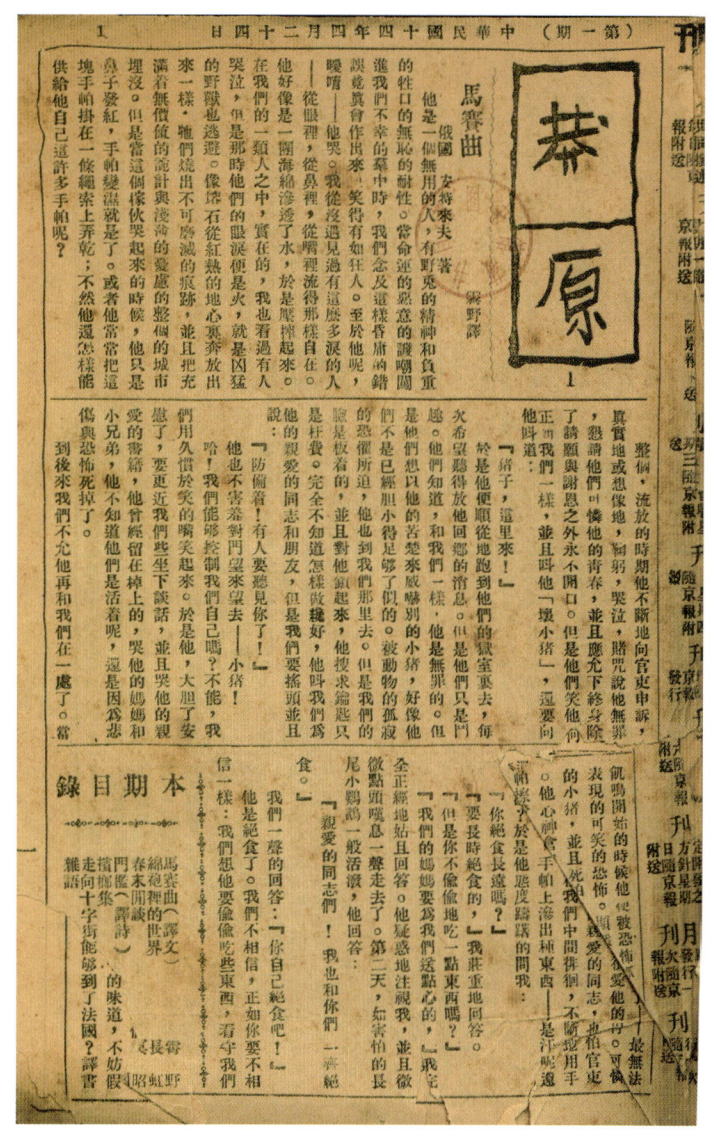

《莽原》

责任者：鲁迅主编

出版发行：(北京)京报社发行, no.1(民国十四年4月[1925,4])—no.34(民国十四年11月[1925,11]), 1926年后成为独立出版的刊物, 即《莽原》半月刊

出版频率：周刊

内容提要：该刊主要刊载诗歌、短篇小说、散文等文学作品。发表评论中国各种社会问题、文艺思想和政治思想的杂文。翻译国外诗歌、散文、文学批评等文艺作品，介绍国外文艺理论、社会思潮和政治思想。主要作者有鲁迅、周建人、向培良、李遇安、高长虹等。刊载有鲁迅先生的《灯下漫笔》、长虹《新文学的希望》、韵笙《五四的象征》、周建人《答"一夫多妻的新护符"》等文章。

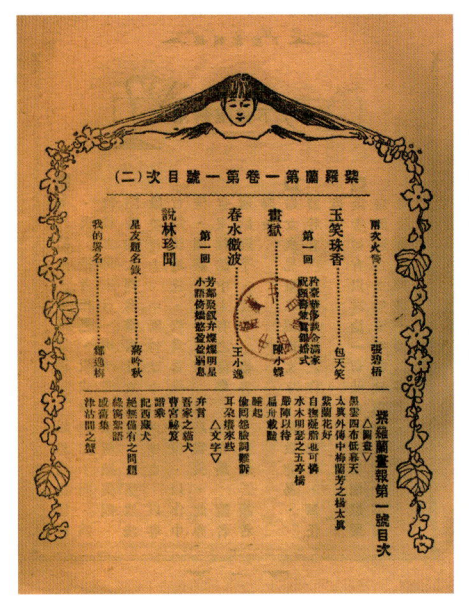 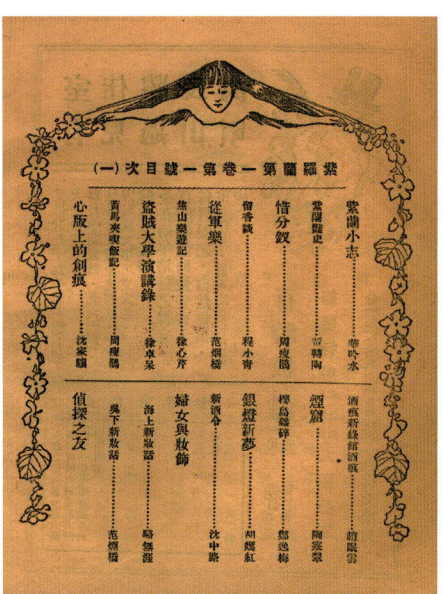 

《紫罗兰》

责任者：周瘦鹃主编

出版发行：（上海）大东书局发行，v.1，no.1（民国十四年 12 月［1925，12］）— v.4，no.24（民国十九年 6 月［1930，6］）

出版频率：半月刊

内容提要：该刊主要刊载以鸳鸯蝴蝶派文人为主创作的散文、通俗小说等文学作品，内容以侦探小说、言情小说为主。该刊刊载有大量仕女画和插图。主要作者有周瘦鹃、包天笑、程小青、郑逸梅等。刊载有包天笑《玉笑珠香》、王小逸《春水微波》、黄厚生《祖国的悲哀》等作品。主要栏目有说林珍闻、妇女与妆饰、侦探之友、小小说选、小天地、读者俱乐部、趣味问答。

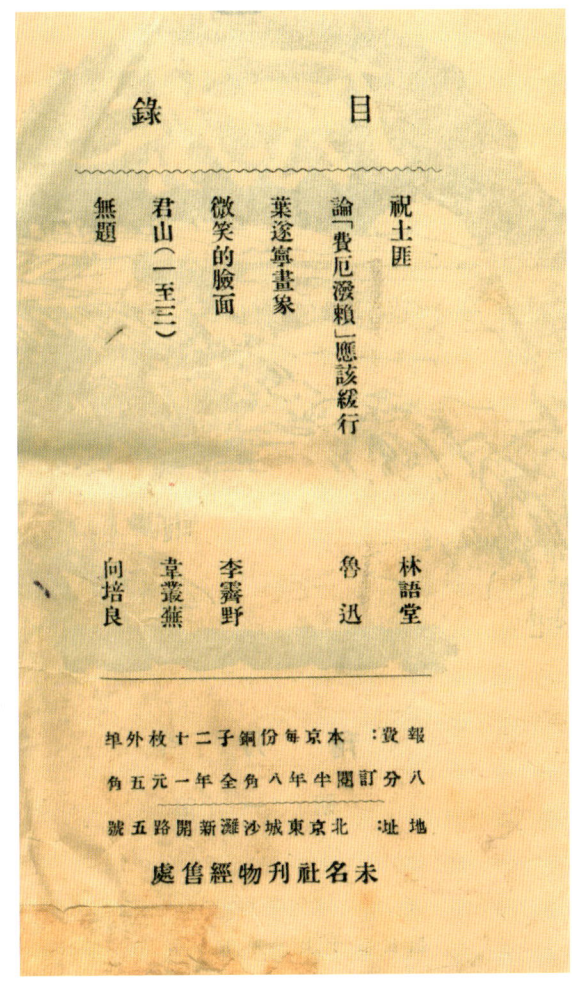

《莽原》

责任者：鲁迅主编

出版发行：（北京）未名社发行，v.1, no.1（民国十五年1月［1926，1］）— v.2, no.23/24（民国十六年12月［1927，12］）

出版频率：半月刊

内容提要：该刊主要刊载评论文艺、思想、政治、社会问题的杂文，翻译国外文艺理论及文艺评论的文章。发表诗歌、散文、小说等文艺作品以及译作。主要作者有鲁迅、林语堂、向培良、李霁野、韦丛芜等。刊载有鲁迅《朝花夕拾》《论"费厄泼赖"应该缓行》《五猖会》、林语堂《祝土匪》、韦丛芜《君山》等著名杂文、散文和长诗。

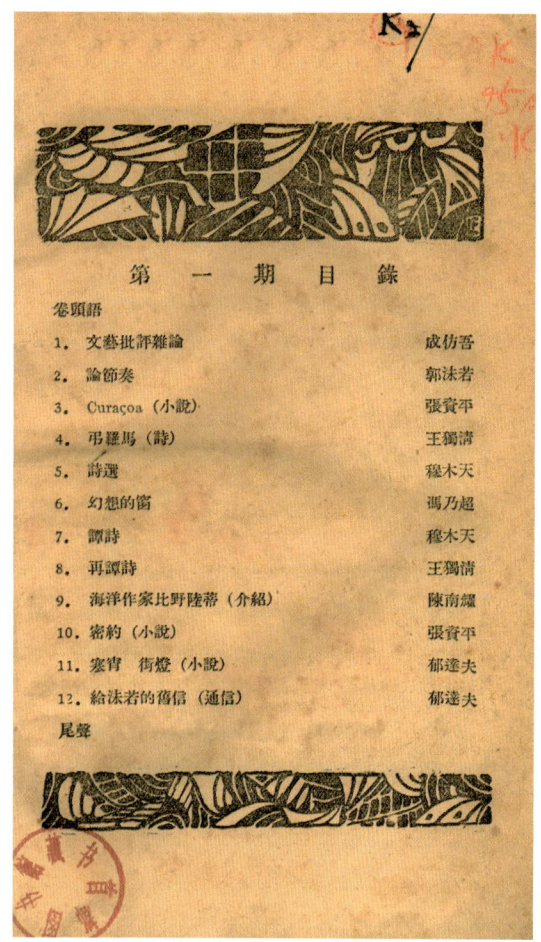 

《创造月刊》

责任者：创造社编

出版发行：（上海）创造社出版部出版，v.1，no.1（民国十五年3月［1926，3］）— v.2，no.6（民国十八年1月［1929，1］）

出版频率：月刊

内容提要：该刊主要刊载新体诗、散文、小说等文艺创作，探讨革命文学理论，评论文艺理论、作家及文艺作品。提倡无产阶级革命文学，主张文学要面向人民群众，文学应与无产阶级革命相结合，并就"革命文学"问题与鲁迅等人展开了激烈的论战。主要作者有郁达夫、成仿吾、郭沫若、冯乃超、李初梨、张资平等。刊载有郭沫若《革命与文学》、成仿吾《从文学革命到革命文学》、蒋光赤《十月革命与俄罗斯文学》等文章。1929年，该刊被国民党查封。主要栏目有创作、介绍、报告文学、长篇小说、诗歌、散文、翻译、书评。

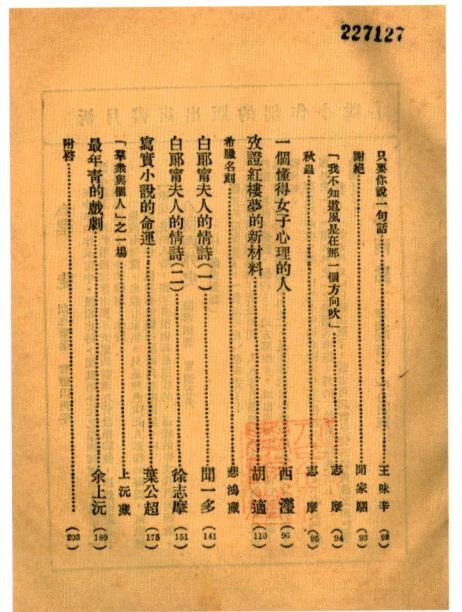 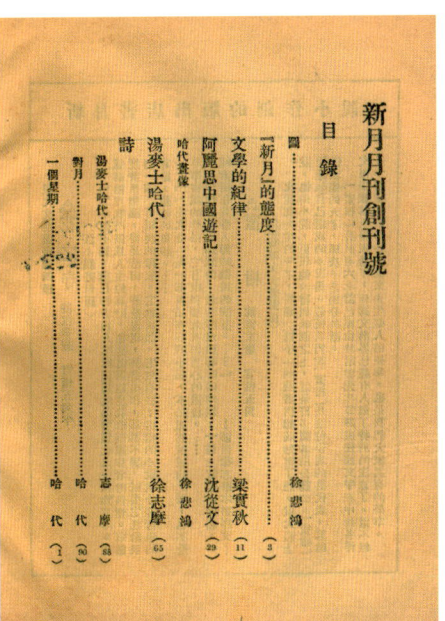 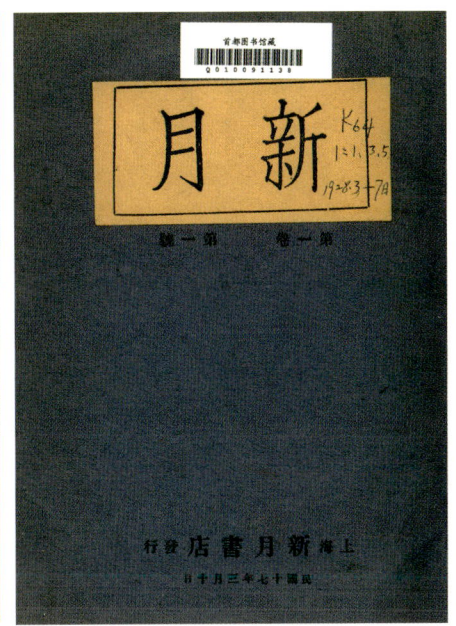

《新月》

责任者：闻一多、徐志摩、饶孟侃编

出版发行：（上海）新月书店发行，v.1，no.1（民国十七年3月[1928,3]）— v.4，no.7（民国二十二年6月[1933,6]）

出版频率：月刊

内容提要：该刊主要刊载诗歌、散文、小说、戏剧等文学创作，介绍及翻译国外诗歌等文学作品。研究文学理论及文学创作，包括现代文学、中国古典文学、文学思想、现代诗研究等内容。评论国内外作家、文学作品及各种文化问题。主要作者有梁实秋、徐志摩、沈从文、哈代、胡适、闻一多、叶公超、潘光旦等。刊载有胡适《考证红楼梦的新材料》，沈从文《阿丽思中国游记》，徐志摩《一个行乞的诗人》，梁实秋的《文学的纪律》，闻一多、徐志摩译《白郎宁夫人的情诗》等作品。该刊是民国时期"新月派"文学刊物。

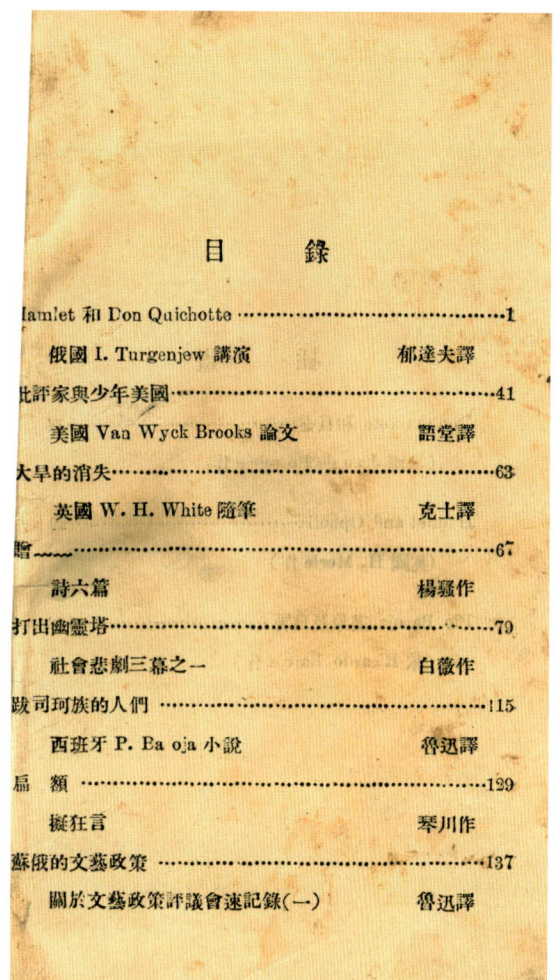

《奔流》

责任者：鲁迅、郁达夫主编

出版发行：（上海）北新书局发行，v.1，no.1（民国十七年6月[1928，6]）— v.2，no.5（民国十八年12月[1929，12]）

出版频率：月刊

内容提要：该刊文学团体奔流社创办。主要翻译苏俄、英国、美国、日本等外国文学作品，内容包括诗歌、散文、随笔、小说、戏剧、文艺理论、文学评论等。评论国外著名作家及其文学作品，介绍苏俄等国的文化和文学。发表有易卜生、列夫·托尔斯泰等著名文学家的专号。发表杨骚、白薇、柔石等中国青年作家的诗歌、小说、戏剧等文艺创作。翻译者为鲁迅、林语堂、郁达夫、张天翼等著名文学家。刊载有鲁迅译《苏俄的文艺政策》《跋司珂族的人们》、林语堂译《批评家与少年美国》、郁达夫译《幸福的摆》等作品。

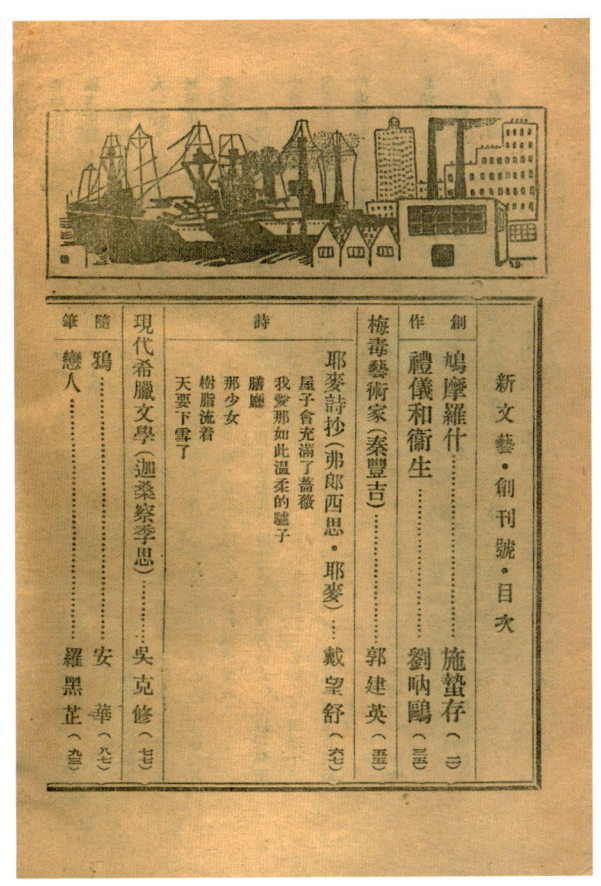

《新文艺》

责任者：施蛰存主编，新文艺月刊社编

出版发行：（上海）水沫书店杂志部发行，v.1, no.1（民国十八年9月［1929，9］）— v.2, no.2（民国十九年4月［1930，4］）；1930年5月停刊，1940年10月复刊，v.1, no.1（民国二十九年10月［1940，10］）— v.1, no.3（民国三十年1月［1941，1］）

出版频率：月刊

内容提要：该刊主要发表诗歌、小说、随笔等文学作品，介绍世界著名文学家及其作品，翻译以小说为主的世界经典文学作品，介绍并评论最近出版的文学作品，讨论国内外经典文学名著的文学思想和创作手法。此外还探讨文学理论和文学创作手法，报道国内外文坛的动态和消息。主要作者有施蛰存、叶圣陶、夏衍、戴望舒、林疑今等，刊载有施蛰存《鸠摩罗什》、叶圣陶《某镇纪事》等作品。主要栏目有创作、诗、随笔、小品、翻译小说、戏剧、书评。

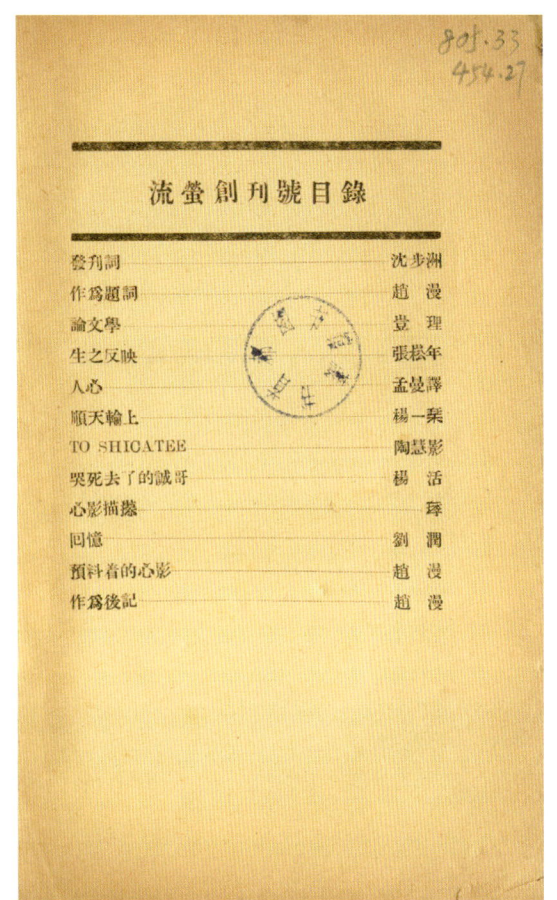

《流萤》

责任者：中国大学英文学会编

出版发行：(北平) 中国大学出版部出版，创刊号 (民国十九年3月 [1930，3]) — no.4 (民国十九年11月 [1930，11])

出版频率：月刊

内容提要：该刊的宗旨是研究文学之旨，求美感之增进，以及东西文学之沟通，主要发表北平中国大学外国文学系学生所创作的小说、诗歌、散文等文学作品和外国文学翻译，刊载研究东西方文学的论文，评论中外文学家和文学作品。所载文学作品主要描写了青年学生的现实生活和心理情感，表达青年学生对于人生和人心等重大问题的思考。刊载有岂理《论文学》、张崧年《生之反映》、赵漫《预料着的心影》等作品。

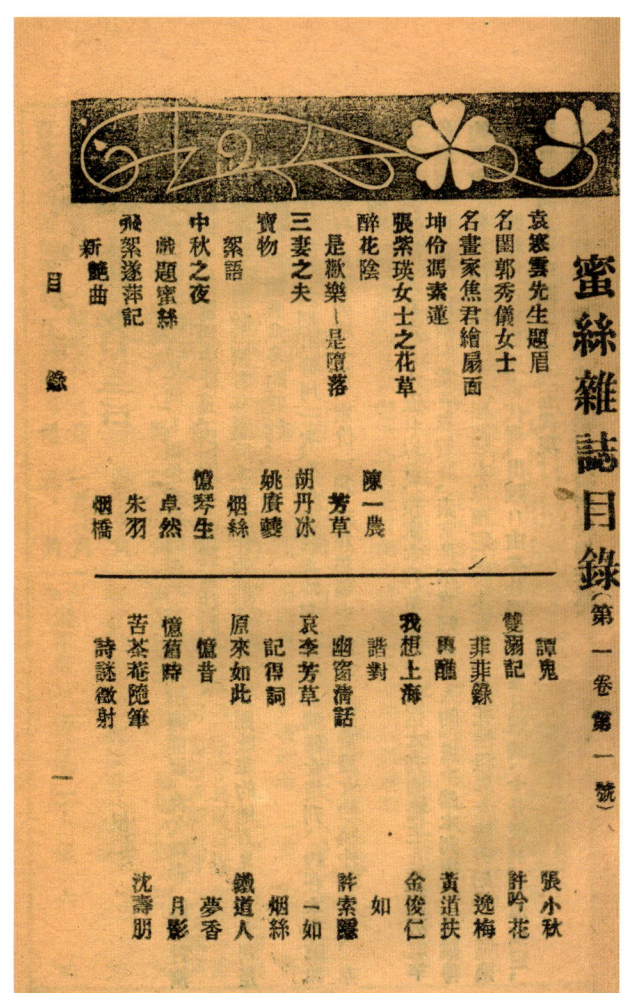 

《蜜丝》

责任者：陈叔道主编

出版发行：（天津）蜜丝杂志社出版，v.1，no.1（民国十九年6月［1930，6］）— v.2，no.3（民国二十年2月［1931，2］）

出版频率：半月刊

内容提要：该刊主要刊载诗词、随笔、散文、游记、小说等文艺作品，内容以侦探小说、写情小说等通俗小说为主，刊载名伶、明星以及各地风景名胜的照片。该刊主要作者有吴了红、金俊仁、关卓然、吴听雨等，刊载有吴了红《礼拜日》、达哉《绿珠》等作品。

 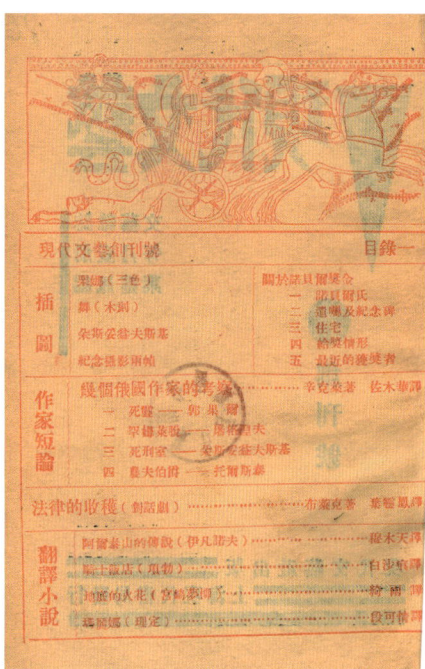 

《现代文艺》

责任者：叶灵凤编

出版发行：（上海）现代文艺社出版；现代书局发行，创刊号（民国二十年4月［1931，4］）— v.1, no.2（民国二十年5月［1931，5］）

出版频率：月刊

内容提要：该刊主要介绍世界文学经典名著以及世界现代文学作品，介绍屠格涅夫、果戈理、托尔斯泰、陀思妥耶夫斯基等各国著名作家，探讨研究现代文学理论和文学思潮。此外还翻译国外文艺作品，刊载中国作家的诗词、散文、小说等文学作品。其中刊载有叶灵凤《未完的悲剧》、绮雨译《地底的火花》等作品。主要栏目有作家短篇、翻译小说、文艺春秋、诗选、创作、介绍。

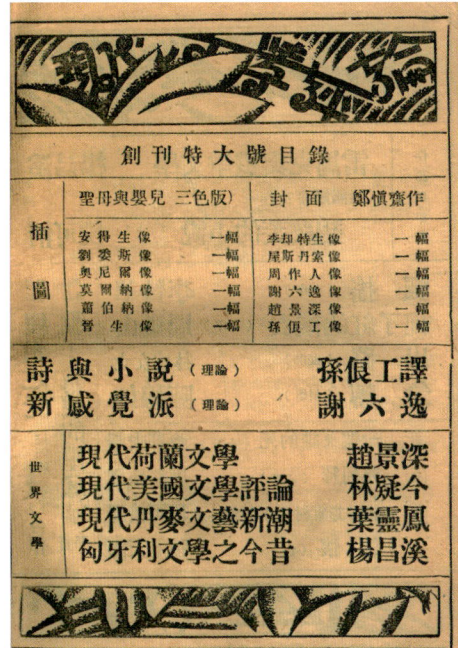

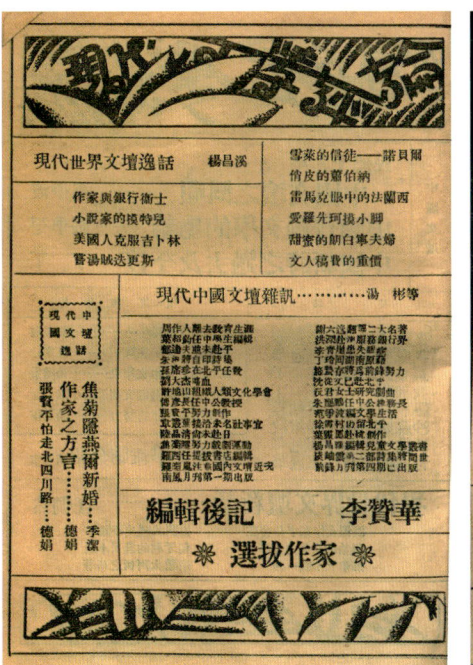
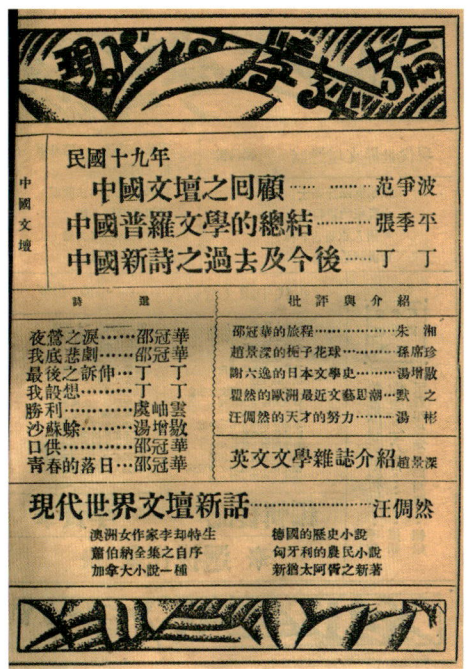
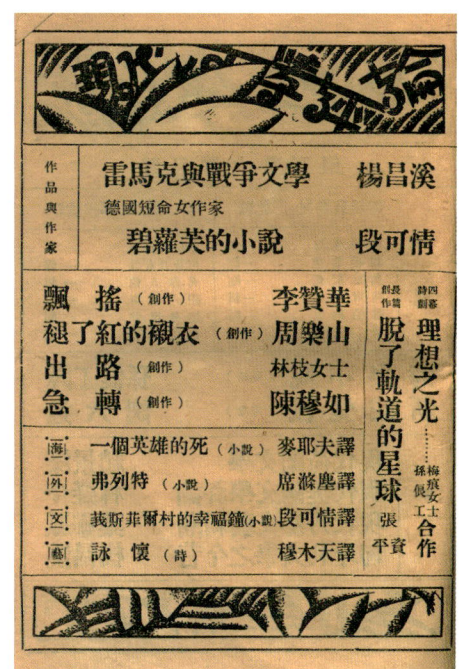

《现代文学评论》

责任者：李赞华编

出版发行：（上海）现代书局发行，v.1, no.1（民国二十年4月[1931，4]）— v.3, no.1（民国二十年10月[1931，10]）

出版频率：月刊

内容提要：该刊主要介绍并评价中外作家及文学作品，研究文学理论及中外文学史，报道中国及世界文坛的讯息和动态。此外还刊载小说、诗歌、戏剧、散文等文学创作，翻译海外文学作品。该刊主要作者为赵景深、谢六逸、叶灵凤、李赞华等，刊载有谢六逸《新感觉派》、李赞华《飘摇》、张季平《中国普罗文学的总结》等文章。主要栏目有世界文学、作品与作家、海外文艺、中国文坛、诗选、批评与介绍、现代中国文坛逸话。

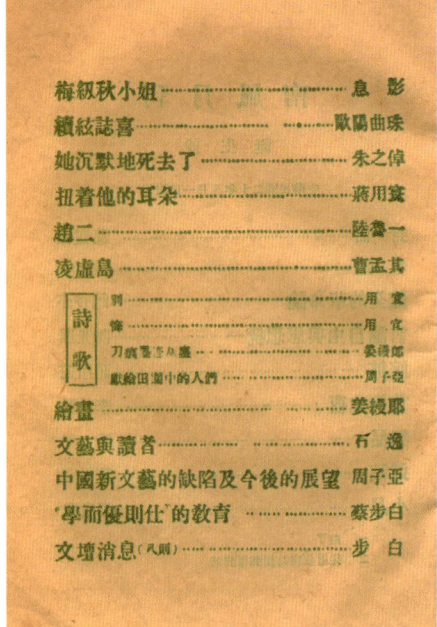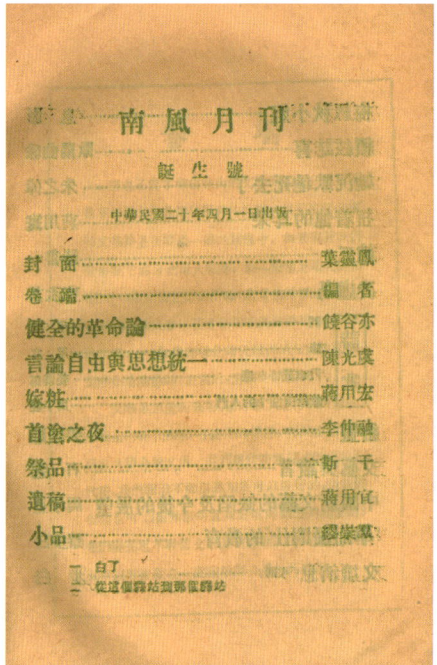

《南风》

责任者：南风月刊社编

出版发行：（上海）光华书局发行，v.1, no.1（民国二十年4月[1931, 4]）— v.2, no.5（民国二十一年11月[1932, 11]）

出版频率：月刊

内容提要：该刊主要发表小说、诗歌、散文、杂文等文学创作，探讨文艺理论以及中国文艺各种现实问题。刊载评论中国政治、经济、文化、教育等问题的文章。此外还报道中国文坛的消息和动态。其撰稿人有叶灵凤、丰子恺、蒋用宏、饶谷亦、陈光虞、陆鲁一等，刊载有饶谷亦《健全的革命论》、周子亚《中国新文艺的缺陷及今后的展望》、蔡步白《"学而优则仕"的教育》等文章。主要栏目有诗歌、小品、文坛消息。

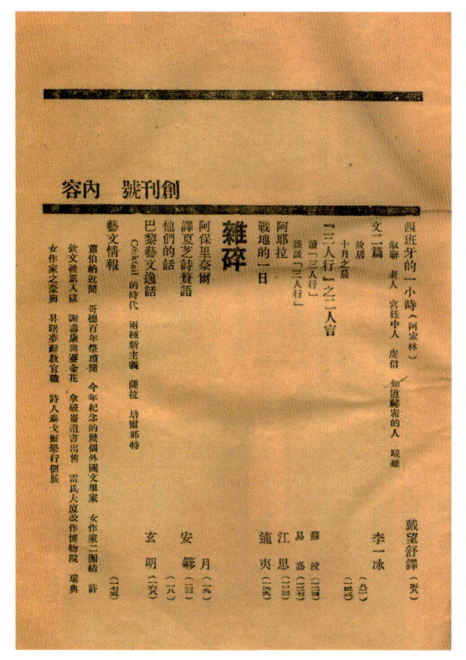 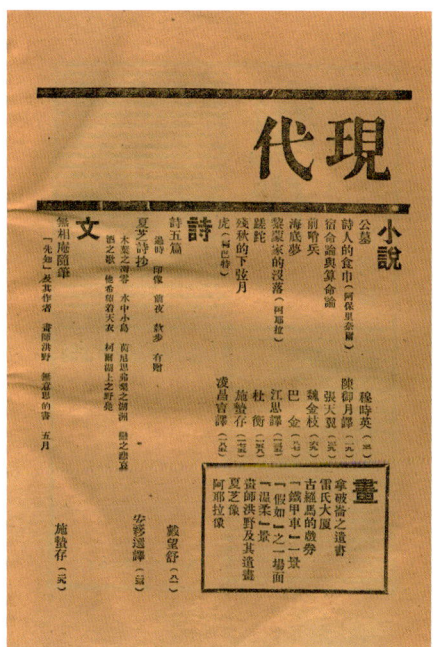 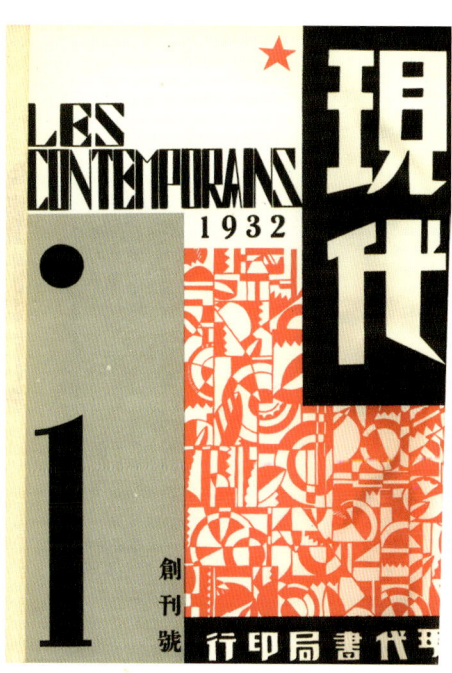

《现代》

题名：现代 = Les Contemporains

责任者：施蛰存主编

出版发行：（上海）现代书局发行，创刊号（民国二十一年5月［1932，5］）— v.6，no.6（民国二十四年7月［1935，7］）

出版频率：月刊

内容提要：本杂志自称为"普通的文学杂志，不是狭义的同人杂志"。该刊自诩不属于某一同人团体或文学流派，内容上思想上多元化，"不预备造成任何一种文学上的思潮、主义或党派"。该刊主要发表小说、诗、剧本、散文、随笔、小品、杂文等文学作品，翻译国外文学作品，介绍世界各国作家及其文学作品，报道世界文化界的相关消息和动态。主要作者有巴金、茅盾、老舍、郁达夫、沈从文、戴望舒、施蛰存、叶圣陶、周作人等著名文学家，刊载有沈从文《春》、巴金《海底梦》与《罪与罚》、老舍《猫城记》、茅盾《故乡杂记》等作品。主要栏目有小说、诗、文、杂碎。

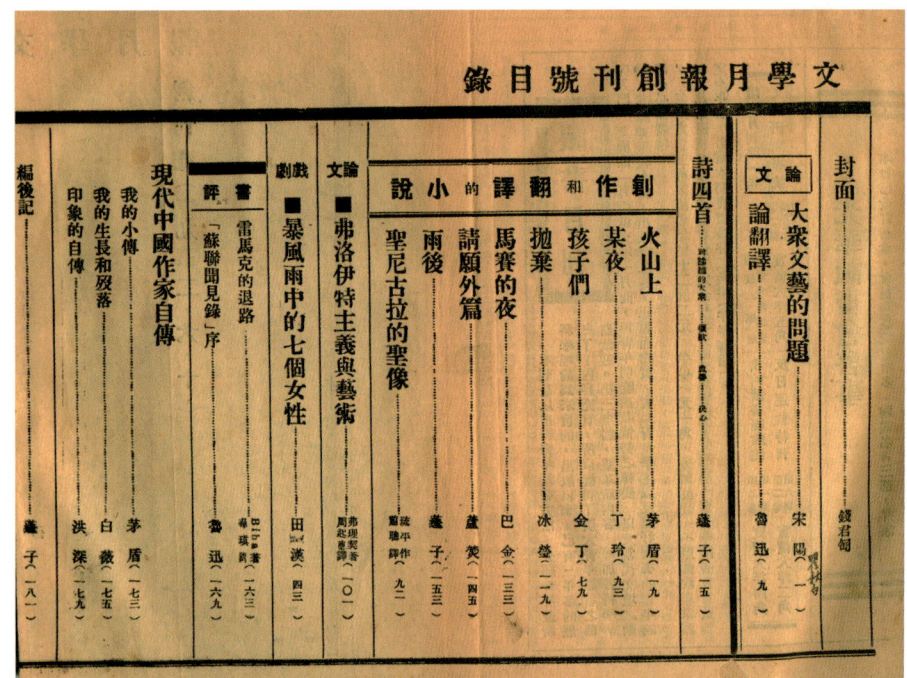
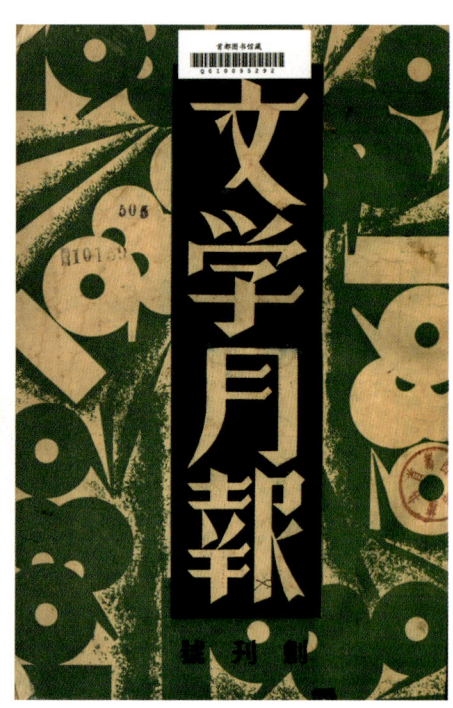

《文学月报》

责任者：文学月报社编辑

出版发行：（上海）光华书局发行，创刊号（民国二十一年6月［1932，6］）— v.1, no.6（民国二十一年12月［1932，12］）

出版频率：月刊

内容提要：该刊为左翼作家联盟主办的刊物，主要作者为鲁迅、茅盾、丁玲、巴金、田汉、叶圣陶等左翼作家。主要刊载研究文学理论和文艺思想的论文，探讨大众与文艺的关系。发表小说、诗歌、戏剧等文学作品。其中刊载茅盾、洪深等著名作家的自传，记录"一·二八"事变时身在上海的作家们的亲身经历与回忆，批判日本帝国主义者的侵略。刊载有鲁迅《论翻译》、茅盾《火山上》、巴金《马赛的夜》、田汉《战友》等作品。主要栏目有论文、创作和翻译的小说、戏剧、书评、现代中国作家自传、"一·二八"事变的回忆。

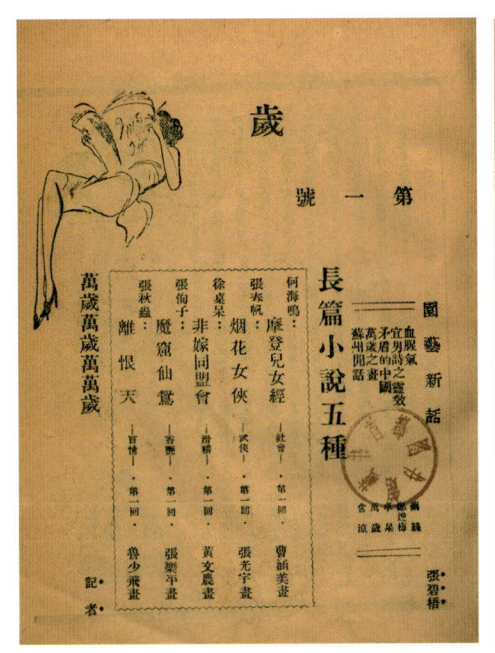
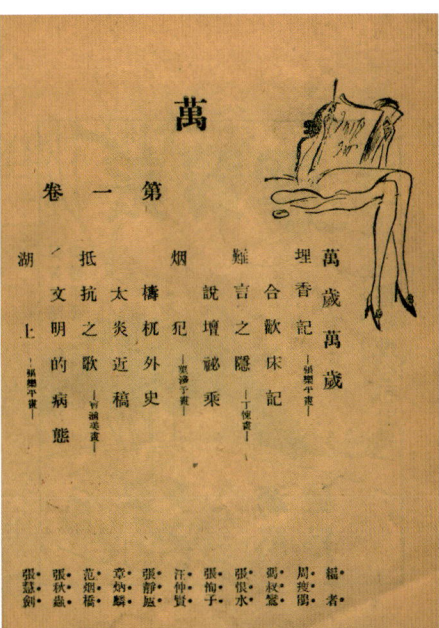

《万岁》

责任者：万岁出版社编

出版发行：（上海）现代书局上海总店发行，v.1,no.1（民国二十一年8月［1932,8］）— v.1,no.10（民国二十一年12月［1932,12］）

出版频率：半月刊

内容提要：该刊主要刊载小品文、短篇小说、长篇小说、戏剧、小说评论等文学作品以及国外文学翻译，题材以社会、言情、滑稽、武侠等通俗小说为主。报道电影界和戏剧界的消息和动态。此外还介绍科学知识和科学小游戏，报道世界各地奇风异俗和奇闻逸事。其主要作者为章炳麟、张恨水、周瘦鹃、徐卓呆等，刊载有张恨水《难言之隐》、周瘦鹃《埋香记》、张秋虫《文明的病态》等小说。

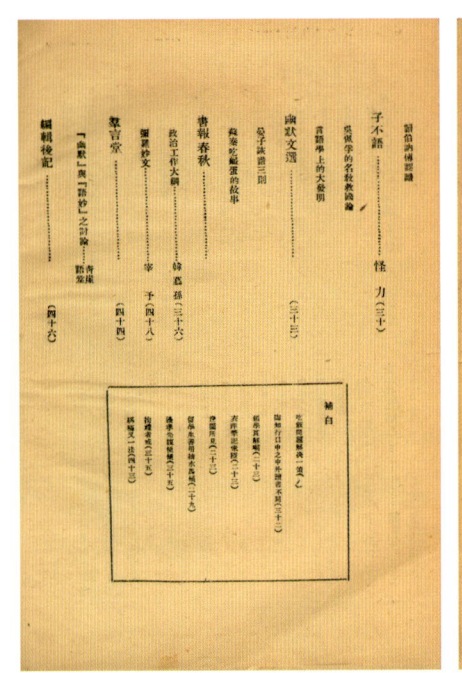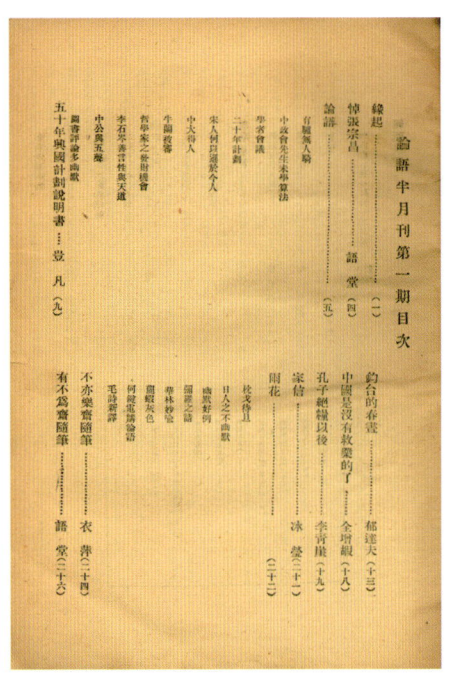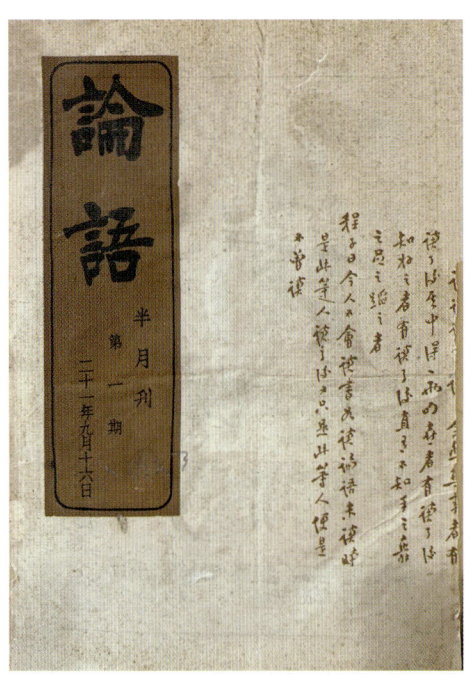

《论语》

责任者：林语堂、陶亢德、郁达夫、邵洵美主编

出版发行：（上海）中国美术刊行社发行，no.1（民国二十一年9月[1932,9]）— no.117（民国二十六年8月[1937,8]）；抗战时期停刊，1946年12月复刊，no.118（民国三十五年12月[1946,12]）— no.177（民国三十八年5月[1949,5]）

出版频率：半月刊

内容提要：该刊主要刊载小品文、散文和杂文，以及古今中外幽默故事和漫画。该刊内容丰富而自由，以幽默性和休闲性文字为主，既有政局时事、社会弊病、文学评论、文史哲研究，也有百姓生活、男女情感、家庭关系、鬼狐仙怪。在欢笑戏谑中，用幽默的文字抨击政治时局，揭露中国社会的现实问题。该刊以文风幽默闲适的小品散文为中心，形成了民国时期以林语堂为代表的"论语派"文学。老舍、鲁迅、刘半农、茅盾、丰子恺、俞平伯、潘光旦、林语堂、郁达夫、邵洵美、赵元任、谢冰莹等著名作家、学者都曾在此发表文章。刊载有林语堂《悼张宗昌》、鲁迅《小品文的危机》、鸣秋《现代人的死》、俞平伯《这鬼》、郁达夫《说翻译和创作之类》、老舍《当幽默变成油抹》《牛天赐传》等作品。主要栏目有论语、子不语、雨花、书报春秋、群言堂、古香斋、月旦精华、幽默文选、西洋幽默。

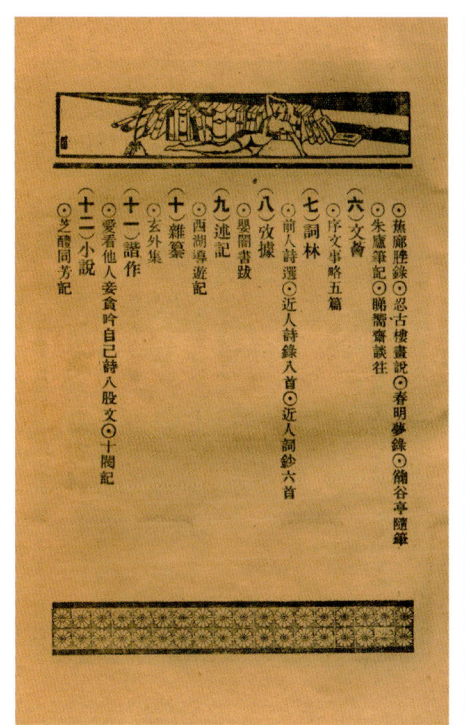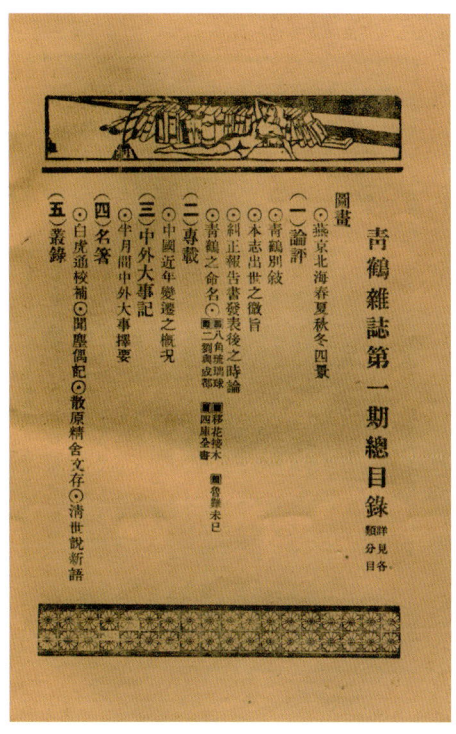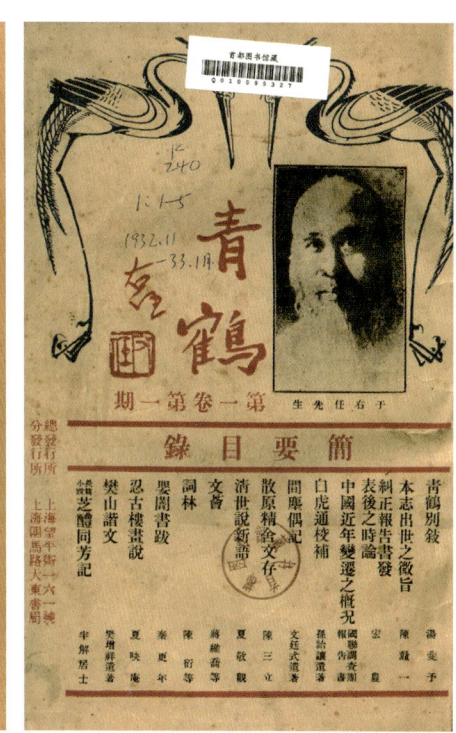

《青鹤》

责任者：青鹤杂志社编

出版发行：（上海）青鹤杂志社发行，v.1, no.1（民国二十一年11月［1932，11］）— v.5, no.18（民国二十六年8月［1937，8］）

出版频率：半月刊

内容提要：该刊采用文言文，主要作者多为旧派文人，文章学术及思想均偏向保守的旧文化。主要发表研究中国传统国学的论著，内容包括历史、地理、金石、书画等，发表探讨中国政治、经济、外交、社会等问题的文章。发表旧体诗词、文言散文、小说等文言文学作品，刊载有大量晚清民国时文人的笔记和诗文集。其创刊宗旨是发挥我国固有的声名文物，融会贯通世界思想潮流。该刊的主要作者有于右任、丁福保、吴稚晖、傅增湘、梁鸿志、周瘦鹃等，刊载有孙诒让遗著《白虎通校补》、陈三立《散原精舍文存》、陈衍《石遗室诗话续编》等。主要栏目有论评、专载、中外大事记、名著、丛录、文荟、词林、考据、述记、杂纂、谐作、小说。

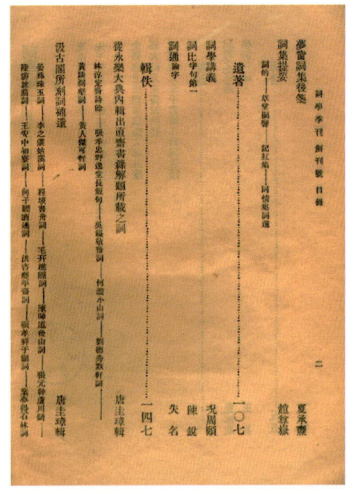
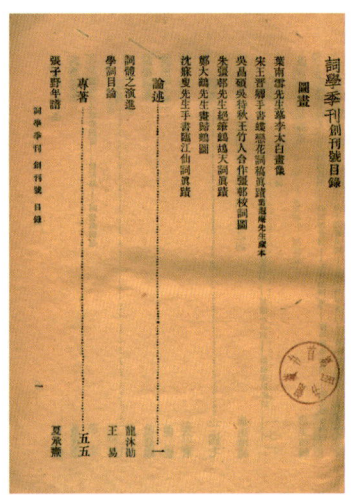

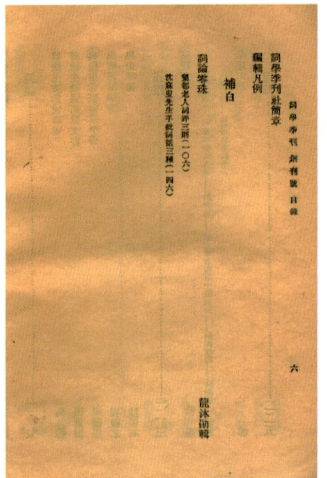
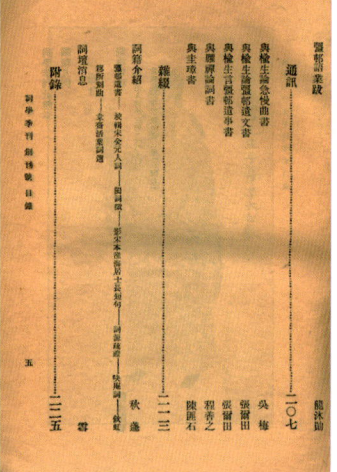
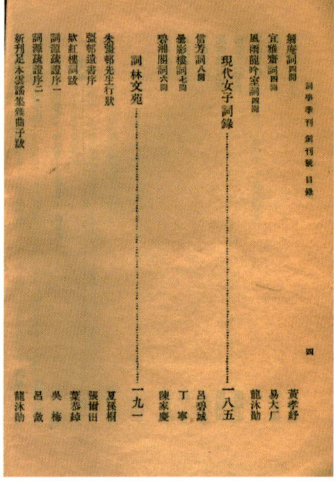
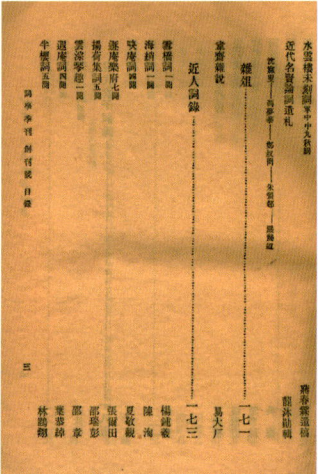

《词学季刊》

责任者：龙沐勋编

出版发行：（上海）民智书局发行，创刊号（民国二十二年4月［1933，4］）— v.3，no.3（民国二十五年9月［1936，9］）

出版频率：季刊

内容提要：该刊主要刊载关于词学研究的白话或文言论著，发表近现代词人的作品，专载已故词人未经刊行或已绝版的词学著作，辑录古人佚词及有关词学的佚稿，并刊载有关词学的记述和诗文。此外还介绍词学相关的书籍，报道词坛的各项新闻消息。该刊主要作者有龙沐勋、叶恭绰、张尔田、程善之等。主要栏目有论述、专著、遗著、辑佚、杂俎、近人词录、词林文苑、现代女子词录、通讯、杂缀。

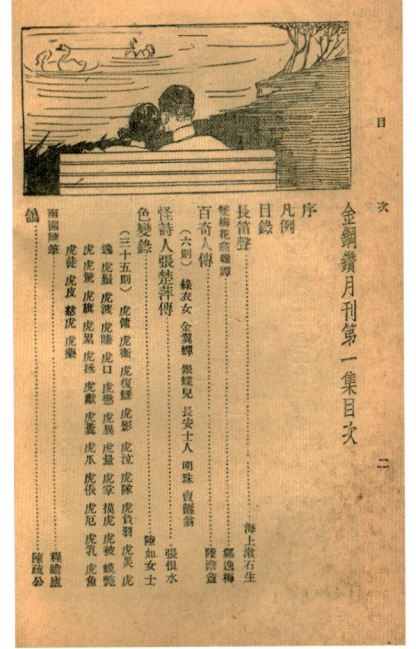

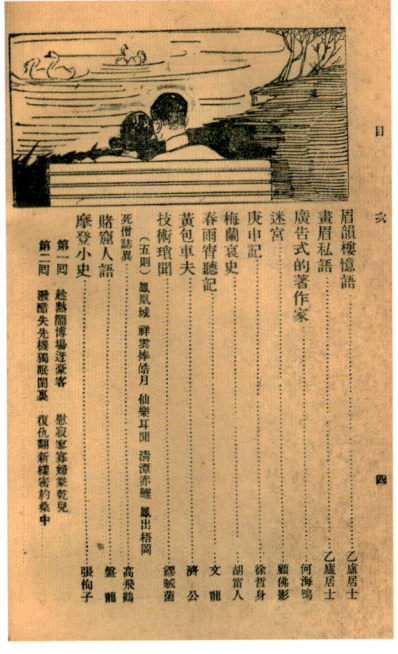
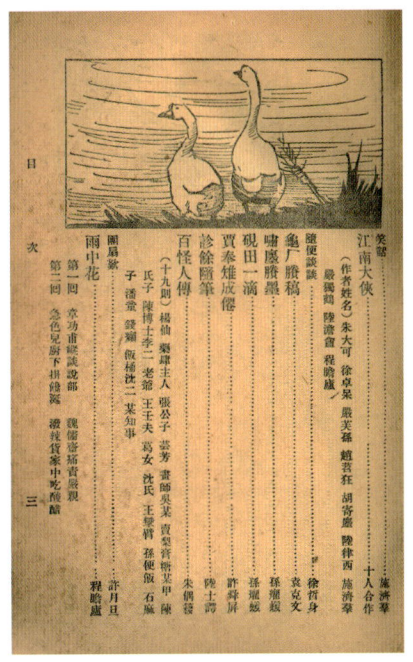

《金钢钻月刊》

责任者：施济群编

出版发行：（上海）金钢钻月刊社出版，创刊号（民国二十二年 9 月［1933，9］）— v.2, no.4（民国二十四年 4 月［1935，4］）

出版频率：月刊

内容提要：该刊主要刊载传统章回体及白话长篇小说，内容以通俗小说为主，包括才子佳人、武侠、传奇故事、言情等题材，大部分汇集自十年以来的《金钢钻报》。刊载随笔、笔记、诗歌等文艺创作。该刊主要作者有张恨水、郑逸梅、海上漱石生、王小逸、施济群等，刊载有张恨水《怪诗人张楚萍传》、程瞻庐《雨中花》、张恂子《摩登小史》等作品。

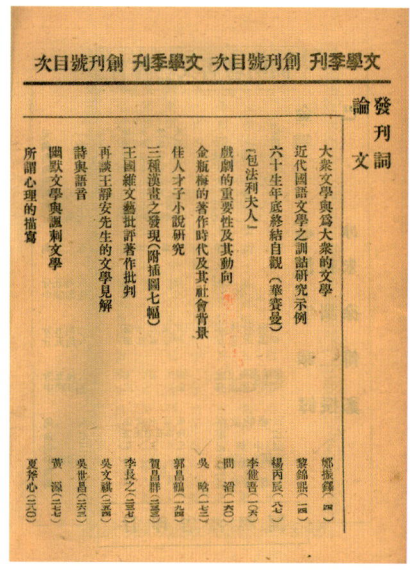 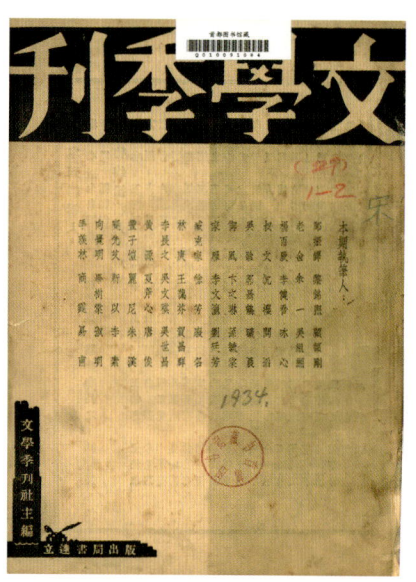
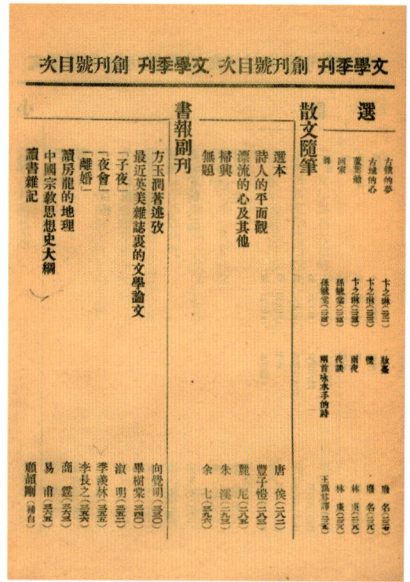 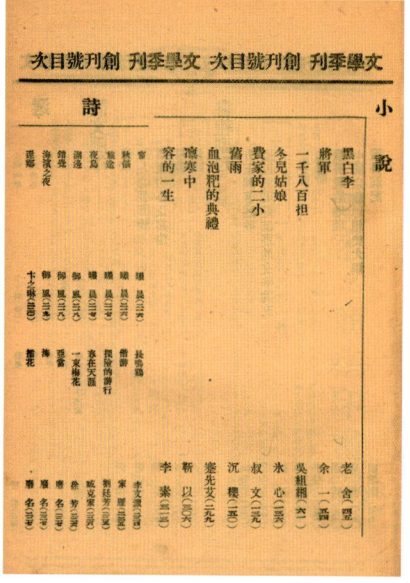

《文学季刊》

责任者：郑振铎、章靳以编

出版发行：（北平）立达书局发行，v.1，no.1（民国二十三年1月［1934，1］）— v.2，no.4（民国二十四年12月［1935，12］）

出版频率：季刊

内容提要：该刊主要刊载小说、诗歌、散文、随笔、戏剧等文艺创作，着重于描绘普通民众的日常生活情景。刊载以研究文学理论和文学创作为主的学术研究论文，内容包括新文学以及中国古典文学的研究和整理。此外还刊载文化和历史类研究论文，以及研究音乐、绘画等艺术理论及创作的论述，介绍和评论国内外书报、文艺理论、文艺家及文艺创作。主要作者为郑振铎、吴晗、老舍、冰心、朱自清、臧克家、季羡林、吴世昌、顾颉刚等著名文学家和学者，刊载有郑振铎《大众文学与为大众的文学》、吴晗《金瓶梅的著作时代及其社会背景》、李长之《王国维文艺批评著作批判》、老舍《黑白李》等文学研究论文和文艺创作。主要栏目有论文、小说、诗、剧本、翻译小说、散文随笔、书报副刊。

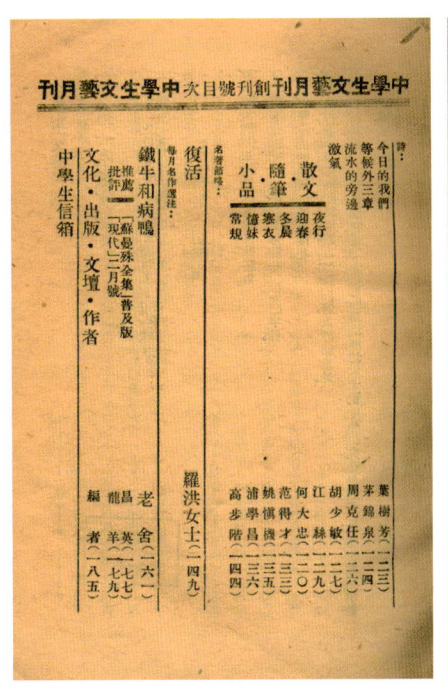 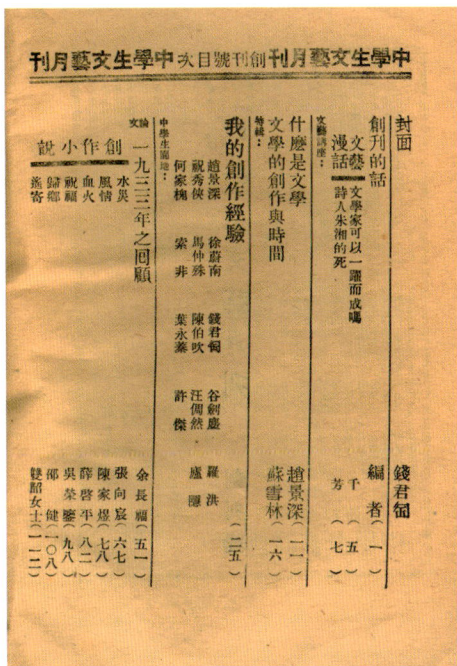 

《中学生文艺月刊》

责任者：施蛰存主编，中学生文艺月刊编

出版发行：（上海）上海中学生书局发行，v.1, no.1（民国二十三年3月[1934, 3]）— v.1, no.3（民国二十三年5月[1934, 5]）

出版频率：月刊

内容提要：该刊以中学生为对象，主要普及文艺理论和文艺知识，介绍文学创作手法和写作经验。并且刊载各地中学生所创作的小说、诗歌、散文、随笔、小品等文学作品。刊载名家作品和文学名著的节选，作为中学生写作的参考。此外指导中学生阅读，介绍文学家和优秀的文学著作，报道中外文艺界的消息和动态，介绍国内出版的文学类刊物。其创办目的是"提倡中学生读书兴趣，培养中学生作文能力"，刊载有鲁迅《风波》、朱自清《匆匆》、老舍《铁牛和病鸭》、苏雪林《文学的创作和时间》等作品。主要栏目有文艺漫话、创作小说、散文·随笔·小品、推荐批评、中学生信箱。

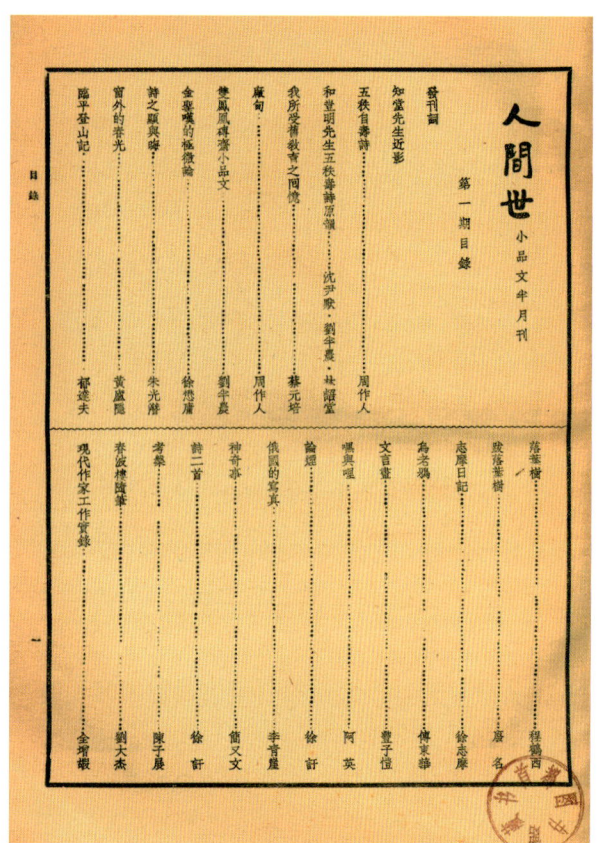

《人间世》

责任者：林语堂主编

出版发行：（上海）良友图书印刷有限公司发行；1936年1月迁至汉口，改为华中图书公司发行，no.1（民国二十三年4月［1934，4］）— no.42（民国二十四年12月［1935，12］）；新no.1（民国二十五年1月［1936，1］）— 新no.2（民国二十五年4月［1936，4］）

出版频率：半月刊

内容提要：该刊专为刊载小品文而设，目的是训练现代散文之技巧，专门发表纯文艺性质的小品文和诗歌，除游记、诗歌、题跋、尺牍、日记外，尤其注重"清俊"的议论文及读书随笔。内容上"包括一切，宇宙之大，苍蝇之微，皆可取材"，主要为描绘自然风景和社会景物，表达作者的自身情感，记录对于学术问题的思考。作者为周作人、林语堂、刘半农、朱光潜、徐志摩、蔡元培、胡适、老舍、沈从文、郁达夫、郑振铎、冰心、周建人、俞平伯、潘光旦等著名文学家、学者，刊载有蔡元培《我所受旧教育的回忆》、周作人《厂甸》、朱光潜《诗之显与晦》、徐志摩《志摩日记》等作品。主要栏目有随感录、读书随笔、译丛、诗、杂俎、今人志、书评、小品文选。

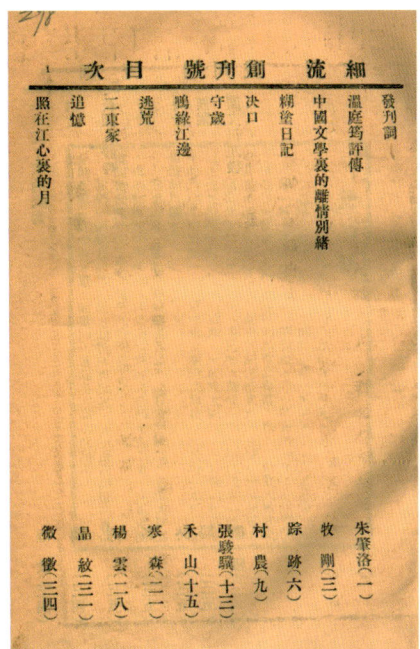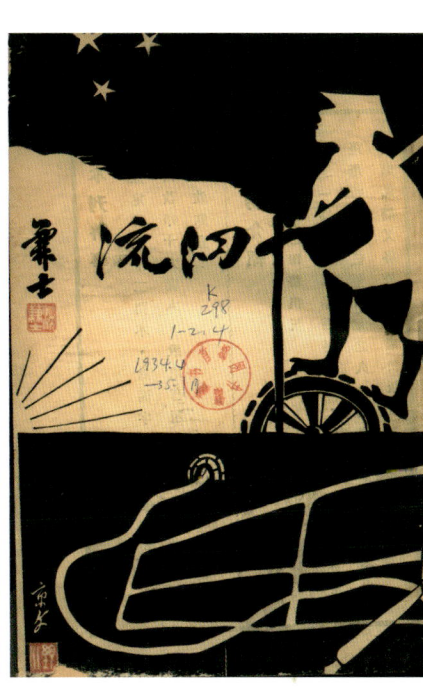

《细流》

责任者：北平辅仁大学细流社编

出版发行：（北平）北平辅仁大学细流社编辑发行，no.1（民国二十三年4月［1934,4］）— no.7（民国二十五年7月［1936,7］）

出版频率：月刊

内容提要：该刊的宗旨是研究文学，练习创作。主要刊载以辅仁大学学生为主创作的小说、散文、随笔、诗歌、剧本等文学作品。发表研究文学、艺术、历史学、语言学的学术论文。其中刊载有朱肇洛《温庭筠评传》、牧刚《中国文学里的离情别绪》等文章。主要栏目有论述、小说、散文随笔、诗选。

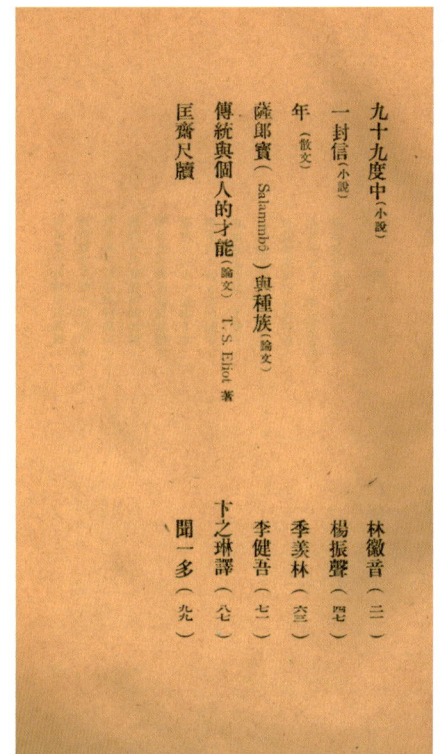
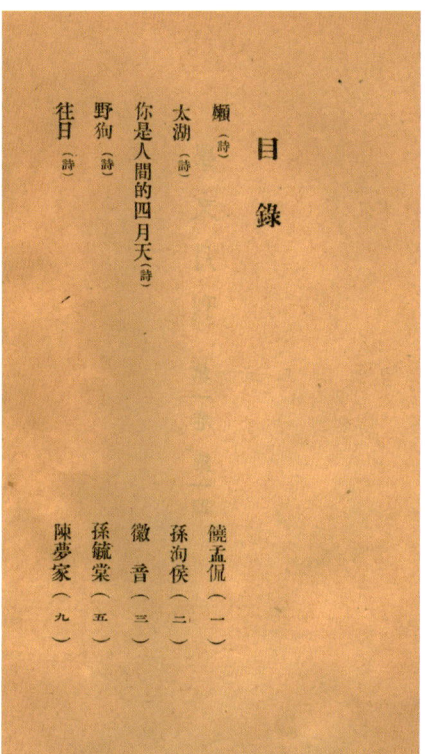

《学文》

责任者：叶公超编，学文月刊编辑部编

出版发行：（北平）学文月刊发行部发行，v.1，no.1（民国二十三年5月[1934，5]）— v.1，no.4（民国二十三年8月[1934，8]）

出版频率：月刊

内容提要：该刊主要刊载诗歌、散文、小说、戏剧等纯文学作品，内容以抒发个人情感，描绘社会生活和自然风光为主。发表社会科学研究和学术论文，涉及历史、文学、民族、社会等学科。主要作者为闻一多、叶公超、林徽因、陈梦家、季羡林、吴世昌、梁实秋、臧克家、胡适、沈从文等著名文学家和学者。刊载有林徽因的《你是人间的四月天》、陈梦家《往日》、季羡林《年》、闻一多《匡斋尺牍》、梁实秋《莎士比亚论金钱》、吴世昌《魏晋风流与私家园林》等诗文。

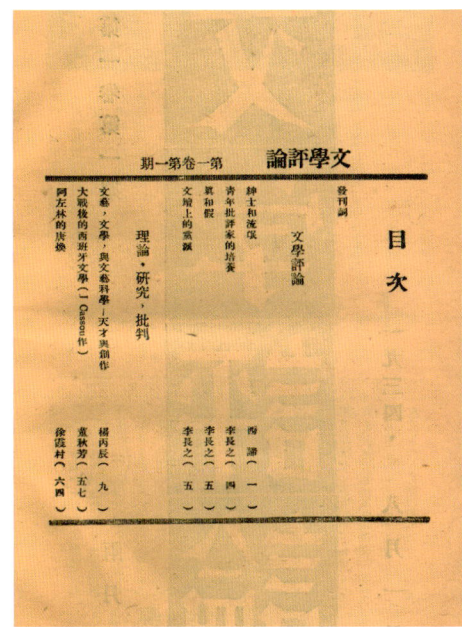
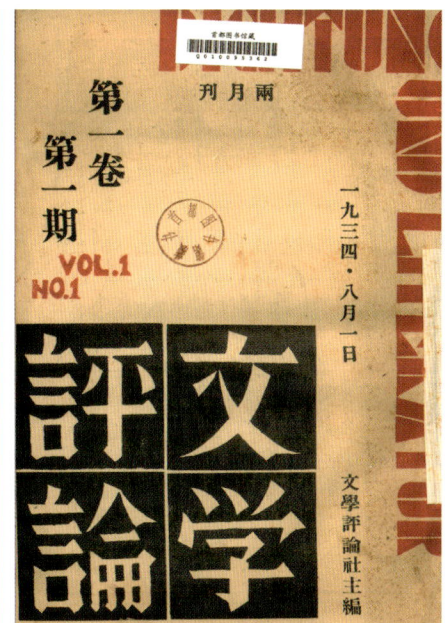
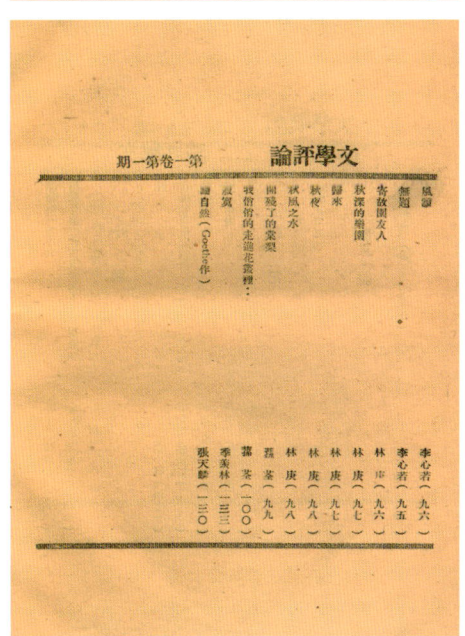
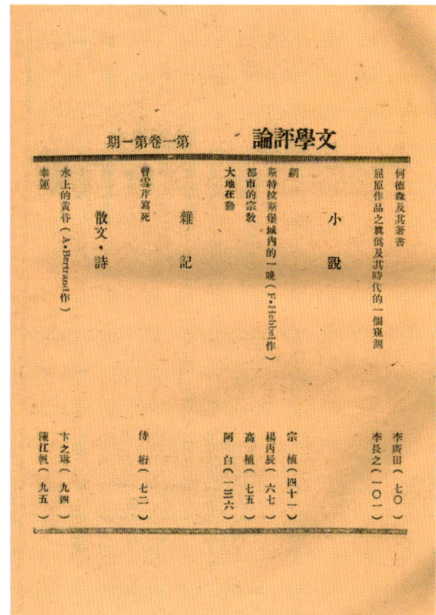

《文学评论》

责任者：文学评论社主编，李长之、杨丙辰编

出版发行：(北平)张道一、立达书局发行，v.1, no.1（民国二十三年8月［1934，8］）— v.1, no.2（民国二十三年10月［1934，10］）

出版频率：双月刊

内容提要：该刊主要刊载研究文学理论和文学创作手法的论述，评论中外著名作家及作品的文学思想和创作手法，刊载诗歌、散文、小说等文学作品。其主要撰稿人有李长之、季羡林、老舍、臧克家、杨丙辰等，刊载有季羡林《寂寞》、杨丙辰《文艺，文学，与文艺科学——天才与创作》、老舍《小麻雀》等作品。主要栏目有文学评论、理论·研究·批判、小说、杂记、散文·诗。

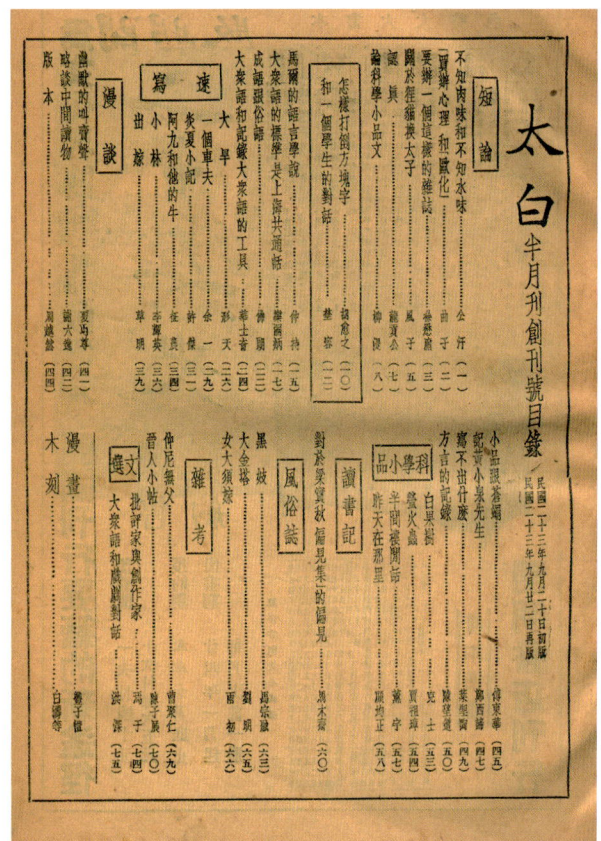
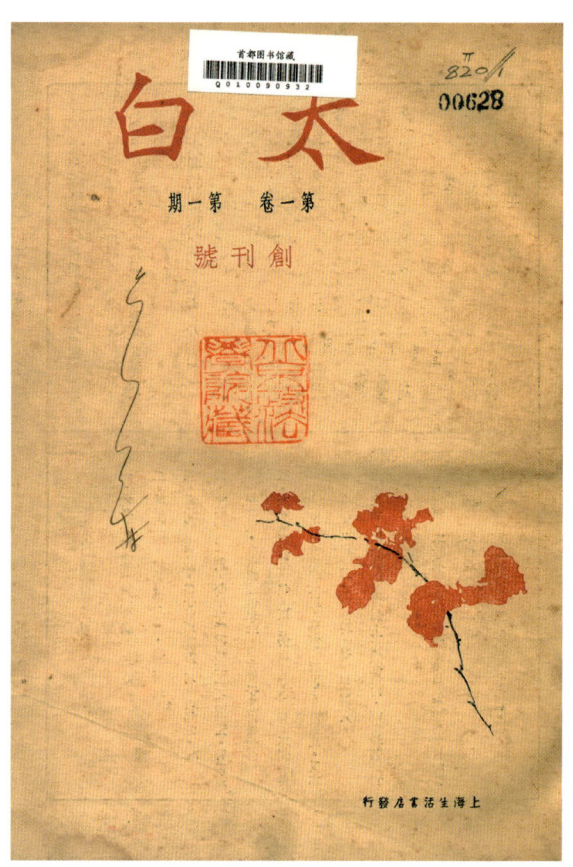

《太白》

责任者：陈望道编

出版发行：(上海)生活书店发行，v.1, no.1（民国二十三年9月［1934，9］）— v.2, no.12（民国二十四年9月［1935，9］）

出版频率：半月刊

内容提要：该刊以"培植大众文化，培植广大的新的作家群"为目的，主要刊载评论时事政治和中国各种社会问题的杂文，探讨文学及戏剧理论。发表科学类小品文，涉及自然科学、社会科学等众多门类的知识，介绍国内外各地风俗民情。此外还发表文艺批评，评论中国各种文艺理论及文艺作品，刊载文史类考证的短文。其主要作者有陈望道、巴金、冰心、丰子恺、金仲华、胡愈之、邹韬奋、赵元任、朱光潜、老舍、陶行知、叶圣陶、郑振铎、朱自清、郁达夫等著名文艺界人士。主要栏目有短论、速写、漫谈、科学小品、读书记、风俗志、杂考、文选。

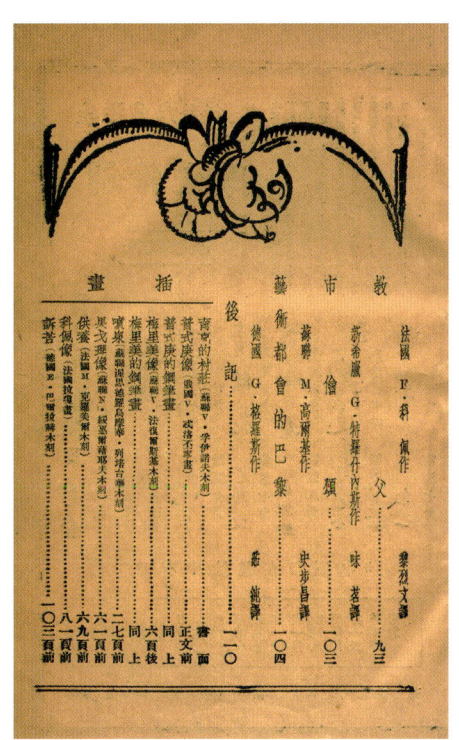
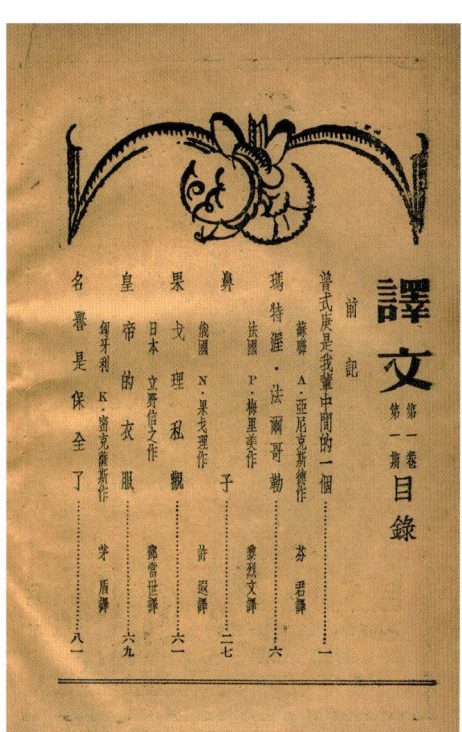

《译文》

责任者：黄源编

出版发行：（上海）徐伯昕、生活书店发行，v.1, no.1（民国二十三年 9 月 [1934, 9]）— 终刊号（民国二十四年 9 月 [1935, 9]）；1936 年 3 月复刊，译文社出版，上海杂志公司发行，卷期另起，新 v.1（民国二十五年 3 月 [1936, 3]）— 新 v.3, no.4（民国二十六年 6 月 [1937, 6]）

出版频率：月刊

内容提要：该刊主要翻译高尔基、普希金、契诃夫、萧伯纳、歌德、纪德等世界著名文学家的经典诗歌、散文、小说等文艺作品。刊载研究文学理论及文学评论的译著，介绍世界各国著名文学家及其经典著作。其译者为鲁迅、茅盾、傅东华、黎烈文等中国著名文学家。刊载有契诃夫著鲁迅译《奇闻三则》、普式庚（普希金）著黎烈文译《波希米人》、歌德著傅东华译《普洛米修士》、高尔基著邓当世译《俄罗斯的童话》等经典的译作。

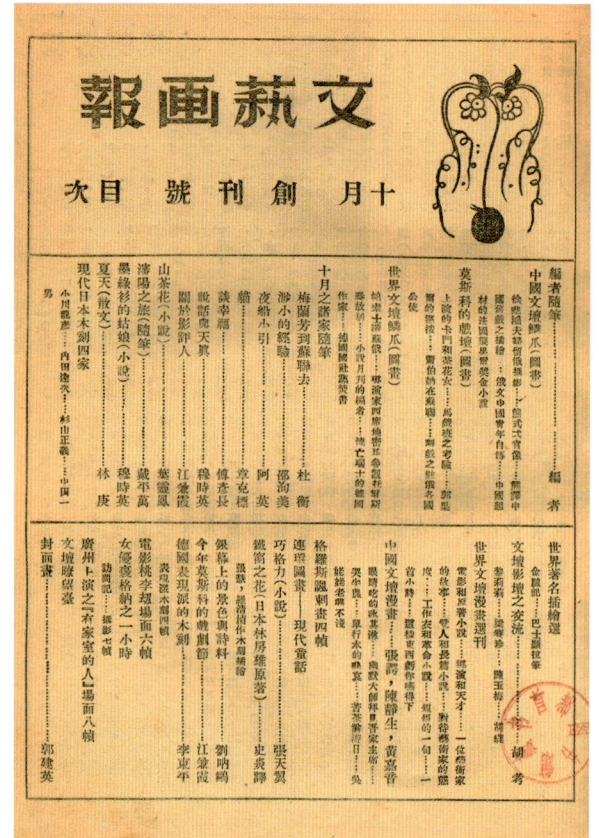 

《文艺画报》

责任者：叶灵凤、穆时英编

出版发行：（上海）文艺画报社出版，张静庐、上海杂志公司发行，v.1，no.1（民国二十三年10月［1934，10］）— v.1，no.4（民国二十四年4月［1935，4］）

出版频率：月刊

内容提要：该刊主要报道中外文学界和艺术界的新闻，介绍中外著名文学家、艺术家、戏剧名伶、电影明星的消息和逸事。发表小说、剧本、散文、随笔等文学作品，刊载摄影、漫画、素描、木刻等艺术作品。其中刊载有大量中外著名作家、名伶、电影明星、名剧的照片和绘画，如：穆时英《墨绿衫的姑娘》、张天翼《巧格力》等文学作品。

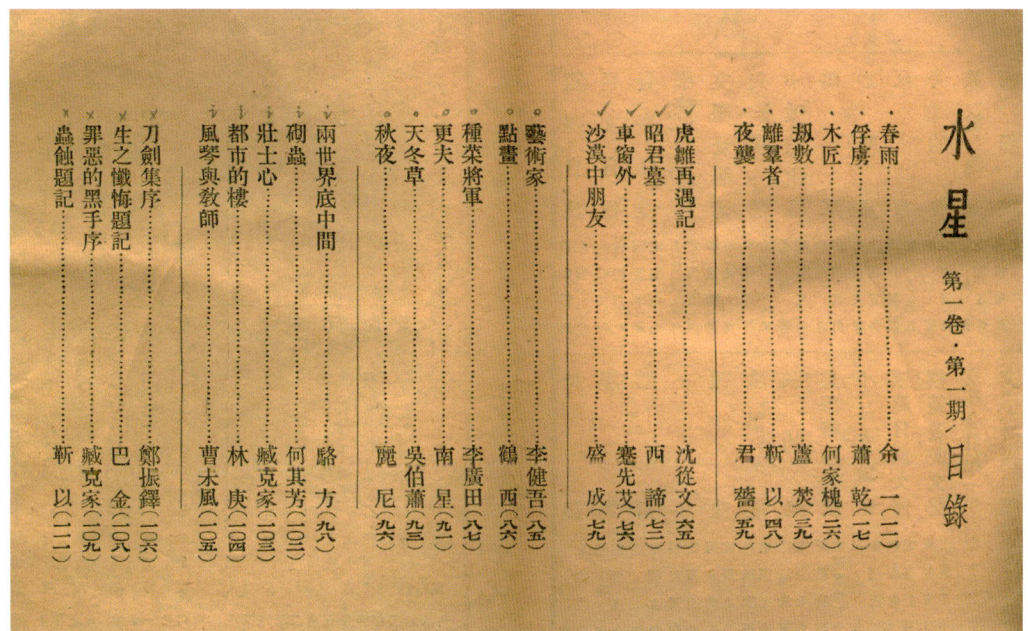
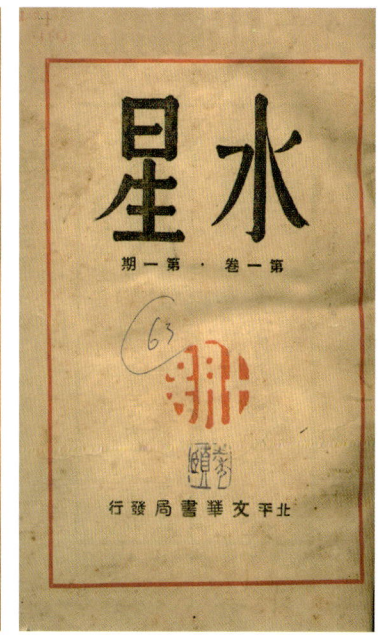

《水星》

责任者：卞之琳、巴金、沈从文、李健吾、靳以、郑振铎编

出版发行：（北平）文华书局发行，v.1, no.1（民国二十三年10月［1934，10］）— v.2, no.6（民国二十四年9月［1935，9］）

出版频率：月刊

内容提要：该刊只刊载纯文学作品，不刊载文学研究论文以及国内外文学理论介绍，自称"开场无白"，即"正文前无插图""正文中无广告""编后无记""封面无图"。主要发表小说、散文、诗歌等文学作品。其主要作者有萧乾、靳以、沈从文、巴金、郑振铎、茅盾、李健吾、何其芳、臧克家等，刊载有萧乾《俘虏》、沈从文《虎雏再遇记》、茅盾《小三》、巴金《呓语》等作品。

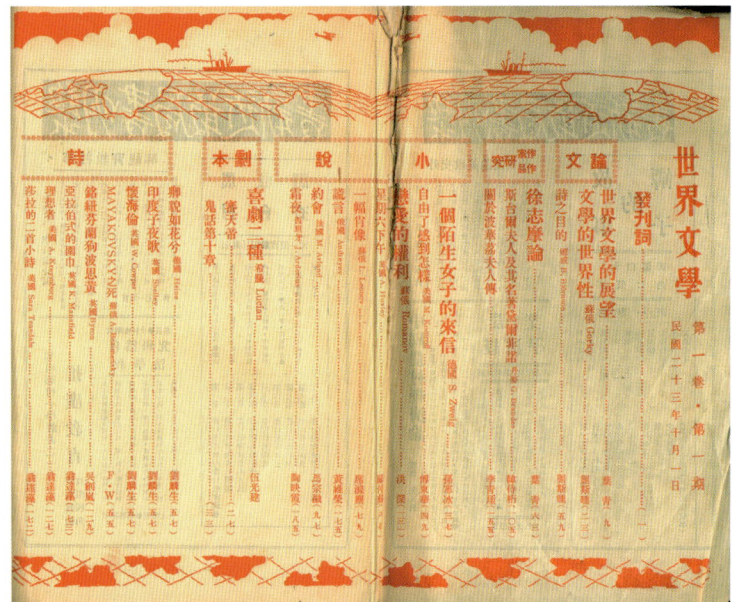
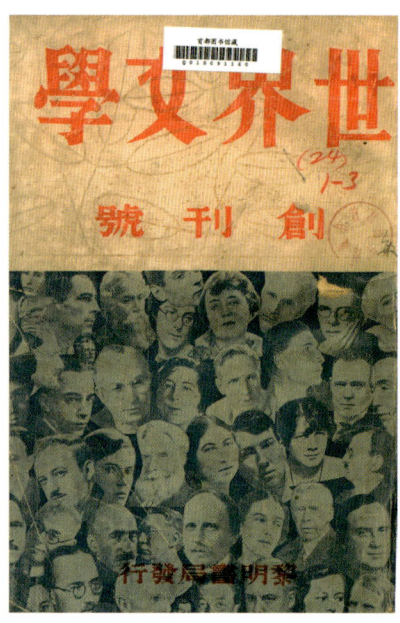

《世界文学》

责任者：伍蠡甫主编

出版发行：（上海）黎明书局发行，v.1, no.1（民国二十三年10月[1934,10]）— v.1, no.6（民国二十四年9月[1935,9]）

出版频率：双月刊

内容提要：该刊主要刊载世界各国文学翻译作品，包括诗歌、小说、散文、戏剧等文学译著。介绍及评论托尔斯泰、高尔基、巴尔扎克、夏目漱石等世界著名作家及其文学作品。介绍世界各国文学理论及文学流派，刊载研究中外文学的学术论文，探寻中国文学走向世界文学的途径。报道世界文学界的相关消息及动态。其主要作者有伍蠡甫、谢六逸、苏雪林、何家槐、傅景芳等，刊载有叶青《世界文学的展望》、孙寒冰译《一个陌生女子的来信》等作品。主要栏目有论文、作家作品研究、小说、剧本、诗、散文及随笔、文献、杂记。

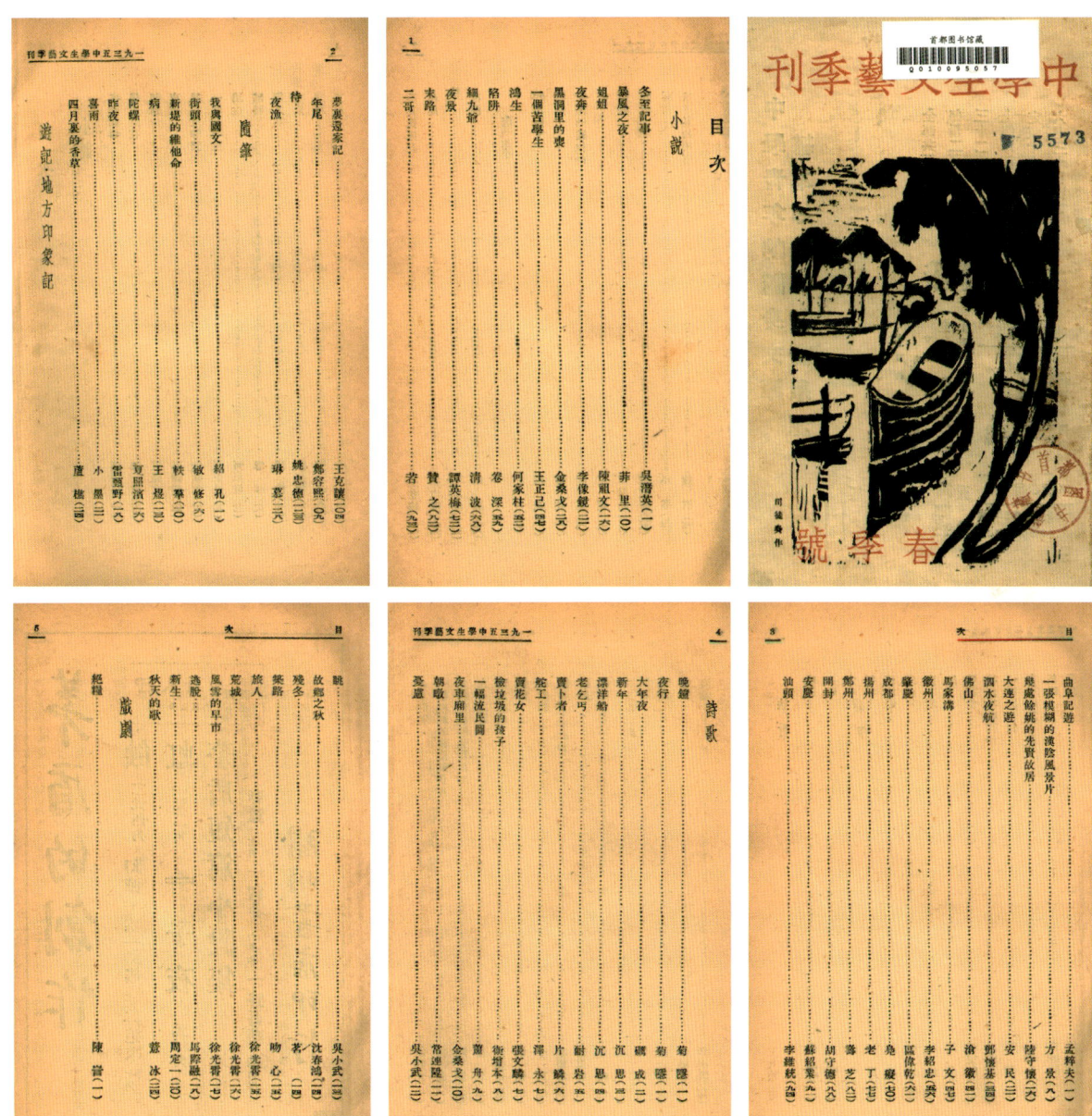

《中学生文艺季刊》

责任者：夏丏尊、叶圣陶、金仲华、顾均正编

出版发行：（上海）开明书店发行，v.1，no.1（民国二十四年3月［1935，3］）— v.3，no.2（民国二十六年6月［1937，6］）

出版频率：季刊

内容提要：该刊主要发表中学生和青年创作的小说、随笔、游记、诗歌、戏剧等文艺作品，以获得青年的"同感"为目的，内容以描写中学生的学习与生活，反映青年人的思想和感悟为主。其中刊载有《冬至记事》《黑洞里的丧》等作品。主要栏目有小说、随笔、游记·地方印象记、诗歌、戏剧。

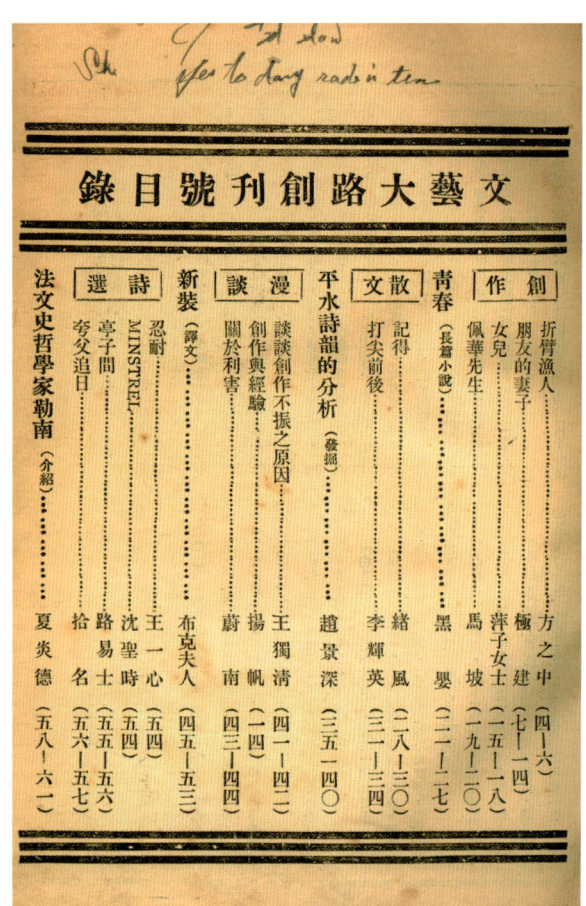 

《文艺大路》

责任者：汪迪民主编

出版发行：（上海）文艺大路社发行，v.1，no.1（民国二十四年5月[1935，5]）— v.2，no.1（民国二十四年11月[1935，11]）

出版频率：月刊

内容提要：该刊主要发表诗歌、散文、小品文、小说等文学作品，翻译国外文学作品。发表文艺评论，刊载研究文艺理论的论文，介绍文学创作的手法和经验。其主要作者有赵景深、姚雪痕等，刊载有赵景深《平水诗韵的分析》、黑婴《青春》、姚雪痕《福之死》等作品。主要栏目有创作、散文、漫谈、诗选。

五、文学

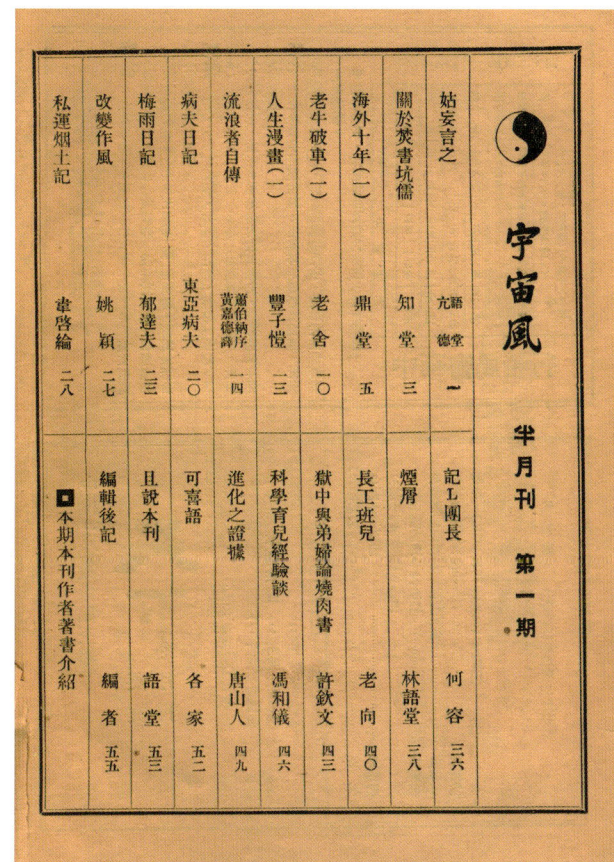
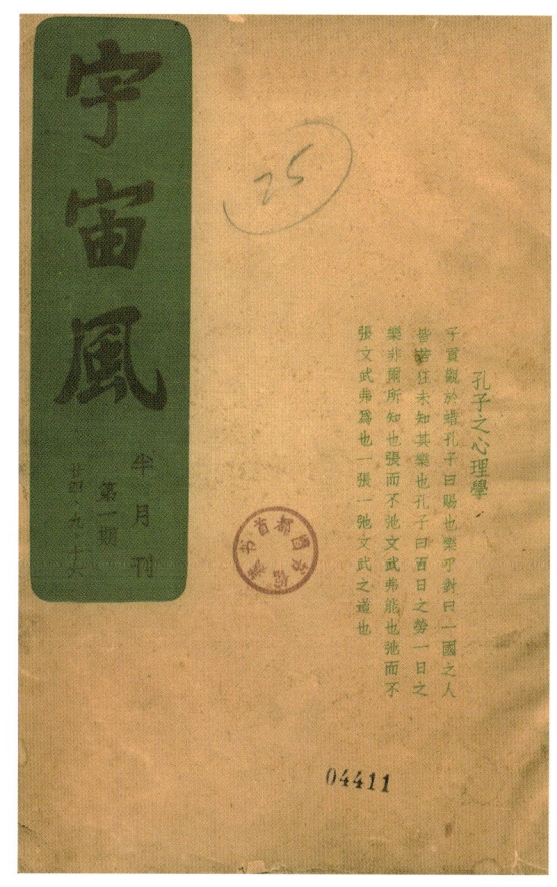

《宇宙风》

责任者：林语堂、陶亢德主编

出版发行：（上海）宇宙风社发行；1938年5月第67期起，迁至广州；1939年5月第78期起，迁至桂林；1945年6月第139期起，迁至重庆，no.1（民国二十四年9月[1935，9]）—no.152（民国三十六年8月[1947，8]）

出版频率：半月刊；自1937年11月第50期起改为旬刊；自1938年5月第67期起改为半月刊

内容提要：该刊主要刊载小说、传记、日记、随笔、散文、杂文等文学作品，刊载研究文学、艺术、历史等中国文化相关的论文。此外发表探讨评论中国政治、经济、文化、教育等问题的短文。其主要作者有周作人、郭沫若、老舍、丰子恺、郁达夫、冯和仪、臧克家、柳亚子等著名作家，刊载有周作人《关于焚书坑儒》、郭沫若《海外十年》、老舍《老牛破车》和《骆驼祥子》、林语堂《烟屑》、郁达夫《梅雨日记》、冯玉祥《我的生活》等作品，以及丰子恺所绘漫画连载《人生漫画》。主要栏目有姑妄言之等。

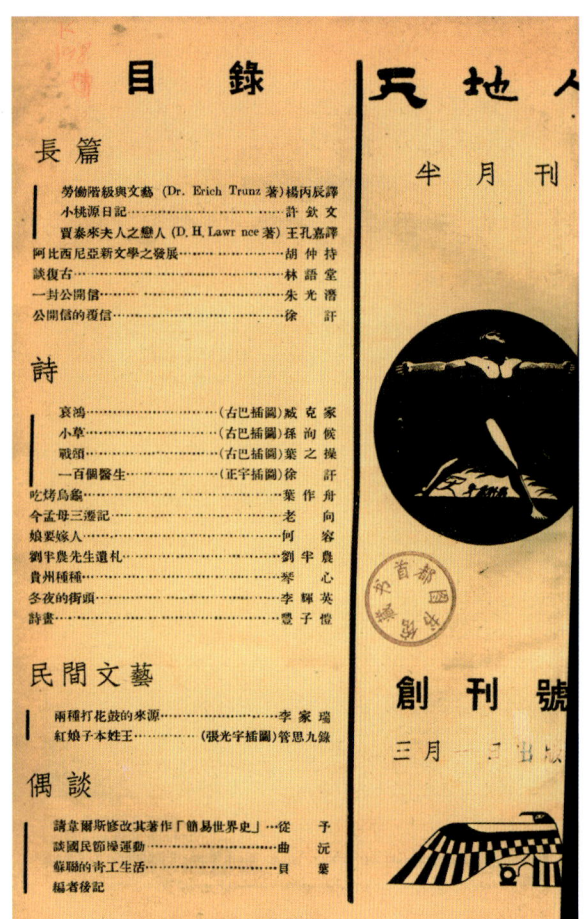 

《天地人》

责任者：徐訏、孙成主编

出版发行：（上海）独立出版社发行，no.1（民国二十五年3月［1936，3］）— no.10（民国二十五年7月［1936，7］）

出版频率：半月刊

内容提要：该刊主要刊载小说、散文、诗歌等文学创作，以及评论中国文艺各种问题和现象的杂文。刊载研究文艺理论和文艺创作方法的论述。此外，介绍并研究中国民间文学和艺术，涉及戏剧、曲艺、年画、杂耍、说书等各种民间文艺形式，是我们研究民国时期民间艺术的重要参考。其主要作者有林语堂、朱光潜、丰子恺、臧克家、刘半农、徐訏、胡仲持、张梦麟等，刊载有林语堂《谈复古》、张梦麟《中国现代文学的动向》、朱光潜《一封公开信》、臧克家《哀鸿》、丰子恺《诗画》等作品。主要栏目有长篇、诗、民间文艺、偶谈。

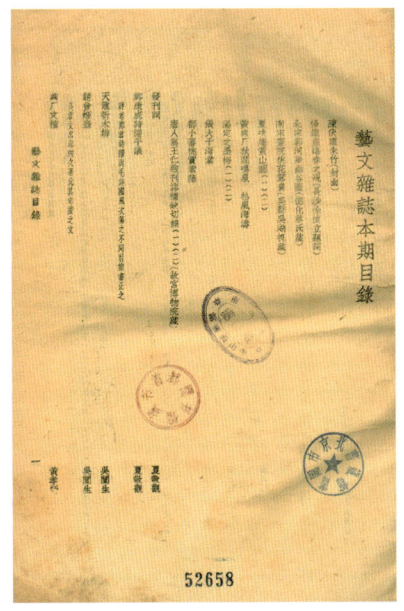
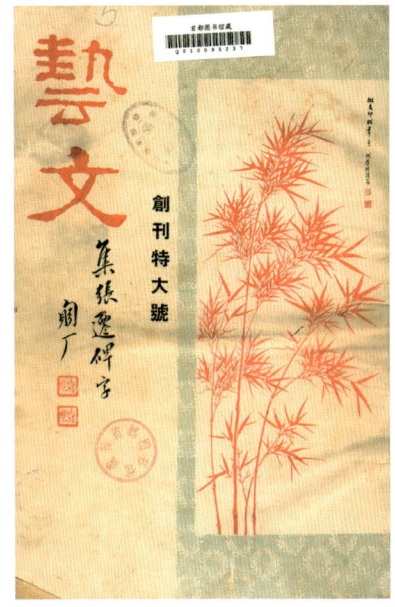
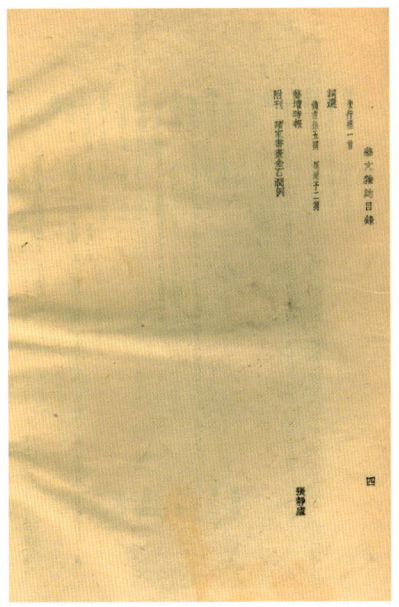
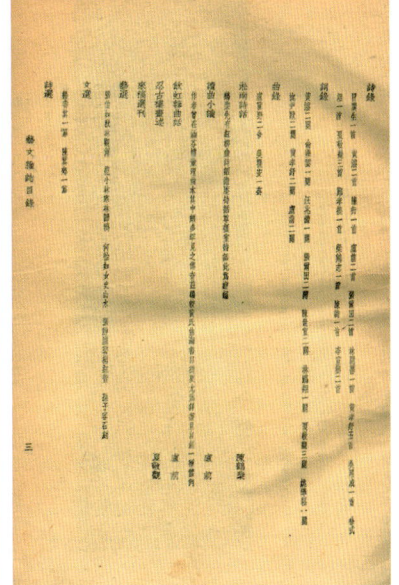
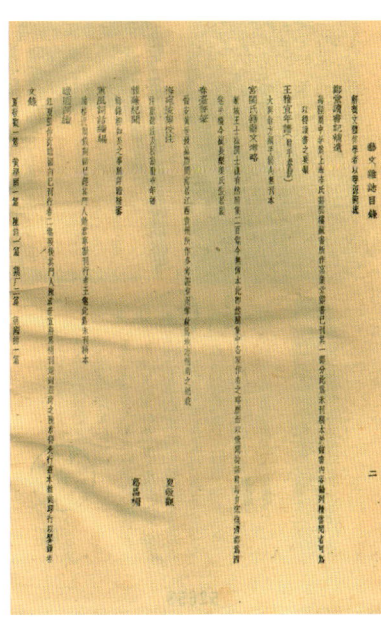

《艺文》

责任者：张静庐主办，夏剑丞主编

出版发行：(上海)艺文社出版，创刊号（民国二十五年4月［1936，4］）— v.1，no.6（民国二十六年4月［1937，4］）

出版频率：双月刊

内容提要：该刊创刊目的是考证典籍，搜求珍本，编撰文艺，旁及金石书画，主要刊载研究考证中国历史文化等"国故"的专著，包括经学、史学、校勘学、文献文、诸子学、金石学、目录学等内容。刊载现代及前人未经刊行的诗文词曲以及研究诗文词曲的论著。刊载书法、绘画、金石拓片等艺术作品。此外刊载有吴闿生、梁鸿志、沈尹默等人的文章及诗词，如：吴闿生《题曾姬壶》、夏敬观《郑康成诗谱平议》等作品。

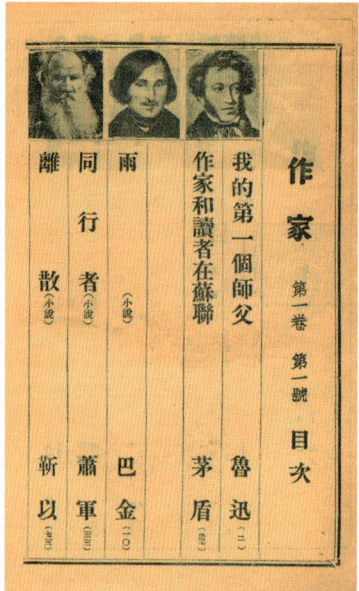
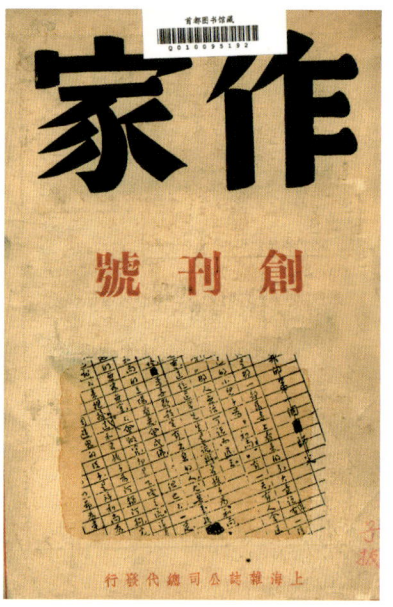

《作家》

责任者：孟十还编

出版发行：(上海)作家社及上海杂志公司发行，v.1，no.1（民国二十五年4月[1936，4]）— v.2，no.2（民国二十五年11月[1936，11]）

出版频率：月刊

内容提要：该刊主要发表散文、随笔、杂文、小说等文学作品以及国外文学作品翻译。刊载研究文学理论和文学创作手法的论述。此外，研究果戈理、罗曼·罗兰、纪德等世界著名文学家及其作品。其主要作者为鲁迅、茅盾、巴金、萧军、萧红、靳以、叶圣陶、欧阳山、胡风等左翼作家，刊载有鲁迅《我的第一个师父》《出关的"关"》《答徐懋庸并关于抗日统一战线问题》等，以及巴金《雨》、萧军《同行者》、萧红《手》等文学作品。

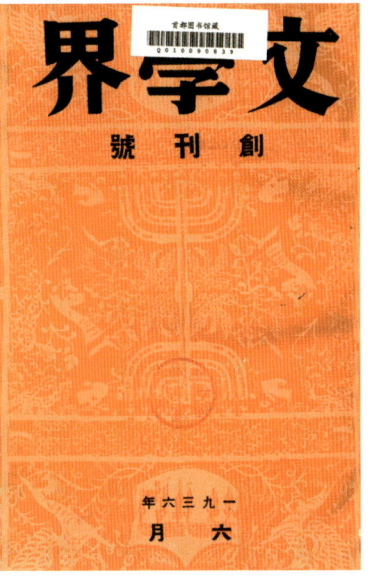
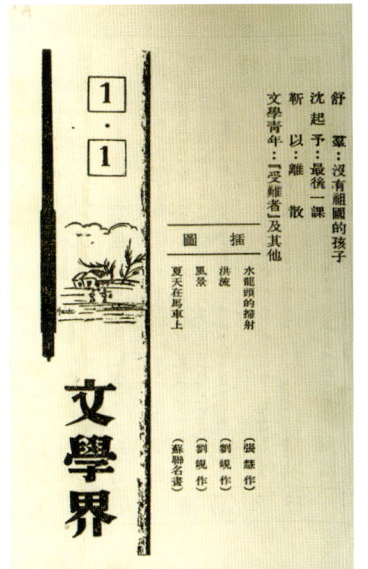
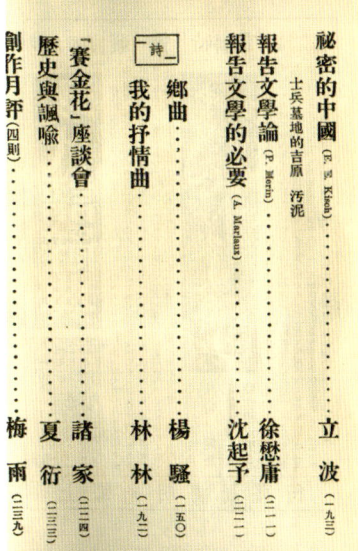
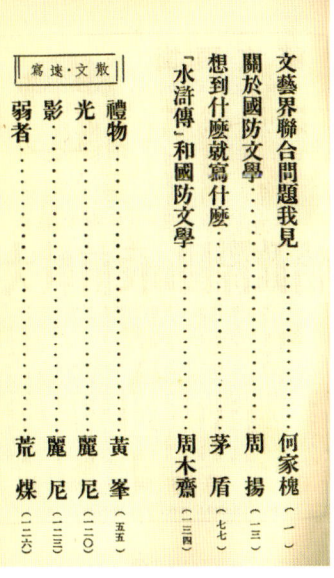

《文学界》

责任者：周渊主编

出版发行：（上海）文学界月刊社出版，v.1，no.1（民国二十五年6月［1936，6］）— v.1，no.4（民国二十五年9月［1936，9］）

出版频率：月刊

内容提要：该刊是在中国左翼作家联盟解散后，为了创建文艺界联合从而一致抗日，由左翼作家们创办的文学刊物。其目的是在文艺领域内进行抗日救亡工作，呼吁全民族一致抗日，宣传抗日民族统一战线。研究文艺理论，特别是探讨国防文学的任务和写作方法，批驳反对抗日和国防文学的言论。此外发表小说、诗歌、散文等文学作品，发表文艺评论，介绍国内外文艺界消息和动态。其创刊主张是推动神圣的民族解放战争，必须在统一战线的组织内。主要作者有鲁迅、郭沫若、茅盾、王任叔、夏衍、艾思奇、沈起予、沙汀、周扬等，刊载有鲁迅《论我们现在的文学运动》、艾思奇《新的形势和文学的任务》、何家槐《文艺界联合问题我见》等文章。主要栏目有小说、诗、散文·速写。

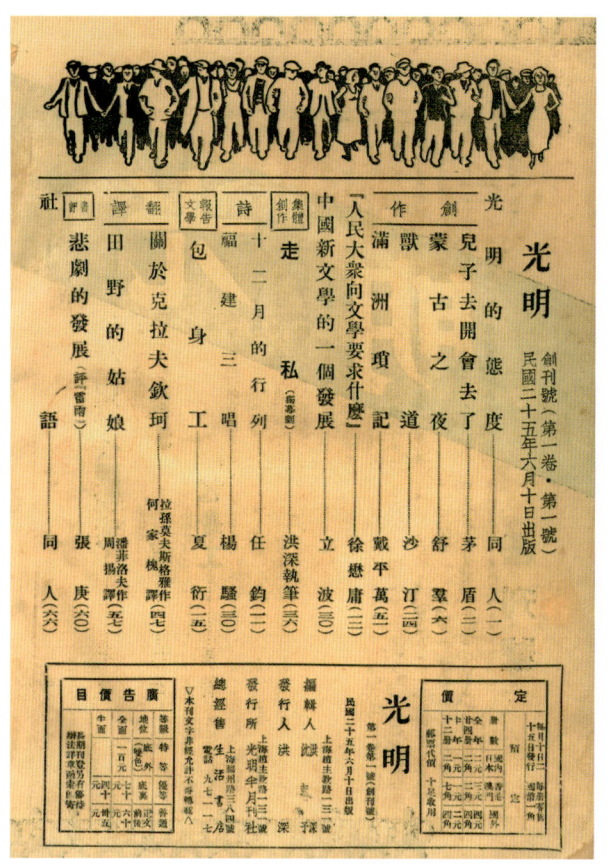
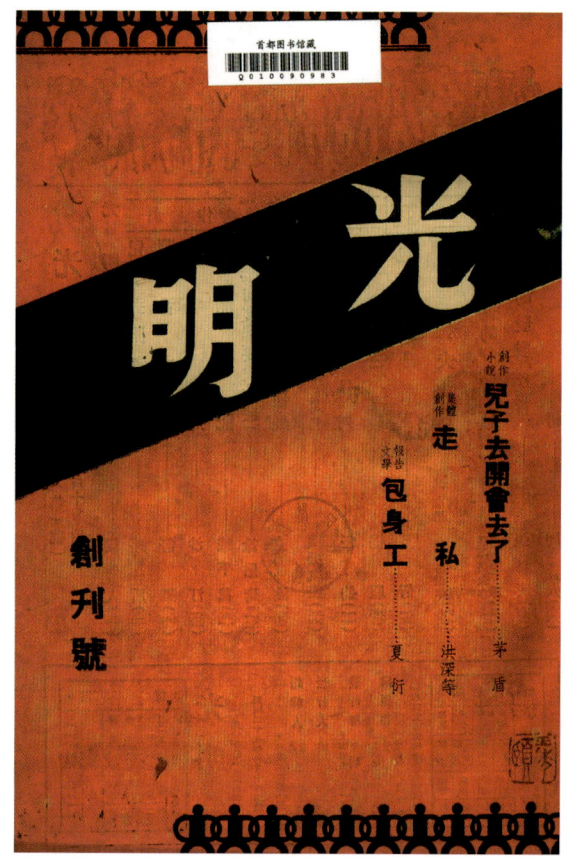

《光明》

责任者：洪深、沈起予主编

出版发行：（上海）光明半月刊社发行，v.1, no.1（民国二十五年6月[1936, 6]）— v.3, no.5（民国二十六年8月[1937, 8]）

出版频率：半月刊

内容提要：该刊创刊主张是握着笔杆去做救亡救穷反帝反封建的工作，宣传为民族生存而抗战，刊载以抗日救亡为主的文艺作品，关注人民大众，反映帝国主义和资产阶级对中国人民的压迫剥削，内容包括诗歌、散文、小说、剧本等文艺创作。研讨文学、戏剧、音乐等文艺理论，评论国内外文艺家及其作品。主要作者为茅盾、郭沫若、老舍、郑振铎、臧克家、叶圣陶、夏衍、刘白羽、夏丏尊、洪深、沈起予等左翼文学家，出版有"追悼高尔基特辑""儿童文学特辑"等专号，刊载有夏衍《包身工》、茅盾《儿子去开会去了》等文艺作品。主要栏目有创作、集体创作、报告文学、诗、诗歌散文、翻译、书评。

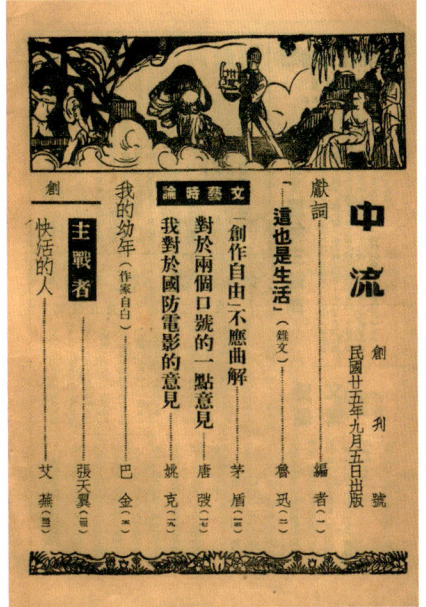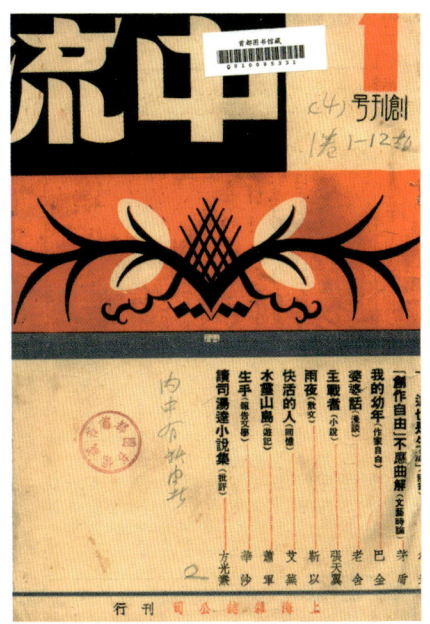
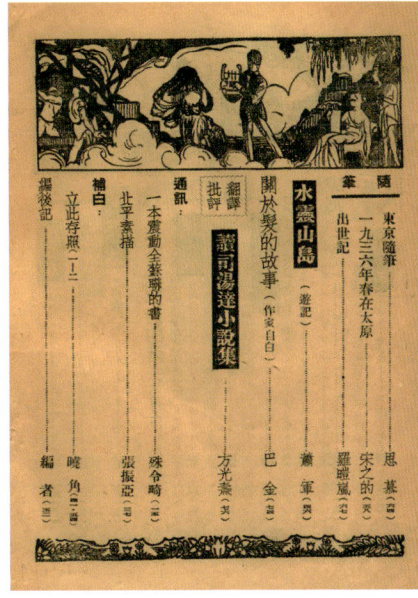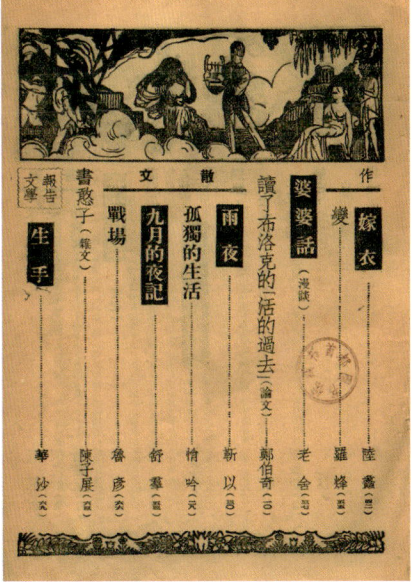

《中流》

责任者：黎烈文编

出版发行：（上海）中流社出版，v.1，no.1（民国二十五年9月［1936，9］）— v.2，no.10（民国二十六年8月［1937，8］）

出版频率：半月刊

内容提要：该刊主要刊载散文、随笔、杂文、小说、诗歌、报告文学等文学作品，刊载研究文学理论以及著名作家及其作品的论文。翻译并评论国外文学作品。其作者为鲁迅、茅盾、巴金、张天翼、老舍、靳以、舒群、萧军、臧克家等左翼作家，刊载有鲁迅《这也是生活》、巴金《我的幼年》、老舍《婆婆话》、茅盾《好玩的孩子》等作品。主要栏目有文艺时论、创作、散文、报告文学、随笔、翻译批评、通讯。

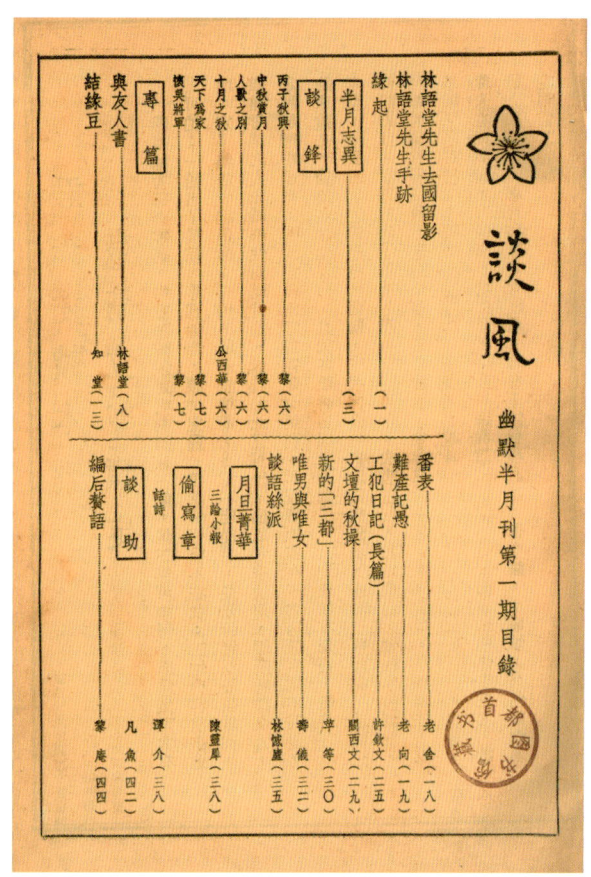 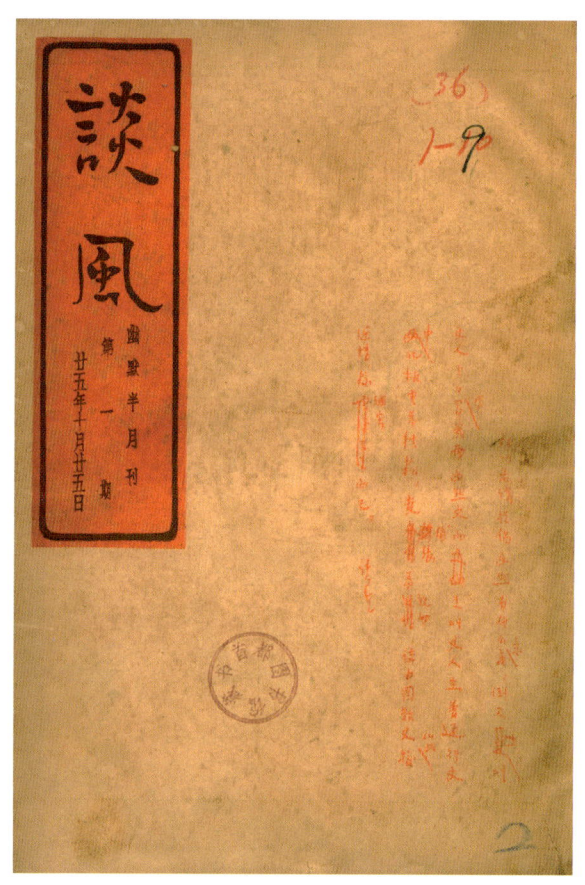

《谈风》

题名：谈风：幽默半月刊

责任者：浑介、海戈、周黎庵主编

出版发行：(上海)谈风社发行，no.1(民国二十五年10月 [1936,10]) — no.20(民国二十六年8月 [1937, 8])

出版频率：半月刊

内容提要：该刊主要刊载幽默小品文，发表探讨文学、人生、政治、社会等问题的杂文。报道半月以来的重要时事大事，发表时事政治评论。其主要作者有周作人、老舍、林语堂、海戈、施蛰存、老向等，刊载有周作人《结缘豆》、老舍《番表》、林语堂《与友人书》、周黎庵《悼鲁迅先生》等作品。主要栏目有半月志异、谈锋、专篇、月旦菁华、偷写章、谈助、长篇、幽默文粹、语林。

  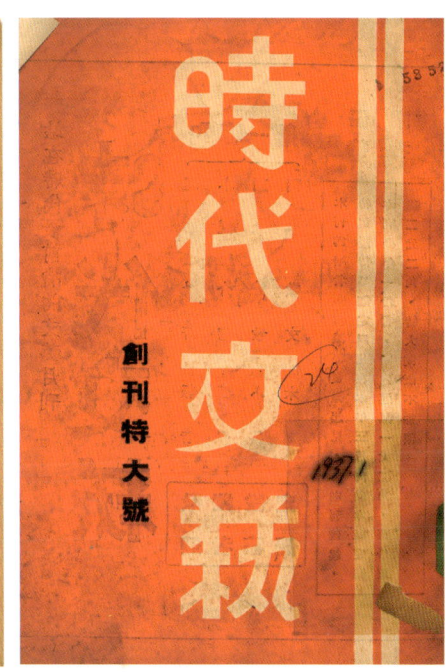

《时代文艺》

责任者：邵英、黄旭主编

出版发行：（上海）时代文艺社出版，v.1, no.1（民国二十六年1月［1937，1］）

出版频率：仅出版一期

内容提要：该刊是全面抗战前夕由中国左翼作家为主创办的刊物，主要刊载诗歌、散文、小说、报告文学等抗日文学作品，宣传抗日救亡，描写东北沦陷区人民悲痛的亡国奴生活，表现抗日义勇军与日寇战斗的英勇身姿。此外还评论国内外作家及文艺作品，介绍苏联及俄罗斯作家及文艺作品。其主要作者有黄旭、王亚平、欧阳山、魏金枝等，刊载有鲁迅《中国的监狱》、俞念远《普希金的人及其艺术》、王亚平《东北已沦落了五年》、辛劳《火线上》等文章。主要栏目有创作、诗、剧本、散文、报告文学、介绍·批评。

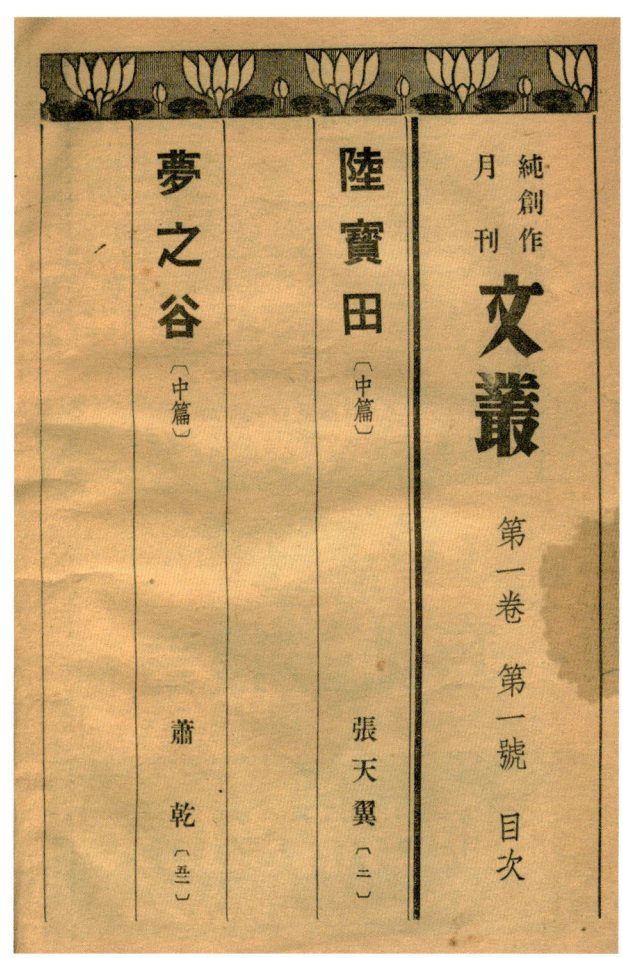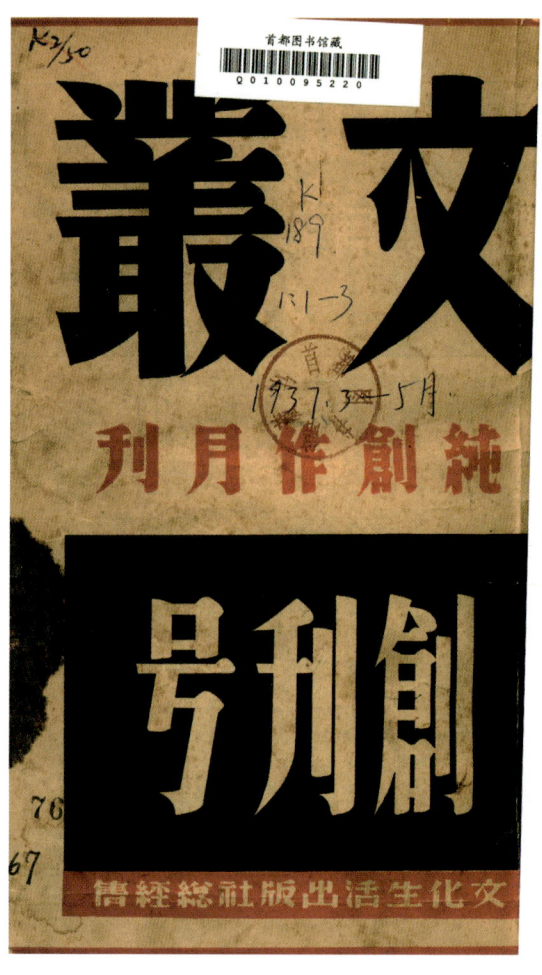

《文丛》

责任者：靳以编

出版发行：（上海）文化生活出版社出版，文季社发行，v.1, no.1（民国二十六年3月［1937, 3］）— v.2, no.6（民国二十八年4月［1939, 4］）

出版频率：月刊；自1938年5月第2卷第1期起改为半月刊

内容提要：该刊为纯文学刊物，主要刊载中篇小说、长篇小说、剧本等文学作品。其主要作者为巴金、曹禺、萧乾等著名作家，刊载有巴金《家》《死》，曹禺《原野》、沈从文《生存》等中国文学经典。全面抗战爆发后，该刊发表了大量反映中国人民英勇抗战的文字。

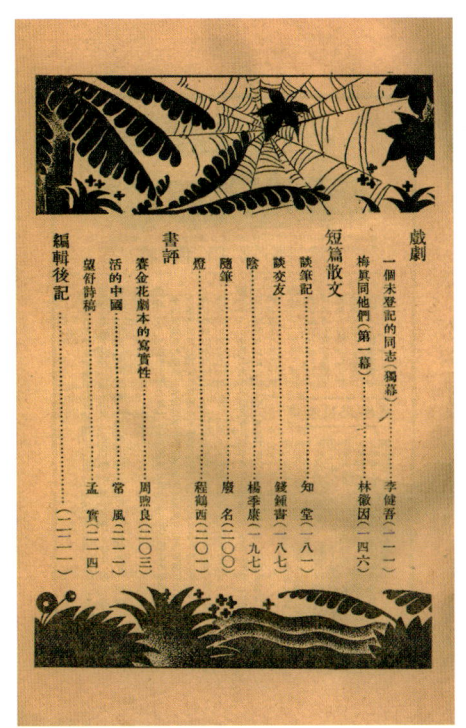
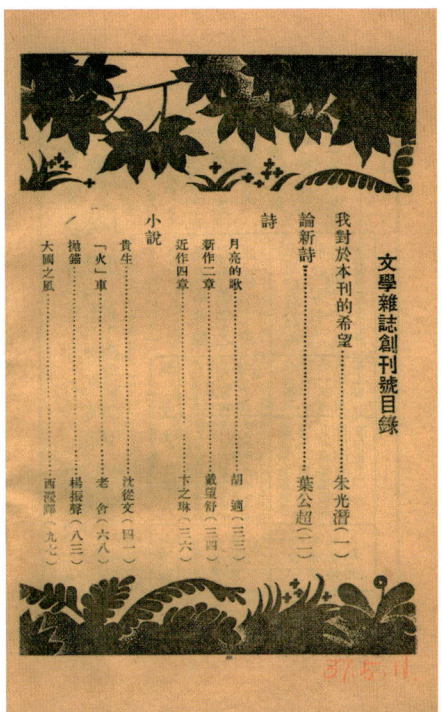

《文学杂志》

责任者：朱光潜编

出版发行：(上海)商务印书馆发行；1947年6月复刊，改为(北京)文学杂志发行，创刊号(民国二十六年5月[1937，5])— v.3, no.6(民国三十七年11月[1948，11])；全面抗战爆发后停刊，1947年6月复刊，卷期连续

出版频率：月刊

内容提要：该刊主要刊载文学研究论文，内容涉及现代文学研究、中国古典文学研究、外国文学研究、文学理论等。评论国内外著名作家及其文学作品，发表诗歌、散文、小说、戏剧等文学创作。其主要作者有朱光潜、叶公超、梁实秋、老舍、钱钟书、施蛰存、萧乾、沈从文、林徽因、胡适、戴望舒、郭绍虞、何其芳等著名文学家和学者，刊载有老舍《"火"车》、沈从文《贵生》、林徽因《梅真同他们》、钱钟书《谈交友》、叶公超《论新诗》等作品。主要栏目有诗、小说、戏剧、短篇散文、书评。

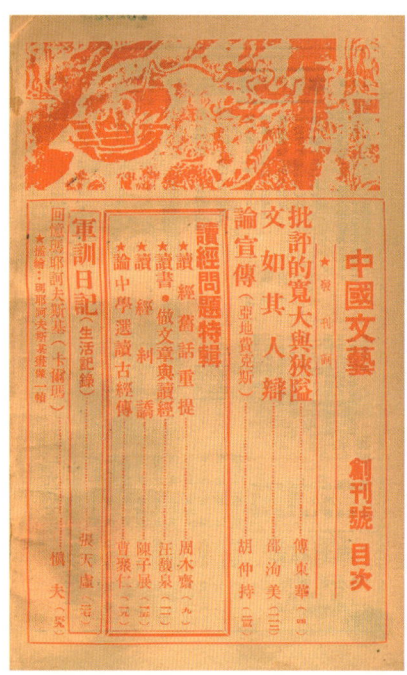

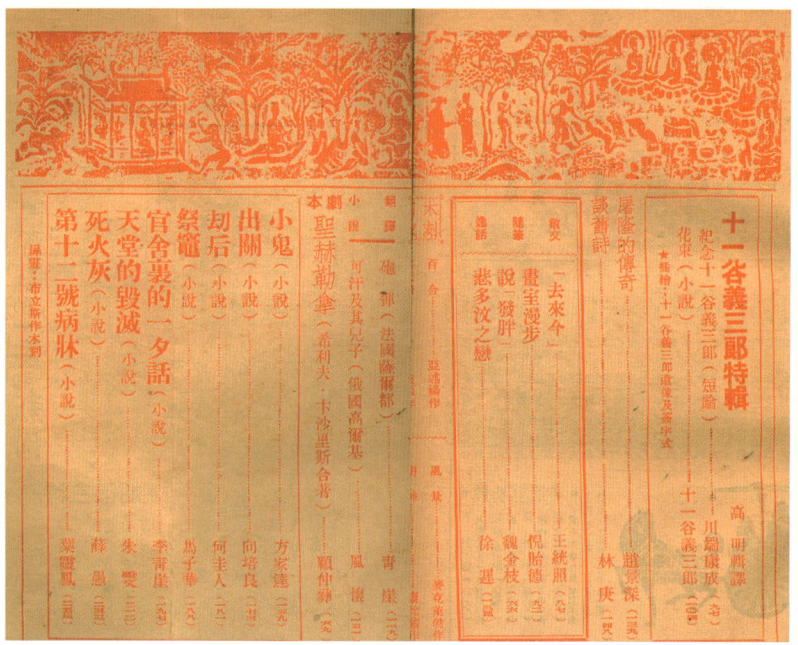

《中国文艺》

责任者：姚鹓雏主编

出版发行：（上海）中国文艺协会上海本会发行，v.1，no.1（民国二十六年5月［1937，5］）— v.1，no.3（民国二十六年7月［1937，7］）

出版频率：月刊

内容提要：该刊主要刊载小说、戏剧、电影剧本、散文等文学作品，翻译高尔基等世界著名文学家的小说、剧本、文艺评论等作品。刊载探讨文学理论和戏剧理论的论述，评论中国文艺界的各种问题，探索中国文学和戏剧的发展阶段和发展方针。其主要作者有魏金枝、郭沫若、邵洵美、傅东华、向培良、汪馥泉等，刊载有向培良《出关》、高尔基著风怀译《可汗及其儿子》、郭沫若《中国左拉之待望》、傅东华《文学与面包》等作品。主要栏目有散文随笔、逸话、小说、翻译小说、剧本、创作、电影剧本。

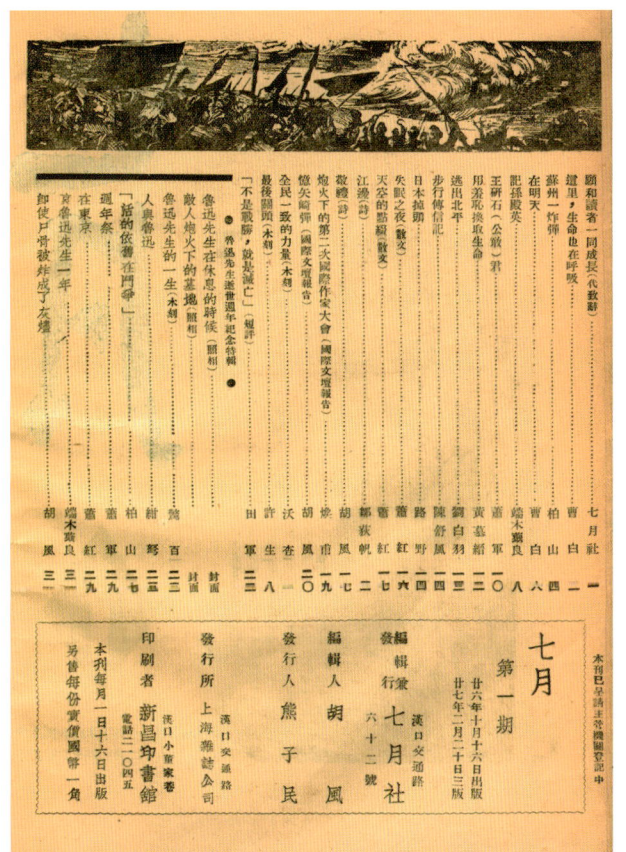

《七月》

责任者：胡风编，七月社编

出版发行：（汉口）七月社发行，v.1，no.1（民国二十六年10月[1937，10]）— v.7，no.1/2（民国三十年9月[1941，9]）

出版频率：半月刊；1939年7月第4卷第1期起改为月刊

内容提要：该刊的创刊任务是用坚实的爱憎，真切地反映出蠢动着的生活形象，在这反映里提高民众的情绪和认识，趋向民族解放的总的路线。主要刊载散文、诗歌、随笔、游记、小说、战地通讯等文学作品，主要内容是宣传中国人民的抗日斗争，歌颂前线军民的英勇奋战，报道沦陷区的状况。讨论文艺理论特别是抗日文艺理论，报道抗战时期中国文艺界的消息和动态。其主要作者有胡风、端木蕻良、萧军、萧红、刘白羽、欧阳山、艾青、丁玲等，刊载有丁玲《重逢》、柏山《一个义勇队员的前史》、胡风《论战争期的一个战斗的文艺形式》、孙陵《十月十日在延安》、萧军《王研石（公敢）君》等作品。

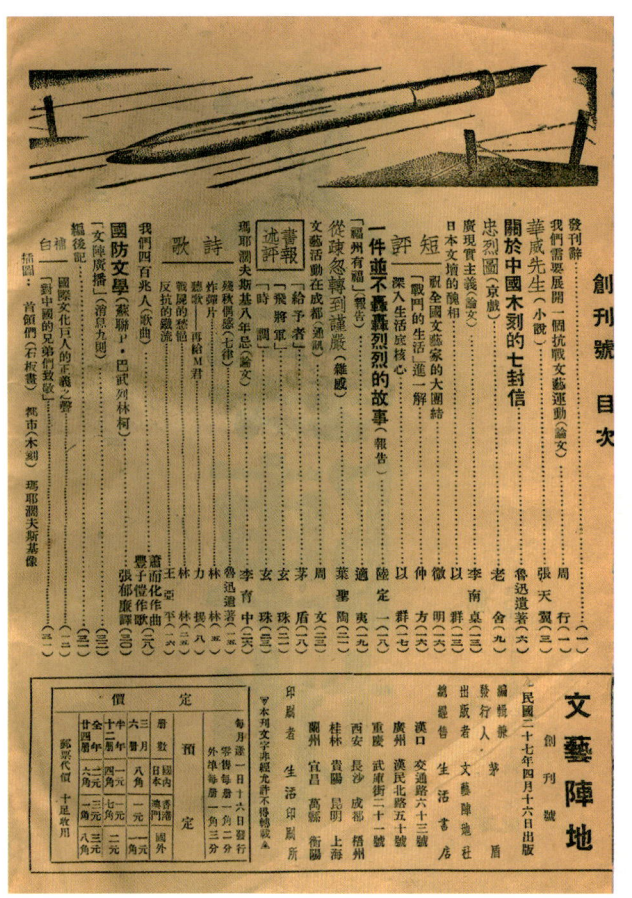
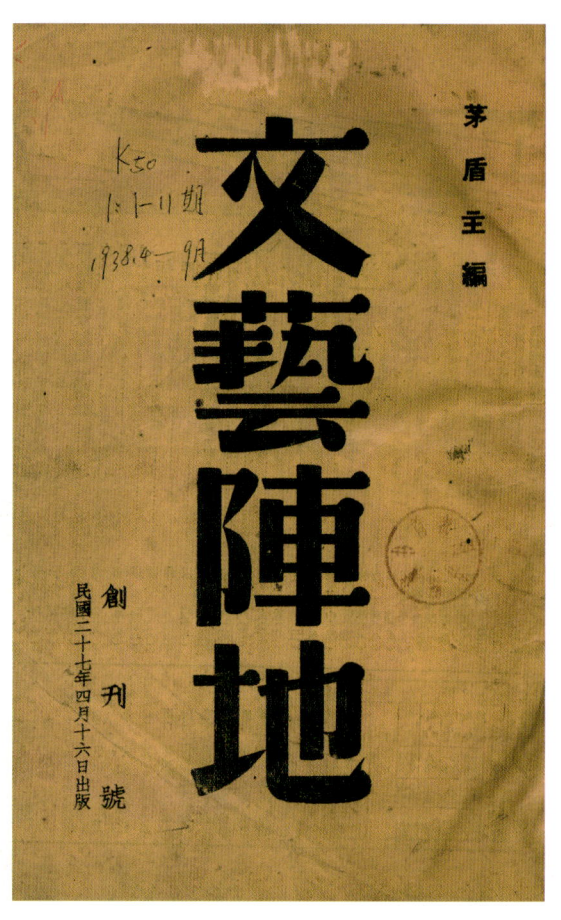

《文艺阵地》

责任者：茅盾主编

出版发行：(汉口) 文艺阵地社出版；后因战争形势，迁至重庆，v.1, no.1（民国二十七年4月 [1938，4]）— v.7, no.4（民国三十一年11月 [1942，11]）

出版频率：半月刊

内容提要：该刊主要刊载抗战文学作品，描写中国军民的抗日斗争以及战争中的人民生活，内容包括小说、诗歌、散文、随笔、游记、童话、戏剧、报告文学等各种文学形式。探讨文艺理论及文艺创作，评论中国作家及文艺作品，主张民族的革命的文学。此外介绍苏联作家、文学作品及文艺理论。其主要作者有茅盾、老舍、叶圣陶、姚雪垠等，刊载有鲁迅遗著《关于中国木刻的七封信》、老舍《忠烈图》、叶圣陶《从疏忽转到谨严》、陆定一《晋东南军中杂记》等文章。主要栏目有短评、书报述评、诗歌。

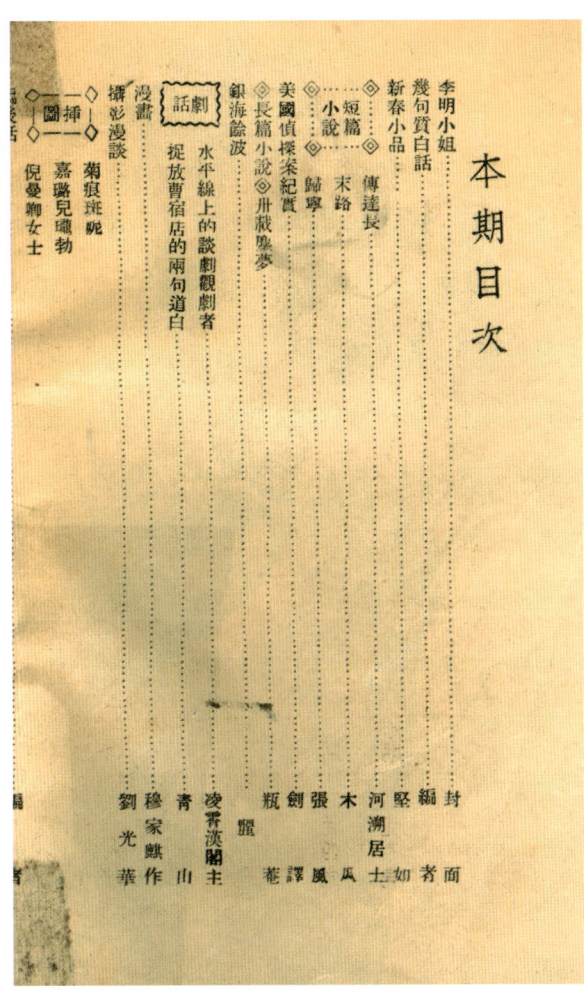
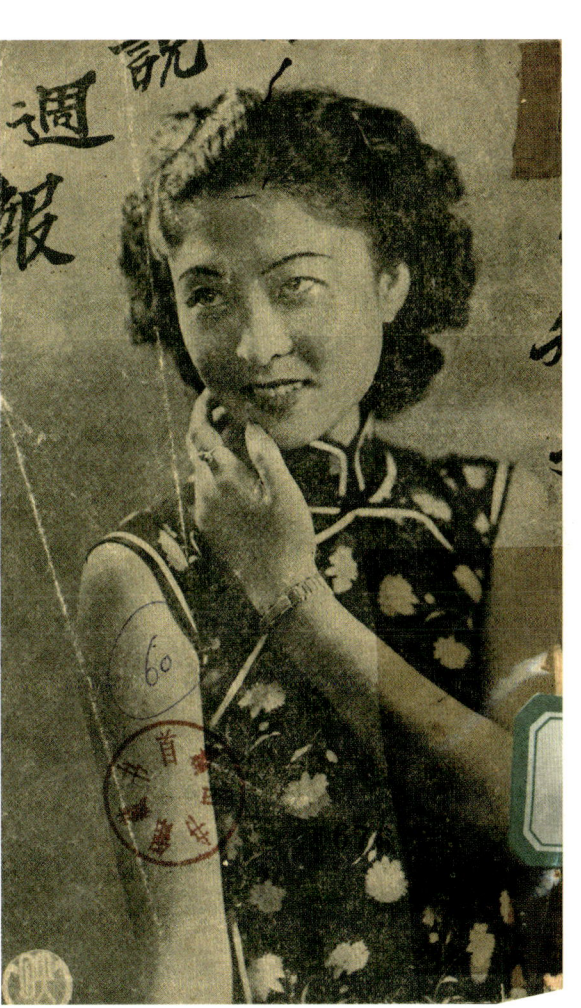

《小说周报》

责任者：小说周报社编

出版发行：（北京）小说周报社发行，创刊号（民国二十八年2月［1939，2］）— v.1，no.2（民国二十八年2月［1939，2］）

出版频率：周刊

内容提要：该刊主要刊载小品文、短篇小说、长篇小说等文学作品，探讨戏剧、摄影等艺术相关问题，发表戏剧评论。其中刊载有瓶庵《卅载尘梦》、剑译《美国侦探案纪实》等作品。该刊主要栏目有短篇小说、长篇小说、剧话、插图。

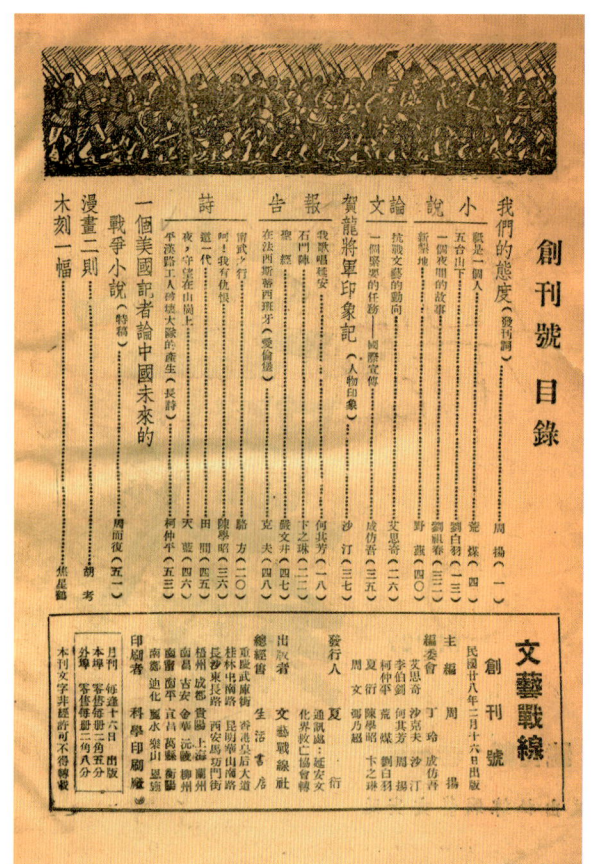 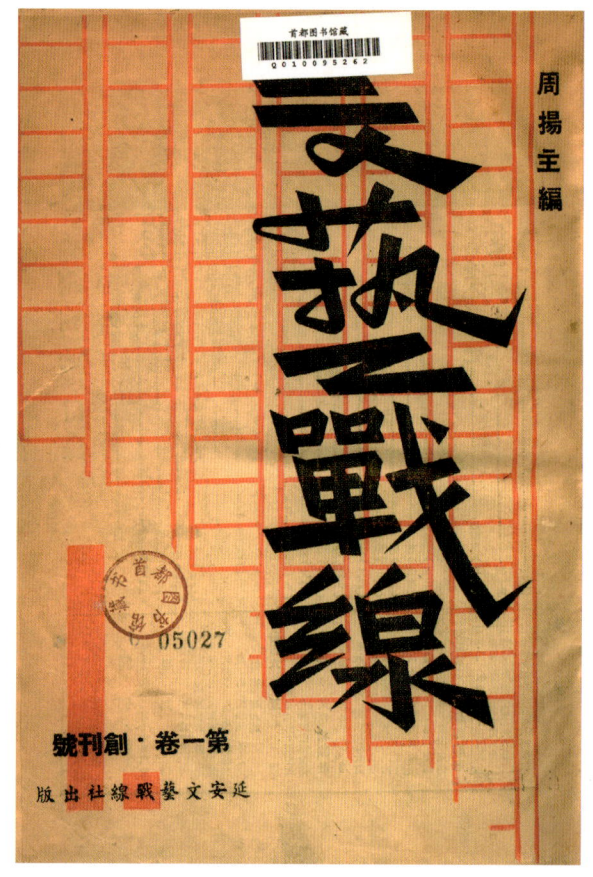

《文艺战线》

责任者：周扬主编

出版发行：(延安) 文艺战线社出版，夏衍发行，v.1, no.1 (民国二十八年2月 [1939, 2])—v.1, no.6 (民国二十九年2月 [1940, 2])

出版频率：月刊

内容提要：该刊主张"以现实主义为依归，发扬民族的积极精神"，主要发表小说、散文、诗歌、报告文学等文学作品，探讨文艺理论和文艺创作方法等问题。其主要内容是歌颂抗日英雄可歌可泣的英勇壮烈事迹，描写延安及各抗日根据地的生产和生活，揭露沦陷区的黑暗，反映敌后人民的奋勇抗争。主要作者有艾思奇、刘白羽、沙汀、成仿吾、何其芳、卞之琳、周扬、丁玲等，其中刊载有刘白羽《五台山下》、何其芳《我歌唱延安》、艾思奇《抗战文艺的动向》、丁玲《泪眼模糊中之信念》等文章。主要栏目有小说、论文、报告、诗。

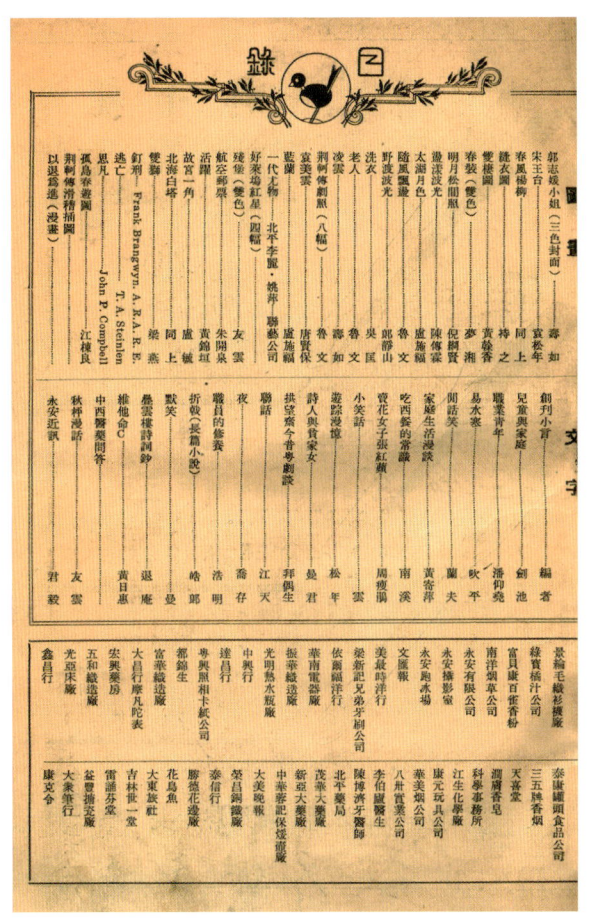

《永安月刊》

责任者：郑留主编

出版发行：（上海）上海永安有限公司发行，创刊号（民国二十八年5月[1939，5]）— no.118（民国三十八年3月[1949，3]）

出版频率：月刊

内容提要：该刊的创刊目的是藉文字之力，宁静其精神，鼓励其振作，辅助其发展，禅意其身心，主要刊载娱乐性质的文字，报道电影界和戏剧界的新闻，介绍女星、名媛和其他著名人物的最新消息和轶事。普及自然科学、文史和商业常识。介绍家居布置、育儿、教育、家庭医药、西餐化等现代家庭知识。发表小说、散文、诗歌、随笔等文艺作品。此外，刊载有大量绘画、书法、金石、漫画、风景名胜、文物古迹等摄影和图画，尤其以女明星、名媛的照片为主。主要栏目有图画、文字等。

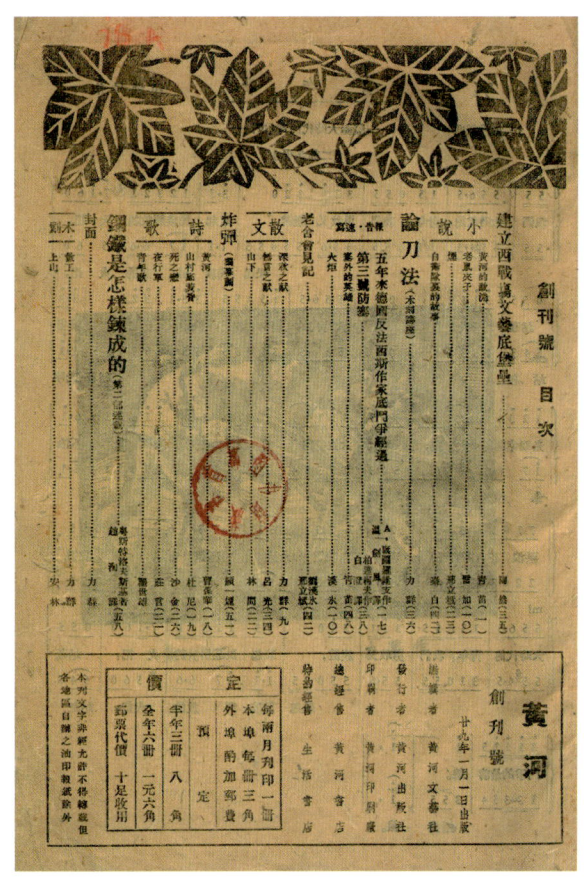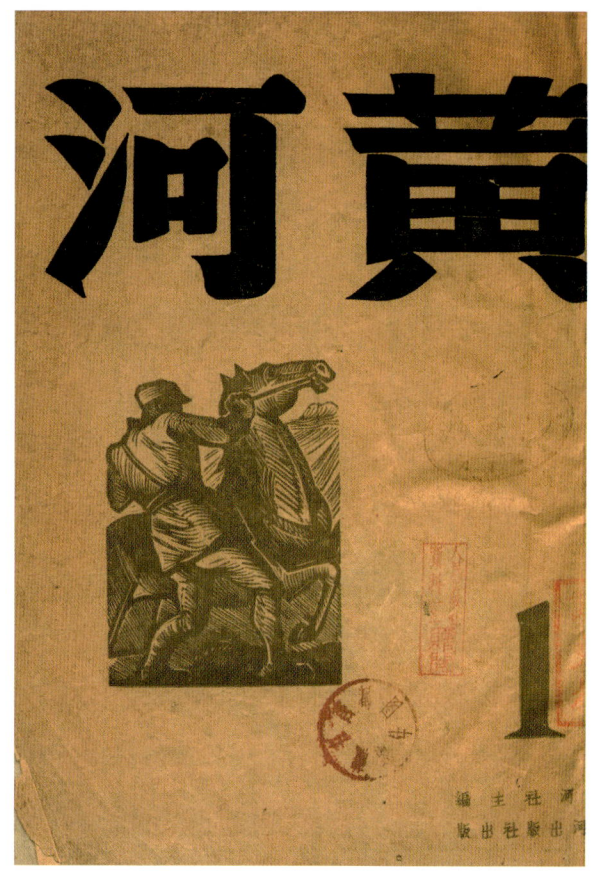

《黄河》

责任者：黄河文艺社编

出版发行：(西安)黄河出版社发行，v.1, no.1（民国二十九年1月［1940，1］）— v.5, no.4（民国三十三年4月［1944，4］）；1948年3月复刊，卷期另起，no.1（民国三十七年3月［1948，3］）— no.6（民国三十七年8月［1948，8］）

出版频率：月刊

内容提要：该刊主要刊载小说、散文、诗歌、戏剧、报告文学等抗日文学作品，歌颂前线战士们的英勇斗争，描绘抗战后方人民群众特别是青年们的思想和生活。报告世界各国的反法西斯斗争。此外还介绍文学和木刻艺术等文艺创作手法。其中，刊载有陶然《建立西战场文艺底堡垒》、青苗《黄河的激流》，连载有奥斯特洛夫斯基的名著《钢铁是怎样炼成的》等作品。该刊主要栏目有小说、报告·速写、散文、诗歌、木刻。

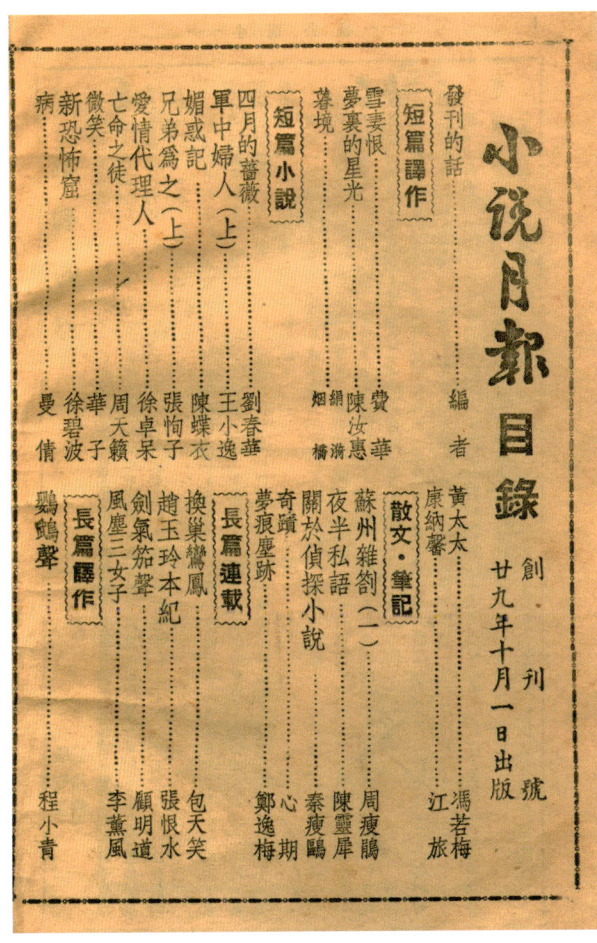

《小说月报》

责任者：顾冷观主编

出版发行：（上海）联华广告公司出版部发行，创刊号（民国二十九年10月［1940，10］）—no.45（民国三十三年11月［1944，11］）

出版频率：月刊

内容提要：该刊为抗战时期沦陷区刊物，其作者多为鸳鸯蝴蝶派文人，主要刊载长篇小说及短篇小说等通俗文学作品，内容以旧式才子佳人小说、言情小说、武侠小说、侦探小说为主。发表散文笔记、诗歌等文学创作，翻译国外通俗小说作品。该刊的名誉顾问为严独鹤，主要作者有张恨水、周瘦鹃、程小青、包天笑、秦瘦鸥、赵景深等，其中刊载有张恨水《赵玉玲本纪》、包天笑《换巢鸾凤》、周瘦鹃《苏州杂札》等作品。该刊主要栏目有短篇译作、短篇小说、散文·笔记、长篇连载、长篇译作。

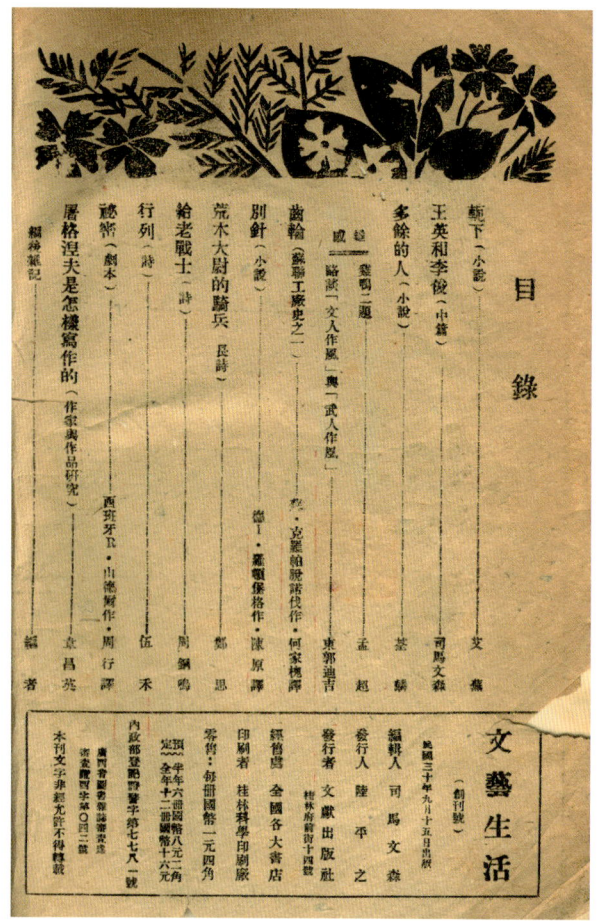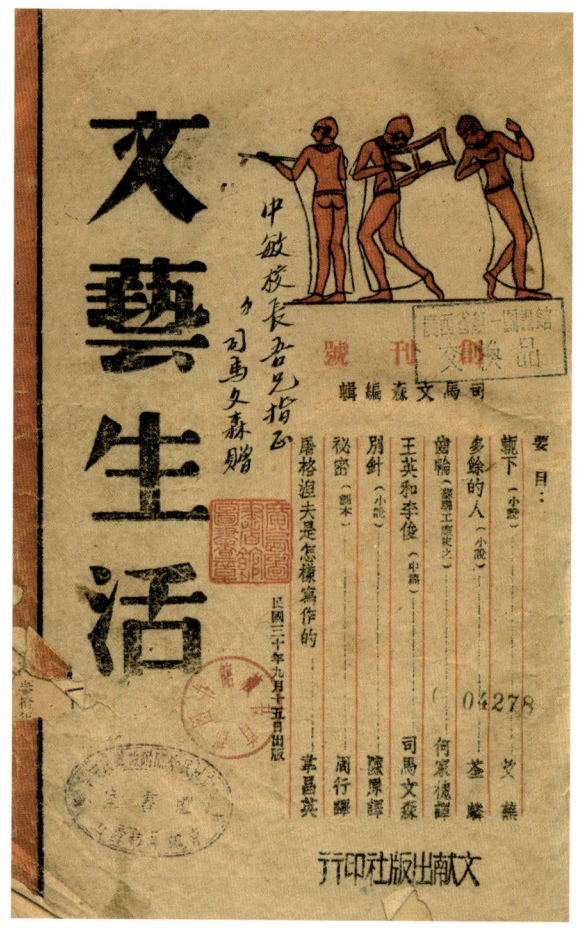

《文艺生活》

责任者：司马文森编

出版发行：（桂林）陆平之、文献出版社发行；1947年迁至广州；1948年迁至香港，由文艺生活社发行，v.1, no.1（民国三十年9月［1941，9］）— v.3, no.6（民国三十二年7月［1943，7］）；1946年复刊，卷期另起 no.1（民国三十五年1月［1946，1］）— no.18（民国三十七年7月［1948，7］）；1948年被国民党查封，迁至香港，海外版 no.1（1948，2）— no.59（1950，7）

出版频率：月刊

内容提要：该刊主要刊载诗歌、散文、杂感、小说、剧本等文学创作或翻译，发表文艺理论研究，评论国内外作家及文学作品。该刊主张"人民的文艺"，支持拥护人民政权。作者多为左翼作家，主要作者有郭沫若、欧阳予倩、焦菊隐、何其芳、田汉、夏衍、司马文森等左翼作家，其中刊载有《不死的鲁迅·永生的鲁迅》、司马文森《王英和李俊》、田汉《秋声赋》、欧阳予倩《忠王李自成自序》、郭沫若《轰炸后》等作品。

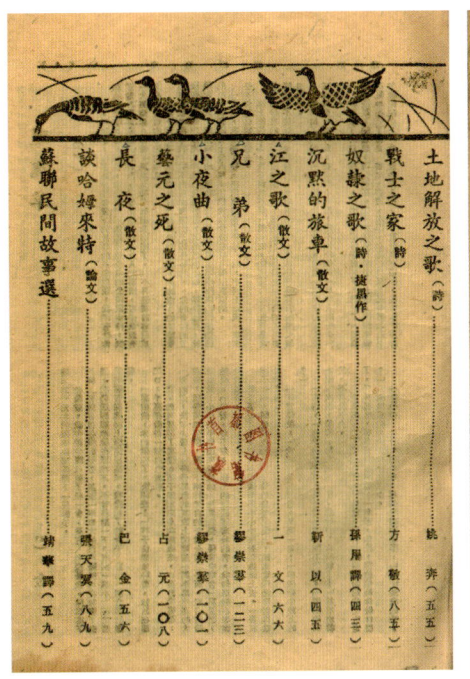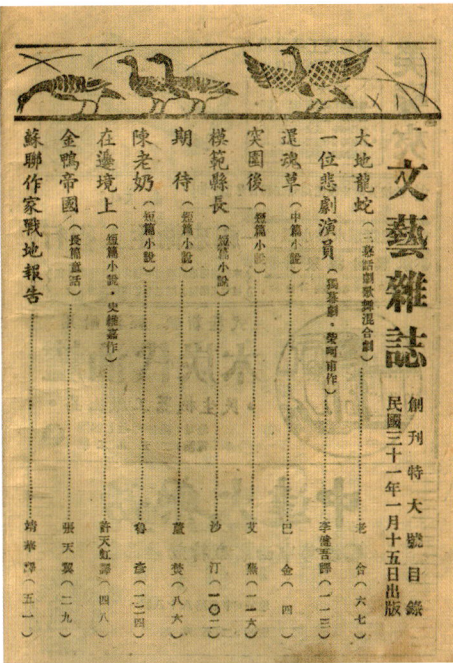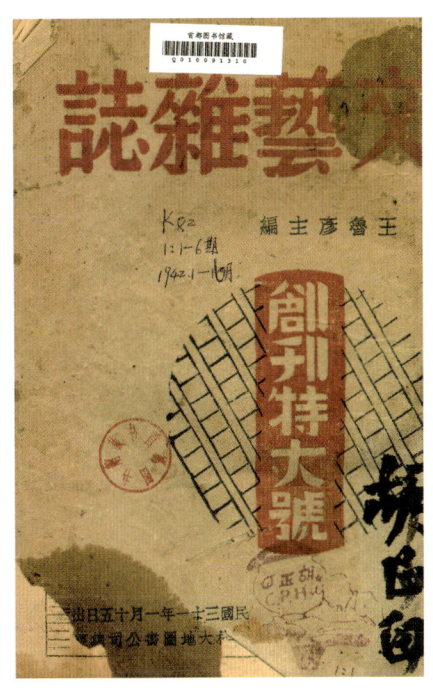

《文艺杂志》

责任者：王鲁彦主编；1945年复刊，荃麟主编

出版发行：(桂林)覃英、文艺杂志社出版，v.1, no.1（民国三十一年1月［1942，1］）— v.3, no.3（民国三十三年3月［1944，3］）；1945年5月复刊，（重庆）覃英、人生出版社发行，卷期另起，v.1, no.1（民国三十四年5月［1945，5］）— v.1, no.3（民国三十四年9月［1945，9］）

出版频率：月刊

内容提要：该刊主要发表小说、散文、戏剧、诗歌、报告文学、童话等文学作品，内容以描绘中国抗日军民斗争的日常生活为主。刊载研究文学理论的学术论文，翻译以苏联为主的国外文学作品。该刊主要作者有巴金、老舍、茅盾、臧克家、张天翼、李健吾、沙汀等著名文学家，其中刊载有巴金《还魂草》《长夜》、老舍《大地龙蛇》、李健吾《草莽》、茅盾《闪击之下》、张天翼《金鸭帝国》等作品。

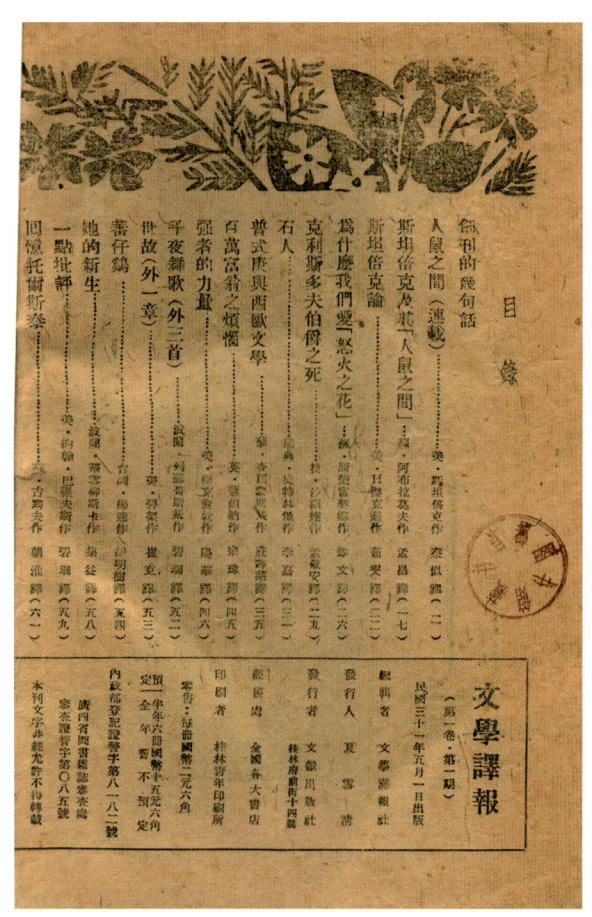

《文学译报》

责任者：文学译报社编

出版发行：(桂林) 文献出版社发行，创刊号（民国三十一年 5 月 1 日［1942，5］）— v.2，no.6（民国三十二年 9 月［1943，9］）

出版频率：月刊

内容提要：该刊主要介绍和翻译苏联、日本、英国、美国、法国等世界各国的文学作品，题材上着重于现代的写实作品，古典文学和浪漫文学次之。每期以数名作家为中心，集中翻译其作品，发表人物传记，尤以不为中国读者所熟悉的作家及其作品为主。此外，发表探讨文学理论以及各种文学问题的论述和译文，其中刊载有萧伯纳《百万富翁之烦恼》、杰克·伦敦《强者的力量》等作品。

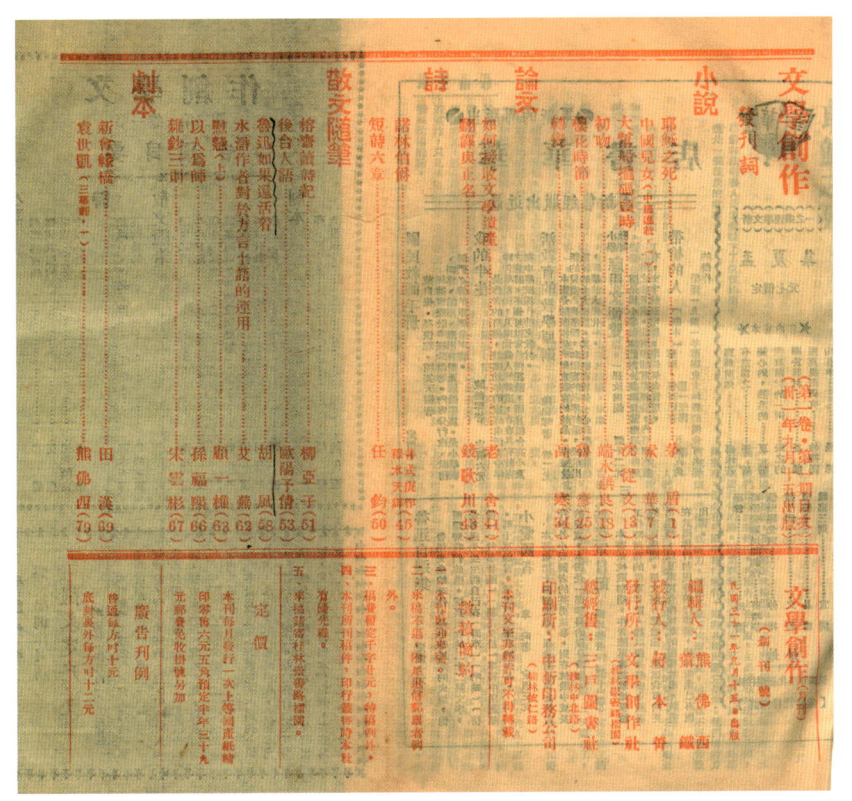

《文学创作》

责任者：熊佛西、萧铁编

出版发行：（桂林）文学创作社发行，v.1，no.1（民国三十一年9月[1942，9]）— v.3，no.2（民国三十三年6月[1944，6]）

出版频率：月刊

内容提要：该刊创刊目的是"替这个伟大的战斗时代留下光辉的一页"，以"纳粹强盗与日本军阀必败，被压迫的民族与民主国家必胜"为信念。主要刊载小说、诗歌、散文、随笔、剧本等文学作品，内容以表现中国军民英勇的抗日斗争和描绘后方人民的生活为主。并且刊载研究文学理论和文学创作的论文。该刊主要作者有郭沫若、茅盾、沈从文、老舍、田汉、柳亚子、胡风、徐悲鸿、欧阳予倩、熊佛西等，其中刊载有茅盾《耶稣之死》、沈从文《大帮船拢码头时》、老舍《如何接收文学遗产》、田汉《新会缘桥》、熊佛西《袁世凯》等文学作品。该刊主要栏目有小说、论文、诗、散文随笔、剧本、专题研究。

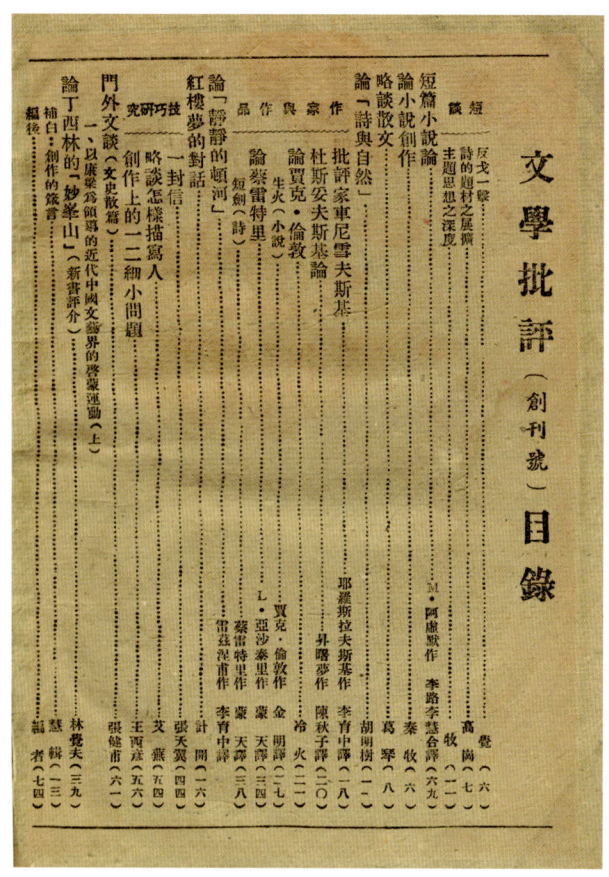
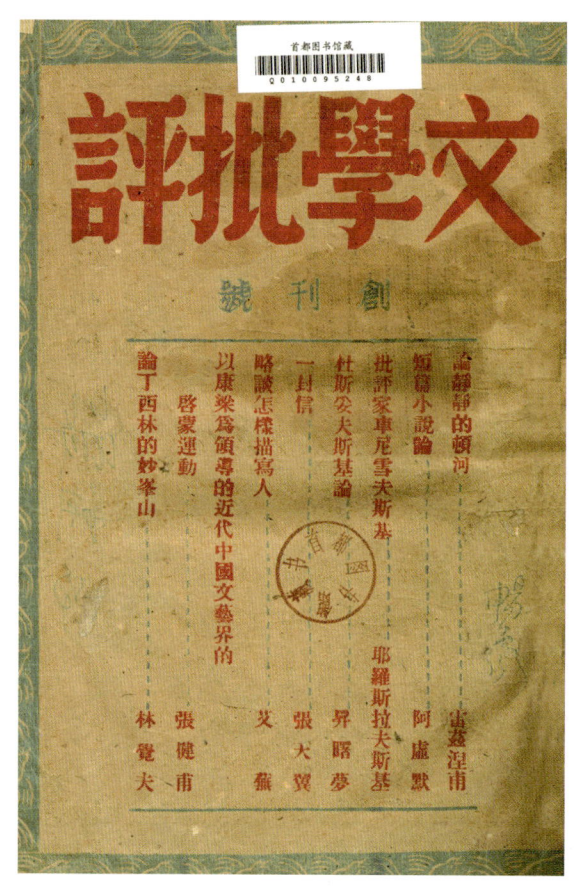

《文学批评》

责任者：王郁夫编

出版发行：(桂林)史蒂安发行，创刊号(民国三十一年9月[1942,9])—no.2(民国三十二年3月[1943,3])

出版频率：半年刊

内容提要：该刊主要刊载研究文学理论的论文，翻译国外文学理论研究论著。探讨文学写作技巧，介绍著名作家的写作经验。评论中外作家及其文学作品，分析研究中外名著的写作技巧和文学价值。其中第二卷有大量纪念鲁迅先生和研究鲁迅文学的文章。该刊作者有朱自清、司马文森、王郁夫等，刊载有朱自清《文学与语言》、王亚平《鲁迅先生的诗及其诗论》、艾芜《略谈怎样描写人》、张健甫《以康梁为领导的近代中国文艺界的启蒙运动》等文章。主要栏目有短谈、作家与作品、技巧研究。

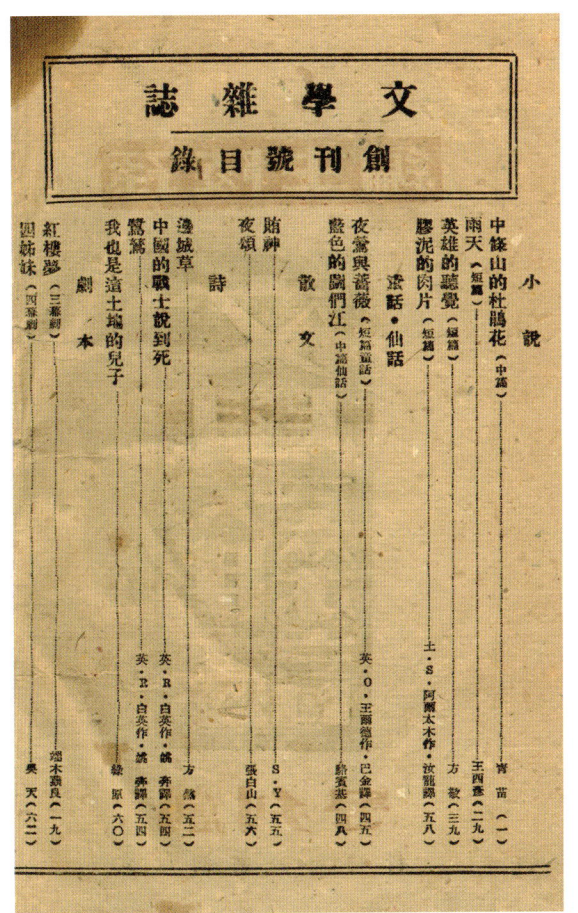

《文学杂志》

责任者：孙陵主编

出版发行：（桂林）大地图书公司发行，创刊号（民国三十二年7月［1943，7］）— v.1，no.2（民国三十二年11月［1943，11］）

出版频率：月刊

内容提要：该刊主要刊载小说、童话、散文、诗歌、剧本等文学创作，翻译王尔德、托尔斯泰等国外著名作家的文学作品。其主要作者有巴金、汪曾祺、端木蕻良、青苗、骆宾基等，刊载有王尔德作巴金译《夜莺与蔷薇》、端木蕻良《红楼梦（三幕剧）》、汪曾祺《除岁》、骆宾基《蓝色的图们江》等作品。主要栏目有小说、童话·仙话、散文、诗、剧本。

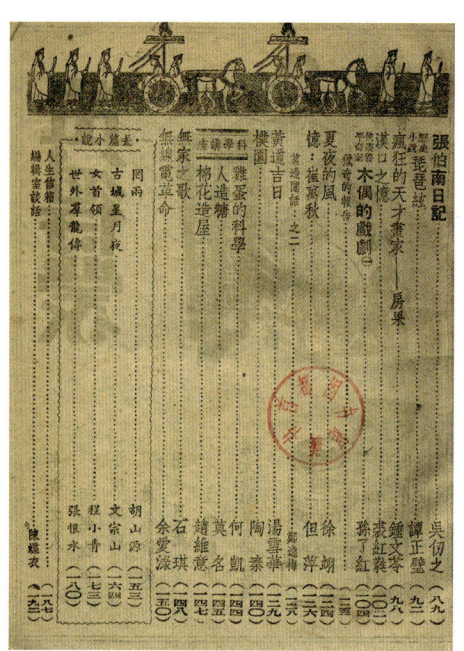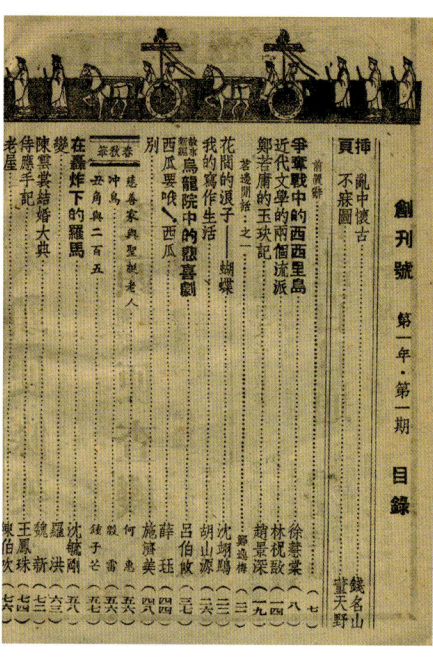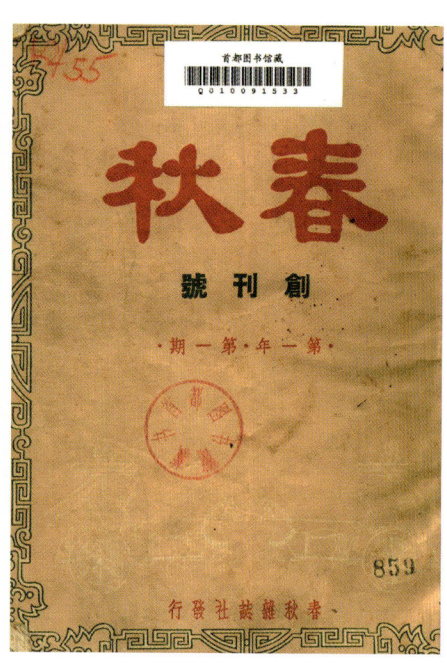

《春秋》

责任者：陈蝶衣主编

出版发行：（上海）春秋杂志社出版，v.1，no.1（民国三十二年8月［1943，8］）— v.6，no.4（民国三十八年3月［1949，3］）

出版频率：月刊

内容提要：该刊创刊目的是提倡文学，介绍知识。主要发表通俗小说、诗歌、散文、戏剧评论等文学作品，探讨文艺理论和文学创作方法。介绍文史知识和自然科学知识，介绍世界各地风俗和奇闻异事，报道国内外时事新闻。其主要作者有茅盾、老舍、程小青、张恨水、孙了红等，刊载有程小青《女首领》、张恨水《世外群龙传》、孙了红《侠盗鲁平奇案——木偶的戏剧》等通俗小说。主要栏目有春秋笔、科学讲座、长篇小说、诗之页。

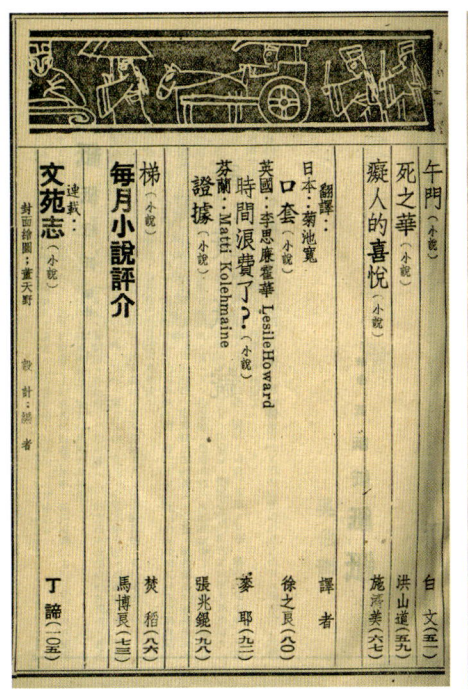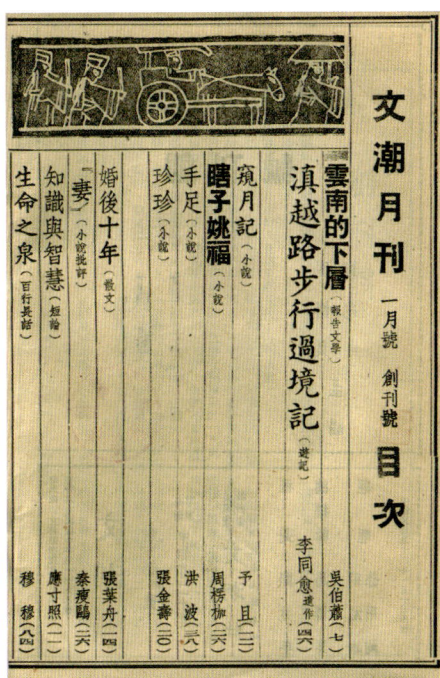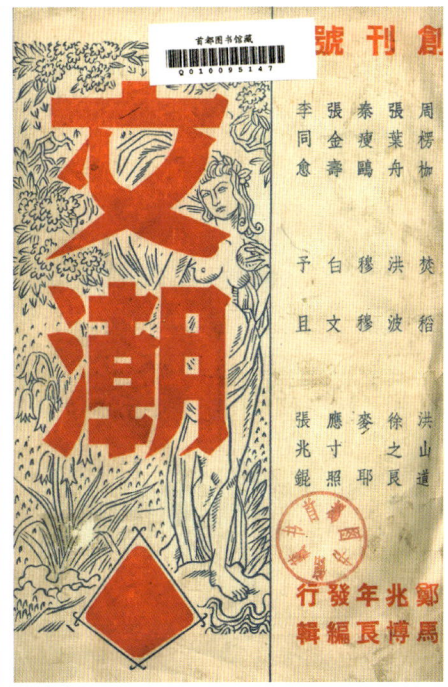

《文潮》

责任者：马博良、郑兆年主编

出版发行：(上海) 文潮社发行，v.1, no.1（民国三十三年1月 [1944, 1]）— v.2, no.1（民国三十四年3月 [1945, 3]）

出版频率：月刊

内容提要：该刊创刊任务是"挽回中国文化逐渐低落的厄运"，主要发表小说、诗歌、散文、游记、报告文学、剧本等文学作品，刊载探讨文艺理论的论文。介绍日本、苏联、美国、英国、法国等世界各国的作家及作品，翻译国外文学作品。报道每月中国文坛的消息，介绍并评论每月出版的以小说为主的文学著作。其中刊载有吴伯萧《云南的下层》、李同愈《滇越路步行过境记》、丁谛《文苑志》等作品。主要栏目有翻译、每月小说评价。

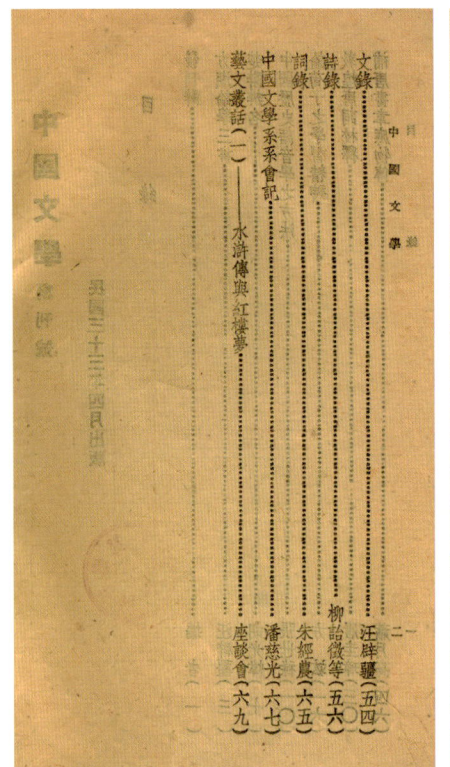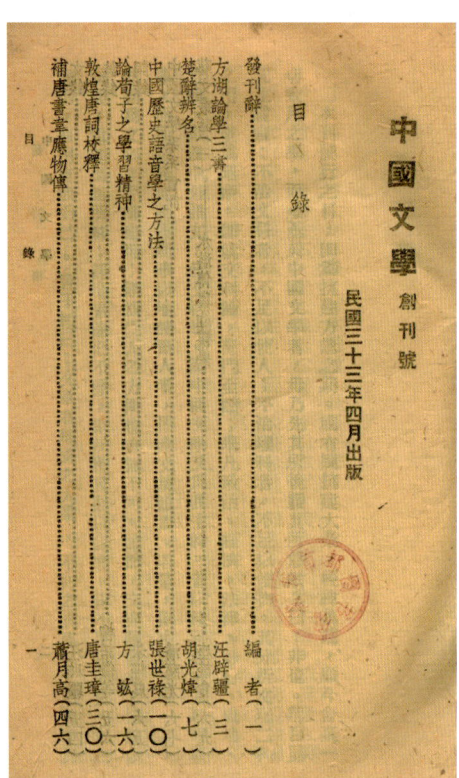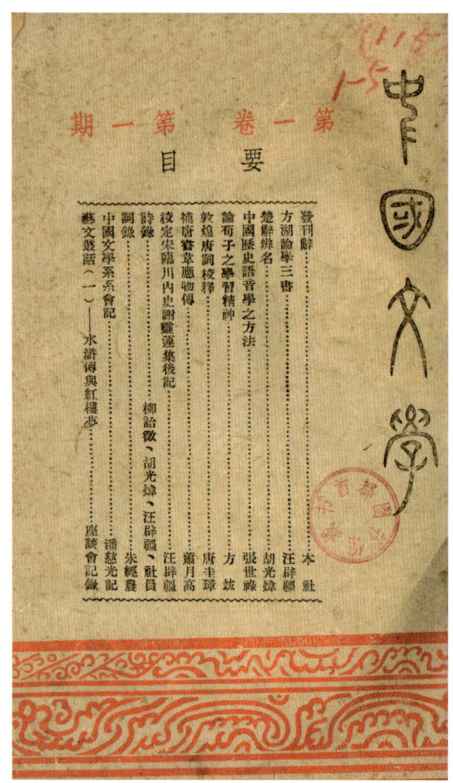

《中国文学》

责任者：中国文学月刊社编

出版发行：（重庆）文信书局发行，v.1, no.1（民国三十三年4月[1944，4]）— v.1, no.5（民国三十四年4月[1945，4]）

出版频率：月刊

内容提要：该刊主旨是研究中国文化，发扬民族精神，主要刊载探讨文学理论和中国文学史的专题研究论著，涉及中国文学史、古典小说、诗词、人物传记等内容。刊载史学、经学、哲学、地理学、文献学、语言学、文字学等研究中国历史和文化的论文。其中刊载有胡光炜《楚辞辨名》、唐圭璋《敦煌唐词校释》、张世禄《中国历史语音学之方法》、李长之《司马迁生年为建元六年辨》等学术论文。

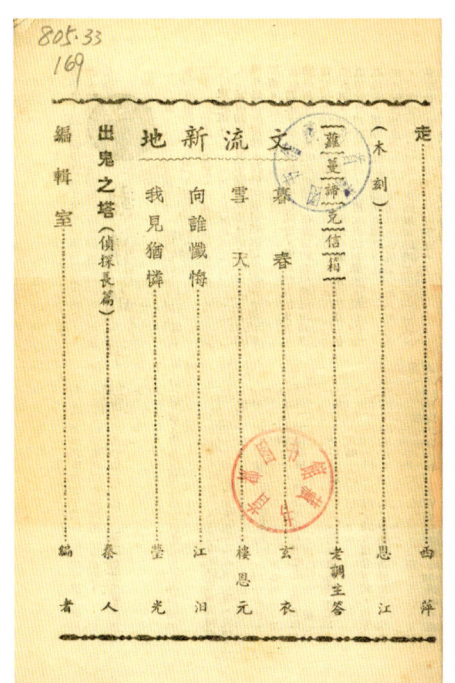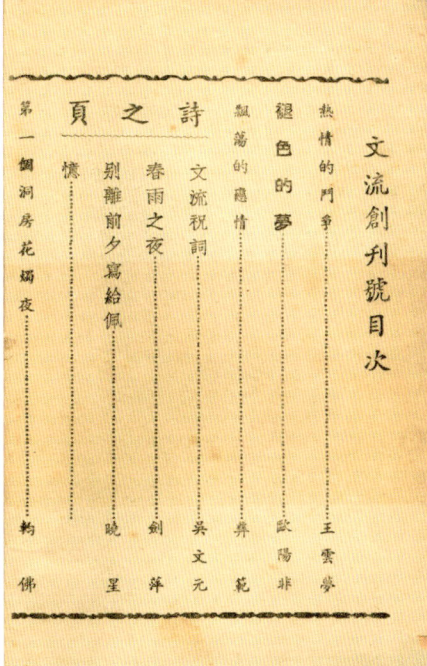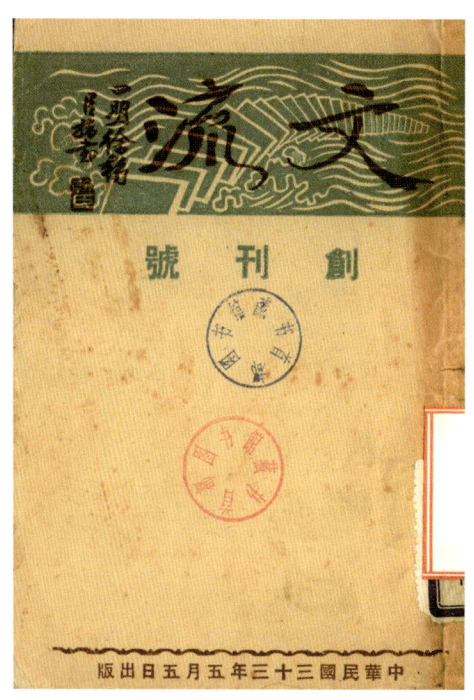

《文流》

责任者：张启祥、翁宇新编

出版发行：（上海）文流杂志社发行，创刊号（民国三十三年5月［1944，5］）— no.2（民国三十三年6月［1944，6］）

出版频率：月刊

内容提要：该刊内容以表现青年男女的"萝蔓谛克"为主，刊载以恋爱、婚姻为主题的小说、故事和诗歌等通俗文学作品。其中刊载有王云梦《热情的斗争》、彝范《飘荡的恋情》、莹光《我见犹怜》等作品。主要栏目有诗之页、文流新地。

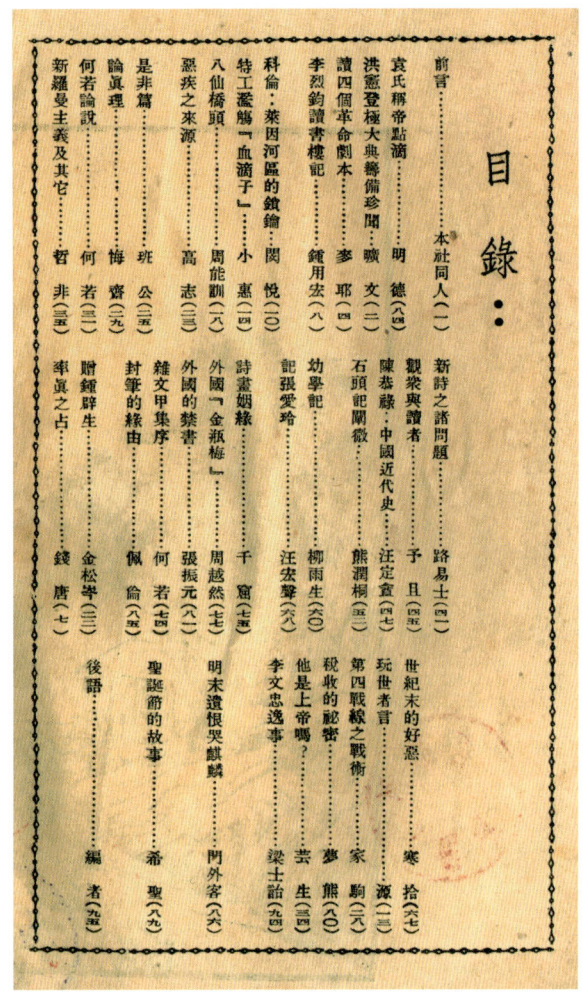

《语林》

责任者：钱公侠编

出版发行：（上海）语林社发行，v.1，no.1（民国三十三年12月［1944，12］）— v.1，no.5（民国三十四年6月［1945，6］）

出版频率：月刊

内容提要：该刊志在"发扬文化，供给有益读物"，主要刊载中国时事政治评论，探讨中国文化各种现象，介绍西方文化理论和文化界的各种消息，报道中国文化界的消息和动态。此外还刊载国内外文化界人士和其他名人的奇闻逸事，发表散文、诗歌、随笔、杂文、寓言故事等作品。其中刊载有旷文《洪宪登极大典筹备珍闻》、汪宏声《记张爱玲》、柳亚子《风雨闭门斋记》等文章。

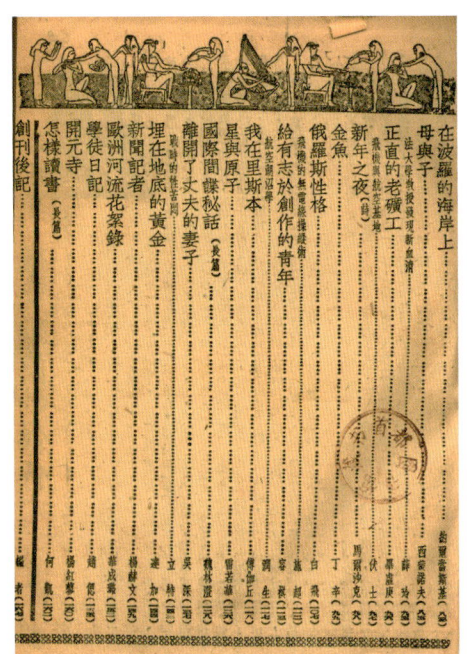 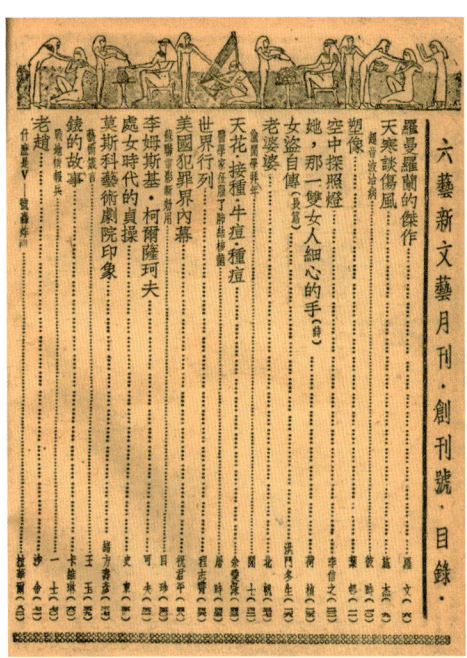 

《六艺新文艺月刊》

责任者：康丹主编

出版发行：（上海）六艺出版社发行；1945年7月第4期起改为（上海）上海刊行社发行，v.1，no.1（民国三十四年2月［1945，2］）— v.1，no.6（民国三十五年4月［1946，4］）

出版频率：月刊

内容提要：该刊主要介绍文学和艺术相关知识，介绍著名文学家、艺术家及其作品，指导青年人文艺创作的方法。发表小说等通俗文学作品。介绍自然科学和社会科学知识，包括历史、地理、军事、医学、天文、物理等各学科。介绍世界各国的历史文化和风土民情。

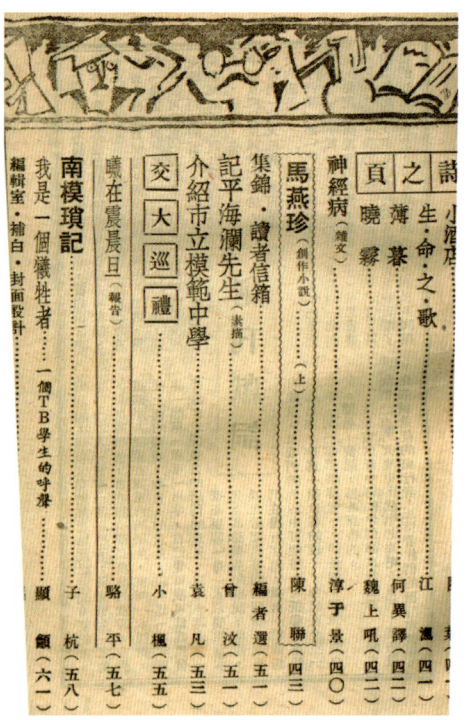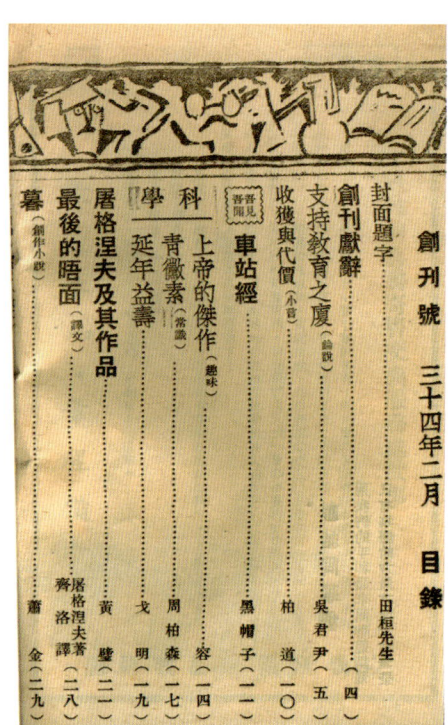

《莘莘月刊》

责任者：莘莘学志社编

出版发行：（上海）莘莘学志社出版，v.1, no.1（民国三十四年2月［1945，2］）— v.1, no.4（民国三十四年7月［1945，7］）

出版频率：月刊

内容提要：该刊由上海学生文学社团莘莘学志社创办，主要刊载上海大中学生所创作的小说、杂文、报告文学等文学作品，翻译国外文学著作，其内容以记录学生们的生活与学习为主，表现学生的生活与学习中"可标榜的一面"和"自省的一面"。介绍屠格涅夫等世界著名作家及其作品，普及自然科学和社会科学知识。此外，还介绍上海市各个主要学校的概况，如上海交大、市立模范中学、南屏女中等学校。主要栏目有吾见吾闻、科学、诗之页、大家谈。

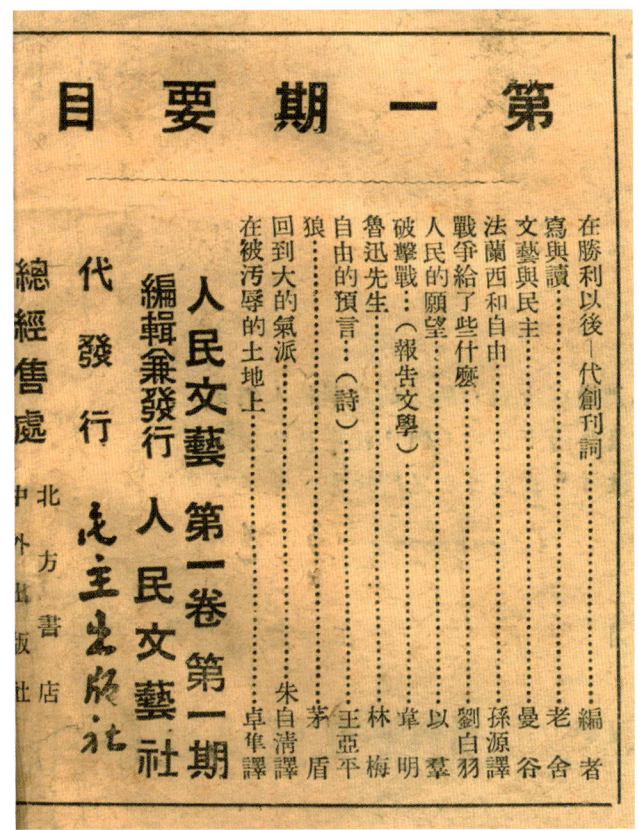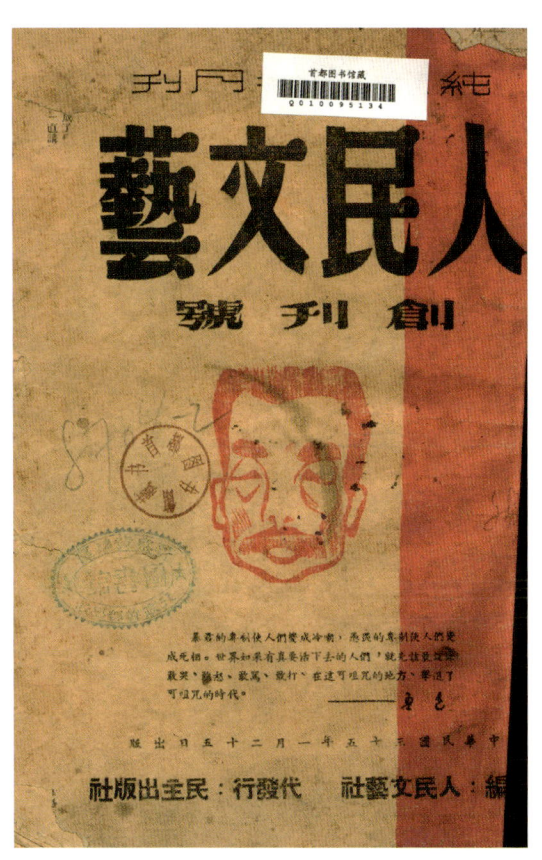

《人民文艺》

责任者：人民文艺社编

出版发行：（北平）人民文艺社发行，no.1（民国三十五年1月[1946，1]）— no.5（民国三十五年9月[1946，9]）

出版频率：半月刊

内容提要：该刊由中华全国文艺协会北平分会主办，其主张是文艺写作者要倾诉出人民的声音。主要探讨文艺理论和中国文艺的各种问题，评论中国文艺作品以及文艺界的各种现象，讨论新民主主义革命文学以及文艺理论。刊载小说、诗歌等左翼文学作品，主要内容是表现人民群众的现实生活，反映国统区人民受到的封建压迫。主要作者有老舍、茅盾、朱自清、刘白羽、王亚平等左翼作家，刊载有沈一帆、周扬、周而复等《人民文艺问题谈话》、老舍《写与读》、茅盾《狼》、以群《新民主运动中的文艺工作》等文章。

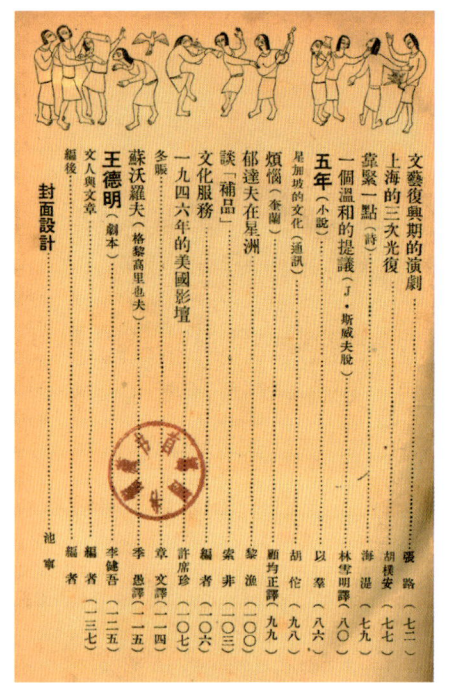
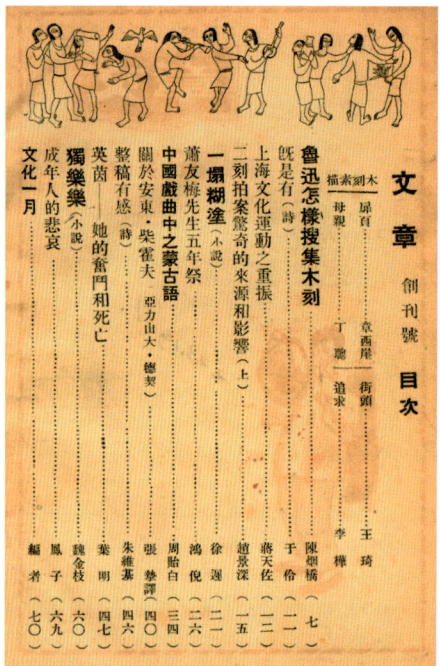

《文章》

责任者：文章社编

出版发行：(上海)承祥印书馆发行，v.1, no.1 (民国三十五年 1 月 [1946, 1]) — v.1, no.4 (民国三十五年 7 月 [1946, 7])

出版频率：月刊

内容提要：该刊主要刊载诗歌、散文、随笔、小说、剧本等文学创作，介绍和翻译国外文学作品。探讨文学、美术、音乐、戏剧、电影等各个文艺领域相关问题，评论当前的文艺作品以及中国文化的各种现象。刊载介绍自然科学和社会科学知识的科学小品文。主要作者有于伶、李健吾、夏衍、沙汀、端木蕻良、周建人、吴祖光、郭沫若、田汉等，其中刊载有夏衍《历史剧所感》、端木蕻良《写在十二月九日》、陈烟桥《鲁迅怎样收集木刻》、赵丹《江南恋（电影剧本）》等作品。

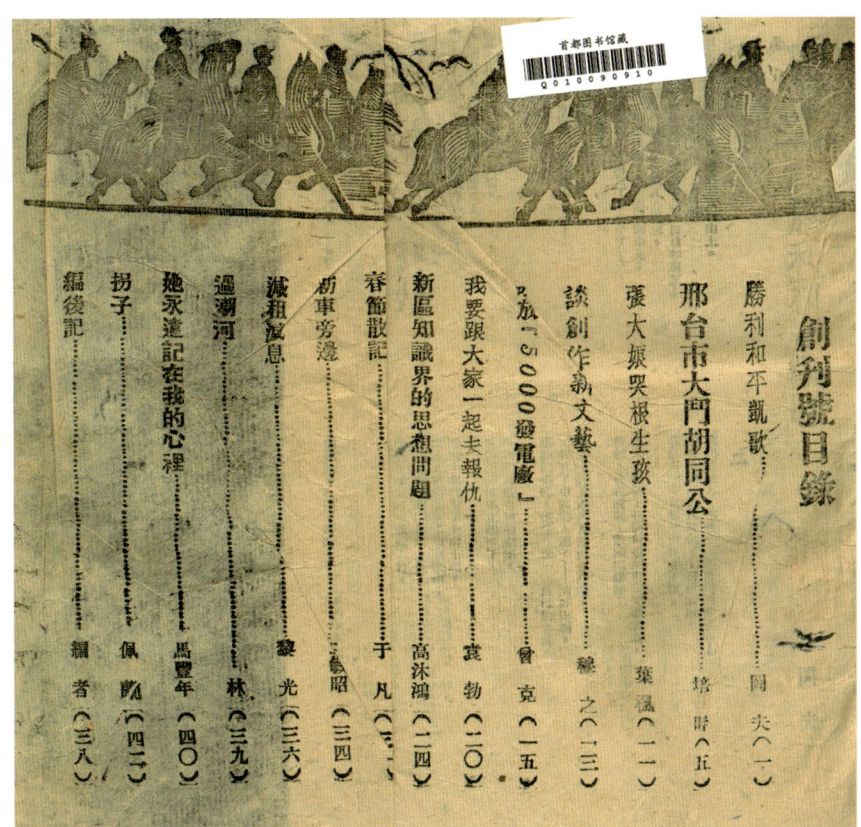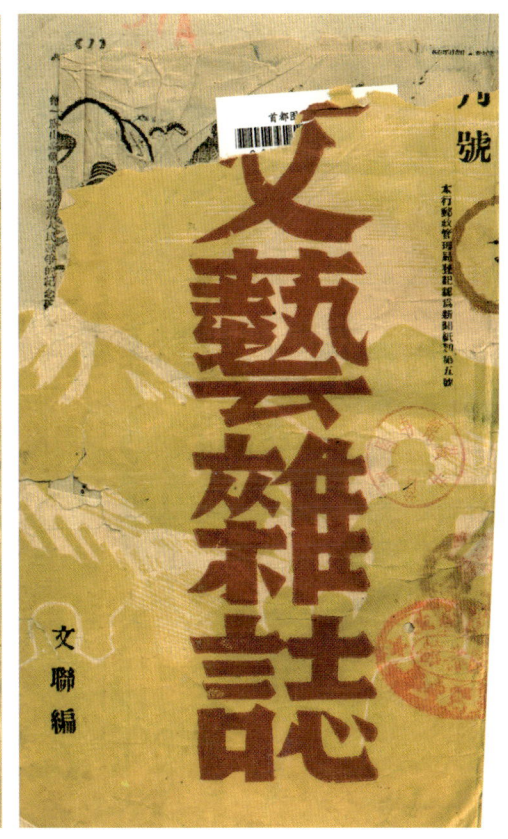

《文艺杂志》

责任者：太行文联编

出版发行：（山西）太行新华日报馆出版，v.1, no.1（民国三十五年3月［1946，3］）— v.4, no.4（民国三十六年12月［1947，12］）

出版频率：月刊

内容提要：该刊为解放区刊物，主要刊载反映太行山解放区军民战斗与群众生活的诗歌、小说、散文、报告文学等文艺作品。还发表了大量太行军民在抗战中不畏牺牲可歌可泣的事迹，描绘了太行军民在抗日战争和解放战争时期的生产与生活，反映了人民群众翻身做主人的斗争。

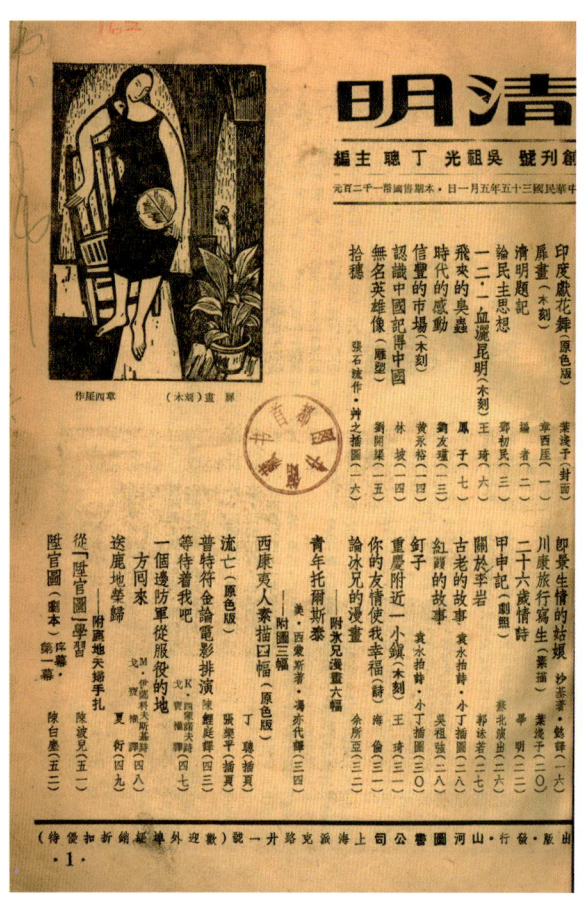

《清明》

责任者：吴祖光、丁聪主编

出版发行：（上海）山河图书公司出版，创刊号（民国三十五年5月［1946，5］）— no.4（民国三十五年10月［1946，10］）

出版频率：月刊

内容提要：该刊主要刊载中国时事政治评论，刊载探讨中国政治、经济、社会、历史等问题的论述。研究文学、美术、音乐、舞蹈等各种文艺理论和文艺创作。发表诗歌、散文、小说、戏剧、绘画、摄影、雕塑等文艺作品。报道中国文艺界的消息和动态。主要作者有邓初民、叶浅予、茅盾、郭沫若、夏衍、吴祖光、老舍、靳以、田汉等，刊载有陈白尘《升官图》、田汉《原子弹及其他》、郭沫若《关于李岩》、夏衍《送鹿地荣归》等作品。

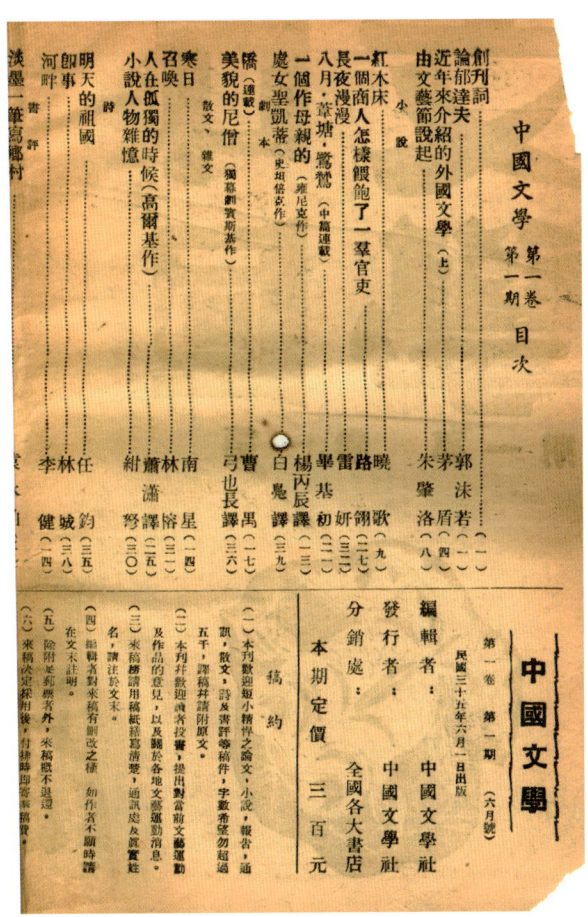

《中国文学》

责任者：中国文学社编

出版发行：(北平)中国文学社发行，v.1, no.1（民国三十五年6月[1946，6]）— v.1, no.3（民国三十五年8月[1946，8]）

出版频率：月刊

内容提要：该刊主要刊载小说、诗歌、散文等文学创作，翻译高尔基、斯坦贝克等国外作家的文学作品。讨论中国文艺界的状况，介绍中外作家及其作品。主要作者有郭沫若、茅盾、田汉、臧克家、曹禺、靳以、夏衍等，刊载有郭沫若《论郁达夫》、茅盾《近年来介绍的外国文学》、曹禺《桥》、臧克家《挂红》等作品。主要栏目有小说、剧本、散文、杂文、诗、连载、书评。

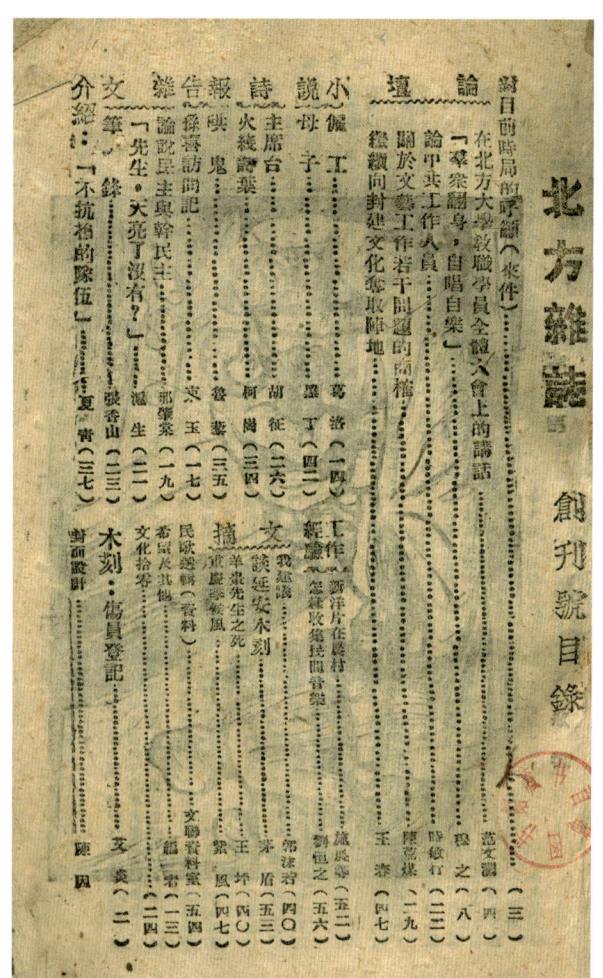
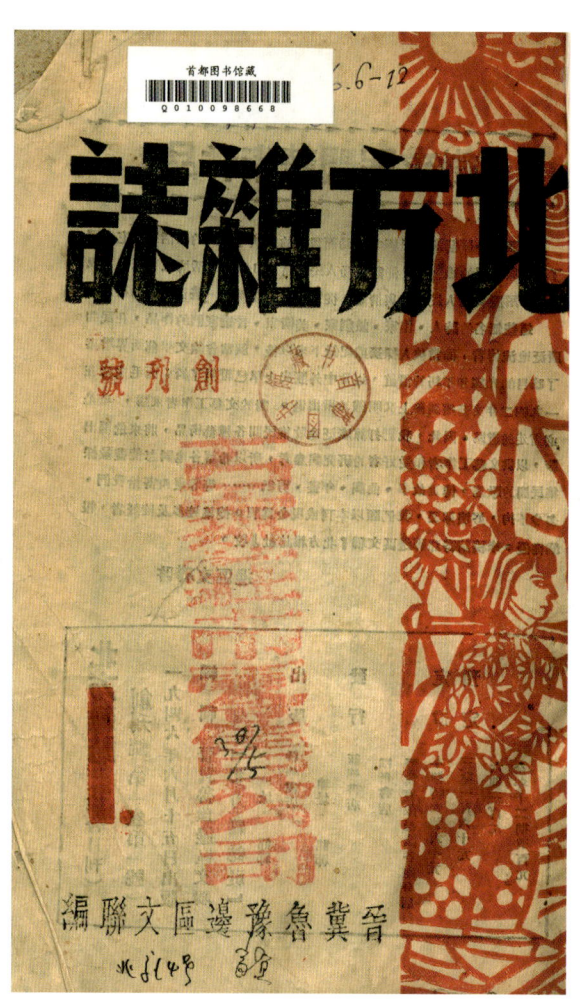

《北方杂志》

责任者：晋冀鲁豫边区文联北方杂志社编

出版发行：（邯郸）华北新华书店发行，v.1, no.1（民国三十五年6月［1946，6］）— v.2, no.2（民国三十六年3月［1947，3］）

出版频率：月刊

内容提要：该刊主要刊载诗歌、散文、杂文、小说、报告文学、漫画、木刻等文艺作品，描绘解放区军民真实的战斗与生活。介绍党的文艺工作政策。刊载研究文艺理论的论述，探讨民间文学、民间音乐的收集与整理。介绍解放区文艺工作者的工作经验。其中刊载有郭沫若《谈解放区文艺》、王春《继续向封建文化夺取阵地》等文章。该刊主要栏目有论坛、小说、诗、报告、杂文、工作经验、文摘。

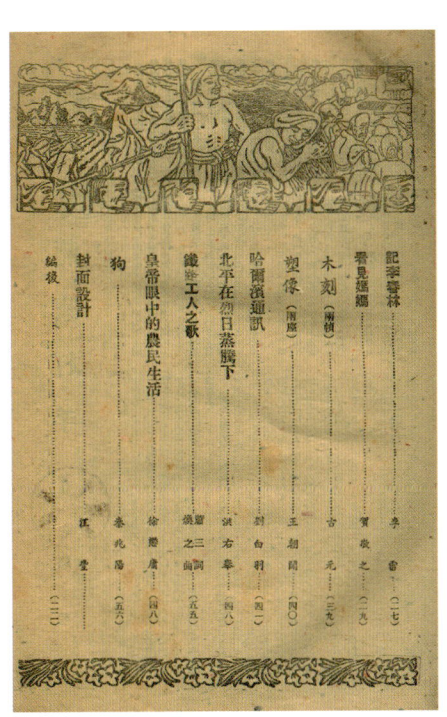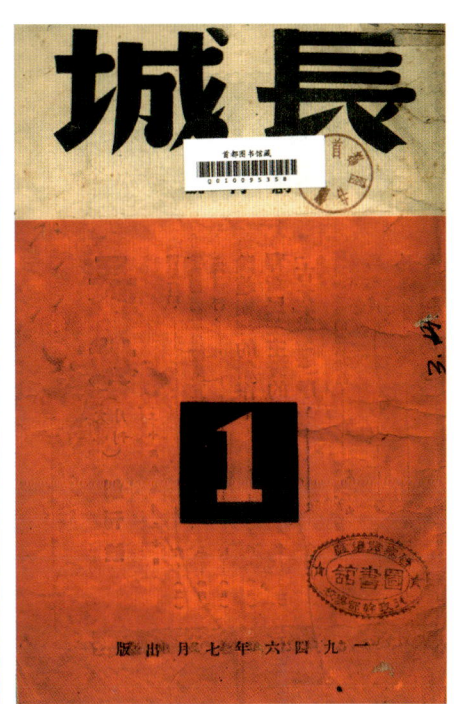

《长城》

责任者：中华全国文艺协会张家口分会长城社编

出版发行：(张家口)中华全国文艺协会张家口分会长城社发行，v.1，no.1（民国三十五年 7 月［1946，7］）— v.1，no.2（民国三十五年 8 月［1946，8］）

出版频率：月刊

内容提要：该刊为解放区刊物，主要刊载研究新民主主义革命时期文学理论及创作手法，探讨抗战胜利后文艺工作者的任务和职责。发表小说、散文、诗歌等文学作品，歌颂抗战中我党领导的根据地军民的英勇斗争，描绘解放区的真实情况和人民群众的现实生活。主要作者有丁玲、周扬、艾青、贺敬之、刘白羽等，其中刊载有丁玲《"海燕"行》、周扬《论赵树理的创作》、艾青《释新民主主义的文学》、华山《鸡毛信》等作品。

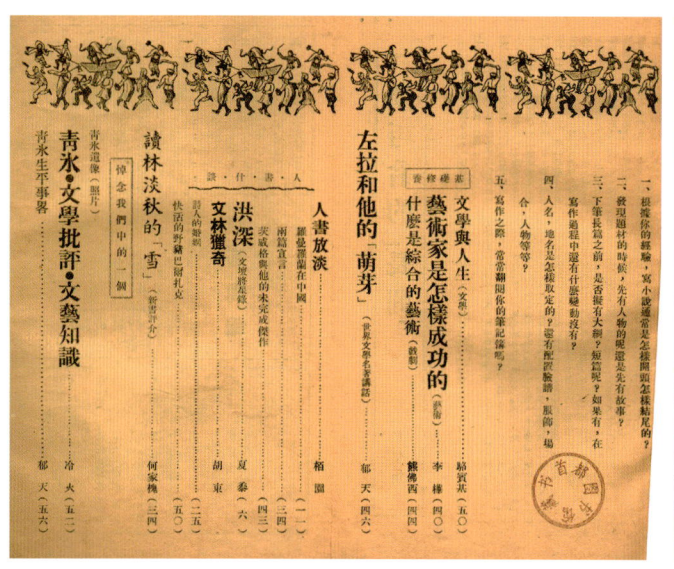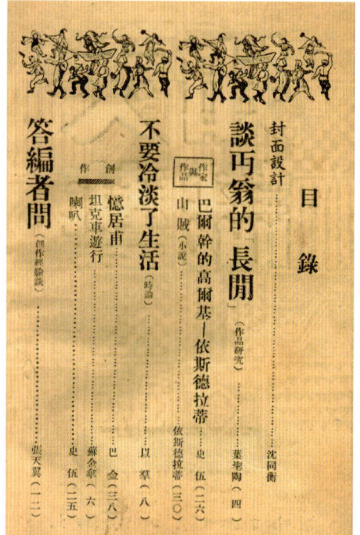

《文艺知识连丛》

责任者：史伍、何传、郁天、冷火、青苗、秦牧编

出版发行：（北平）雪风出版社发行，v.1，no.1（民国三十六年4月［1947，4］）— v.1，no.4（民国三十六年8月［1947，8］）

出版频率：月刊

内容提要：该刊主要探讨文学理论和文学思想，介绍中外著名作家及其作品，评论国内外新出版的文学著作。由茅盾、张天翼、臧克家、叶圣陶、熊佛西等著名作家介绍文艺创作的基础知识，介绍著名作家本人的创作经验，指导青年作者文学创作的技巧。其主要作者有叶圣陶、巴金、丰子恺、熊佛西、张天翼、李健吾、臧克家、何家槐等，刊载有巴金《忆居甫》、何家槐《契诃夫论》、丰子恺《家》等文章。主要栏目有作家与作品、创作、基础修养、人书什谈、作家研究。

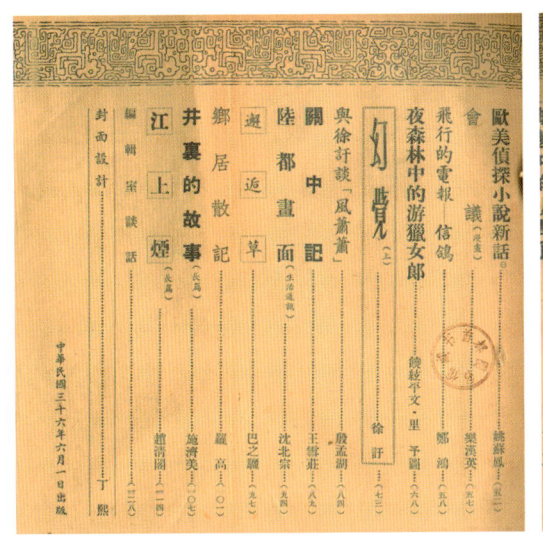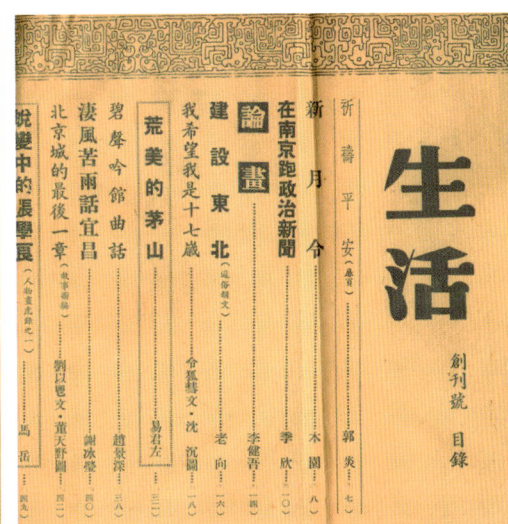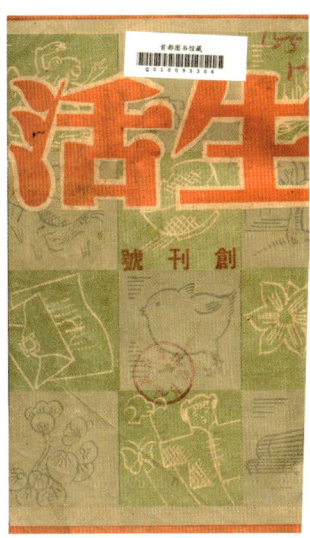

《生活》

责任者：陈涤夷、文宗山编

出版发行：（上海）生活月刊社出版，v.1，no.1（民国三十六年 6 月［1947，6］）— v.1，no.6（民国三十七年 3 月［1948，3］）

出版频率：月刊

内容提要：该刊主要刊载散文、短篇小说和长篇连载小说等通俗文学作品。报道本月全国重大新闻，分析中国和世界政治、经济形势。描绘社会各阶层人物的现实生活。普及自然科学知识和史地知识，介绍各地风俗和奇闻异事。其中刊载有李健吾《论画》、老向《建设东北》、徐訏《幻觉》等作品。

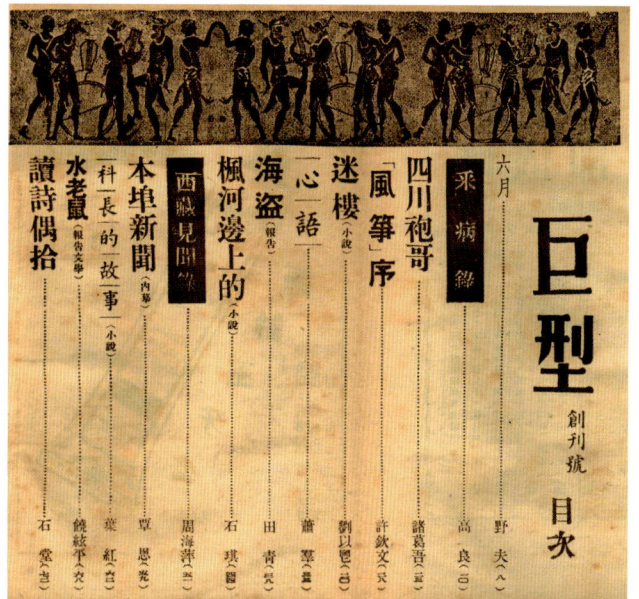

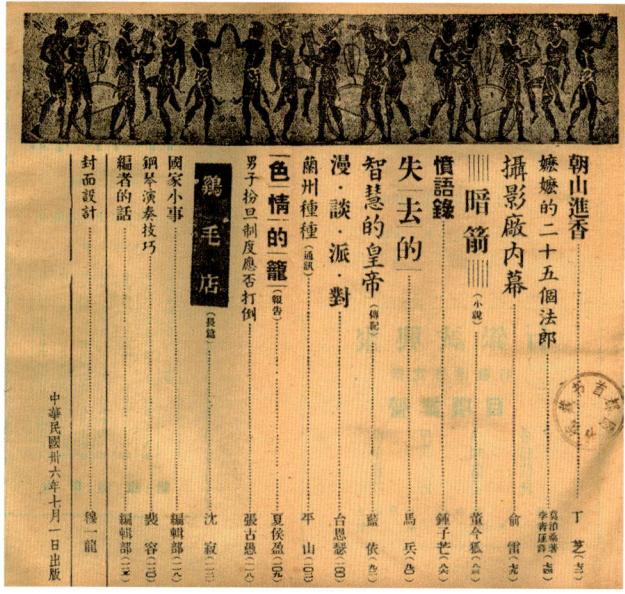

《巨型》

责任者：沈寂、钟子芒主编

出版发行：（上海）大众出版社出版，no.1（民国三十六年7月［1947，7］）— no.3（民国三十六年9月［1947，9］）

出版频率：月刊

内容提要：该刊主要报道时事新闻，介绍各地奇闻异事，报道重大新闻和事件的内幕，介绍台湾、西藏等地区的情况和消息。刊载研究中国传统戏剧和电影的文章，报道戏剧界和电影界的相关消息和动态。发表小说、散文、报告文学、人物传记等文学作品。值得提到的是第3期刊载有抗战时期飞虎队陈纳德妻子陈香梅所著《我与陈纳德》，其他还有沈寂《鸡毛店》、周海萍《西藏见闻录》等作品。

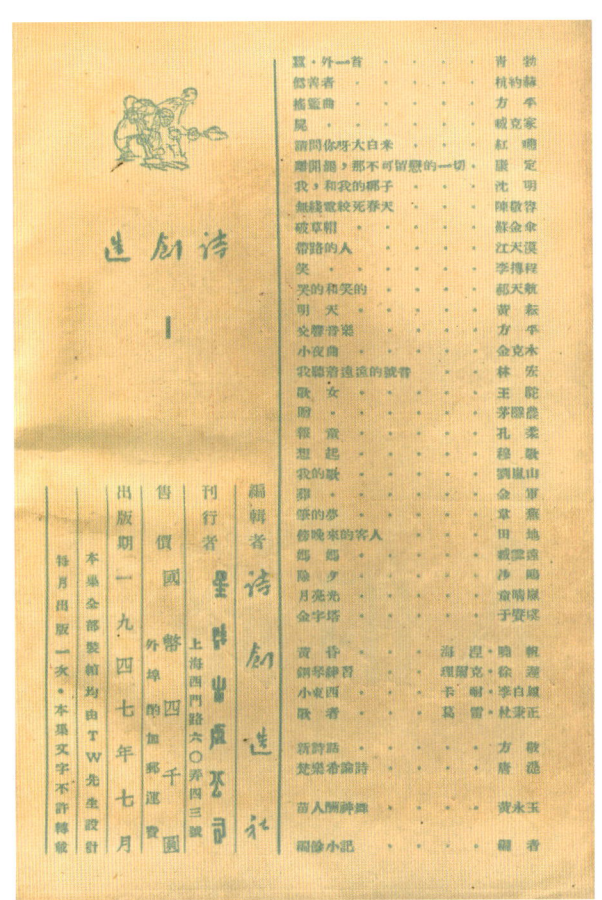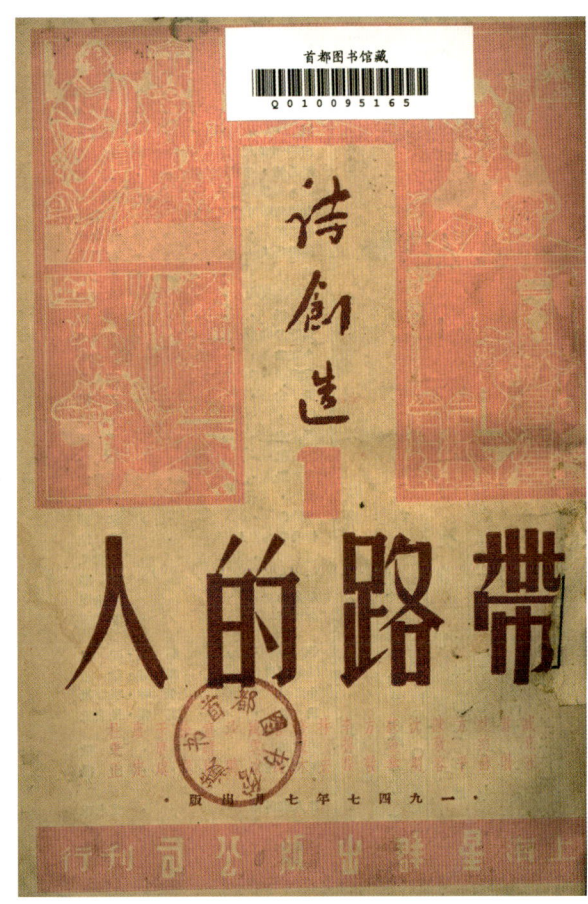

《诗创造》

责任者：诗创造社编

出版发行：（上海）星群出版公司发行，v.1，no.1（民国三十六年7月［1947，7］）—v.2，no.4（民国三十七年10月［1948，10］）

出版频率：月刊

内容提要：该刊创刊目的是为广大的劳动大众写作，内容上主张诗创作应反映现实，同时也强调作品的文学性。主要刊载现代诗和诗歌理论研究，以及翻译普希金、海涅等外国诗人的作品，每期均有专门的题名，如"带路的人""丑角的世界""骷髅舞""饥饿的银河""箭在弦上"等。主要作者有臧克家、戴望舒、康定、方平、方敬等诗人，刊载有臧克家《尸》、金克木《小夜曲》等诗歌。

253

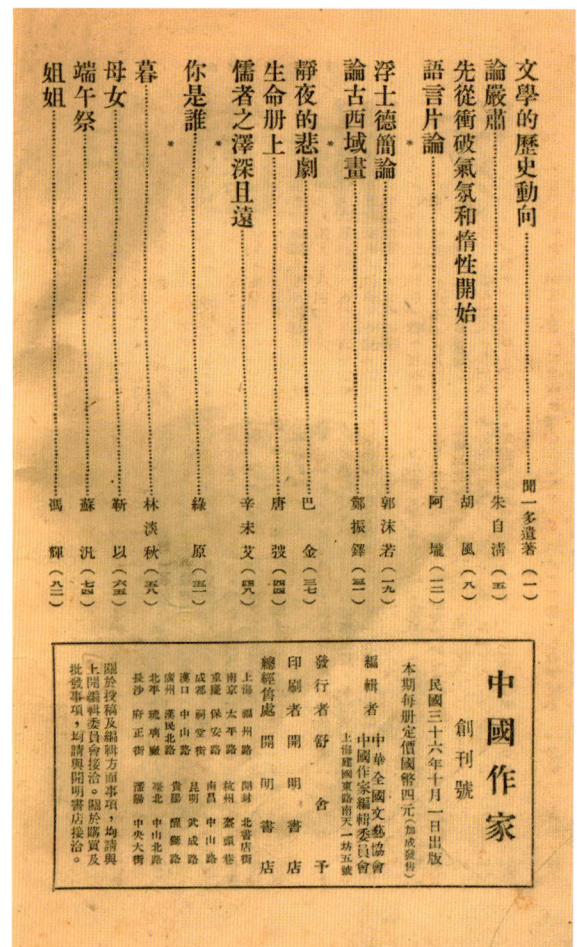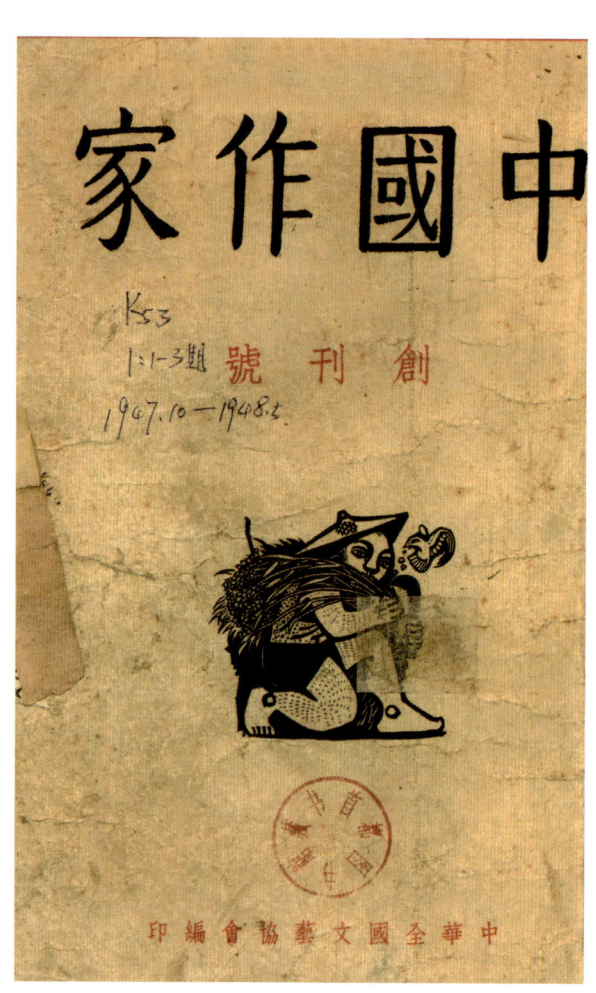

《中国作家》

责任者：中华全国文艺协会中国作家编辑委员会编

出版发行：(上海)舒舍予(老舍)发行，no.1(民国三十六年10月［1947，10］)— no.3(民国三十七年5月［1948，5］)

出版频率：月刊

内容提要：该刊以"反帝反封建的主题内容"和"创作方法上的革命的现实主义"为立场，主要刊载新体诗、小说、报告文学、戏剧、电影剧本、童话、民间故事等文艺创作。刊载文艺理论研究论著，评论"五四"以来的文艺作品及作家。主要作者有朱自清、郭沫若、郑振铎、巴金、胡风、沙汀等著名文学家，其中刊载有朱自清《背影》《荷塘月色》等散文名作，以及闻一多遗著《文学的历史动向》、朱自清《论严肃》、郑振铎《论古西域画》、巴金《静夜的悲剧》、郭沫若《浮士德简论》等文章。

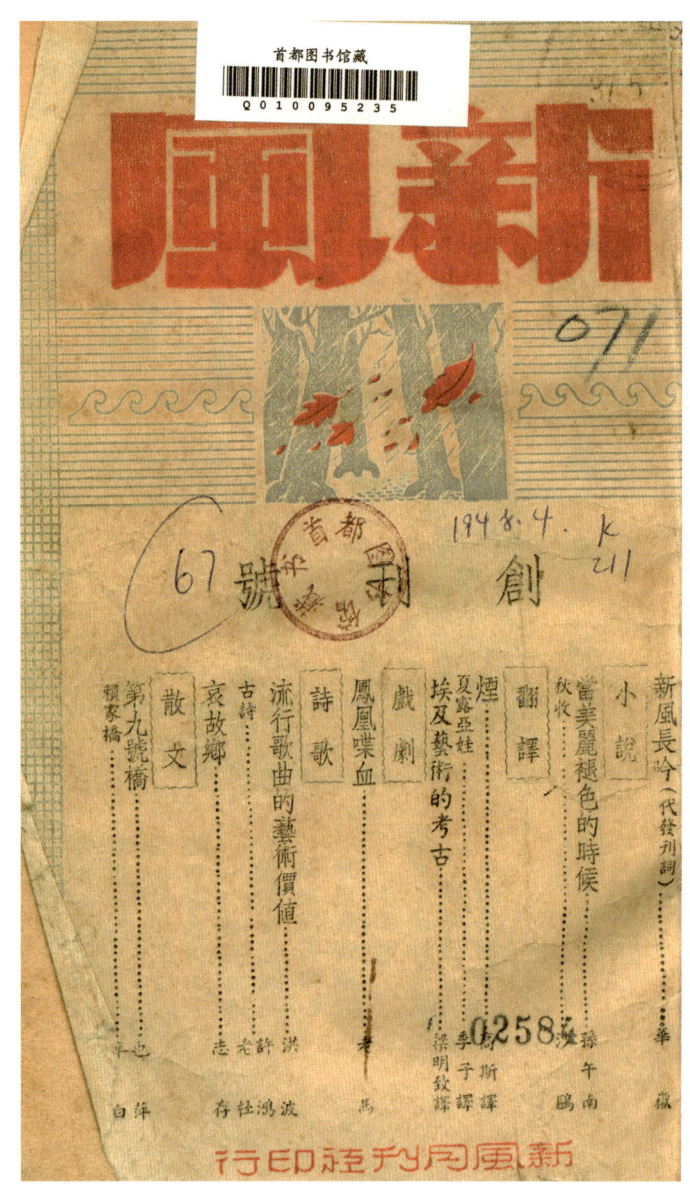

《新风月刊》

责任者：冯德彪主编

出版发行：(南京)新风月刊社出版，no.1（民国三十七年4月［1948，4］）— no.4（民国三十七年8月［1948，8］）

出版频率：月刊

内容提要：该刊为"纯文艺性刊物"，宗旨是发扬文化，戡乱意识。主要发表散文、诗歌、报告文学、剧本、小说、文艺评论等文艺创作，刊载文艺理论研究论文，翻译国外文艺作品及文艺研究。其中刊载有沙鸥《秋收》、老马《凤凰喋血》、梁明致译《埃及艺术的考古》等文章。该刊主要栏目有小说、翻译、戏剧、诗歌、散文。

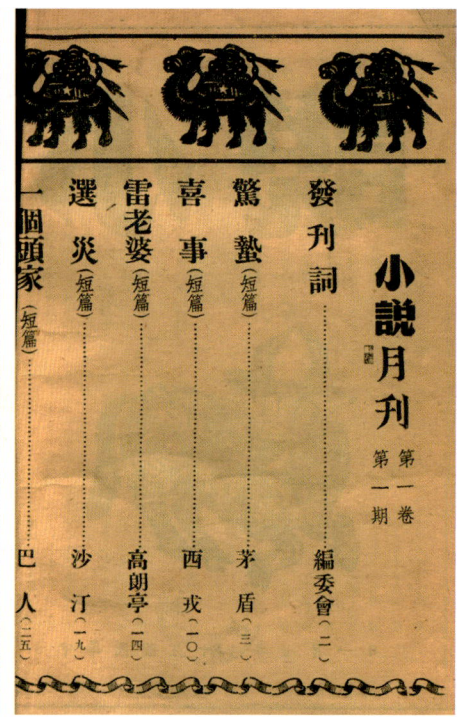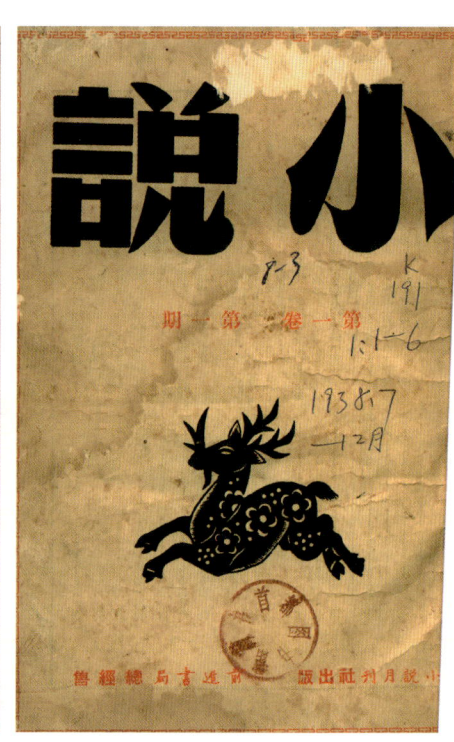

《小说》

责任者：小说月刊社编

出版发行：（香港）小说月刊社出版；1949年10月第3卷第1期起迁至上海，v.1，no.1（民国三十七年7月［1948，7］）—v.6，no.6（1952年1月）

出版频率：月刊

内容提要：该刊主要刊载短篇小说、长篇小说、报告文学、回忆录等文学作品。发表文学评论，刊载探讨文学理论和文学创作方法的论述。主要作者有茅盾、巴人、沙汀、蒋牧良、郭沫若、萧军、胡绳等，其中刊载有茅盾《惊蛰》、周而复《白求恩大夫》、周立波《挫折》、郭沫若《神泉》等作品。主要栏目有小说、散文等。

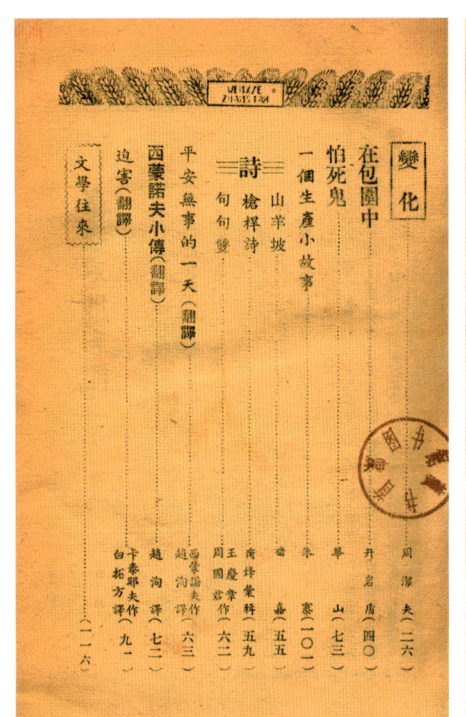
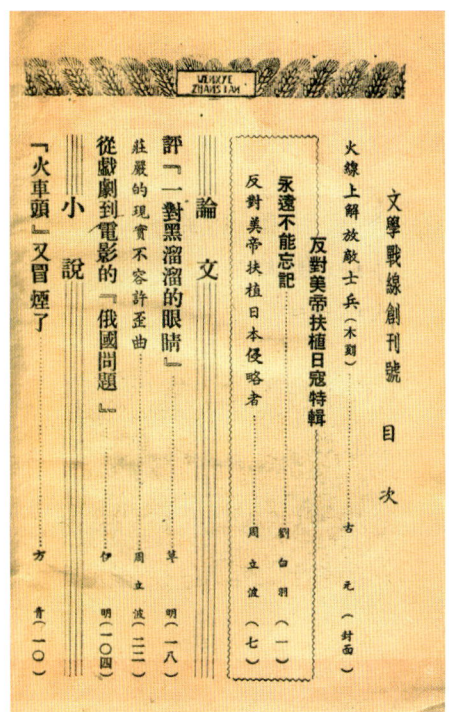
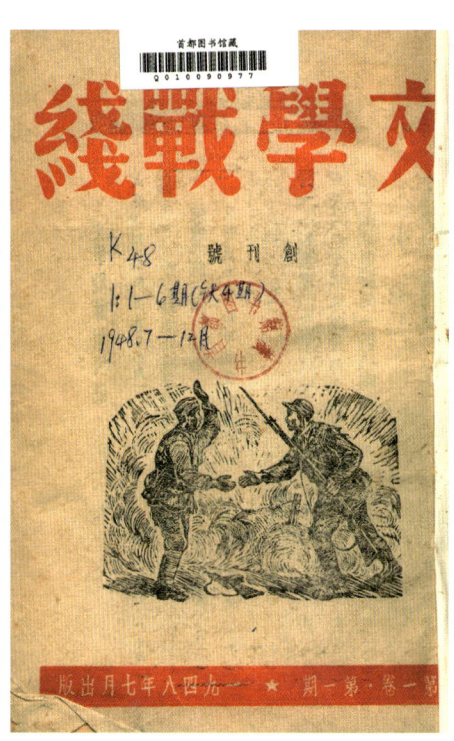

《文学战线》

责任者：文学战线杂志社编

出版发行：（哈尔滨）东北书店发行；1949年3月第2卷起迁至沈阳，v.1, no.1（民国三十七年7月[1948, 7]）— v.2, no.5（民国三十八年7月[1949, 7]）

出版频率：月刊

内容提要：该刊为解放区刊物，描绘了解放战争时期东北人民群众的斗争与生活场景，记述了解放战争、土地改革、经济建设等重大历史事件。主要刊载反映人民大众斗争和生活的各种文艺作品，包括小说、戏剧、诗歌、散文、速写、游记、日记、报告文学、人物传记、民间故事、民间传说、民歌民谣等各种文学形式。刊载木刻、漫画、歌曲、美术、摄影等艺术作品。探讨文学和艺术理论，评介国内外作家及其作品。翻译苏联等国的文学理论和文学作品。介绍党的文艺政策，报道中国文艺界的消息和动态。主要撰稿人为茅盾、刘白羽、周立波、丁玲、舒群等著名文学家，刊载有丁玲《太阳照在桑干河上》、刘白羽《战火纷飞》等作品。主要栏目有论文、小说、变化、诗、文学往来。

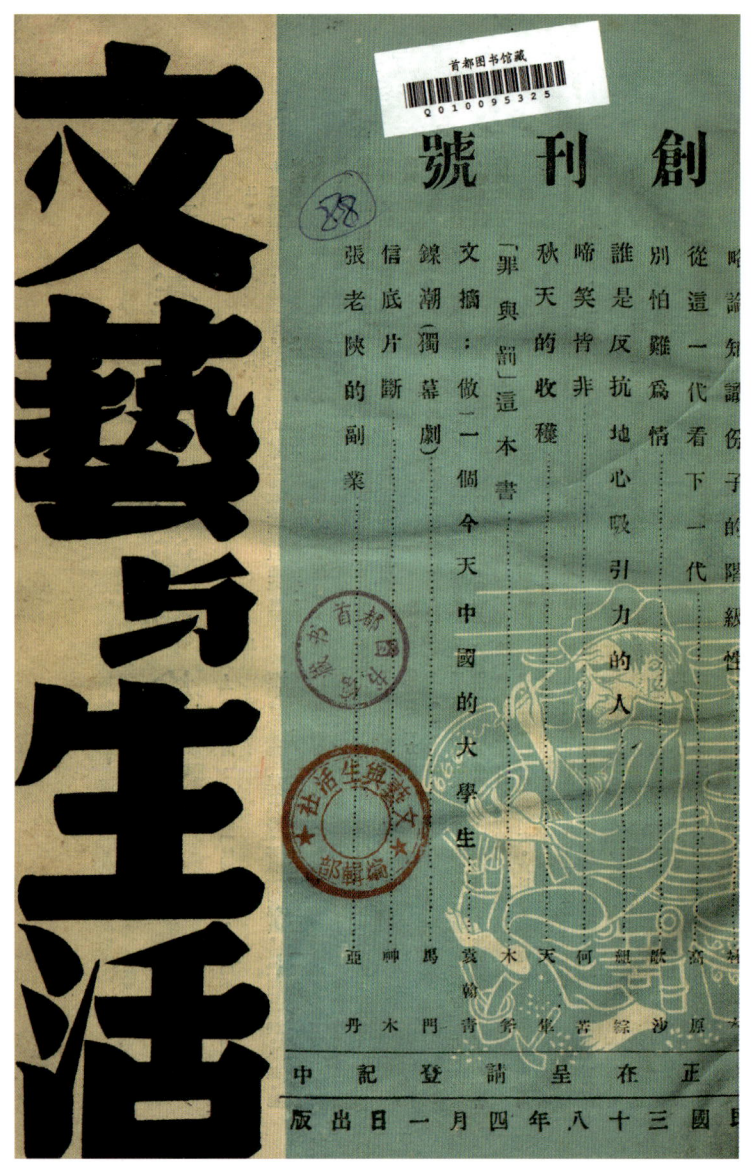

《文艺与生活》

责任者：文艺与生活社编

出版发行：(成都) 文艺与生活社发行，v.1, no.1（民国三十八年4月 [1949，4]）— v.1, no.6（民国三十八年9月 [1949，9]）

出版频率：月刊

内容提要：该刊主要刊载讨论中国政治、社会、青年、文化等各种问题的杂文和小品文。描绘各阶民众的现实生活情景，反映普通民众的喜怒哀乐。介绍学习知识和生活常识，如医药卫生、育儿等。发表散文、戏剧、小说等文学创作，介绍并翻译高尔基、马雅可夫斯基、陀思妥耶夫斯基等国外作家的诗歌、小说等文学作品。

六、艺术

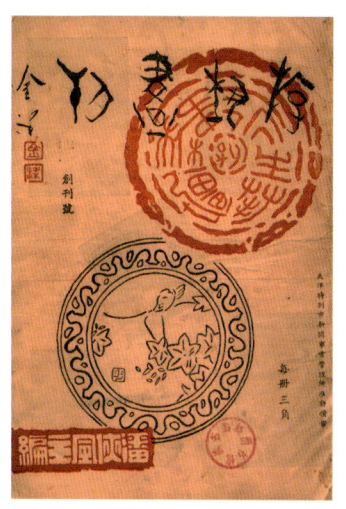

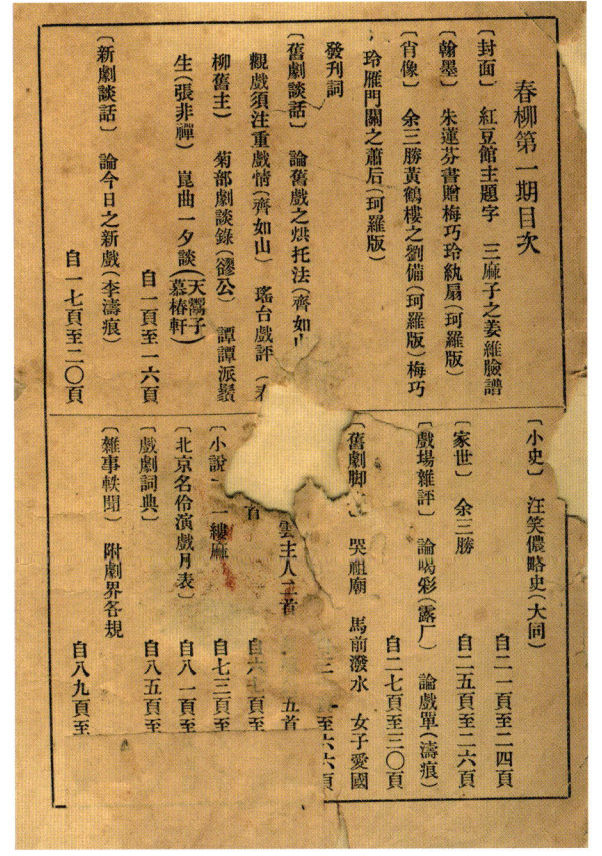 

《春柳》

责任者：春柳杂志事务所编

出版发行：（天津）春柳杂志事务所发行，no.1（民国七年12月［1918，12］）— no.8（民国八年10月［1919，10］）

出版频率：月刊

内容提要：该刊主要内容是研究以京剧和昆曲为主的中国传统戏曲的表演艺术，讨论传统戏剧和新剧的艺术理论、表演技法和创作手法。介绍谭鑫培、杨小楼、余叔岩等名伶的生平家世和表演艺术，发布京津地区名伶的每月演出情况。刊载剧本、小说、诗词等文学作品，其中刊载有齐如山《论旧戏之烘托法》、李涛痕《论今日之新戏》等文章。该刊的封面刊名为红豆馆主（溥侗）所题，主要栏目有旧剧谈话、新剧谈话、旧戏脚本、家世、小史、名伶、杂事轶闻、戏剧辞典、小说、戏场杂评。

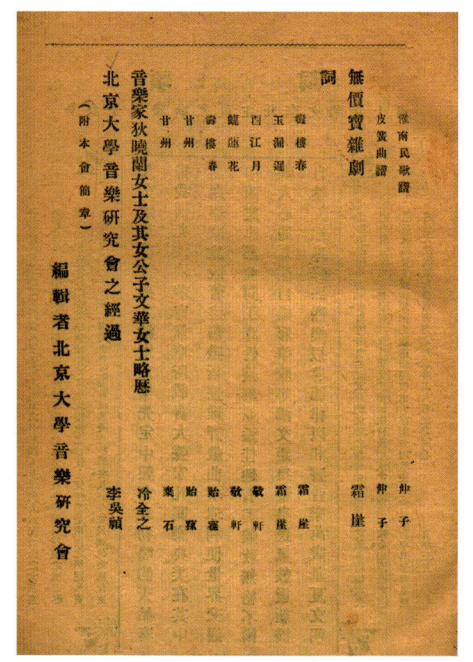 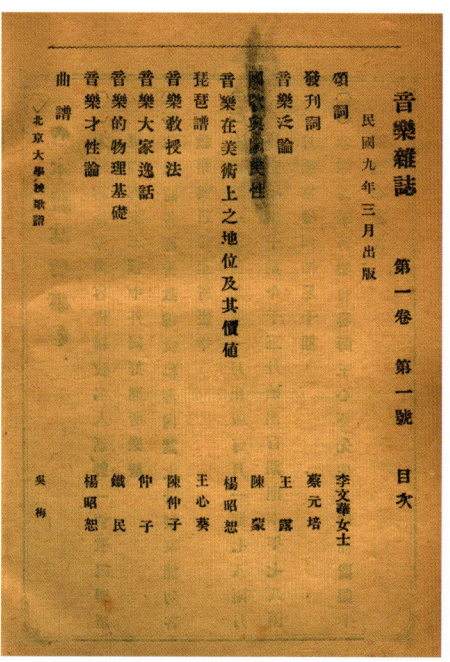 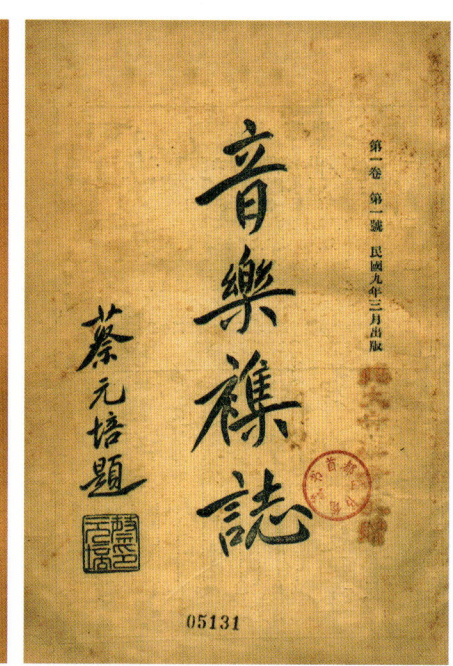

《音乐杂志》

责任者：北京大学音乐研究会编

出版发行：(北京)北京大学出版部发行，v.1, no.1（民国九年3月［1920, 3］）— v.2, no.10（民国十年12月［1921, 12］）

出版频率：月刊

内容提要：该刊的创刊宗旨是研究乐理，评判音律。主要刊载研究音乐理论的论著，翻译国外音乐研究论述。介绍古琴、瑟、琵琶等各种乐器的演奏方法。刊载现代音乐家所创作的歌词和乐谱，以及古今各地的民间曲谱和歌词。发表格律诗词等文学作品。探讨音乐的教学方法以及音乐创作经验。介绍古今著名音乐家及其音乐。公布北京大学音乐研究会的章程、成立经过以及各项工作事务。该刊封面题名为蔡元培所题。

《笑画》

题名：笑画 = Laughter

责任者：不详

出版发行：（上海）生生美术公司出版，no.1（民国十二年7月［1923，7］）— no.13（民国十三年12月［1924，12］）

出版频率：月刊

内容提要：该刊以"滑稽发笑"为主旨，主要刊载滑稽幽默类的笑话、小品文、故事和小说，刊载讽刺类和幽默类的漫画作品。其主要内容是描写家庭生活，反映底层民众的疾苦，讽刺官场的黑暗和社会的不公现象。

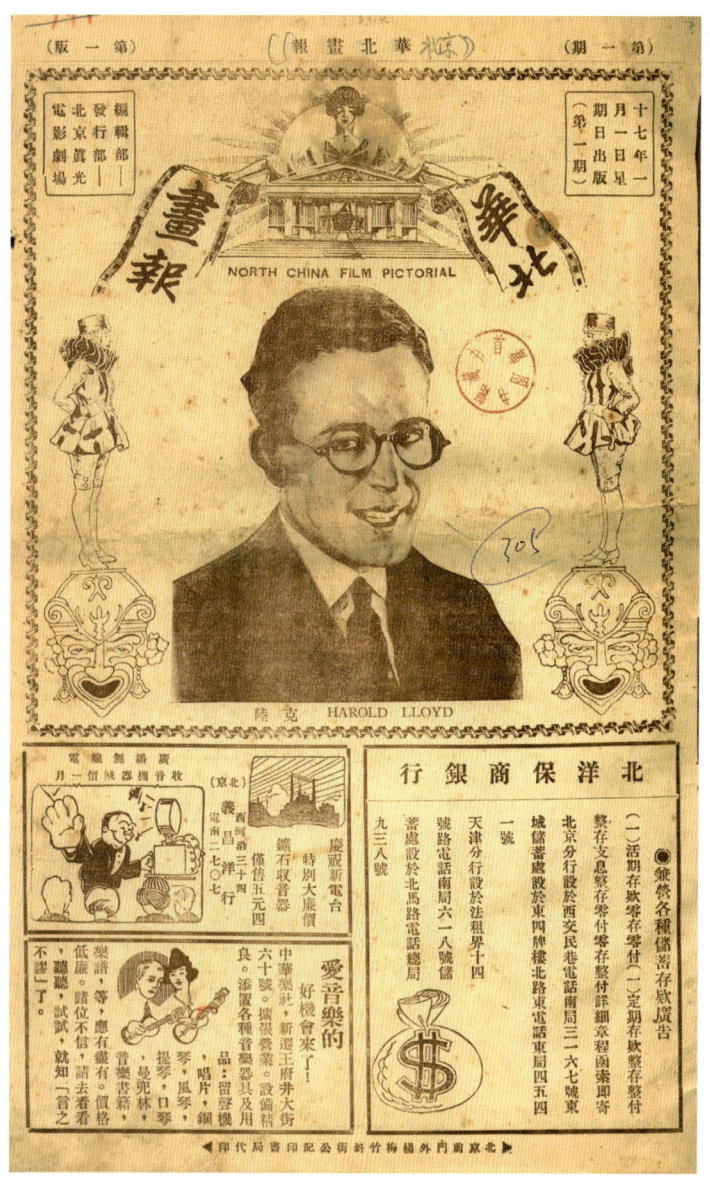

《华北画报》

题名：华北画报 = North China Film Pictorial

责任者：真光电影剧场编

出版发行：(北京)真光电影剧场发行，no.1(民国十七年1月[1928，1])— no.41(民国十八年10月[1929，10])

出版频率：周刊

内容提要：该刊主要刊载以美国好莱坞为主的中外电影内容简介，报道中外电影界的新闻消息。介绍好莱坞明星的近况，刊载中外电影明星的剧照和生活照。刊载漫画、绘画、小说等文艺作品。其中每期最后一页会刊载平安电影院、真光剧院、中央电影院等北京主要电影院的一周放映剧目预告。

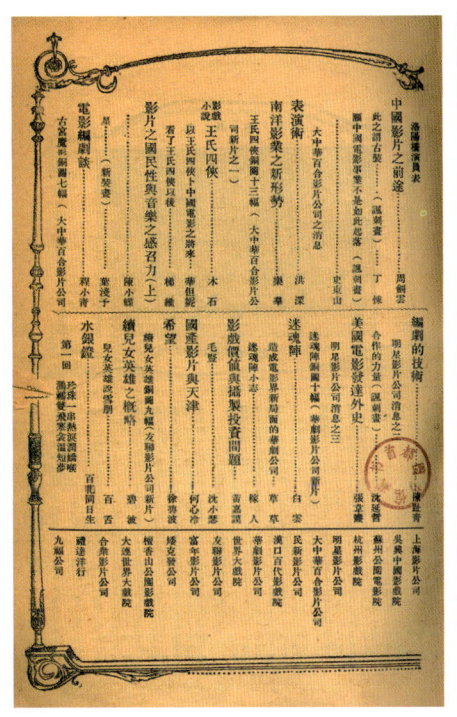 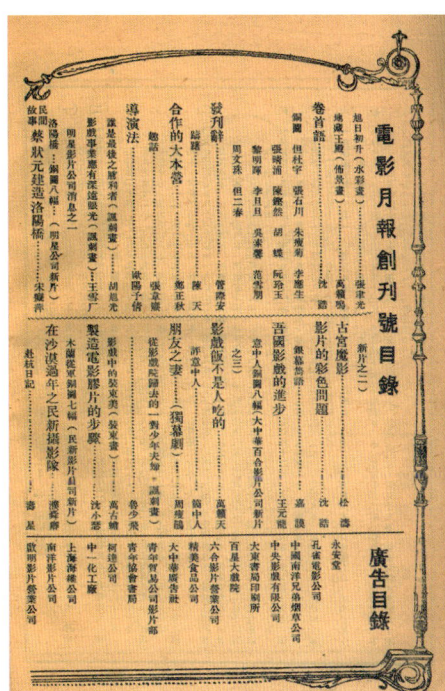 

《电影月报》

题名：戏剧月刊 = The Theatre Monthly

责任者：沈诰、沈延哲编

出版发行：（上海）六合影片营业公司发行，no.1（民国十七年4月［1928，4］）— no.12（民国十八年9月［1929，9］）

出版频率：月刊

内容提要：该刊为上海影戏公司、明星制片公司、大中华百合影片公司、民新影片公司、华剧影片公司、友联影片公司等联合组成的六合影片营业公司创办。主要刊载研究电影艺术和电影产业的文章，涉及表演、导演、编剧、布景、摄制技术、电影戏剧历史、投资、电影产业等内容。刊载电影剧本、戏剧剧本、民间故事等文艺作品。报道中外电影明星和电影界的新闻和逸事。介绍最新上映的中外电影，特别是六合影片营业公司所摄制的影片。其中刊载有程小青、洪深、欧阳予倩等撰写的电影研究文章和电影剧本，如欧阳予倩《导演法》、程小青《电影编剧谈》、洪深《表演术》等。

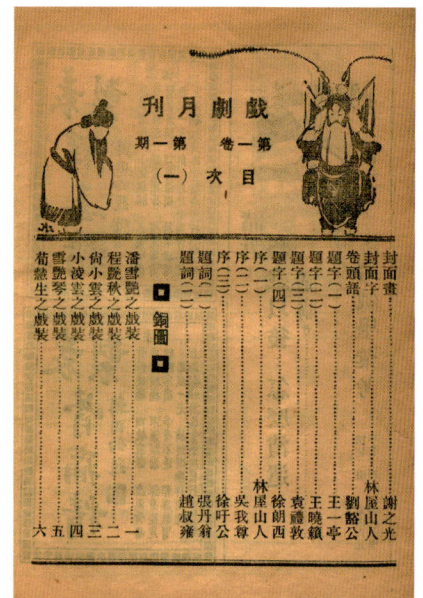 

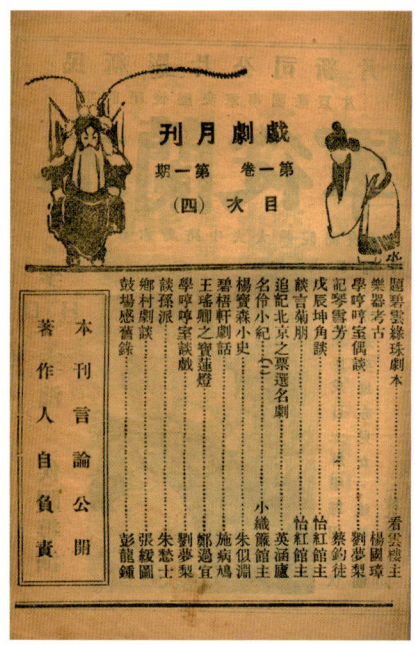 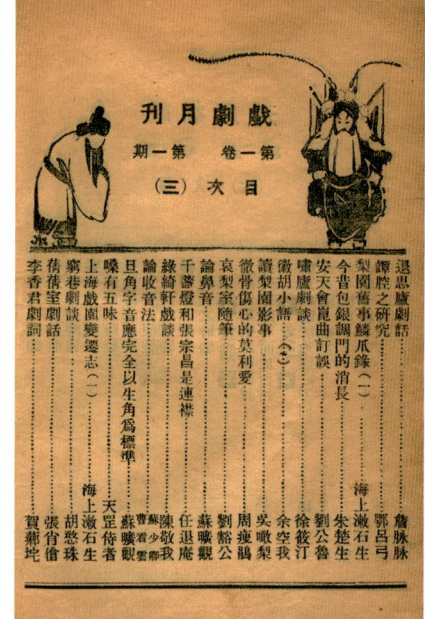 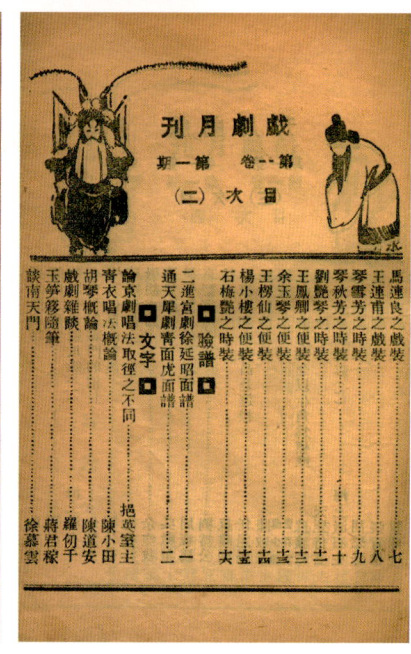

《戏剧月刊》

题名：戏剧月刊 = The Theatre Monthly

责任者：刘豁公主编

出版发行：(上海)戏剧月刊社出版，v.1，no.1（民国十七年6月［1928，6］）— v.3，no.12（民国二十一年9月［1932，9］）

出版频率：月刊

内容提要：该刊主要研究京剧表演技术，包括唱腔、表演、身段、武术、脸谱等内容。介绍并分析探讨京剧各派别的异同，评论京剧名伶的唱腔和表演。刊载京剧剧本。收录有大量京剧脸谱的彩绘图片，并将不同派别的同一人物脸谱列出以作比较。报道京剧界的新闻和消息，刊载有挹英室主《论京剧唱法取径之不同》、陈小田《青衣唱法概论》、鄂吕弓《谭腔之研究》等文章。主要栏目有铜图、脸谱、文字。

六、艺术

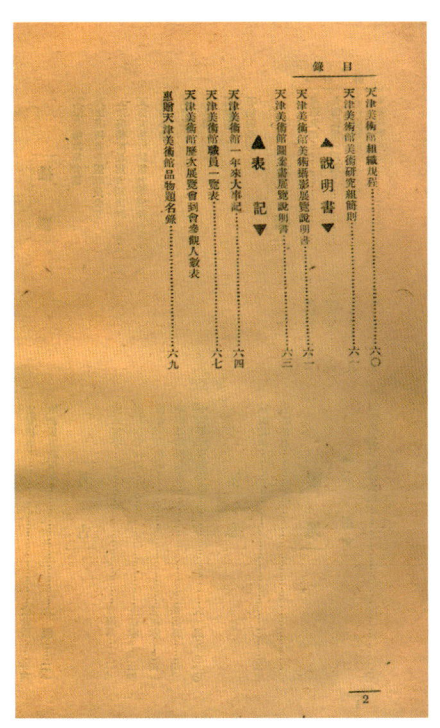 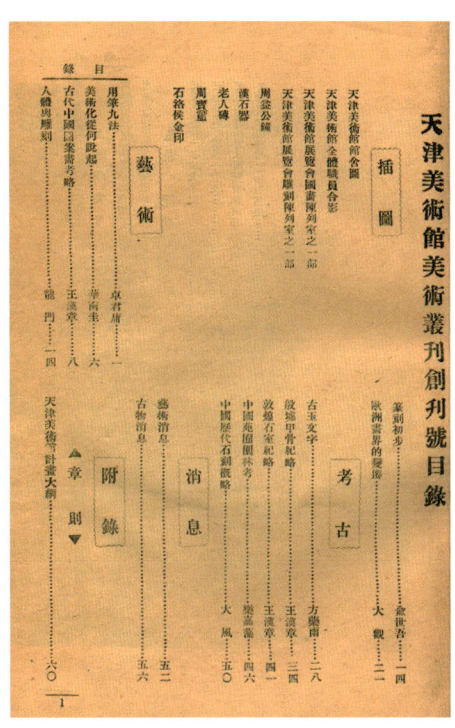 

《美术丛刊》

责任者：天津美术馆编

出版发行：（天津）天津美术馆发行，创刊号（民国二十年 10 月［1931，10］）— no.3（民国二十三年 1 月［1934，1］）

出版频率：不定期

内容提要：该刊主要刊载探讨美术和美术馆相关问题的论著，内容包括美术理论、美术馆陈列、美术馆理论、各国美术馆情况等，宣传美术馆的功用和任务。刊载美术馆陈列室及馆藏艺术品的照片，介绍馆藏文物和艺术品。刊载研究考古学和文物保护及修复的论文。发布天津美术馆规程、简章、展出说明、职员、参观人数、物品题录等各项情况和事务。其中刊载有卓君庸《用笔九法》、王汉章《古代中国图案画考略》、方药雨《古玉文字》等文章。主要栏目有插图、艺术、论文、考古、消息。

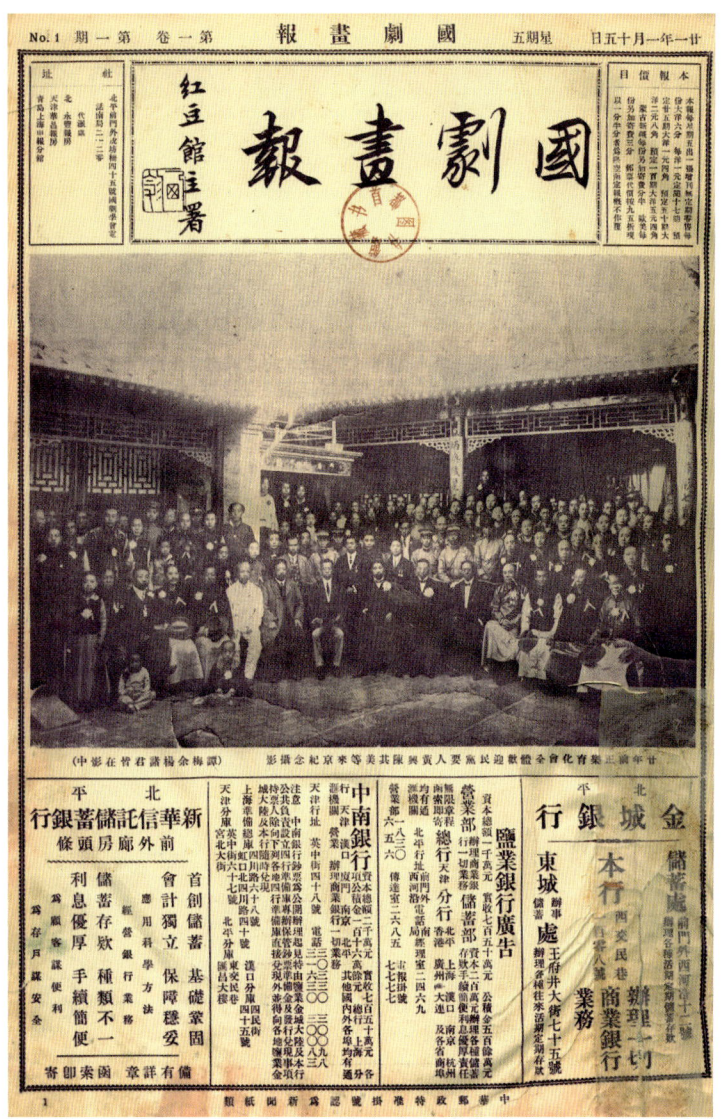

《国剧画报》

责任者：不详

出版发行：(北平)国剧学会发行，v.1, no.1 (民国二十一年1月 [1932，1]) — v.2, no.30 (民国二十二年8月 [1933，8])

出版频率：周刊

内容提要：该刊旨在"振兴国剧，发扬文化，补助教育"。主要刊载有关中国传统戏剧的图画和照片，包括冠服、脸谱、道具、曲谱、戏台、名伶、字画、演出剧照等大量有关戏剧的资料。刊载研究与整理京剧、昆曲等传统戏剧的论著，内容包括各剧种的渊源和历史沿革，以及对各戏曲的音乐、念白、身段、脸谱等各项内容的整理。介绍久未演出或极少流传的戏剧、传奇等的剧本。介绍戏剧界以及戏剧研究界的新闻消息。报道国剧学会的消息和各项事务。其中刊载有大量梅兰芳、余叔岩、杨小楼、钱金福等名伶的剧照。该刊封面题名为红豆馆主(溥侗)所题。

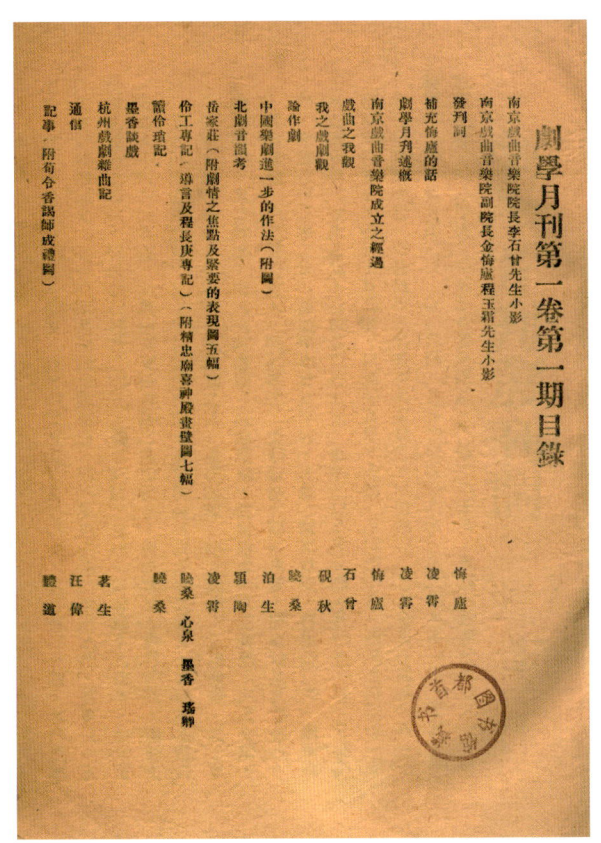 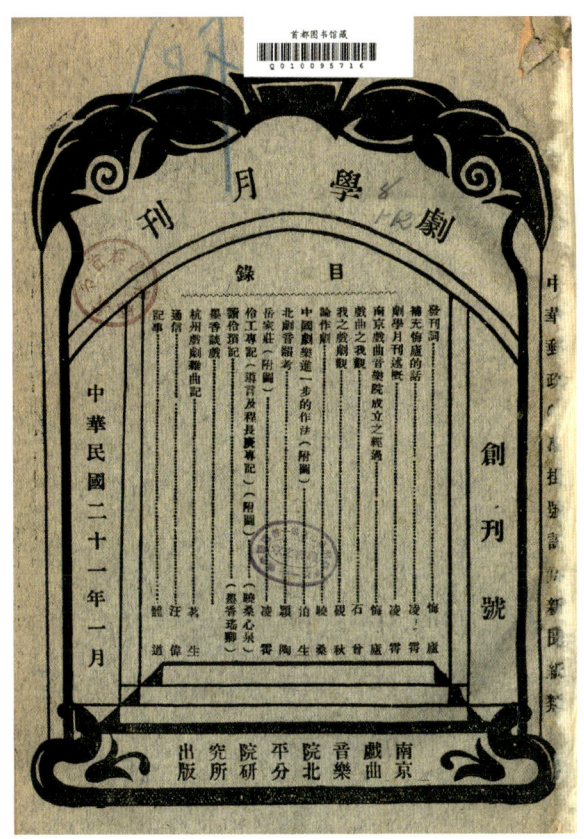

《剧学月刊》

责任者：徐凌霄、程砚秋、金兆棪主编

出版发行：（北平）南京戏曲音乐院北平分院研究所发行；自1934年9月第3卷第9期起改为（北平）中国戏曲音乐院研究所出版，v.1，no.1（民国二十一年1月［1932，1］）— v.5，no.6（民国二十五年6月［1936，6］）

出版频率：月刊

内容提要：该刊创刊的目的是用科学方法，研究本国原有之剧艺，整理而改进之，使之成一专门之学，立足于世界学术之林。主要刊载研究京剧、昆曲、话剧等中西方各剧种的理论，介绍并探讨乐队、演员、乐器、乐律、唱法服装、脸谱、词句、舞蹈、身段、武术等戏剧艺术的具体内容。介绍著名演员、乐工、技师和戏班班主的生平及艺术。刊载旧剧及新剧的剧本。介绍与戏剧相关的趣谈逸闻。每期均刊载有京剧、昆曲、话剧等新旧戏的剧照以及名伶的照片。主要作者为焦菊隐等戏剧家以及王瑶卿、程砚秋等名伶，刊载有程砚秋《我之戏剧观》、王泊生《中国乐剧进一步的作法》、杜颖陶《北剧音韵考》、陈墨香《墨香谈剧》、王瑶卿《论历年旦角成败的原因》、邵茗生《古乐器考》等文章。

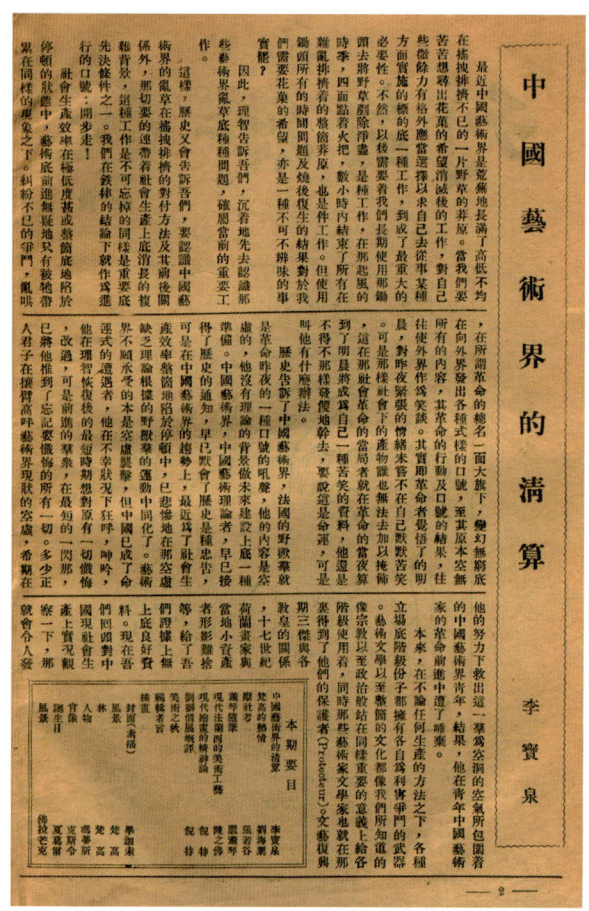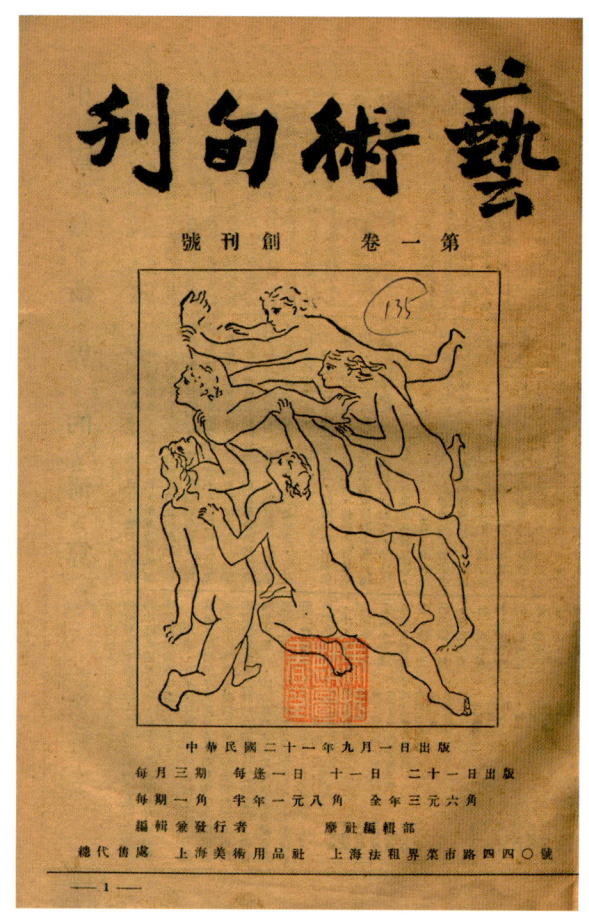

《艺术旬刊》

责任者：摩社编辑部编

出版发行：（上海）摩社编辑部发行，v.1, no.1（民国二十一年9月［1932，9］）— v.1, no.12（民国二十一年12月［1932，12］）；1933年卷期另起，no.1（民国二十二年1月［1933，1］）— no.2（民国二十二年2月［1933，2］）

出版频率：旬刊；1932年1月起改为月刊

内容提要：该刊主要研究艺术理论，探讨各类艺术相关的实际问题，介绍世界各国艺术理论和艺术界的状况，其内容涉及美术、音乐、戏剧等方面。报道中外艺术界的消息和动态。刊载有毕加索、梵高、马蒂斯、雷诺阿、刘海粟等中外著名艺术家的绘画作品插图，如：刘海粟《梵高的热情》、柳亚子《刘海粟先生印象记》、丰子恺《新艺术》、倪特《现代绘画的精神论》等文章。

六、艺术

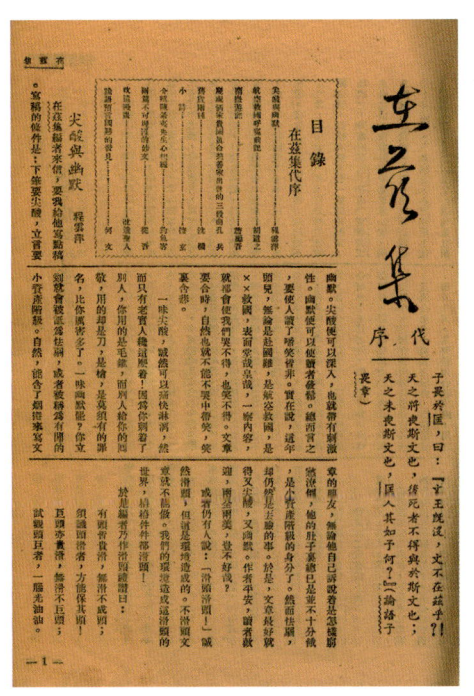 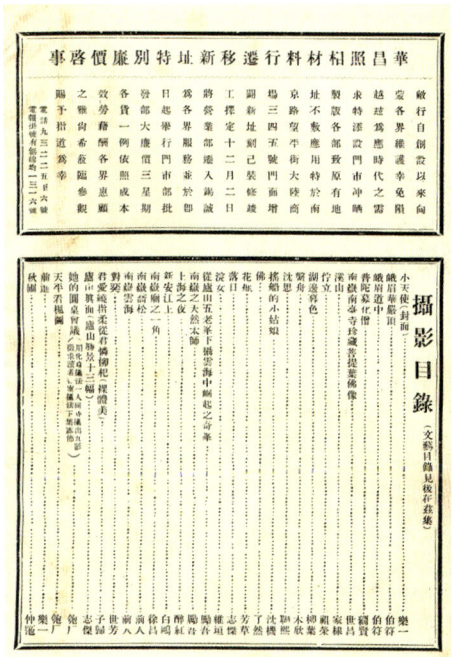 

《晨风》

责任者：晨风摄影研究社编辑部编

出版发行：（上海）晨风摄影研究社出版部出版，no.1（民国二十二年12月[1933，12]）—no.12（民国二十四年12月[1935，12]）

出版频率：月刊

内容提要：该刊创刊目的是"促进中国影戏事业之进步"。主要刊载摄影艺术作品，包括自然风景、新闻、人物、建筑、古迹、社会生活、花鸟等类别。刊载研究摄影艺术及介绍摄影技术的文章。发表散文、小说、诗歌、杂文、游记等文学作品，其中刊载有程云萍《尖酸与幽默》、李尊庸《摄影讲话》等文章。

《时代漫画》

责任者：鲁少飞主编

出版发行：（上海）时代图书公司出版，no.1（民国二十三年1月［1934，1］）— no.39（民国二十六年6月［1937，6］）

出版频率：月刊

内容提要：该刊主要刊载描绘各阶层民众真实生活的漫画，评论人生中的各类大小问题。刊载滑稽类和幽默类的漫画独幕剧，揭露社会的各种不平，讽刺社会中的丑恶现象。刊载一些消闲性的漫画作品。报道国内外重大新闻时事，分析世界局势，揭露日本侵略中国的野心，宣传爱国主义思想。

六、艺术

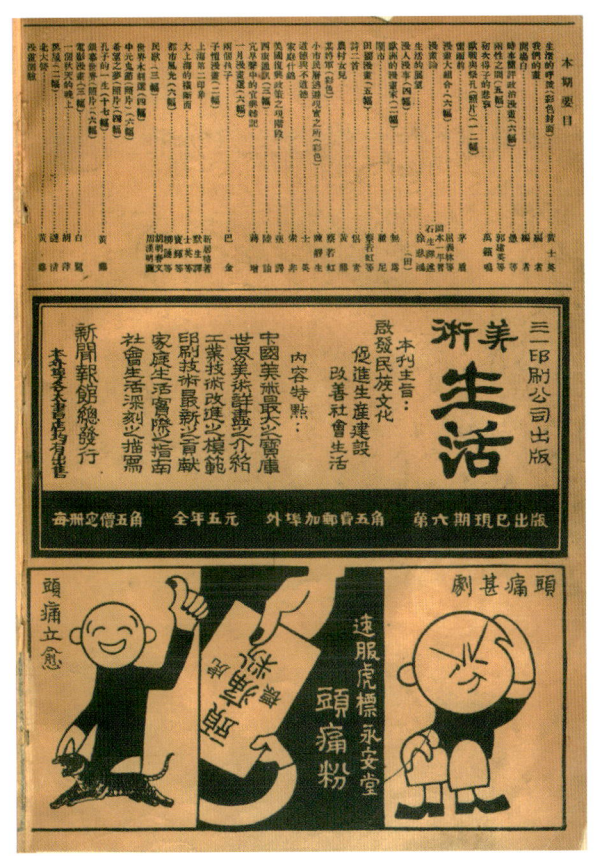

《漫画生活》

责任者：吴朗西、钟山稳、黄士英、黄鼎编

出版发行：（上海）美术生活杂志社发行，no.1（民国二十三年9月［1934，9］）— v.2，no.1（民国二十四年9月［1935，9］）

出版频率：月刊

内容提要：该刊主要刊载漫画以及散文、杂文、小说等文艺作品，主要内容为描绘中国劳苦大众的现实生活，反映中国的现实社会状况和各种弊端。评论中国时事政治，报道国内外重要新闻。介绍自然科学知识和文史知识，介绍各国文化和奇闻逸事。主要作者有茅盾、巴金、鲁迅、靳以、丰子恺、黄士英、胡愈之、徐悲鸿等，其中刊载有丰子恺的漫画以及鲁迅《说面子》、茅盾《雷雨前》、巴金《两个孩子》等文学作品。

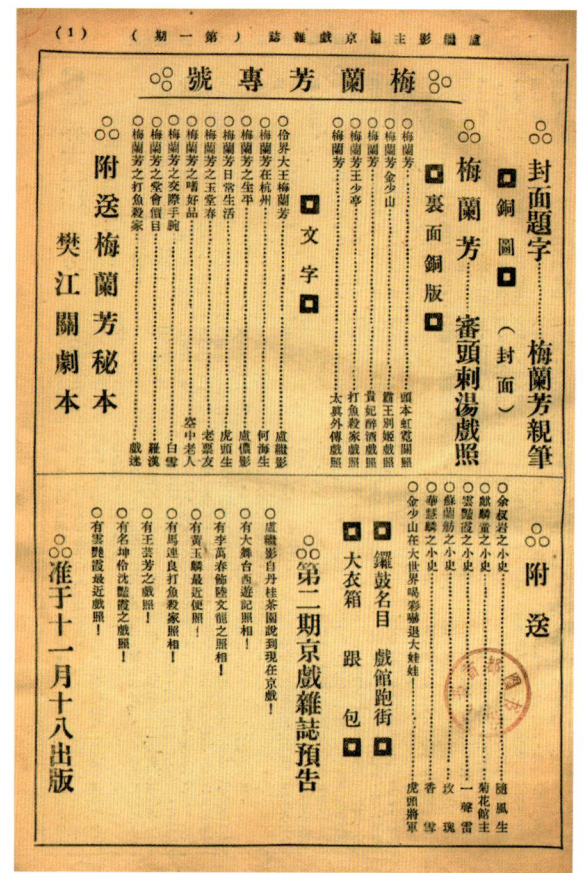

《京戏杂志》

责任者：卢继影主编

出版发行：（上海）罗汉出版社出版，好运道书局发行，no.1（民国二十四年10月[1935，10]）—no.12（民国二十五年10月[1936，10]）

出版频率：月刊

内容提要：该刊主要刊载研究京剧表演艺术的论述，介绍京剧的唱腔、琴谱和表演技法。介绍谭鑫培、麒麟童、梅兰芳、程砚秋、马连良等京剧名伶的生平、家世、表演特色和代表剧目。刊载京剧演出剧照，以及京剧名伶的剧照和常服照片。该刊每期均刊载有梅兰芳、麒麟童等京剧大师收藏的"秘本"，如《樊江关》《吴汉杀妻》《请宋灵》等京剧剧本。封面刊名为梅兰芳所题。

六、艺术

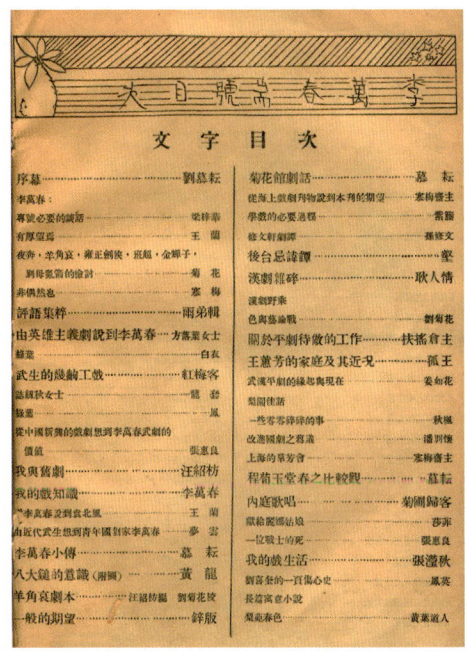 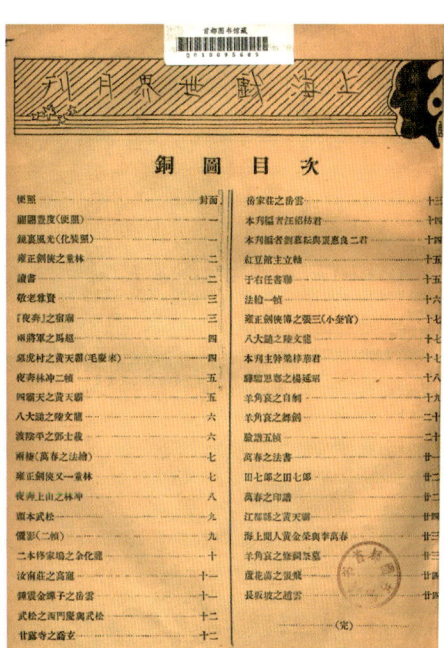 

《戏世界月刊》

责任者：汪绍枋、梁梓华、刘慕耘编

出版发行：（上海）戏世界月刊社发行，no.1（民国二十四年11月［1935，11］）— no.3（民国二十五年1月［1936，1］）

出版频率：月刊

内容提要：该刊主要刊载研究京剧、昆曲等中国传统戏曲的戏剧理论和表演艺术的论著，以及介绍和研究中国和西方的歌剧、话剧等新剧的论述。介绍梅兰芳、李万春等名伶的传记以及表演艺术，报道中国戏剧界的相关消息和动态。刊载剧本、小说等文学作品，还刊载有大量京剧、汉剧、昆曲等传统戏曲的剧照，以及梅兰芳、李万春、金少山、荀慧生、马连良、谭富英等名伶的剧照及便装照。其创刊号为"李万春专号"，刊载有李万春《我的戏知识》、刘慕耘《程荀玉堂春之比较观》、扶摇仓主《关于平剧待做的工作》等文章。

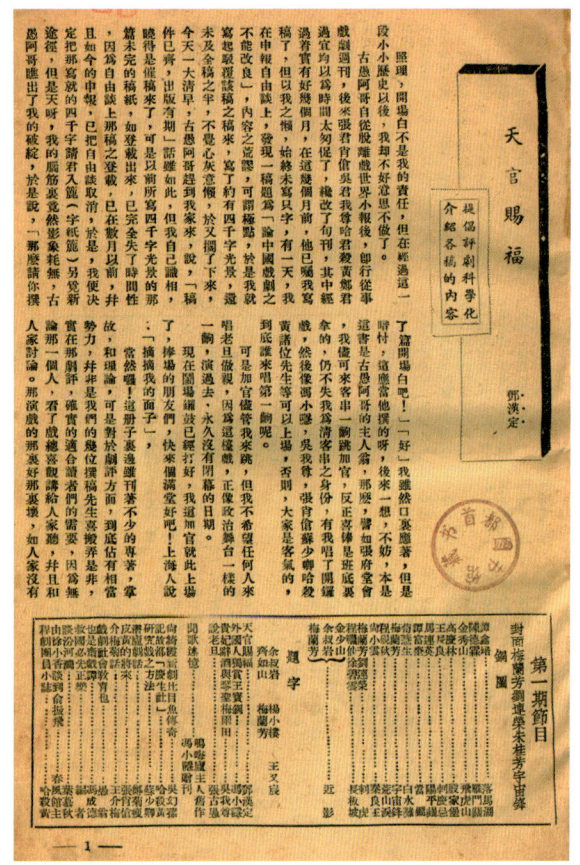

《戏剧旬刊》

题名：戏剧旬刊；1937年2月后改名为《十日戏剧》，卷期另起

责任者：张古愚主编

出版发行：（上海）上海国剧保存社出版，no.1（民国二十四年12月［1935，12］）— no.36（民国二十六年1月［1937，1］）

出版频率：旬刊

内容提要：该刊主要刊载研究京剧、昆曲、汉剧等中国传统戏曲理论和表演艺术的论述，以及戏剧评论。介绍戏剧演员的经历及其表演艺术。刊载京剧剧照以及谭鑫培、梅兰芳、程砚秋、马连良、谭富英、荀慧生、尚小云等京剧名伶的剧照和便装照。其中刊载有愚翁《戏剧社会教育也》、苏少卿《研究戏之方法》、张肖伧《皮黄的将来》等文章。

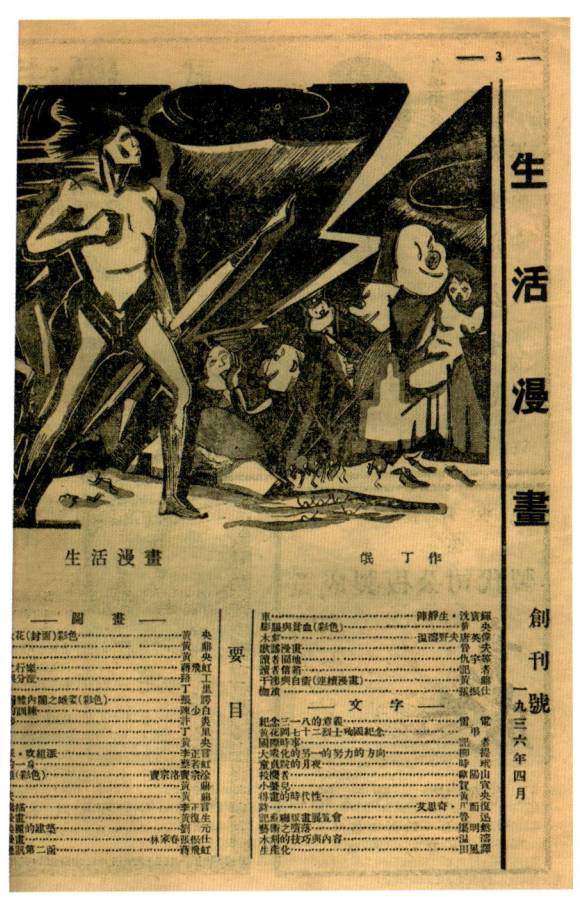 

《生活漫画》

责任者：刘永福编，1936年6月改为黄士英编

出版发行：（上海）生活漫画社出版，刘永福发行，创刊号（民国二十五年4月［1936，4］）— v.1，no.3（民国二十五年6月［1936，6］）

出版频率：月刊

内容提要：该刊主要刊载漫画、木刻版画等艺术作品，内容以表现人民的真实生活、揭露各种社会问题为主。发表杂文、散文、诗歌等文学作品。刊载探讨文艺理论和漫画、木刻技巧的文章。其中刊载有黄央、黄鼎、丁里等人的绘画和漫画，以及鲁迅《记苏联版画展览会》、欧阳山《投机者》、艾思奇《雾中的散步》等文章。该刊主要栏目有图画、文字等。

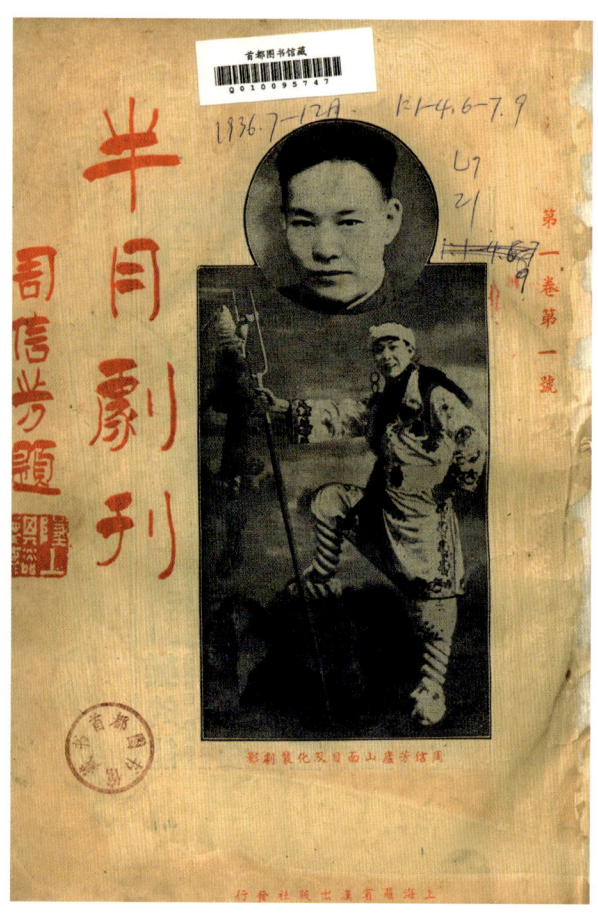

《半月剧刊》

责任者：罗宾汉出版社编

出版发行：(上海)罗宾汉出版社发行，v.1，no.1（民国二十五年7月［1936，7］）— v.1，no.9（民国二十五年12月［1936，12］）

出版频率：半月刊

内容提要：该刊主要刊载研究京剧等传统戏剧以及歌剧、话剧等西方戏剧的论述，特别是介绍并探讨南派京剧的演员及表演特点。报道以上海京剧界为主的京剧名伶和京剧演出的新闻消息。刊载有周信芳、马连良、梅兰芳、金少山等京剧名伶的剧照，还刊载有瘦竹《南派做工老生的古今两宗匠》、韵声《大鼓书的略史》、紫苏《论戏剧中的团圆》等文章。该刊封面刊名为周信芳所题。

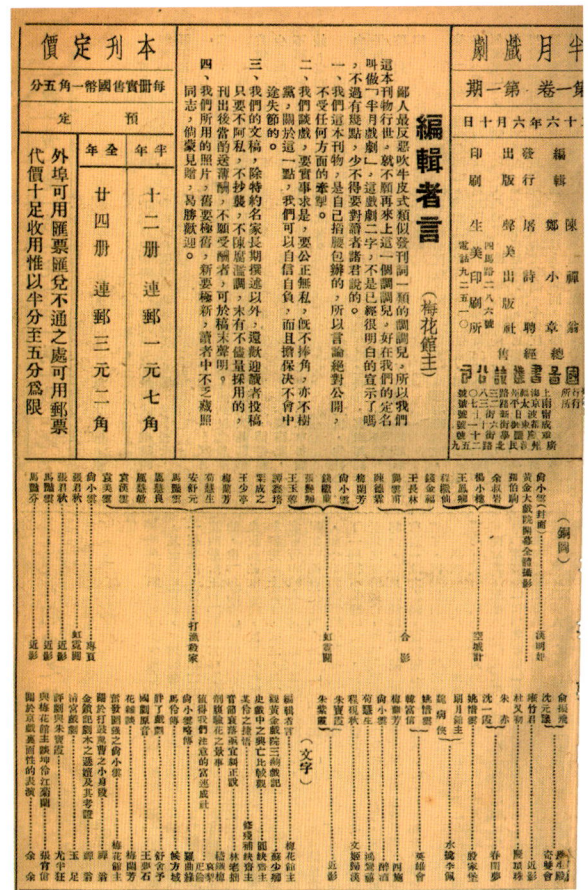

《半月戏剧》

责任者：梅花馆主（郑子褒）主编

出版发行：（上海）声美出版社出版，屠诗聘发行，v.1, no.1（民国二十六年6月［1937，6］）— v.6, no.12（民国三十七年11月［1948，11］）

出版频率：月刊

内容提要：该刊主要刊载研究京剧等中国传统戏剧和话剧等现代戏剧的论文，介绍京剧的唱腔、身段和演艺技巧等内容。介绍著名京剧演员的生平和艺术特色。刊载京剧名伶的剧照及便装照。其中刊载有舒舍予《胖了戏剧》、梅兰芳《花杂谈》、余余《关于京戏里面性的表演》等文章。该刊封面刊名为梅兰芳所题。主要栏目有铜图、文字等。

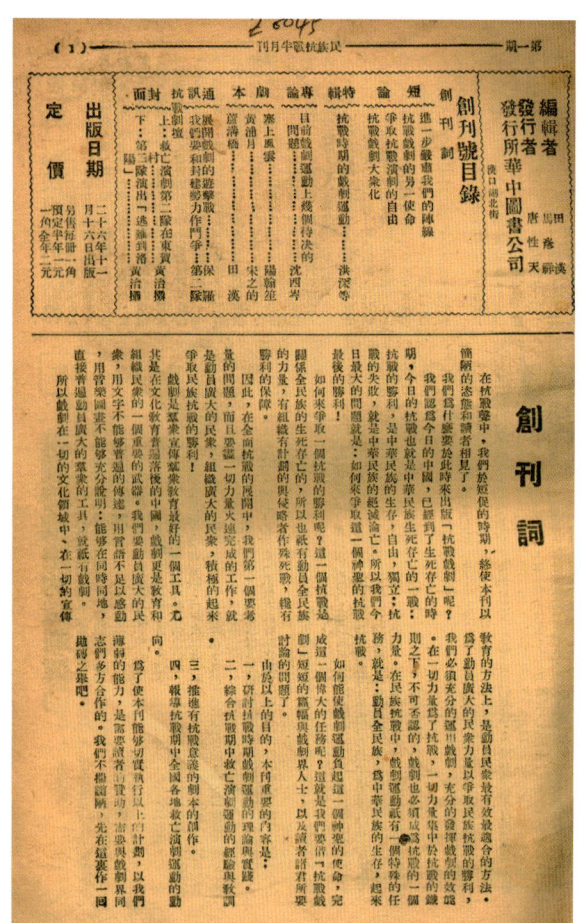

《抗战戏剧》

责任者：田汉、马彦祥编

出版发行：（汉口）唐性天、华中图书公司发行，v.1，no.1（民国二十六年11月［1937，11］）— v.2，no.7（民国二十七年［1938］）

出版频率：半月刊

内容提要：该刊主要内容是研讨抗战时期戏剧运动的理论与实践，综合分析抗战中救亡演剧运动的经验与教训，推进有抗战意义的剧本创作。报道抗战中全国救亡演剧运动的动向。其任务是"动员全民族，为中华民族的生存，起来抗战"。此外还发表抗战主题的话剧和旧剧的剧本，刊载抗日救亡戏剧的剧照。其中刊载有田汉《卢沟桥》、阳翰笙《塞上风云》等剧本，以及洪深《抗战时期的戏剧运动》、保罗《展开戏剧的游击战》、欧阳予倩《起来！旧剧界的同志们》等文章。该刊主要栏目有短论、特辑、专论、剧本、通讯、抗战剧坛。

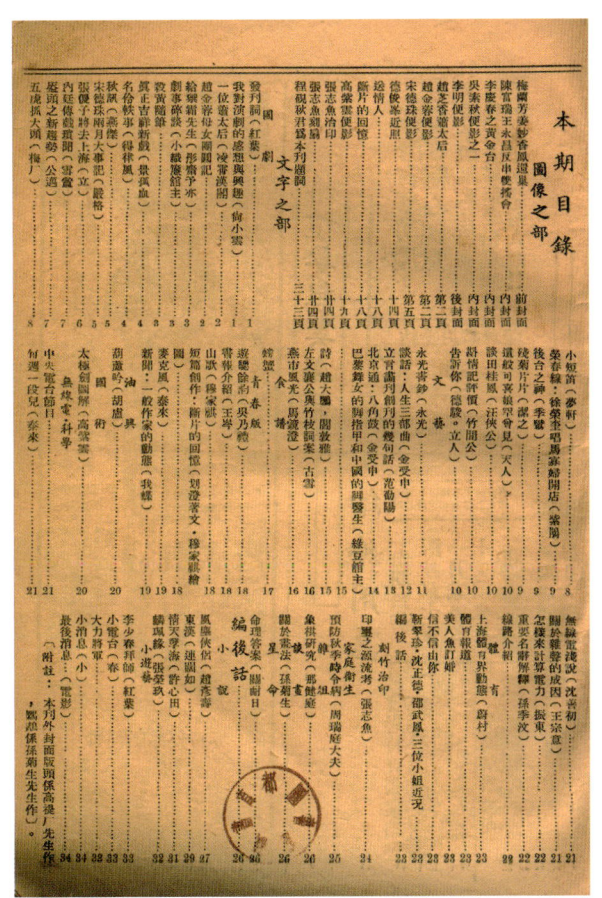

《立言画刊》

责任者：金达志主编

出版发行：（北京）立言画刊社出版，no.1（民国二十七年 10 月［1938，10］）— no.353（民国三十四年 8 月［1945，8］）

出版频率：半月刊

内容提要：该刊主要刊载探讨京剧等中国传统戏剧的理论知识和表演技法，介绍并评论京剧演出剧目，报道京剧界和京剧演员的动态和新闻消息。报道戏剧界和文化艺术界的新闻消息，刊载戏剧演出和无线电台节目等信息。发表诗词、鼓词、杂文、小说、打油诗等文艺作品。普及文艺知识和自然科学知识，介绍体育、武术、医药卫生等相关知识。此外还刊载食谱和家庭生活知识。其中有尚小云《我对演剧的感想与兴趣》等文章。主要栏目有图像之部、文字之部，文字之部包括国剧、文艺、食谱、青春版、油兴、国术、无线电·科学、体育、刻竹治印、家庭卫生、杂俎、谈画、星命、小说、小游艺。

《游艺画刊》

责任者：潘侠风主编

出版发行：（天津）天津游艺画刊社出版，v.1, no.1（民国二十九年 4 月［1940, 4］）— v.11, no.5（民国三十四年 9 月［1945, 9］）

出版频率：半月刊

内容提要：该刊主要刊载研究京剧、昆剧、话剧、曲艺、电影等新旧戏剧的理论知识和文章，刊载探讨新旧戏剧的发展方向等各种现实问题的文章。普及传统戏剧和曲艺的常识，介绍并评论最新上映的戏剧和电影。介绍京剧名伶、电影演员、曲艺艺人等艺人的生平情况和艺术风格。刊载电影和戏剧的剧照，以及戏曲名伶和电影明星的照片。刊载小说、剧本等文学作品，以及大鼓书、莲花落、相声等曲艺的底本。刊载有潘侠风《逸然轩剧话》、翔千《旧剧前途岌岌可危》等文章。

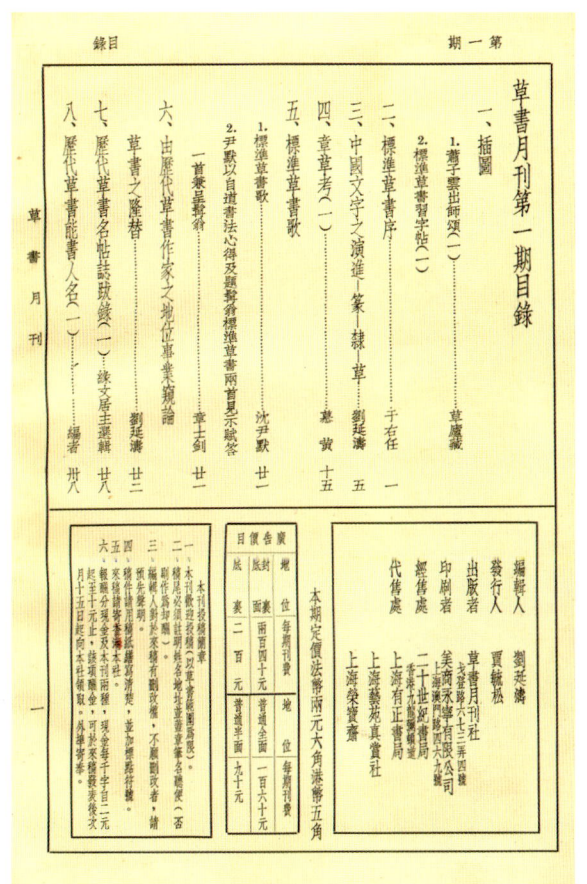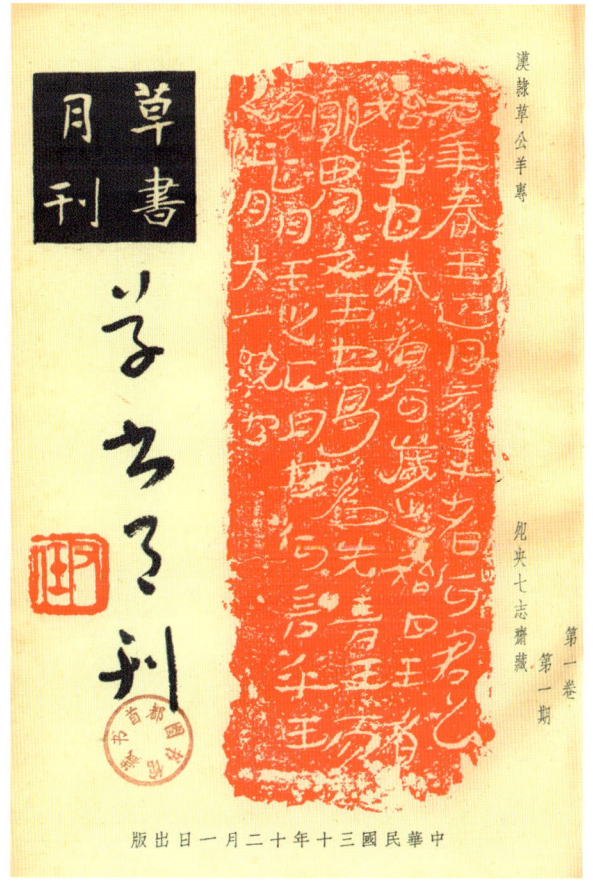

《草书月刊》

责任者：刘延涛编

出版发行：（上海）草书月刊社出版，v.1，no.1（民国三十年12月［1941，12］）— v.1，no.6（民国三十七年3月［1948，3］）

出版频率：不定期

内容提要：该刊主要刊载研究中国书法和中国文字的论著，介绍标准草书、章草、狂草等各种草书字体的写法，介绍著名书法家和历代名帖。刊载以草书笔法和草书创作方法为主题的诗词。主要作者有沈尹默、于右任、章士钊等书法大家，刊载有于右任《标准草书序》、沈尹默《标准草书歌》、慕黄《章草考》等文章。

《渤海画报》

责任者：不详

出版发行：（山东）山东渤海军区政治部出版，no.1（民国三十三年11月[1944，11]）—？

出版频率：刊期不详

内容提要：该刊为抗日根据地刊物。主要报道渤海军区在夏季攻势等战役中所取得的辉煌战果，刊载抗日战争战况的通讯文章，发表抗战为主题的诗歌、歌曲等文艺作品。通过漫画的形式歌颂八路军战士的英勇战斗，反映广大人民群众支援抗战的热情，揭露日军及伪军的残暴和面对我抗日军民的怯懦。

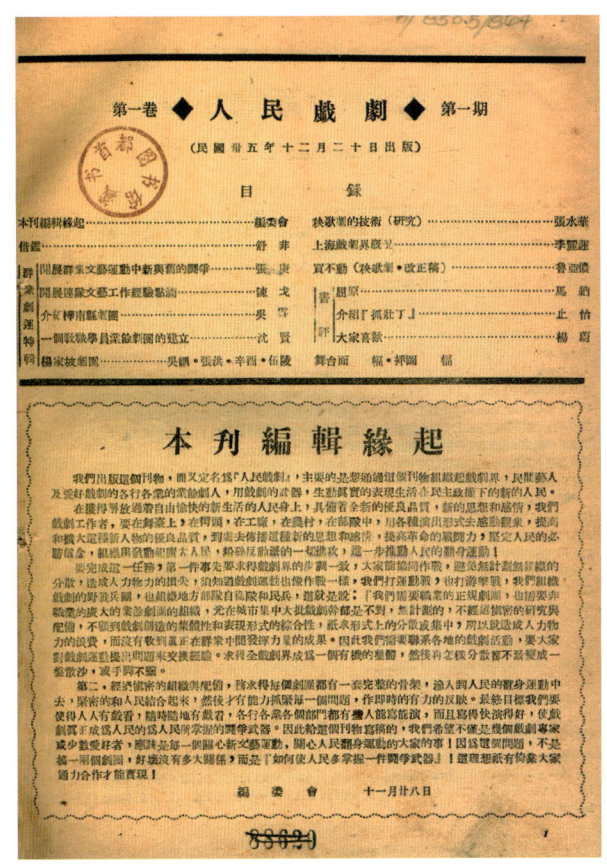 

《人民戏剧》

责任者：人民戏剧社编

出版发行：(佳木斯)东北书店发行，v.1, no.1（民国三十五年12月[1946，12]）— v.1, no.1（民国三十六年3月[1947，3]）；1949年起卷期另起，v.1, no.1（民国三十八年1月[1949，1]）— v.1, no.6（民国三十八年6月[1949，6]）

出版频率：月刊

内容提要：该刊主要研究戏剧理论，探讨戏剧由剧场走向群众的问题，介绍戏剧表演技巧和剧本创作手法，介绍东北解放区各地戏剧工作者的工作经验。介绍并评价戏剧相关书籍，以供青年戏剧工作者学习。该刊刊载的主要剧种为话剧及秧歌剧等民间剧种，发表秧歌剧剧本等文艺作品。刊载有张水华的《秧歌剧的技术》、鲁亚侬创作的秧歌剧《买不动》等文艺作品。主要栏目有群众剧运特辑、书评、剧本、通讯、技术座谈。

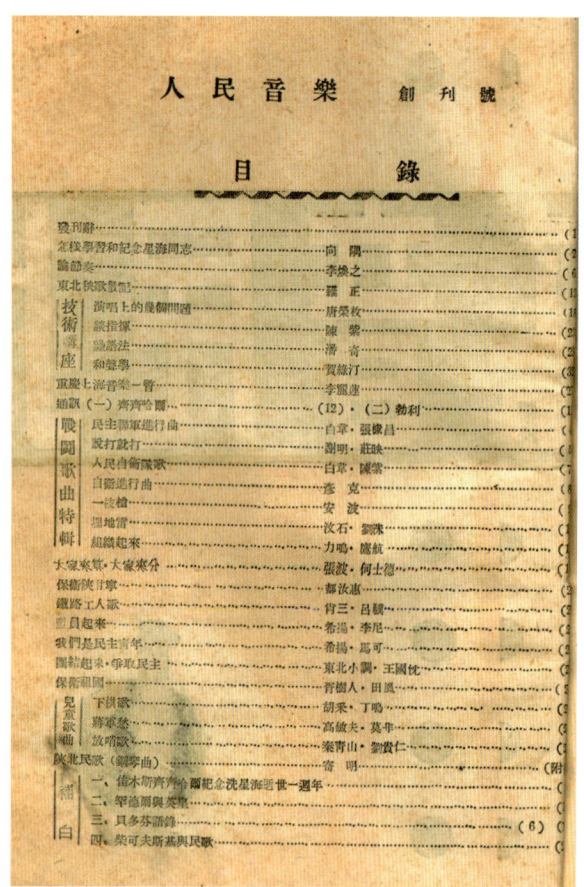

《人民音乐》

责任者：王一丁、任虹、吕骥、何士德、向隅编，1948年10月改为吕骥、何士德、向隅、任虹、安波、李劫夫、庄暎、李鹰航、张一鸣编

出版发行：（佳木斯）人民音乐社出版；1948年10月新1卷第1期起改为（沈阳）东北书店发行，创刊号（民国三十五年12月［1946，12］）— v.1, no.3（民国三十六年3月［1947，3］）；新 v.1, no.1（民国三十七年10月［1948，10］）— 新 v.1, no.4（民国三十八年7月［1949，7］）

出版频率：月刊

内容提要：该刊为解放区刊物，主要刊载研究音乐理论的论著，介绍音乐理论知识和音乐创作知识，刊载以东北解放区为主的解放区歌曲和音乐。主要内容为描绘解放区人民的幸福生活，表现解放军战士的英勇奋战。报道解放区音乐界的消息和动态。主要作者有贺绿汀、马可、向隅、吕骥等，刊载有贺绿汀《和声学》、向隅《对人民解放军军歌及进行曲应征歌曲的意见》、马可《戏剧音乐的阶级性》等文章。该刊主要栏目有技术讲座、战斗歌曲特辑、儿童歌曲。

《电影杂志》

题名：电影杂志 = Picture News

责任者：影业出版社编辑部编，自 1947 年 10 月 16 日第 2 期起改为卢蒔白编

出版发行：(上海) 梁其田、影业出版社发行，no.1 (民国三十六年 10 月 [1947，10]) — no.38 (民国三十八年 4 月 [1949，4])

出版频率：半月刊

内容提要：该刊主要刊载中国和好莱坞电影明星的剧照和生活照，报道中外电影明星的轶事和花边新闻。介绍并评论中外最新上映的电影。报道中国电影界和美国好莱坞的新闻消息。

《综艺》

题名：综艺：美术戏剧电影音乐半月刊

责任者：综合艺术杂志社编

出版发行：（天津）综合艺术杂志社出版，v.1, no.1（民国三十七年1月［1948, 1］）— v.2, no.8（民国三十七年11月［1948, 11］）

出版频率：半月刊

内容提要：该刊主要刊载探讨艺术理论及各类艺术相关问题的文章，包括美术、戏剧、电影、音乐等。介绍并评论电影、话剧、京剧等戏剧电影的剧情、演员、表演等。发表美术和音乐作品赏析，介绍著名音乐家和戏剧家、名伶、电影演员的情况。报道著名艺术家和艺术界的新闻消息。刊载有徐悲鸿、蒋兆和、叶浅予等著名艺术家的作品。刊载有叶圣陶《改革艺术教学》、田雪厂《谈平剧改革》、马思聪《论新音乐的新阶段》等文章。该刊主要栏目有美术、戏剧、电影、音乐、艺人艺事。

七、历史、地理

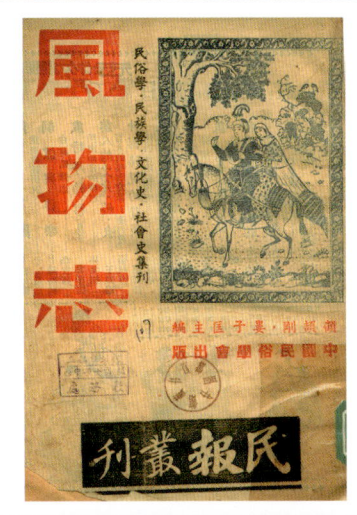

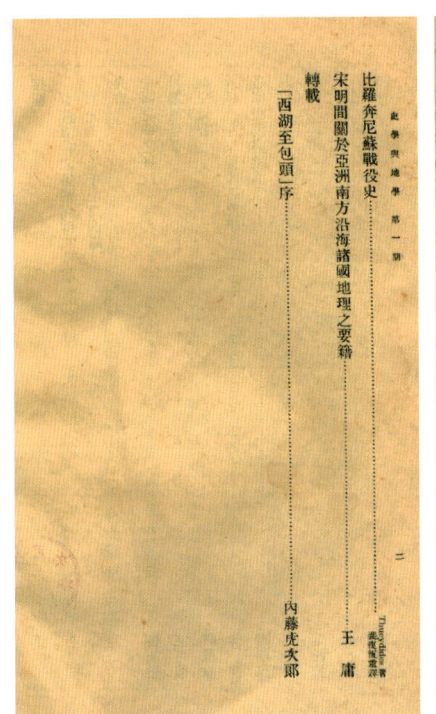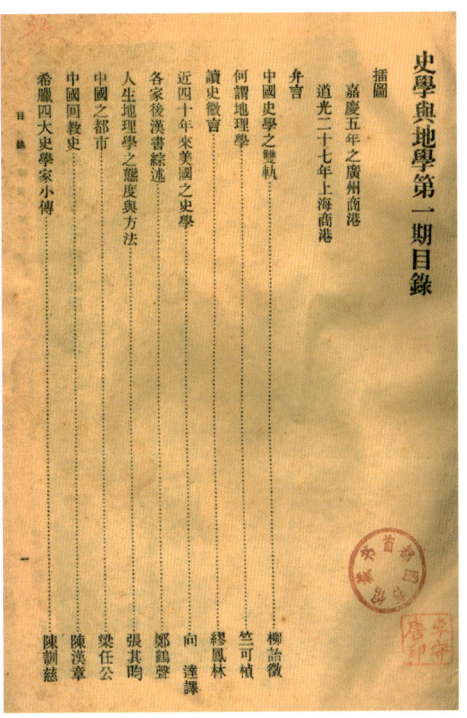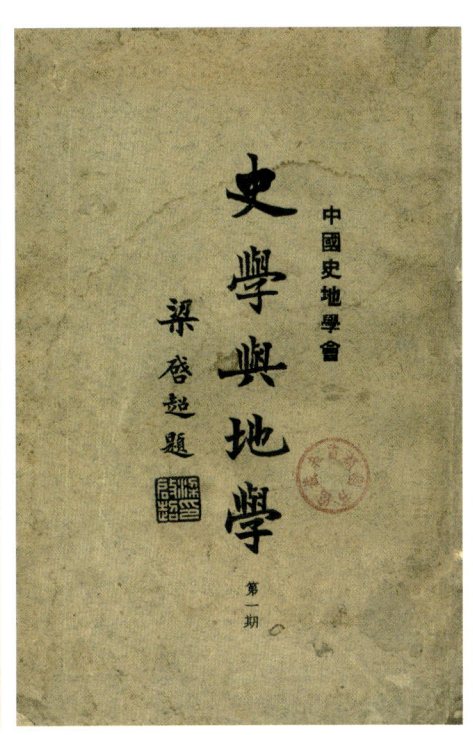

《史学与地学》

责任者：中国史地学会编

出版发行：（上海）中国史地学会发行，no.1（民国十五年12月［1926，12］）— no.4（民国十七年10月［1928，10］）

出版频率：季刊

内容提要：该刊主要刊载历史学和地理学学术论文，内容包括史学理论、中国古代史、中外关系史、地理学、方志学、文献学等。其撰稿人为竺可桢、孟森、张荫麟、钱穆等著名历史学家和地理学家。封面刊名为梁启超所题。

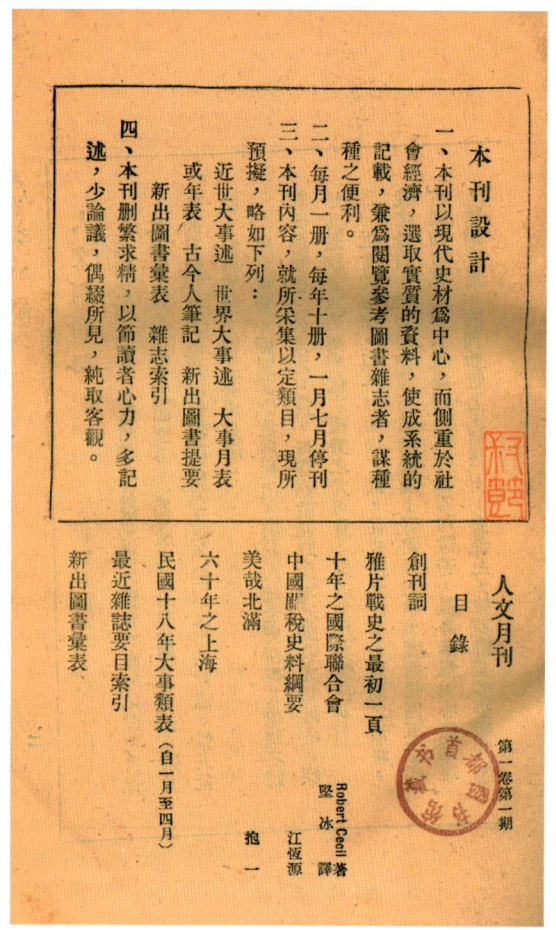 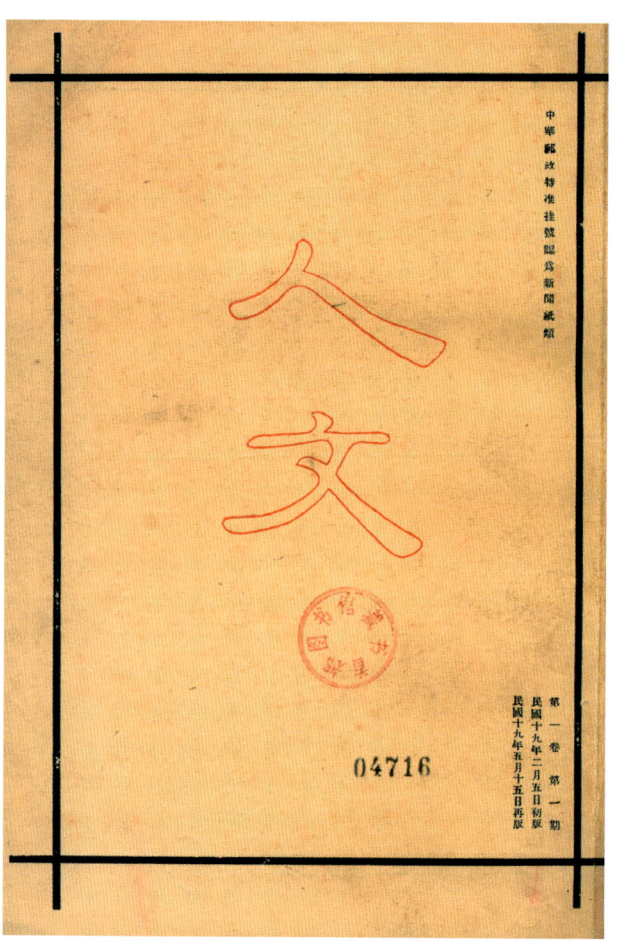

《人文》

责任者：人文编辑所编

出版发行：(上海)人文编辑所发行，v.1, no.1（民国十九年5月［1930，5］）— v.8, no.10（民国二十六年12月［1937，12］）；1937年停刊，1947年复刊，v.1, no.1（民国三十六年4月［1947，4］）— v.3, no.1（民国三十八年5月［1949，5］）

出版频率：月刊，1947年复刊后为季刊

内容提要：该刊的创刊宗旨是"以现代史材为中心，而侧重社会经济，选取实质的材料，使成系统的记载，兼为阅读参考图书杂志，谋种种之便利"。其主要内容是刊载研究鸦片战争以来的近现代中国历史的文章，以及国内外时事大事、历史、地理、经济、文化、古今人物笔记、图书杂志索引等。

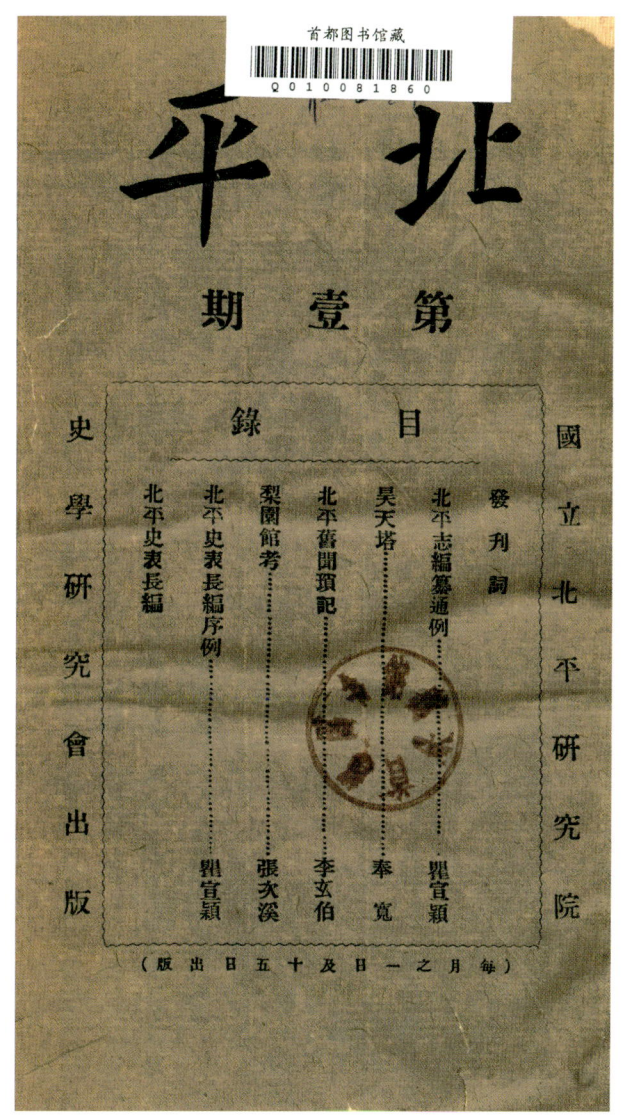

《北平》

责任者：国立北平研究院史学研究会编

出版发行：(北平) 国立北平研究院出版部发行，no.1（民国二十一年 12 月 [1932，12]）— no.2（民国二十一年 12 月 [1932，12]）

出版频率：半月刊

内容提要：该刊是国立北平研究院史学研究会为编纂《北平志》而发行的刊物。其目的：一是使关心故都历史的邦人君子得以交换意见，汇集材料，以帮助本会调查；二是希望博雅君子时惠教言，俾资南针；三是将体例问题公开讨论；四是把修志的预备工作公之同好，并请指正。其主要记述北平近代史迹，特别注重北平社会状况的变化，包括疆域地理、古迹营建、经济、政治、风俗、文化、工业、文献、物价等。

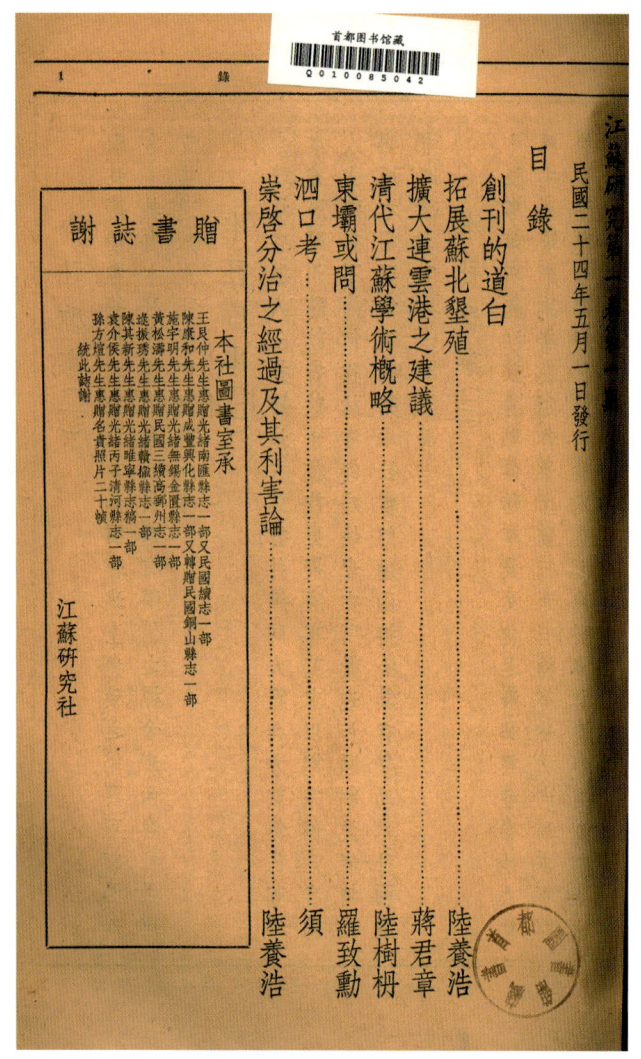
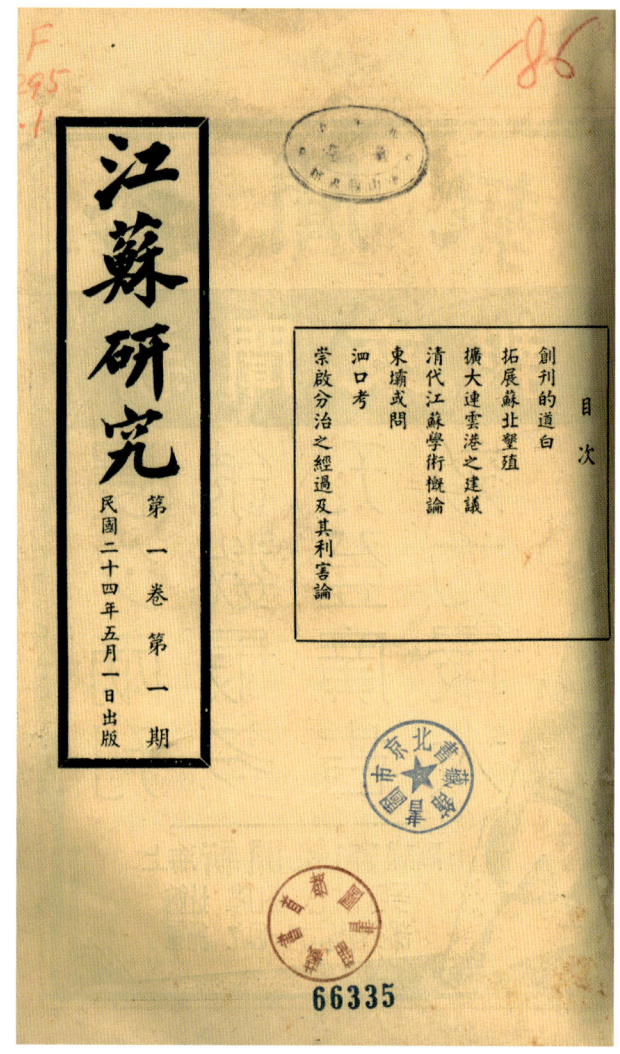

《江苏研究》

责任者：陆养浩、陆树枬编

出版发行：（上海）江苏研究社发行，v.1, no.1（民国二十四年5月［1935, 5］）— v.3, no.6（民国二十六年6月［1937, 6］）

出版频率：月刊

内容提要：该刊的创刊目的是"从研究以求江苏之真面目，更从提供研究结果以减少江苏之损失，增加江苏的生产"。主要研究江苏省县各种事业文化之沿革兴替，各地人物风土之情形，内容包括区域历史沿革、历代典章制度、名胜、物产、风土民情、学术、历史掌故、著名人物等江苏省历史地理情况。此外还研究江苏省的面积、人口、税收、交通、水利、政治制度、教育、经济、工业、农业、商业、渔业、社会生活等。

 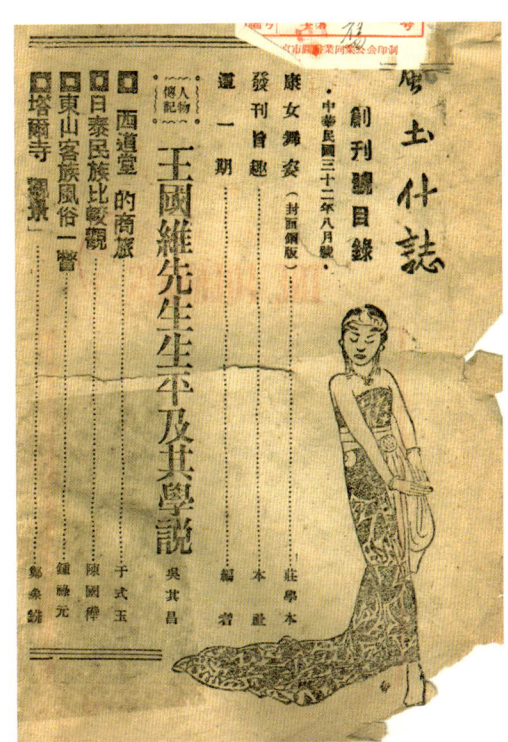 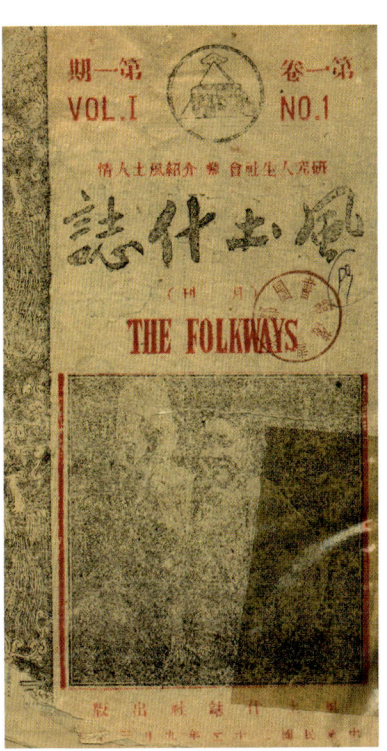

《风土什志》

题名：风土什志 = The Folkways

责任者：谢扬青、向宇芳主编

出版发行：（成都）风土什志社出版，v.1, no.1（民国三十二年9月［1943，9］）— v.2, no.1（民国三十五年9月［1946，9］）;v.2, no.2（民国三十七年8月［1948，8］）— v.3, no.2（1949年10月）

出版频率：不定期

内容提要：该刊的创刊宗旨是研究各地人生社会既往与现实的人文地理及地理知识，收集各方风土人情资料，做详尽广泛的调查报告，客观地描述当时社会环境，阐述其衍变等历史与地理的因果关系，作现实问题之参考。主要刊载介绍中外各地风土人情的通俗文章，内容涉及风俗、历史、地理、人物传记、艺术、特产、生物、民间传说、神话寓言等。主要栏目有人物传记、生物介绍、四川神话、波斯寓言。

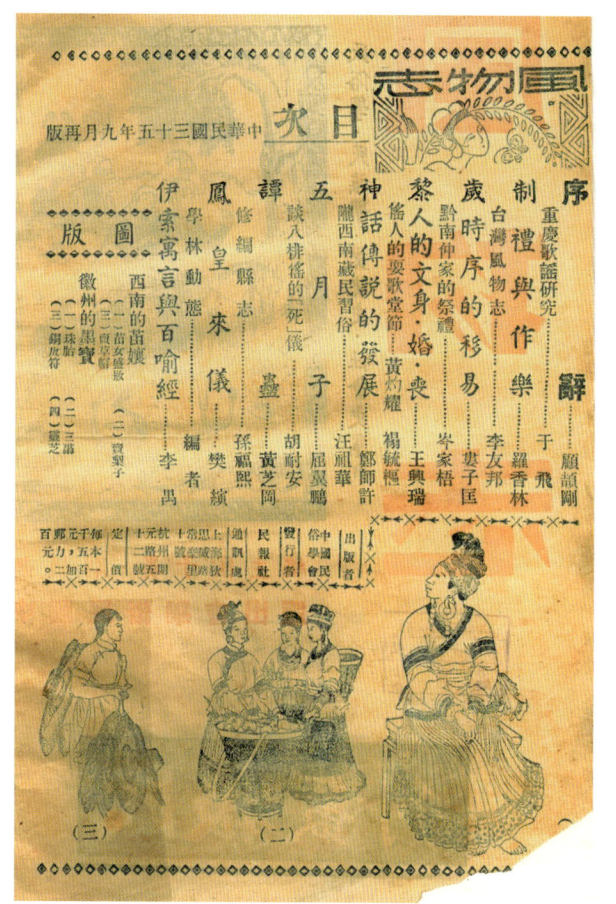 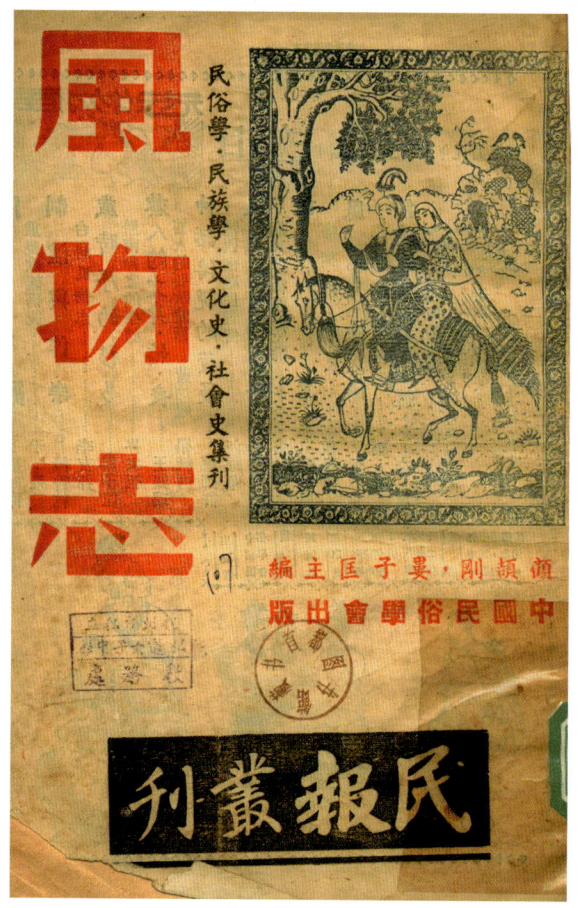

《风物志》

责任者：顾颉刚、娄子匡主编

出版发行：(重庆) 中国民俗学会出版；民报社发行，no.1 (民国三十三年1月 [1944，1])，1946年9月第1期再版

出版频率：仅出版一期

内容提要：该刊的创刊宗旨是学术研究趋势于现实应用，建国建礼先定要搜罗史料，留下给后代鉴观。其中主要刊载民俗学、民族学、文化史和社会史的学术研究论文，发布西北地区、西南地区边疆地理和少数民族文化等情况调查报告。

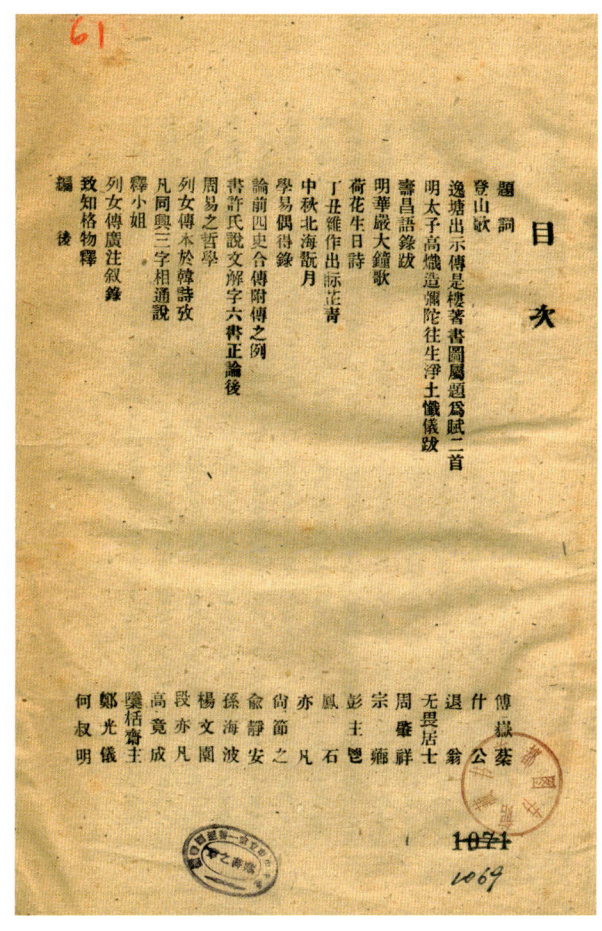
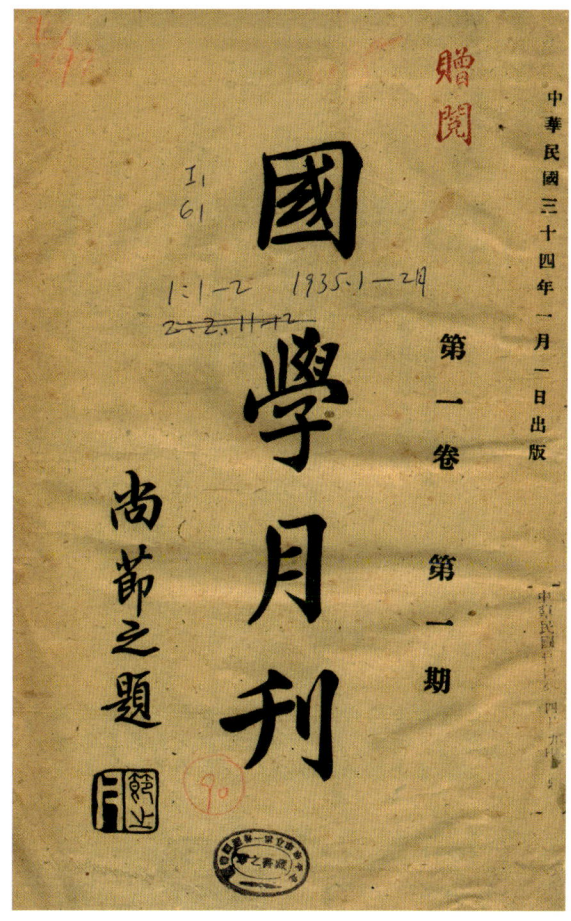

《国学月刊》

责任者：国学月刊社编

出版发行：（北京）国学月刊社发行，v.1，no.1（民国三十四年1月［1945，1］）— v.1，no.6（民国三十四年8月［1945，8］）

出版频率：月刊

内容提要：该刊创刊目的是"阐发学术，勉励所习"。主要刊载探讨中国传统思想与文化的论述，涉及古典文学、历史学、古文字学、金石学、文献学、方言、易经研究、占筮等内容，考证研究中国古籍文献。发表文集和金石图录等的序文和题跋。发表旧体诗词等文学作品。解答读者关于国学的问题，包括历史、经学、金石、甲骨、声韵、易经占筮等。主要栏目有论著、序跋、诗、词、国学问答、以易解疑。

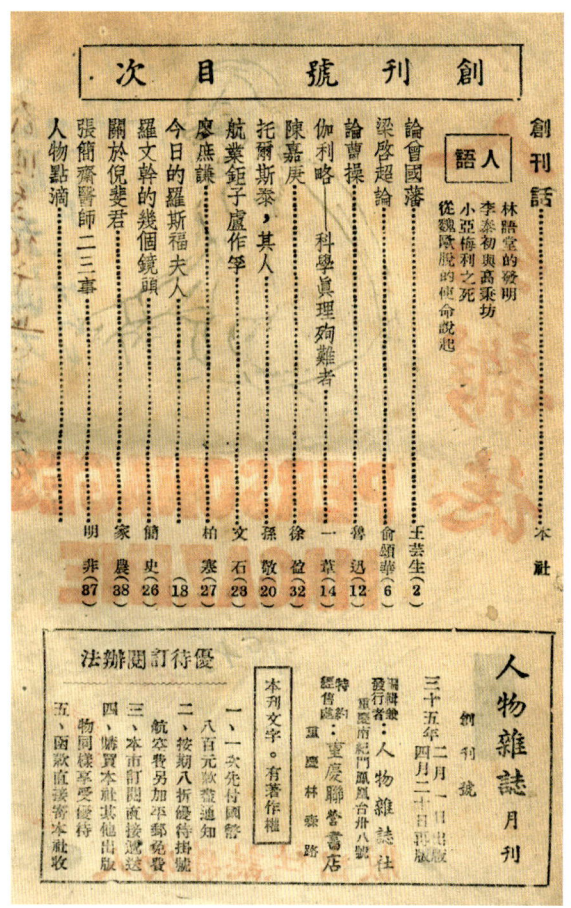
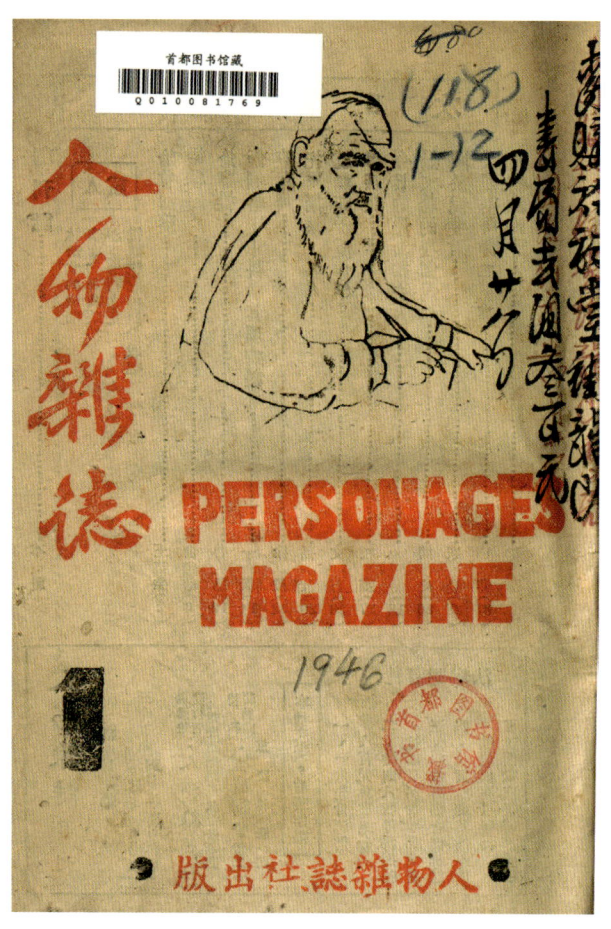

《人物杂志》

题名：人物杂志 = Personages Magazine

责任者：人物杂志社编

出版发行：(重庆) 人物杂志社出版，v.1, no.1（民国三十五年 2 月 [1946, 2]）— v.6, no.12（1952 年 1 月）

出版频率：月刊

内容提要：该刊主要刊载古今中外人物传记和人物评价，其宗旨是以科学的、客观的、批判的态度，对历史人物做一个正确的评价，使读者能够得到正确的知识和判断，对于现代的人物给以介绍，使读者从这些人物身上去正确地了解一些事实，并根据一些事实，正确地认识这些人物。透过这些人物的介绍，对于目前中国正在为人民的幸福而奋斗的人们，相信可以给他们以鼓励并增加他们的勇气，为一些彷徨中的青年指出一条正确的奋斗道路。主要作者有郭沫若、平心、刘半农、冯玉祥、朱自清等。主要栏目有人语、历史人物、人物点滴、人物书简。

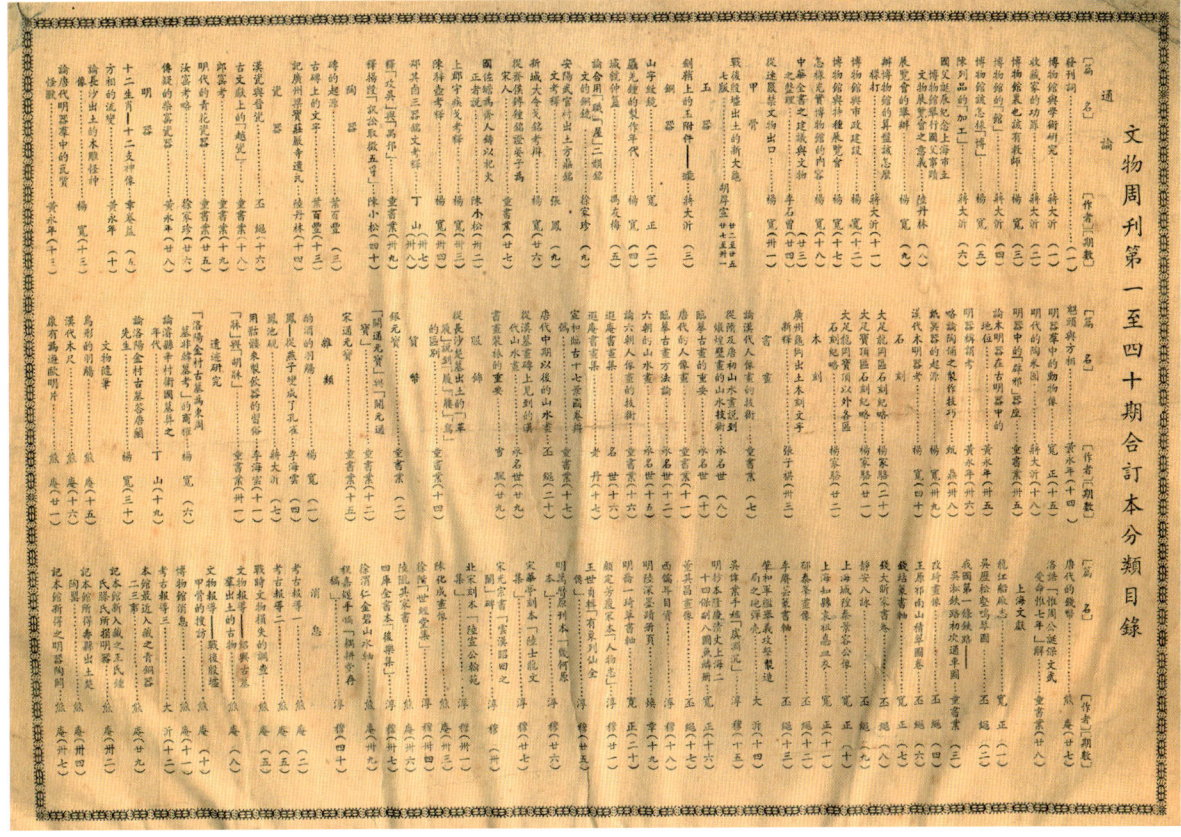

《文物周刊》

责任者：上海市立博物馆研究室编

出版发行：（南京）中央日报社发行，no.1（民国三十五年10月[1946，10]）— no.40（民国三十七年4月[1948，4]）

出版频率：周刊

内容提要：该刊是1946年10月至1947年6月间《中央日报》每周随报发行的副刊。主要介绍文史知识，刊载考古、文物、收藏和历史类的通俗文章。虽为通俗类刊物，但撰稿人均为著名历史学家，内容较为翔实可靠。主要作者有杨宽、胡厚宣、童书业和丁山等著名历史学家、考古学家。

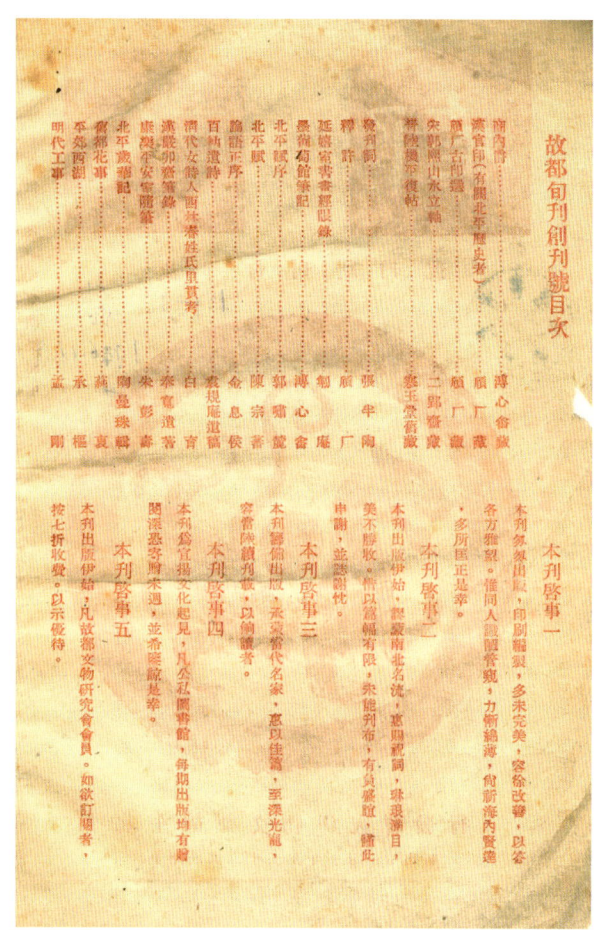

《故都旬刊》

责任者：不详

出版发行：(北平)北平故都文物研究会发行，v.1，no.1(民国三十五年11月[1946，11])— v.1，no.3(民国三十五年11月[1946，11])

出版频率：旬刊

内容提要：该刊宗旨是保存故都文物，宣扬中国艺文。主要刊载故都北京的文物研究论述，研究北京地区博物馆和收藏家所藏文物以及北京地区的出土文物，包括青铜器、石刻碑帖、书画、瓷器等。介绍老北京旧时风土民情和历史掌故，研究颐和园、万里长城、故宫、陵墓、佛寺道观等历史古迹。介绍北京著名书画家和收藏家溥心畬先生等人的书画作品和文物收藏。

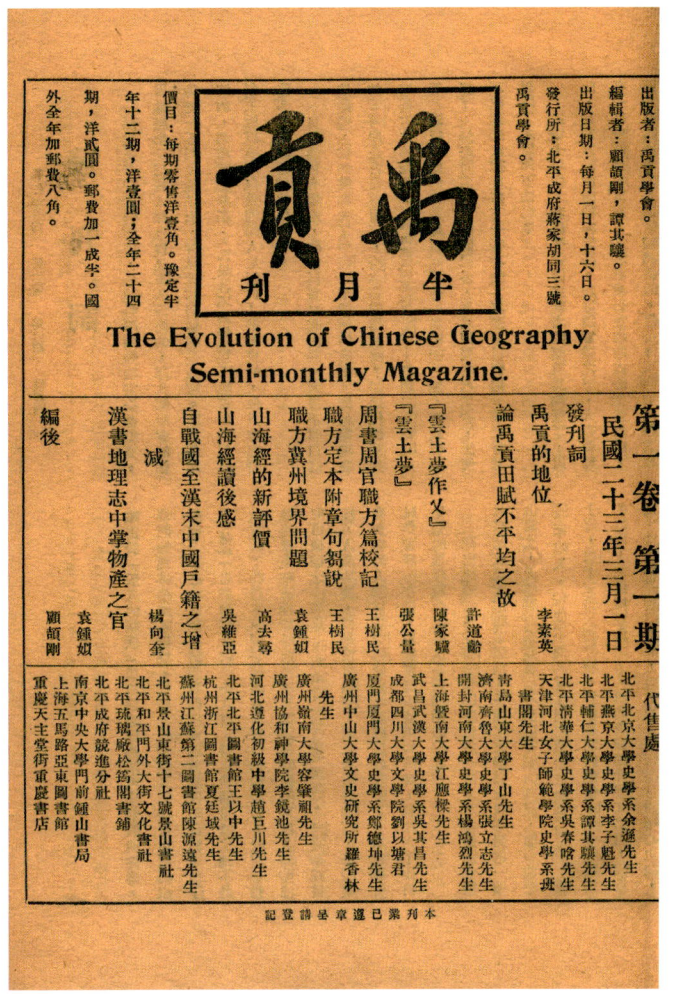

《禹贡》

题名：禹贡 = The Evolution of Chinese Geography Semi-monthly Magazine

责任者：顾颉刚、谭其骧编

出版发行：（北平）禹贡学会出版，v.1，no.1（民国二十三年3月［1934，3］）— v.7，no.10（民国二十六年7月［1937，7］）

出版频率：半月刊

内容提要：该刊是民国时期著名的历史地理学学术刊物，主张一方面继承清代学者刻苦耐劳而严谨的精神，一方面要利用今日更进步的方法——科学的方法。其中主要刊载研究中国地理沿革史的学术论著，包括古地理研究、地方志考证、古地图研究、古代地理著作校勘、边疆史地、民族史、中外交通史、考古学等内容。该刊创办于帝国主义侵华的民族危亡时期，因此着重于研究边疆历史和民族史，以历史为依据，对抗日、英、俄等国对我西部及东北地区历史主权的否认。主要作者有顾颉刚、谭其骧、史念海、于省吾、白寿彝、董作宾、吴晗、钱穆、高去寻、杨向奎、王树民、劳干、蒙文通等著名历史学家和地理学家，刊载有顾颉刚《古史中地域的扩张》、谭其骧《辽史地理志补正》、孙海波《由甲骨卜辞推化殷周之关系》、张维华《明代辽东卫所建制考略》、蒙文通《论古水道与交通》等文章。

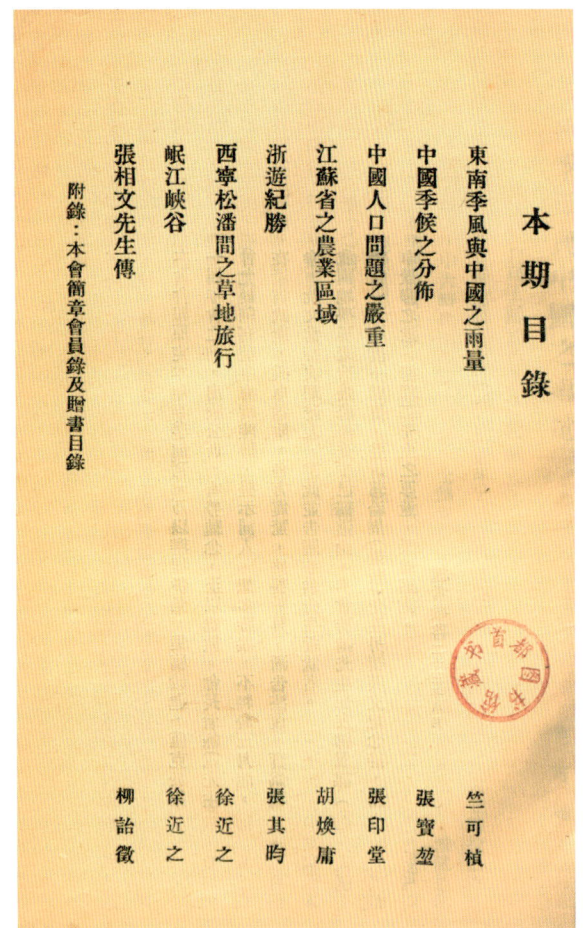
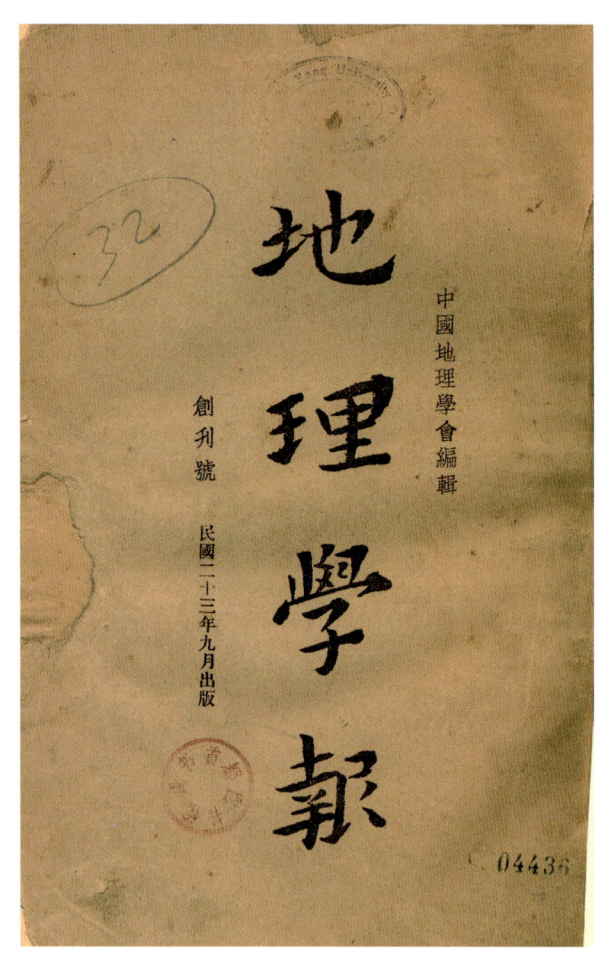

《地理学报》

责任者：中国地理学会编

出版发行：（南京）中国地理学会出版，v.1, no.1（民国二十三年9月[1934, 9]）至今

出版频率：季刊

内容提要：中国地理学会的宗旨是收集地理资料，传布地理知识。该刊是中国延续时间最长的地理学学术刊物之一，主要刊载研究地理学的学术论著，涉及气候学、人口学、经济地理、历史地理等地理学的各个领域。介绍并评论有关地理学研究的书籍报刊。主要作者有竺可桢、张其昀、李旭旦、胡焕庸、柳诒徵等学者。刊载有竺可桢《东南季风与中国之雨量》、张印堂《中国人口问题之严重》、胡焕庸《江苏省之农业区域》等地理学论文。

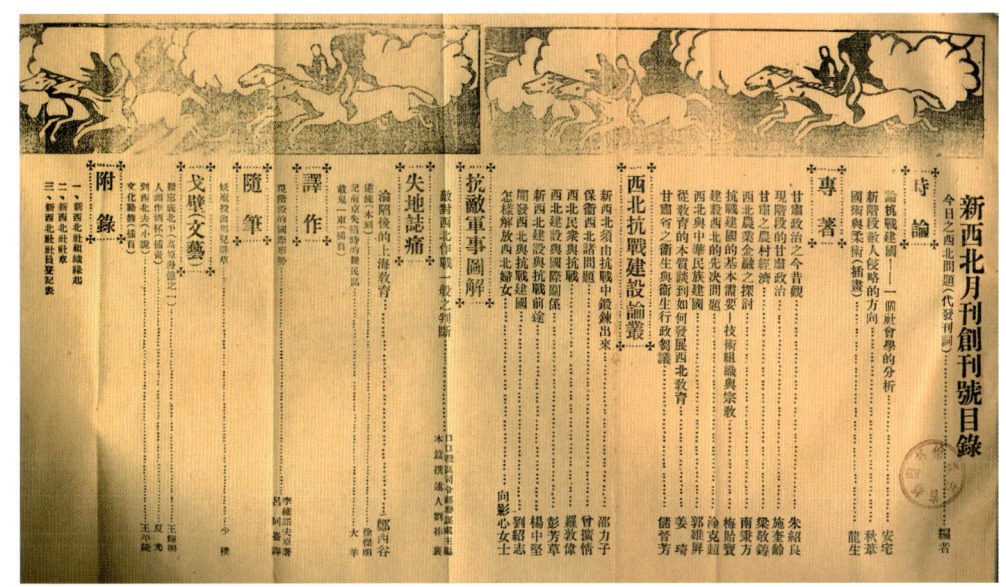

《新西北》

责任者：新西北社编

出版发行：（兰州）新西北社发行，v.1, no.1（民国二十八年1月[1939,1]）— v.8, no.9（民国三十四年9月[1945,9]）

出版频率：月刊

内容提要：该刊主要内容以抗战建国为主题，包括战地通讯、抗战理论、抗战方案、军事形势、政治、经济军事建设等，以及西北地区的历史、地理、民族、风俗、对外关系以及西北地区经济和文化建设等。刊载游记及文艺作品。主要栏目有时论、专著、西北抗战建设论丛、随笔、戈壁文艺、译作。

八、自然科学

八、自然科学

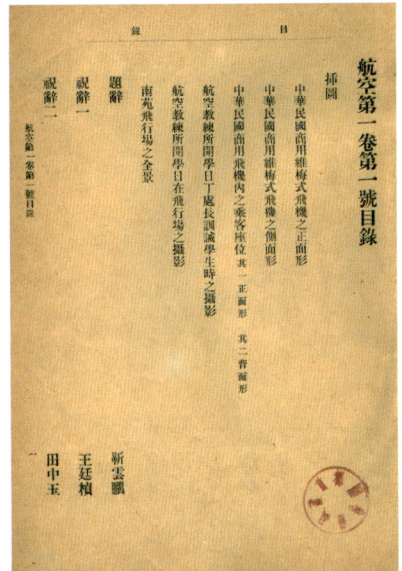

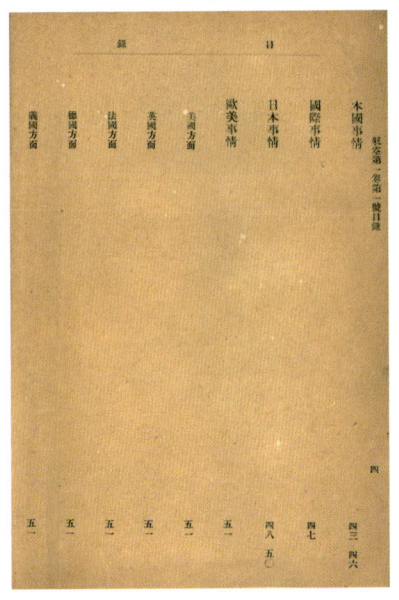
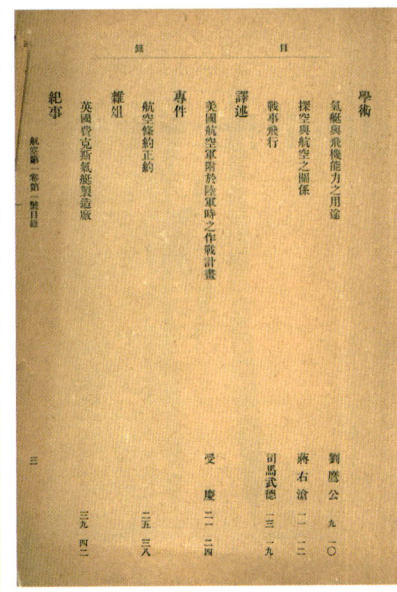
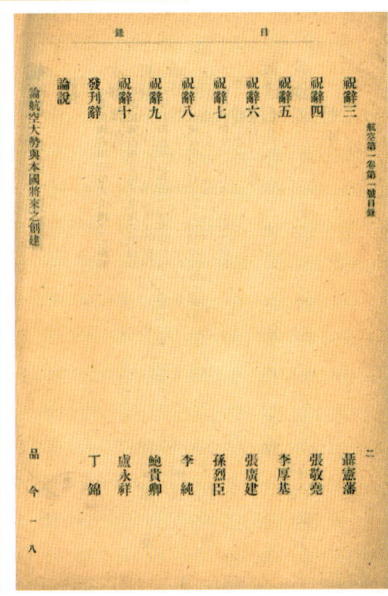

《航空》

题名：航空 = Aeronautics

责任者：航空月报编纂所编

出版发行：（北京）航空月报编纂所发行，v.1，no.1（民国九年5月［1920，5］）— v.8，no.10（民国十六年10月［1927，10］）

出版频率：月刊

内容提要：该刊主要研究航空知识，介绍国际航空条约等航空规章制度。研究飞艇、飞机在客运、货运等民用交通运输用途，以及侦查、轰炸等军事实战用途。翻译国外关于航空的研究文章。报道国内和美、英、法、德等国际航空业的新闻消息，介绍世界最新航空技术成果以及客运、货运、军事、竞赛、航空教育等航空事业的最新发展情况。刊载有刘鹰公《气艇与飞机能力之用途》、司马武德《战事飞行》等文章。该刊主要栏目有论说、学术、译述、专件、纪事。

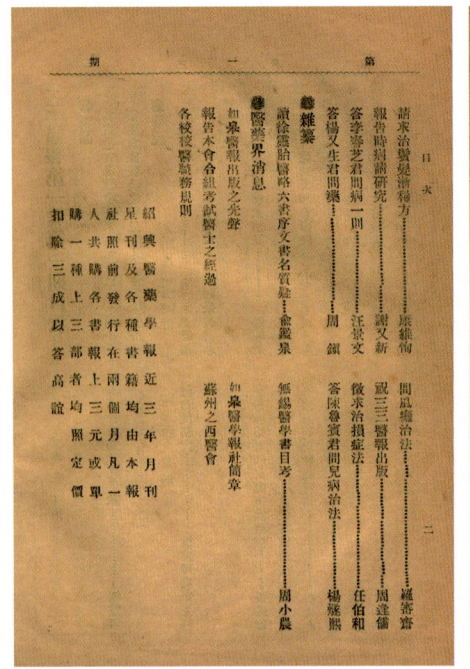 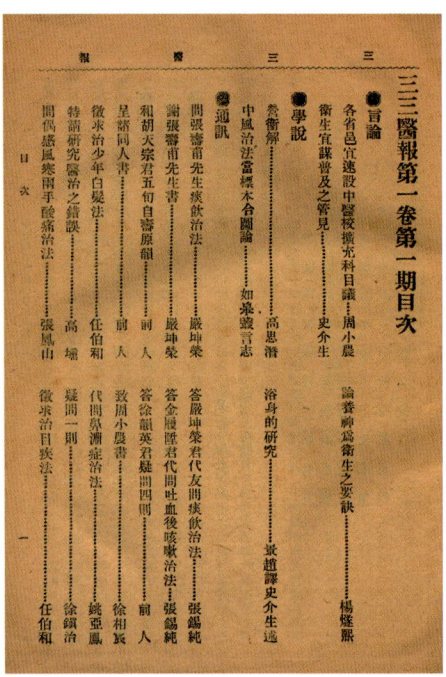 

《三三医报》

责任者：三三医院主办，裘吉生主编

出版发行：（杭州）三三医报社发行，v.1, no.1（民国十二年7月[1923,7]）— no.33（民国十八年7月[1929,7]）

出版频率：月刊

内容提要：该刊的创刊宗旨是方便医学同道研究学术，方便病家顾问治疗，发扬中国传统医学，输入现代医学新知识。主要刊载研究中医和西医的论文，介绍最新医学知识和医学成就。普及医学知识和卫生知识，介绍各类疾病和中西医治疗方法。报道医药界的新闻消息和动态，刊载国民政府和浙江省政府关于医疗事业的法令规章。刊载有周小农《各省邑宜速设中医校扩充科目议》、史介生《卫生宜速谋普及之管见》等文章。主要栏目有言论、学说、通讯、杂纂、医药界消息。

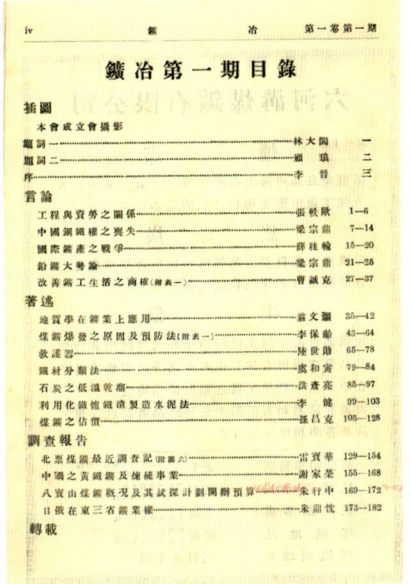 
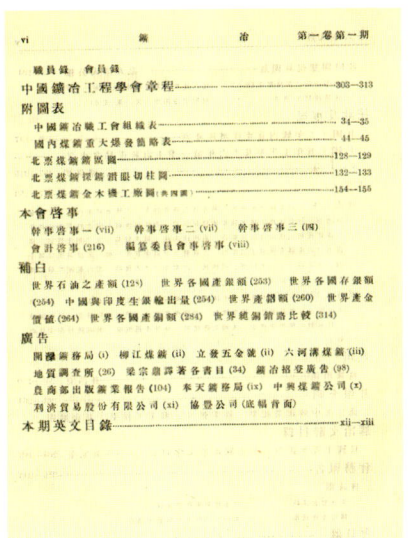 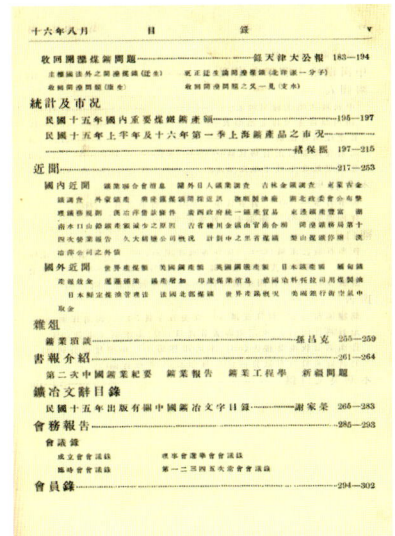

《矿冶》

责任者：中国矿冶工程学会编

出版发行：（北京）中国矿冶工程学会发行，v.1，no.1（民国十六年8月［1927，8］）— v.8，no.32（民国二十五年12月［1936，12］）；全面抗战爆发后停刊，1942年12月复刊，卷期另起，no.1（民国三十一年12月［1942，12］）— no.5（民国三十三年［1944］）

出版频率：季刊

内容提要：该刊志在"阐发学术，提倡矿冶事业"，主要刊载研究采矿和冶金技术的学术论文，讨论矿冶事业的各类实际问题及其解决措施，探讨中国矿冶事业发展的方针与策略。该刊内容涉及冶金技术、采矿技术、采矿安全、矿难救护、矿冶经济、矿产主权、劳工薪资待遇等。揭露英、日帝国主义对我国矿产资源的掠夺，呼吁开滦煤矿等英、日占领矿产的主权。发表中国各地矿冶业情况的调查报告，刊载中国重要矿产产量及矿产市况的统计数据和图表。报道国内外矿冶业的新闻和动态。介绍最近出版的矿冶业相关的书籍报刊。发布中国矿冶工程学会的章程、会员、会议、工作概况等会务情况。刊载有林张秩欧《工程与劳资之关系》、翁文灏《地质学在矿业上应用》等文章。主要栏目有言论、著述、调查报告、转载、统计及市况、近闻、杂俎、书报介绍、矿冶文辞目录、会务报告。

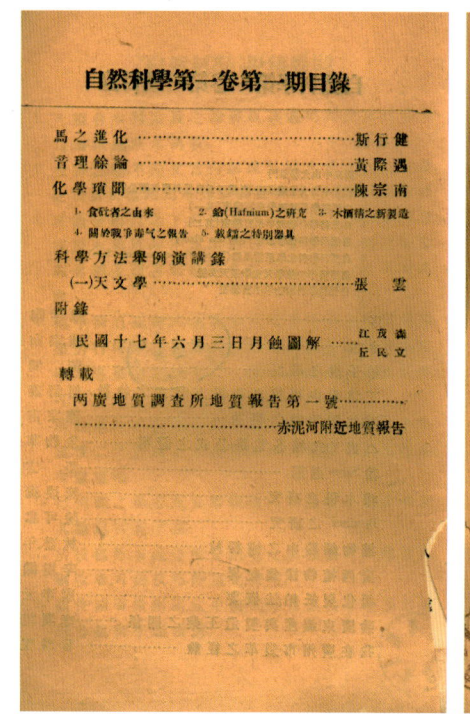 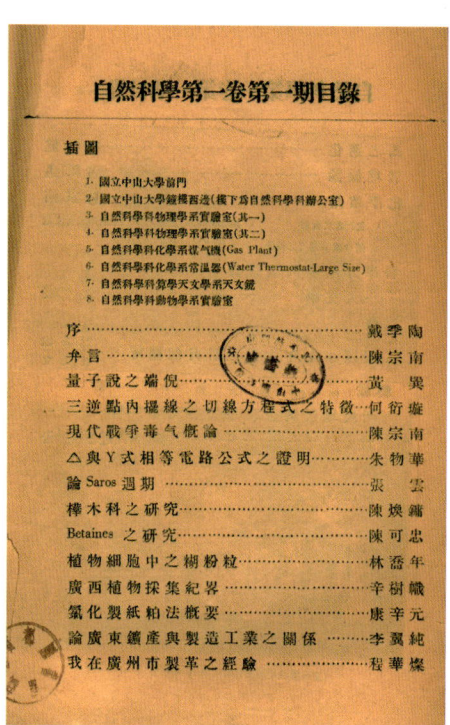 

《自然科学》

题名：自然科学 = Science Journal

责任者：国立中山大学自然科学科学院编

出版发行：（广州）国立中山大学出版部发行，v.1, no.1（民国十七年3月［1928, 3］）— v.7, no.4（民国二十六年6月［1937, 6］）；1937年7月停刊，1948年复刊，v.1, no.1（民国三十七年3月［1948, 3］）

出版频率：季刊

内容提要：该刊主要刊载中山大学教员和学生有关自然科学研究的学术论文，包括天文学、算学、物理学、化学、动物学、植物学以及地质矿物学等学科。除理论、科学研究外，还涉及化工、矿业、制造业、军事科技等实用技术。报道西方自然科学界的消息动态，介绍世界最新科学研究成果。刊载有黄巽《量子说之端倪》、李翼纯《论广东矿产与制造工业之关系》等文章。封面刊名为戴季陶所题。

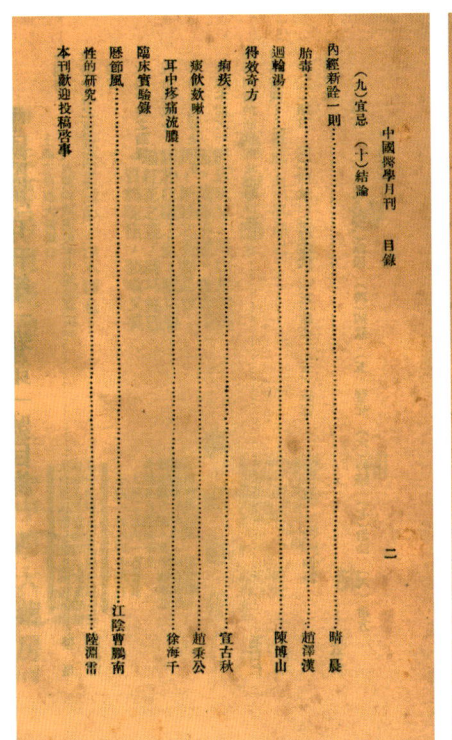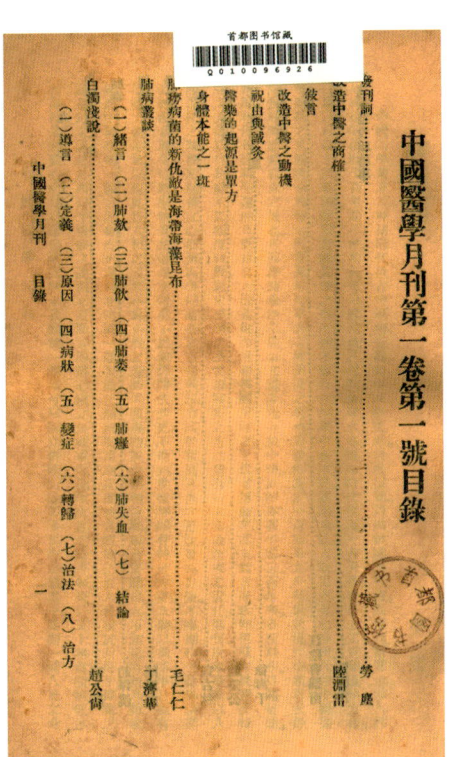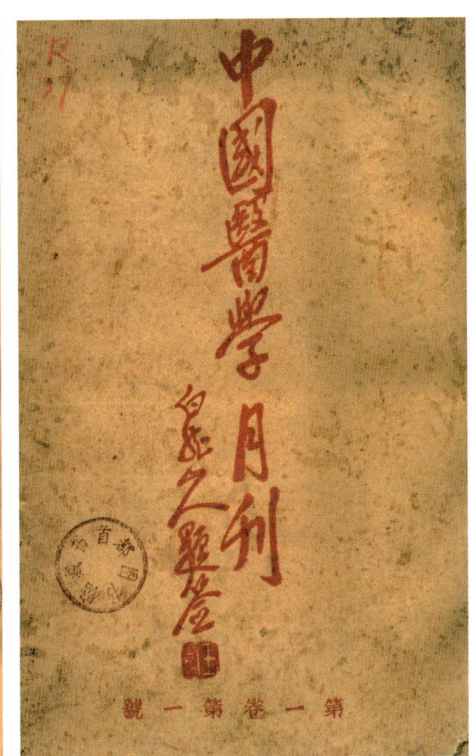

《中国医学月刊》

责任者：中国医学月刊社编

出版发行：（上海）中医学会发行，v.1，no.1（民国十七年10月［1928，10］）— v.1，no.11（民国十九年3月［1930，3］）

出版频率：月刊

内容提要：该刊创办于南京国民政府宣布废止"旧医"的时期，中医界为了求得生存，对于中国传统中医和中药开始进行科学化、系统化的整理和研究。主要刊载研究中医学的论文，探讨中医药理论及各类疾病治疗方法等。收集整理经过验证的中药方剂以及名医所藏的秘方。发表中医治疗和中药应用的临床试验报告。刊载有陆渊雷《改造中医之商榷》、丁济华《肺病丛谈》、何云鹤《内经研究》等中医学文章。其他栏目有得效奇方、临床实验录等。

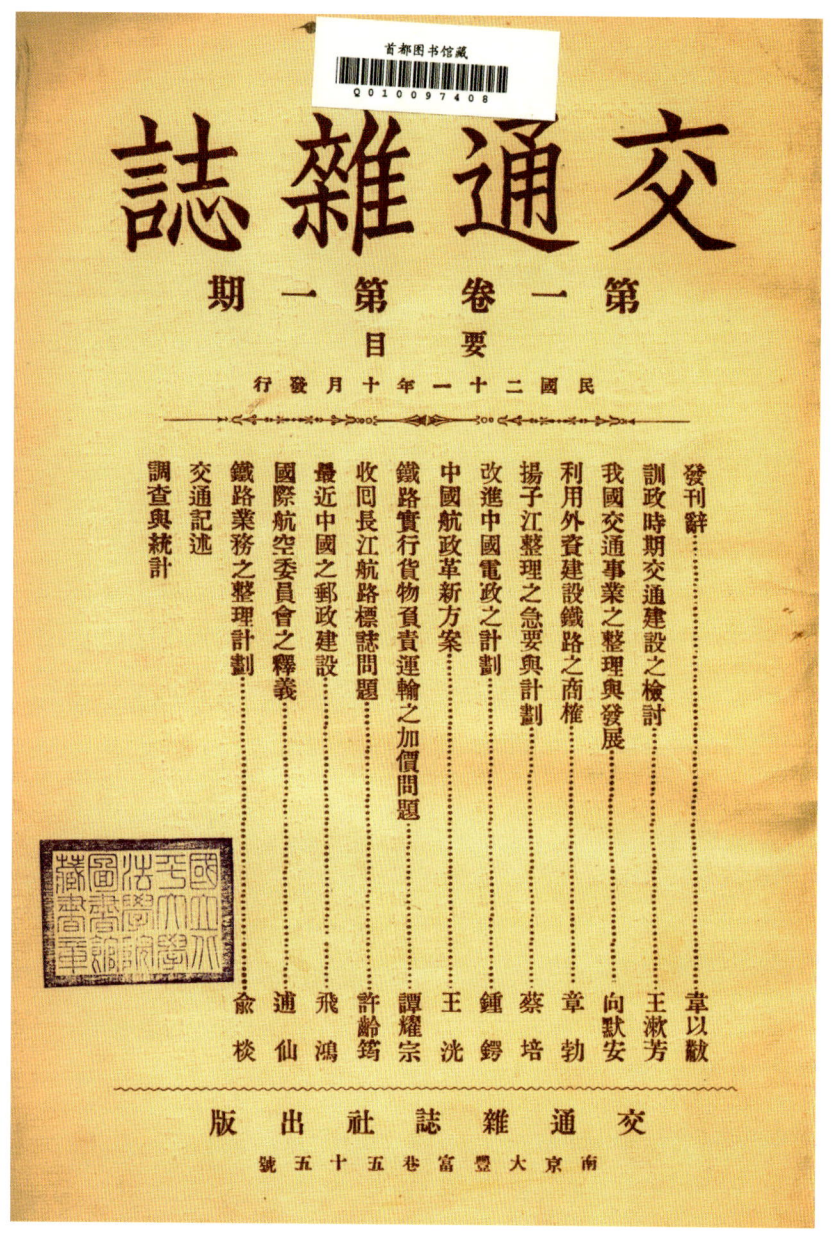

《交通杂志》

责任者：交通杂志社编

出版发行：（上海）交通杂志社发行，v.1, no.1（民国二十一年10月[1932, 10]）— v.5, no.7（民国二十六年7月[1937, 7]）

出版频率：月刊

内容提要：该刊主要刊载探讨中国交通事业和通信事业发展建设计划和方案的文章，讨论中国交通、通信事业发展中的各项实际问题及解决措施。刊载研究交通业和通信业的学术研究论文，包括铁路规划、铁路路线、无线电、邮政、航空业、航运业等交通和通信业的各个领域。刊载有向默安《我国交通事业之整理与发展》、王洸《中国航政革新方案》、飞鸿《最近中国之邮政建设》等文章。

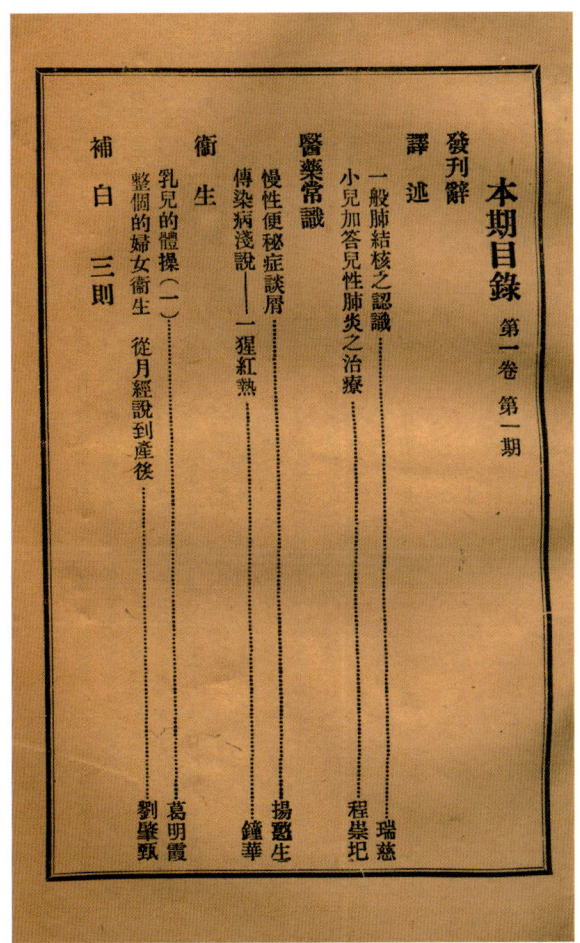
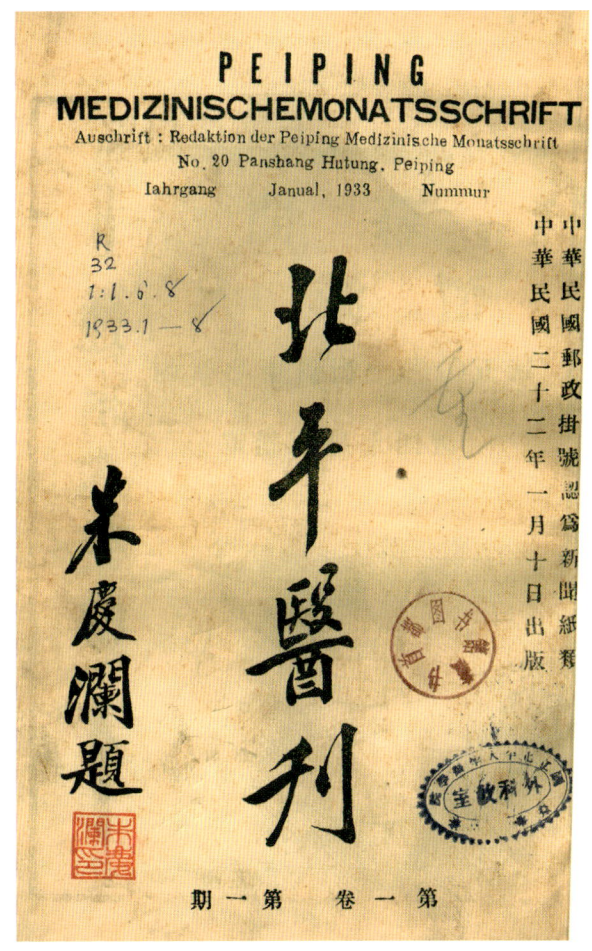

《北平医刊》

题名：北平医刊 = Peiping Medizinische Monatsschrift

责任者：北平医刊社编

出版发行：（北平）北平医刊社发行，v.1，no.1（民国二十二年1月［1933，1］）— v.5，no.7（民国二十六年7月［1937，7］）

出版频率：月刊

内容提要：该刊宗旨是普及民众医学常识，发扬新医学。主要刊载研究医学的学术论文，翻译最新国外医学论文。面向民众宣传医药卫生常识。介绍儿童保健、妇女卫生等科学的卫生保健知识，普及疾病预防和治疗方法。其中，刊载有杨懿生《慢性便秘症谈屑》、钟华《传染病浅说》等文章。主要栏目有译述、医药常识、卫生。封面刊名为朱庆澜所题。

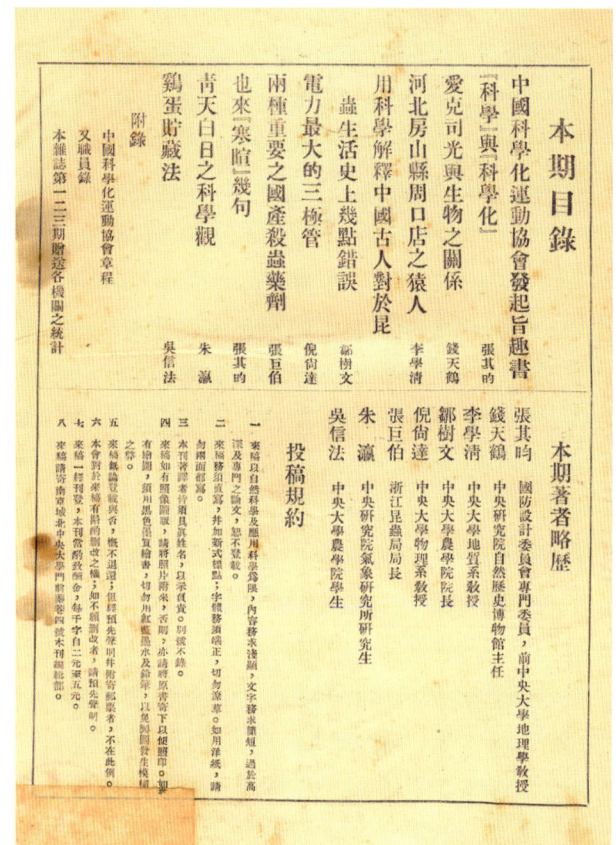

《科学的中国》

责任者：不详

出版发行：（南京）中国科学化运动协会出版；1938年迁至汉口，v.1,no.1（民国二十二年1月[1933,1]）— v.10,no.3（民国二十六年8月[1937,8]）；全面抗战爆发后迁至汉口，no.1（民国三十七年1月[1948,1]）—？

出版频率：半月刊

内容提要：该刊宗旨是"研究及介绍科学之应用，引导国人研究科学，阐扬中国文化，继而达到中国科学社会化、社会科学化之目的"。主要刊载普及自然科学知识的文章，涉及天文学、物理学、古生物学、地理学、化学等各学科知识。介绍中国古今科学成就和古今中外科学家事迹，普及日常生活中的科学常识。刊载宣传科学教育的文章，探讨中国科学研究事业发展的方针和措施。报道科学界的新闻消息以及世界最新科学成就。解答读者所提出的科学问题。作者均为中央研究院以及各大学教授，文章在浅显易懂的同时具有极高的科学性和可靠性。刊载有张其昀《"科学"与"科学化"》、钱天鹤《爱克司光与生物之关系》、邹树文《用科学解释中国古人对于昆虫生活史上几点错误》等科普文章。

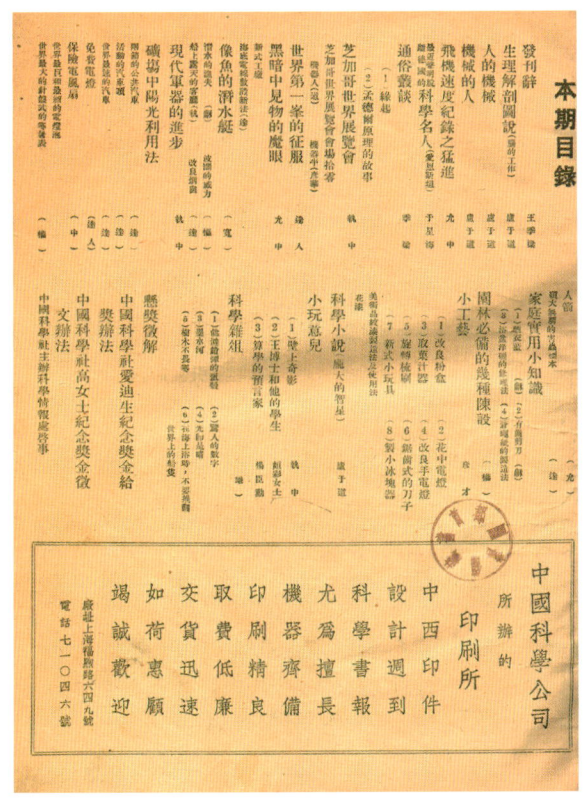 

《科学画报》

题名：科学画报 = Popular Science（La Science Populaire）

责任者：冯执中编

出版发行：（上海）杨孝述、中国科学图书仪器公司发行；1953至1958年由上海市科学技术普及协会主办，1958年由上海市科学技术协会主办、上海科学技术出版社出版，1966年停刊；1972年以《科学普及资料》为名恢复出刊，1974年改名为《科学普及》出版；1978年恢复《科学画报》原刊名，由上海科学技术出版社主办、出版，v.1.no.1（民国二十二年8月[1933，8]）至今

出版频率：月刊；1939年7月第6卷第1期起改为半月刊

内容提要：该刊以青少年为主要读者群体，用通俗易懂、生动活泼的语言，普及自然科学知识和最新科学技术成就。介绍数学、物理、地理、生物、医学、天文等自然科学知识，介绍汽车、飞机、坦克、电器等最新技术成就。介绍钢铁、制漆、采矿、农业、机械制造、电力等工业技术的制造和使用方法，普及最新工农业技术成就。介绍现代科学的生活常识和医药卫生知识，宣传科学的新生活方式。介绍科学小游戏和小工艺，启发青少年的科学探索兴趣。该刊是中国出版时间最久、影响力最大的科普刊物之一，其中刊载有卢于道《生理解剖图说》、季梁《通俗研究丛谈》等科普文章。主要栏目有家庭实用小知识、小工艺、科学小说、小玩意儿、科学杂俎等。

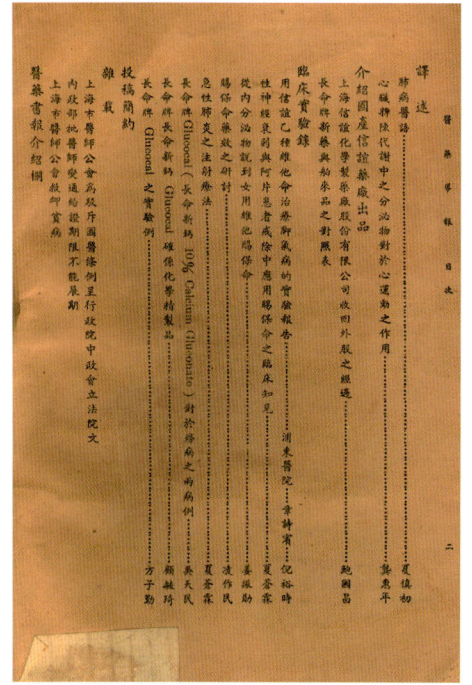 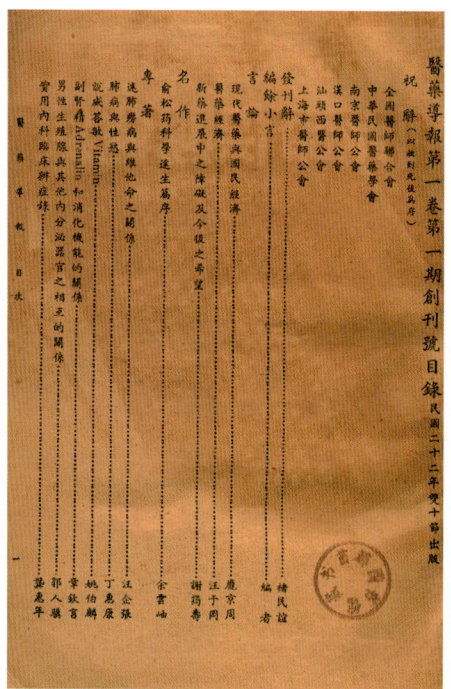 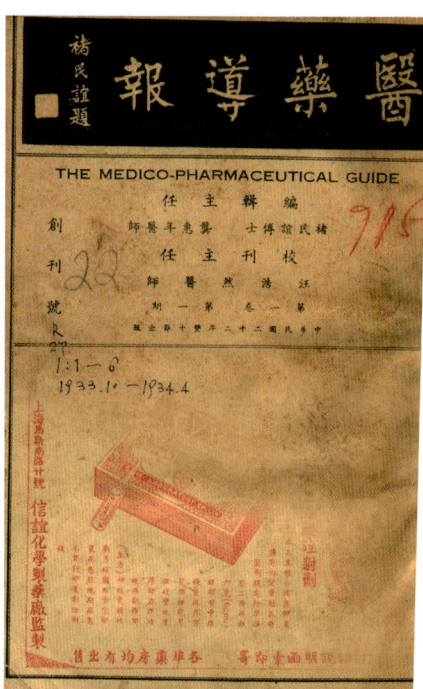

《医药导报》

题名：医药导报 = The Medico-pharmaceutical Guide

责任者：褚民谊、龚惠年主编

出版发行：（上海）医药导报社发行，v.1，no.1（民国二十二年10月［1933，10］）— v.5，no.2（民国三十三年7月［1944，7］）

出版频率：月刊；自1935年第2卷起改为双月刊

内容提要：该刊主要刊载医药研究的学术论著，探讨医药制度以及医药与国民、经济、社会的关系。发表新医药临床试验报告，为医生以及医药学者提供交流经验和新知识的平台。介绍最新医药学知识，介绍并评论最新出版的医药学书籍报刊。介绍国产信谊药厂等出品的药物。刊载有庞京周《现代医药与国民经济》、龚惠年《实用内科临床辨症录》等文章。该刊主要栏目有言论、名作、专著、译述、临床实验录、杂载。

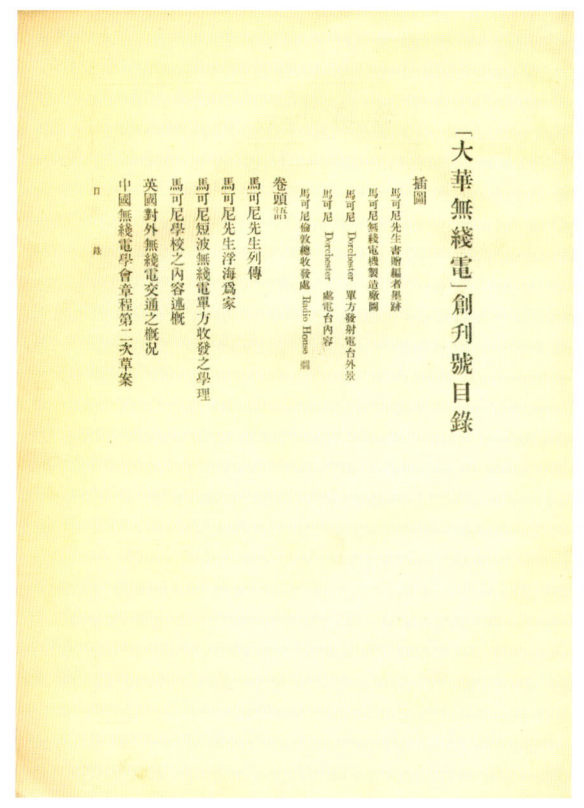 

《大华无线电》

责任者：曹仲渊编

出版发行：（上海）大华无线电股份两合公司发行，创刊号（民国二十二年12月［1933，12］）

出版频率：半月刊

内容提要：该刊创刊号为"欢迎无线电发明家马可尼博士莅华纪念刊"，其创刊目的是纪念大科学家马可尼来华，并借此科学模范人物引起我国青年研究科学的兴趣。该刊的主要内容是刊载无线电通信发明者马可尼的生平传记，普及马可尼短波无线电单方收发的科学原理。介绍英国无线电通信事业的发展概况，公布中国无线电学会的章程。此外刊载有马可尼无线电电台、无线机电工厂等相关照片，以及大量中外电力设备、无线电设备和相关公司的广告。

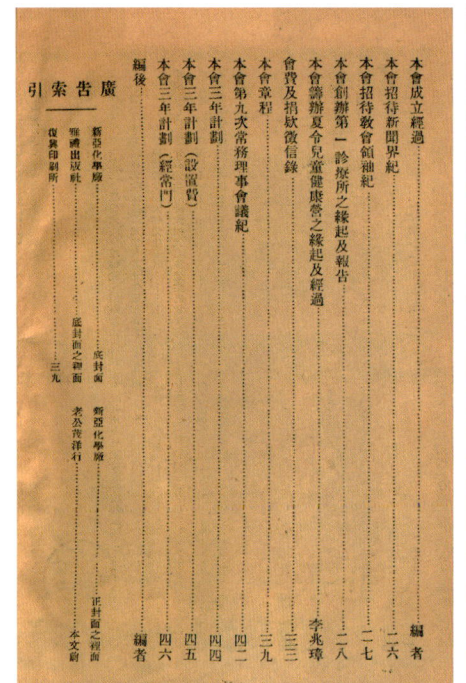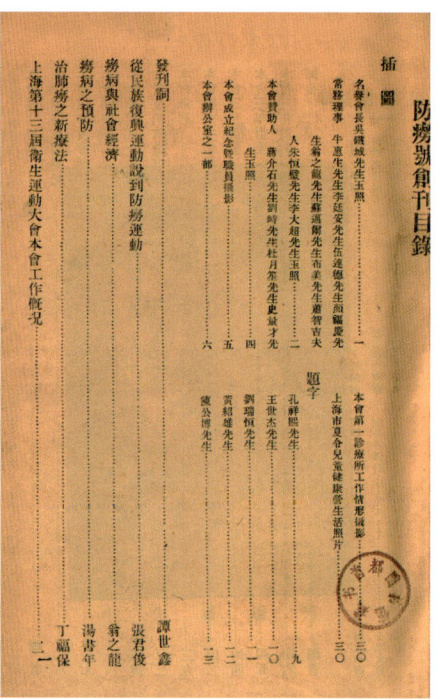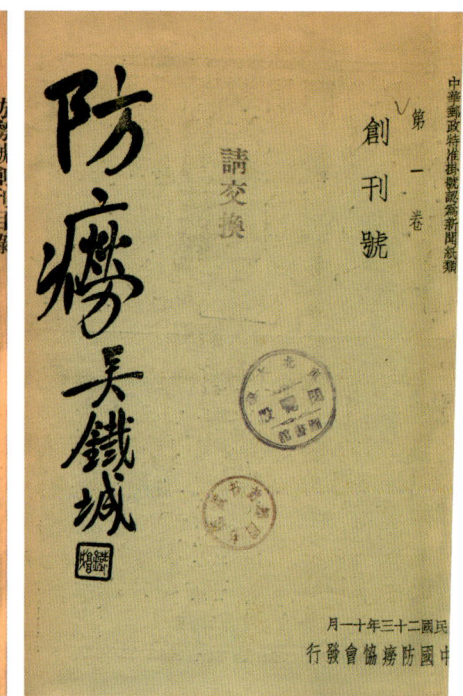

《防痨》

责任者：中国防痨协会编

出版发行：（上海）中国防痨协会发行，v.1, no.1（民国二十三年11月［1934，11］）—v.2, no.4（民国二十五年4月［1936，4］）

出版频率：月刊

内容提要：该刊主要刊载研究预防和治疗肺结核的医学文章，探讨政府在防治肺结核方面的政策和措施。向民众普及肺结核预防与治疗的方法。发表反映肺结核对人民的伤害的散文、随笔、随感等文学作品。刊载有张君俊《从民族复兴运动说到防痨运动》、丁福保《治肺痨之新疗法》等文章。主要栏目有著述、演讲栏、杂俎栏、医界消息。该刊刊名为吴铁成所题。

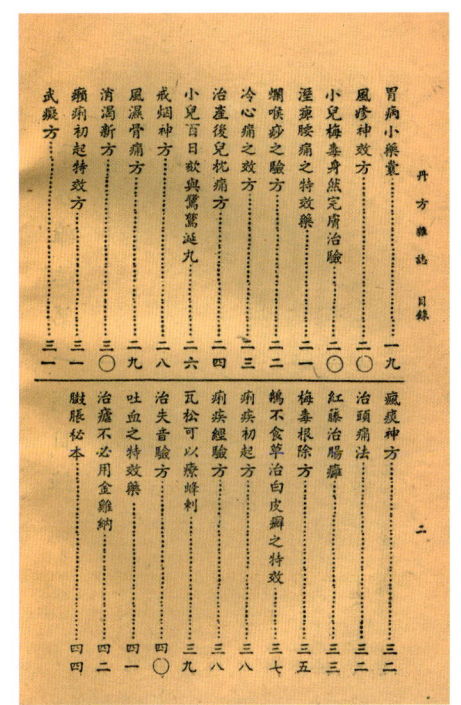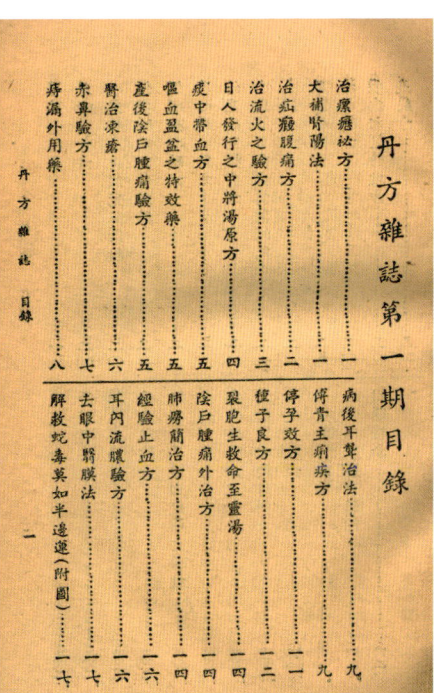

《丹方杂志》

责任者：朱振声编

出版发行：(上海)幸福书局发行，no.1（民国二十四年3月［1935,3］）—no.7（民国二十六年7月［1937,7］）

出版频率：月刊

内容提要：该刊专门收集整理古今中外及民间搜集而来的以丹方为主的中药方剂和秘方，刊载所治疗病症以及药方和煎制服用方法，涉及皮肤病、肺病、妇科、儿科、外科、耳鼻喉、眼科、疗伤止血、胃病、心痛、牙科等各类疾病。

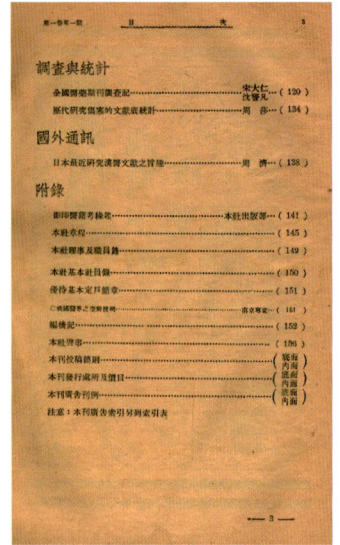 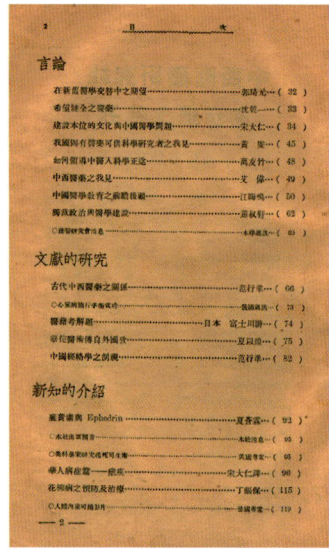 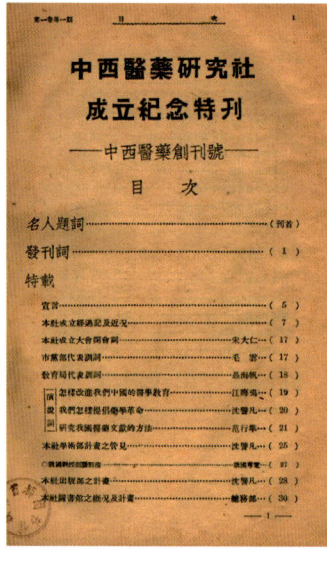 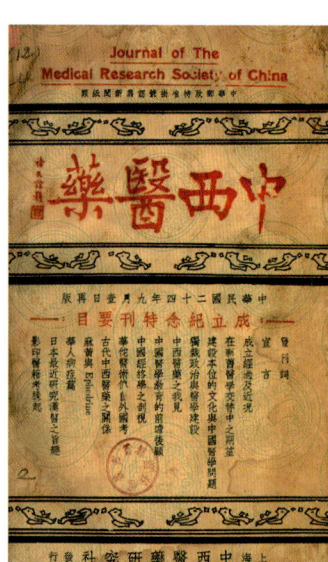

《中西医药》

题名：中西医药 = Journal of the Medical Research Society of China

责任者：中西医药研究社出版部编辑股编

出版发行：（上海）中西医药研究社出版部发行股发行，v.1, no.1（民国二十四年 8 月 [1935, 8]）— v.3, no.6（民国二十六年 6 月 [1937, 6]）；全面抗战爆发后停刊，1946 年 10 月复刊，no.28（民国三十五年 10 月 [1946, 10]）— no.38（民国三十六年 11 月 [1947, 11]）

出版频率：月刊

内容提要：该刊创刊目的是介绍欧西新医学说，使国民了解医学的真相；研究中国以往医学知识经验，予以科学的整理与发扬。其主要刊载研究西医和中医的学术论文，包括医学理论、诊疗方法、解剖学、病理学、药物学等内容。刊载探讨医疗卫生制度，特别是讨论中西医教育问题的文章。刊载各类疾病最新的药物和治疗方法，介绍世界最新医学研究成果和医疗技术。刊载有郭琦元《在新旧医学交替中之展望》、江晦鸣《中国医学教育之前瞻后顾》等文章。该刊主要栏目有特载、言论、文献的研究、新知的介绍、调查与统计、国外通讯。

八、自然科学

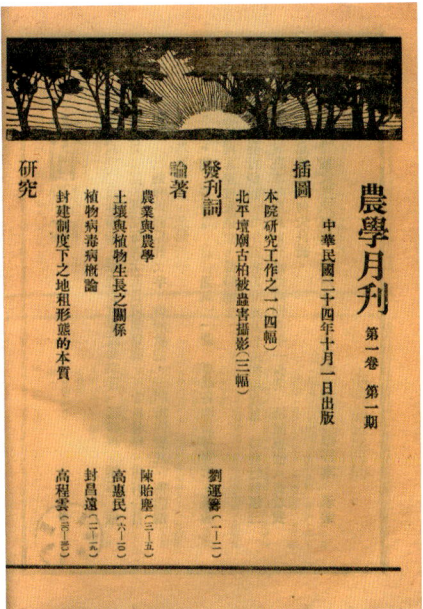

《农学》

题名：农学 = The Agricultural Science

责任者：农学月刊社编

出版发行：（北平）国立北平大学农学院发行，v.1，no.1（民国二十四年10月［1935，10］）— v.4，no.3（民国二十六年7月［1937，7］）

出版频率：月刊

内容提要：该刊以"阐扬农林学术，促进农村建设"为宗旨，主要刊载研究农业科学和农业技术的学术论著，探讨农业生产中的各类实际问题，内容涉及种植业、林业、畜牧业、病虫害防治、经济作物等。介绍农业、牧业、林业生产技术。刊载讨论农业经济和农村建设等问题的论述。发布中国各地农业生产和农业经济状况的统计数据和调查报告。报道中国和世界农业生产和农业经济相关的新闻消息。刊载有高程云《封建制度下之地租形态的本质》、陈贻尘《农业与农学》、易希陶《北平坛庙古树虫害考察报告》等文章。该刊主要栏目有论著、报告、调查、国际农事要闻、国内农事要闻。

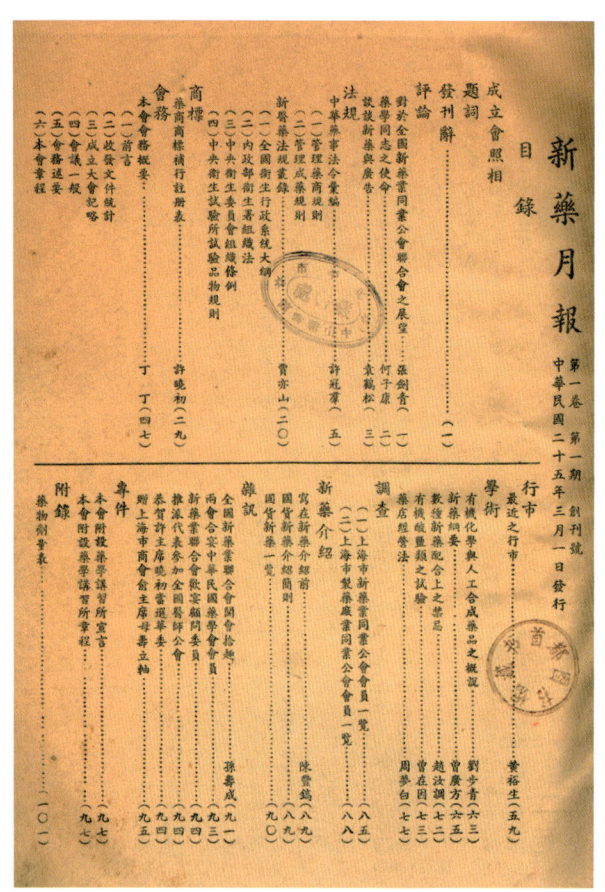
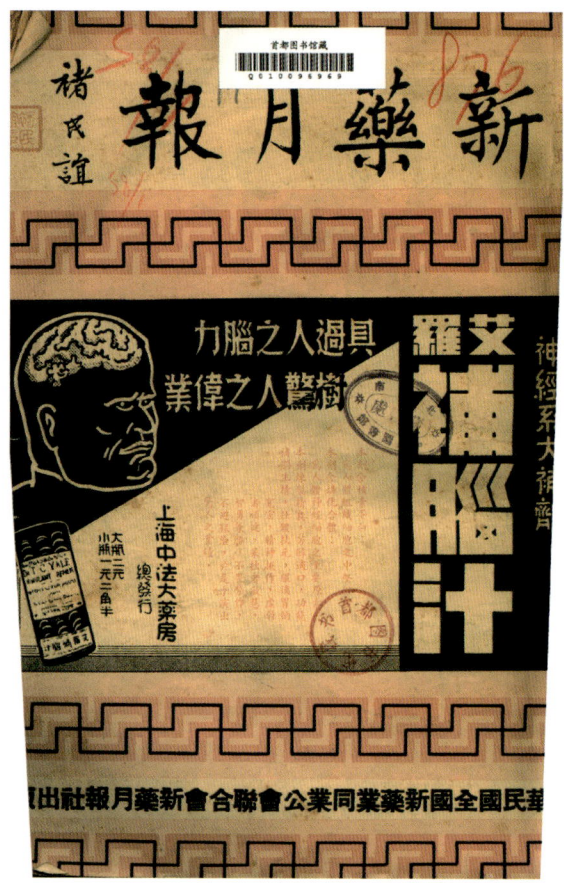

《新药月报》

责任者：周梦白、沈济川主编

出版发行：（上海）中华民国全国新药同业公会联合会新药月报社出版，v.1，no.1（民国二十五年3月［1936，3］）— v.2，no.4（民国二十六年6月［1937，6］）

出版频率：月刊

内容提要：该刊主要刊载国民政府及内政部卫生署等机关发布的，关于医药管理和医药行业的法律法规。发布中华民国全国新药同业公会联合会的规章、会议、工作概况等。发表上海市及全国制药同业情况的调查报告。刊载研究医药学和制药产业的学术论文。介绍进口及国货新药的商标、功效、价格等各项详情。报道全国制药行业的新闻消息。主要栏目有评论、法规、商标、会务、行市、学术、调查、新药介绍、杂讯、专件。

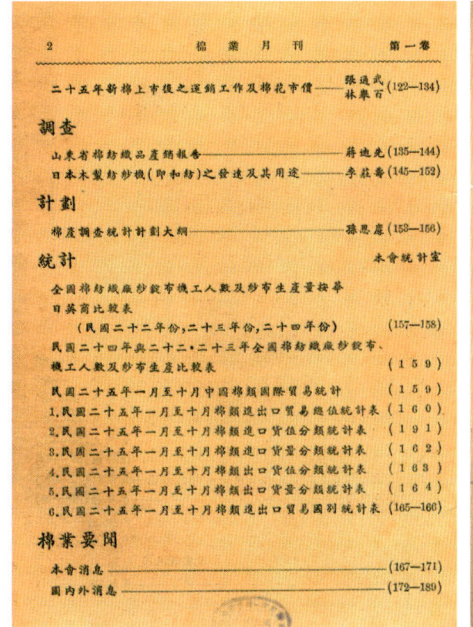 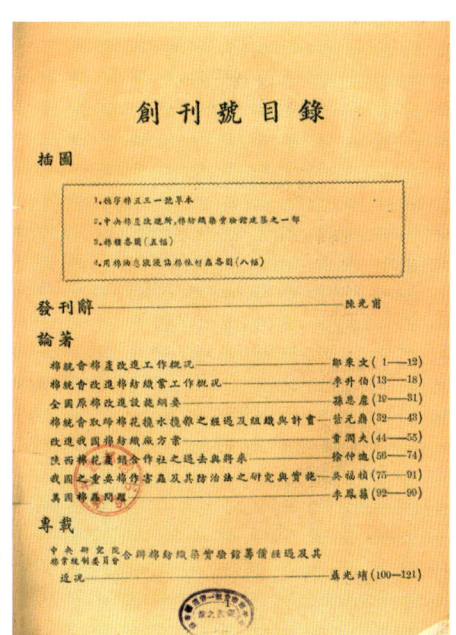 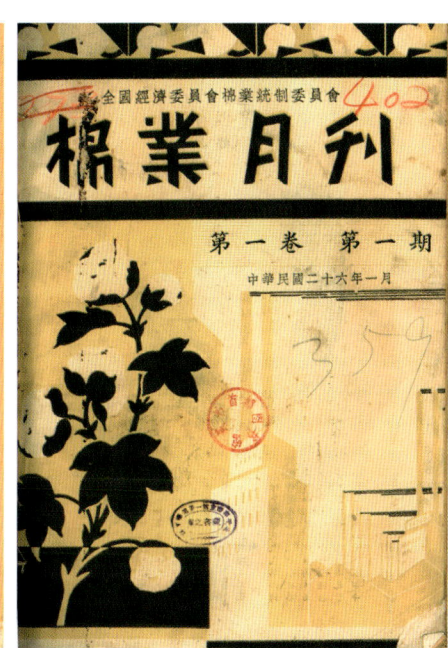

《棉业月刊》

题名：棉业月刊 = The Cotton Monthly

责任者：全国经济委员会棉业统制委员会编

出版发行：（上海）全国经济委员会棉业统制委员会发行，v.1, no.1（民国二十六年1月［1937，1］）—v.1，no.7（民国二十六年7月［1937，7］）

出版频率：月刊

内容提要：该刊主要刊载棉花种植、棉纺织以及棉花产销等经济问题的研究文章，研究探讨品种改良、土壤改进、病虫害防治、推广化肥等棉花种植新技术。介绍棉纺织业新技术，探讨棉花种植及棉纺织业管理经验。主要栏目有论著、专载、调查、计划、统计、棉业要闻。

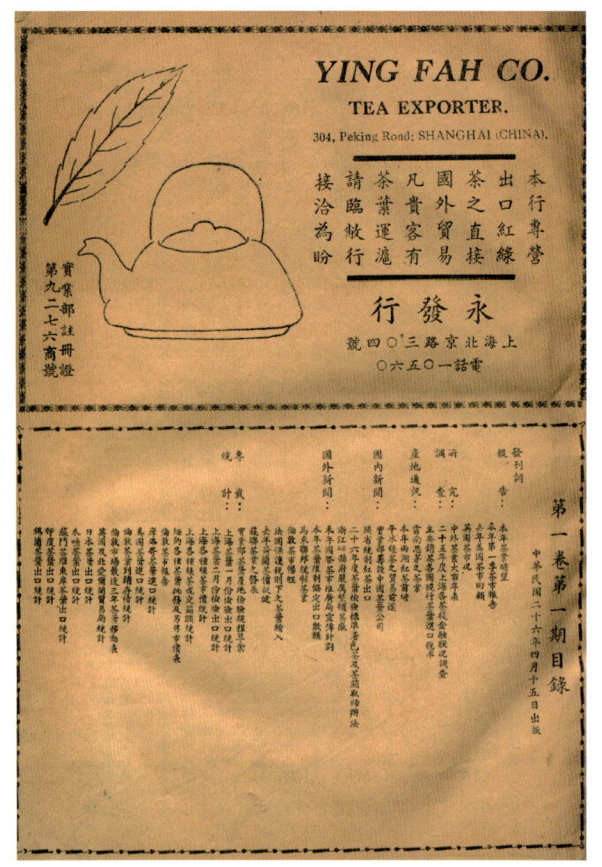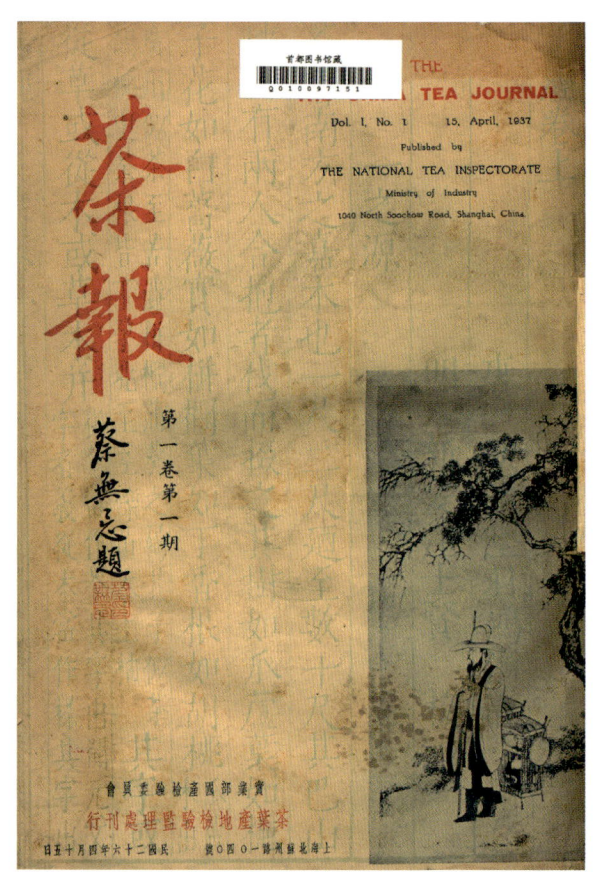

《茶报》

题名：茶报 = The China Tea Journal

责任者：实业部国产检验委员会茶叶产地检验监理处编辑课编

出版发行：（上海）实业部国产检验委员会茶叶产地检验监理处发行，v.1，no.1（民国二十六年4月［1937，4］）— v.1，no.4（民国二十六年7月［1937，7］）

出版频率：月刊

内容提要：该刊主要刊载对全国茶农、茶厂及出口商的茶叶检验工作报告，主要包括茶叶品质和茶叶包装等。发布皖、赣、浙、闽、湘、鄂等各主要茶叶产地茶业情况调查报告，以及中国、美国、英国、法国等世界主要茶叶生产和消费国家的进出口、市场、市价等各项统计数据。报道中国和世界各国茶业相关的新闻消息。主要栏目有报告、研究、调查、产地通讯、国内新闻、国外新闻、专载、统计。

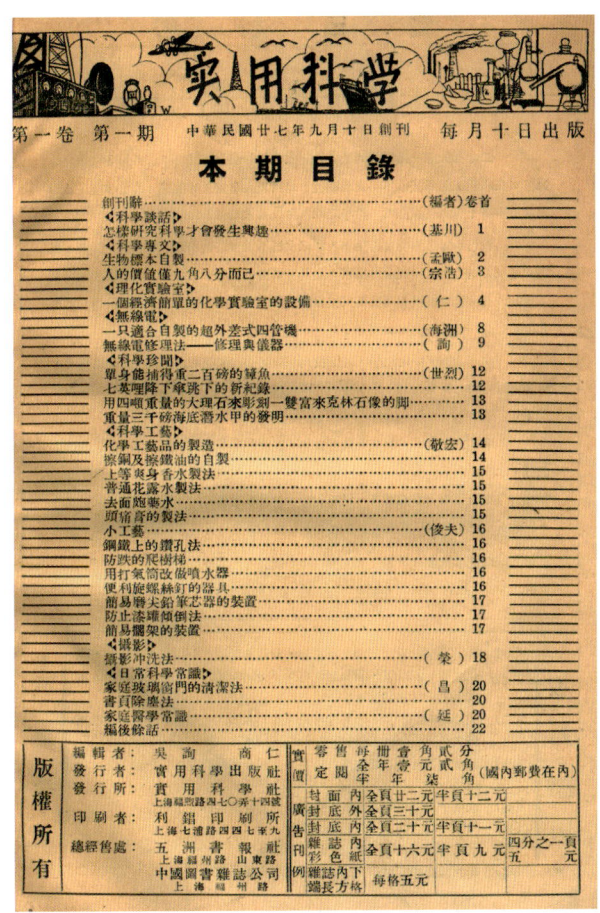
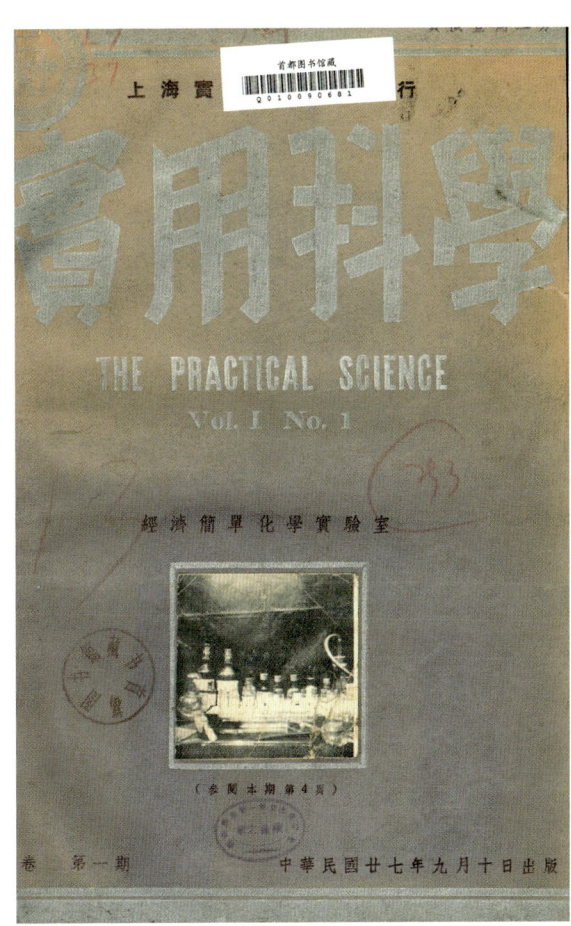

《实用科学》

题名：实用科学 = The Practical Science

责任者：吴询、商仁编

出版发行：（上海）实用科学出版社发行，v.1, no.1（民国二十七年9月［1938，9］）— v.3, no.6（民国三十年8月［1941，8］）

出版频率：月刊

内容提要：该刊的创刊目的是谋求科学的大众化和实用化。主要介绍自然科学知识和科学工艺知识，探讨科学研究实验与实际应用，介绍科学和自然界的奇珍异闻。介绍工业生产技术，以科学技术指导工业建设和工农业生产改良。介绍科学的日常生活常识，如家庭清洁、家庭医学以及科学小游戏等。主要栏目有科学谈话、科学专文、理化实验室、无线电、科学珍闻、科学工艺、摄影、日常科学常识。

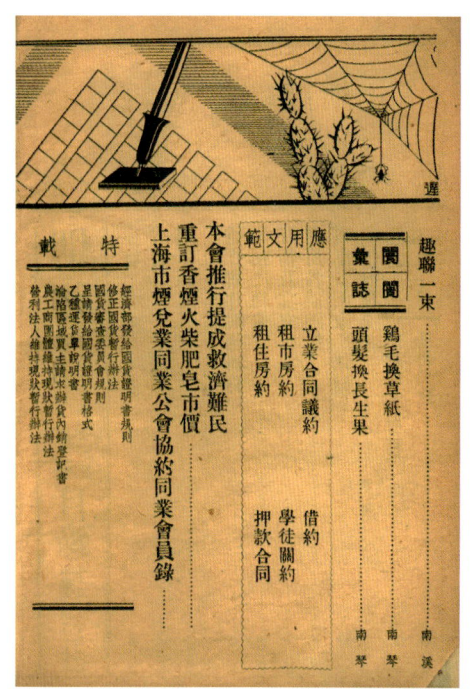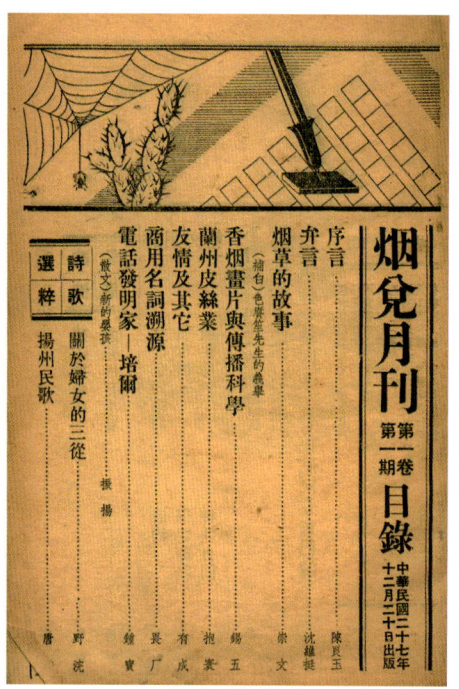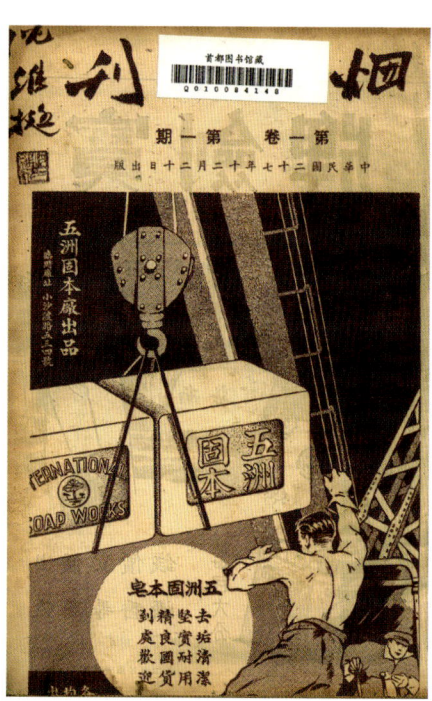

《烟兑月刊》

责任者：烟兑月刊社编

出版发行：(上海)上海市烟兑业同业公会出版，v.1，no.1（民国二十七年12月[1938，12]）— v.1，no.12（民国二十八年12月[1939，12]）

出版频率：月刊

内容提要：该刊主要刊载探讨烟草企业经营管理、烟草产销、烟草工业技术等烟草行业相关的文章，介绍烟草品牌厂商，发布工商部、实业部、经济部相关法令法规，发表烟草产销现状调查报告。刊载探讨货币政策、工商业、金融、信贷、物价等经济问题的文章，介绍工商管理知识及经营管理方法，宣传吸烟的各种"益处"。刊载吸烟主题的诗歌、故事等文学作品。报道国内外新闻时事，介绍经济、科技、历史、文化、戏曲等知识。宣传赈济救助战争难民。发布上海市烟兑业同业公会相关人事、业务消息以及规则章程。

八、自然科学

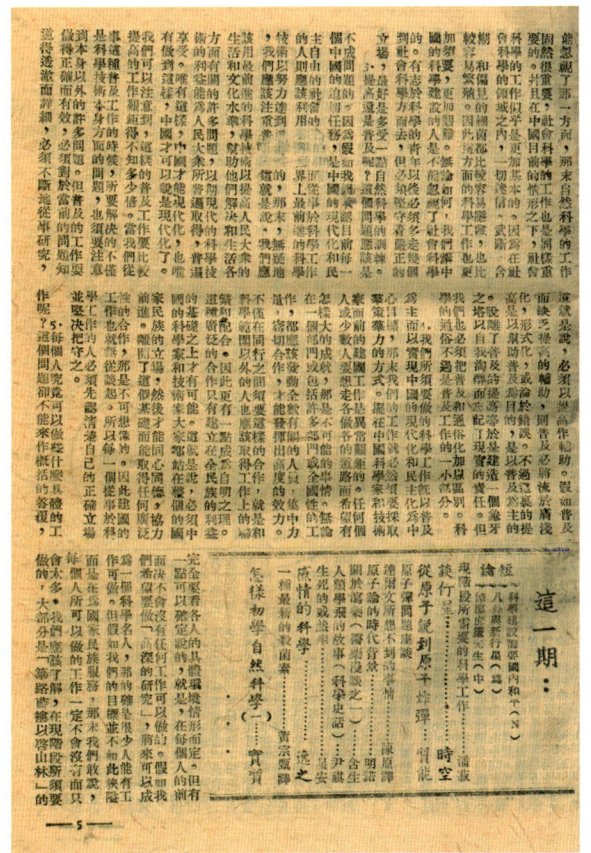
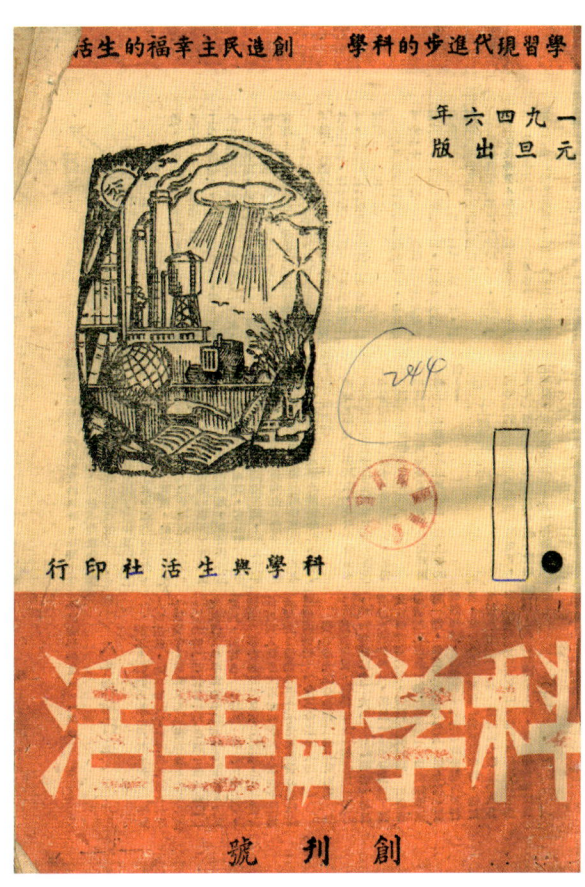

《科学与生活》

责任者：科学与生活社编

出版发行：（重庆）科学与生活社发行，v.1，no.1（民国三十五年1月［1946，1］）— v.1，no.8（民国三十五年12月［1946，12］）

出版频率：月刊

内容提要：该刊主要刊载讨论中国政治、经济、科技等各类问题的评论文章，探讨中国科学技术事业发展以及普及科学破除迷信等问题。普及物理、数学、天文、地理、生物、医学等各学科知识，介绍红外线、气象预报、原子弹等最新科学发明成果。介绍日常生活中的科学常识，介绍与大众健康息息相关的医药知识和卫生知识。刊载中外著名科学家的小传。刊载有潘菽《中国现阶段所需要的科学工作》、实质《怎样初学自然科学》等文章。

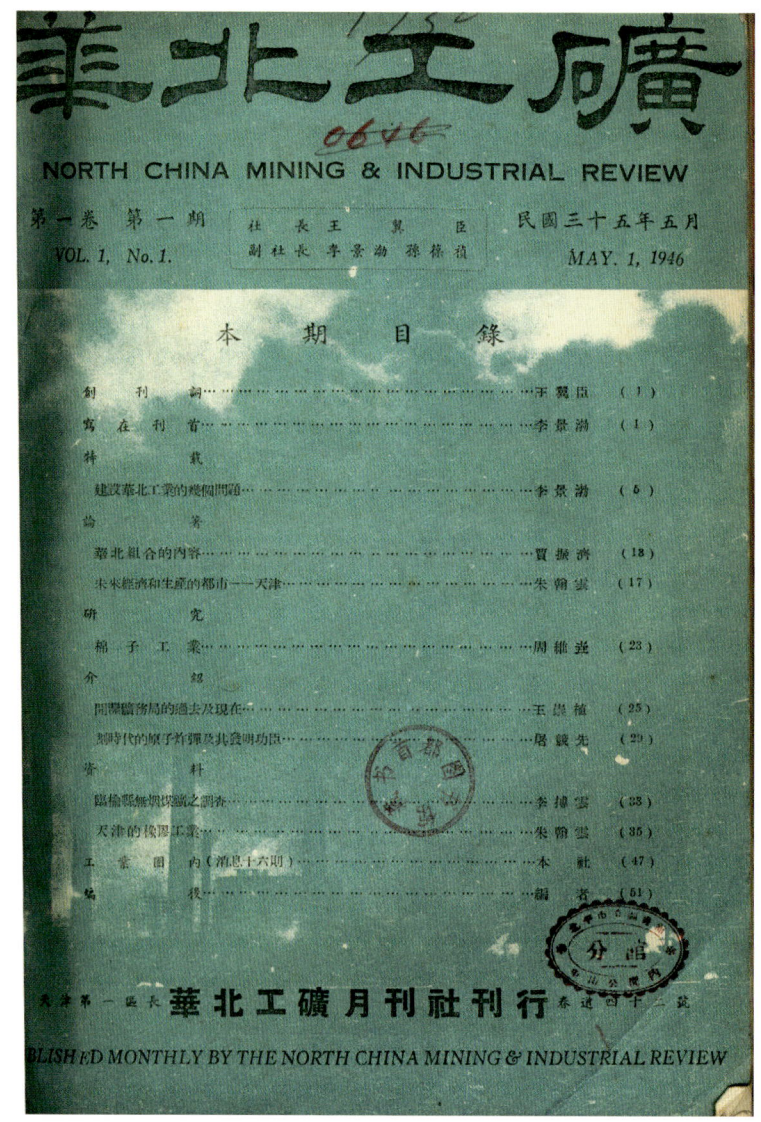

《华北工矿》

题名：华北工矿 = North China Mining&Industrial Review

责任者：华北工矿月刊社编

出版发行：（天津）华北工矿月刊社发行，v.1, no.1（民国三十五年5月[1946, 5]）— v.1, no.4（民国三十五年8月[1946, 8]）

出版频率：月刊

内容提要：该刊创刊目的是介绍工矿事业的状况，共谋工矿事业的发展，分担战后建设的使命，发扬人类技术技能。其主要内容是介绍与研讨工业、矿业生产技术以及工矿企业经营管理方法，报道工矿业经济消息及科技新闻，刊载天津经济、农业生产等经济问题的文章。主要栏目有特载、论著、研究、介绍、资料、工业圈内。

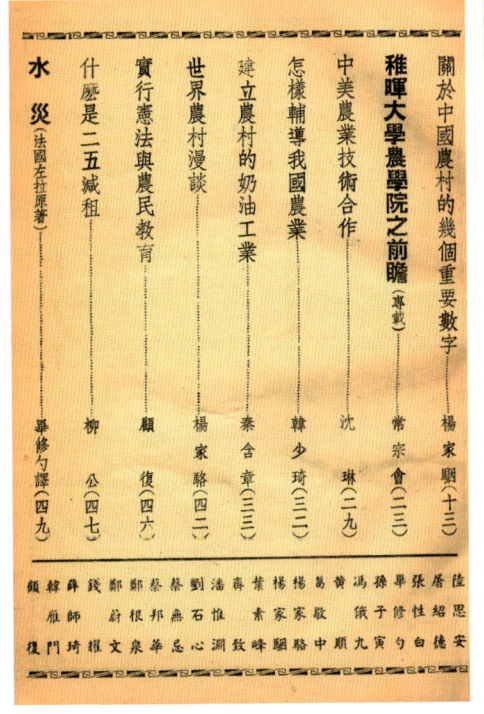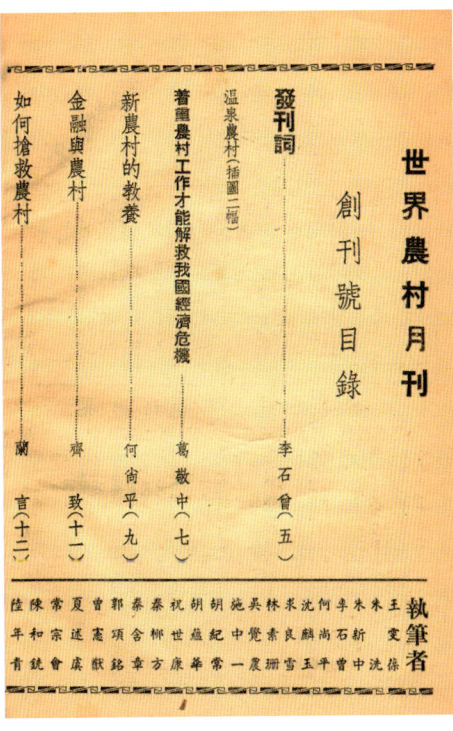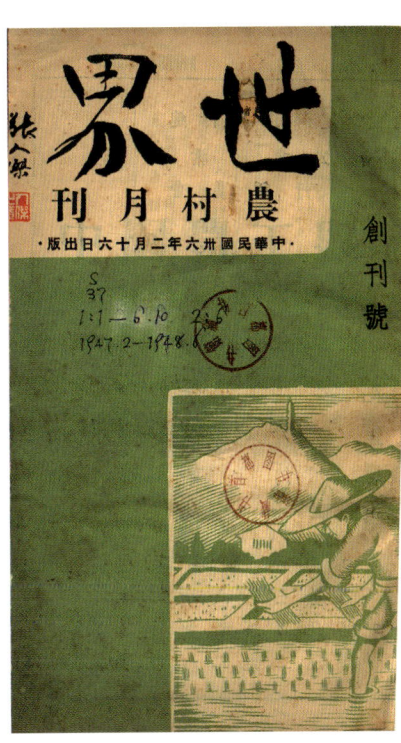

《世界农村月刊》

责任者：世界农村月刊编辑委员会编

出版发行：（上海）世界出版社发行，v.1，no.1（民国三十六年2月[1947，2]）— v.3，no.4（民国三十八年4月[1949，4]）

出版频率：月刊

内容提要：该刊主要刊载探讨中国农村问题的文章，讨论中国农村建设的方案和措施，涉及农村社会、经济、教育等各方面。介绍农业生产技术，宣传推广化肥、农业机械等世界最新农业科技的使用。介绍制糖、酱油制造、奶油生产等农副产业及食品加工工业技术。发表以农村为主题的诗歌、绘画、小说、电影剧本等文艺作品。介绍世界各国农村和农业生产的状况。刊载有葛敬中《着重农村工作才能解救我国经济危机》、童润之《都市与乡村》等文章。

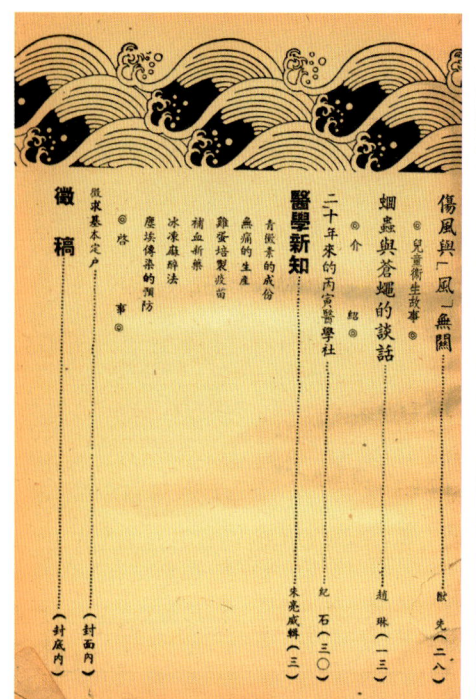 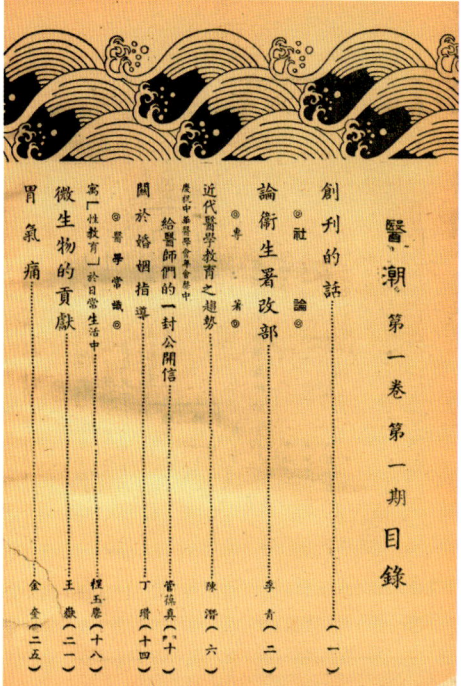 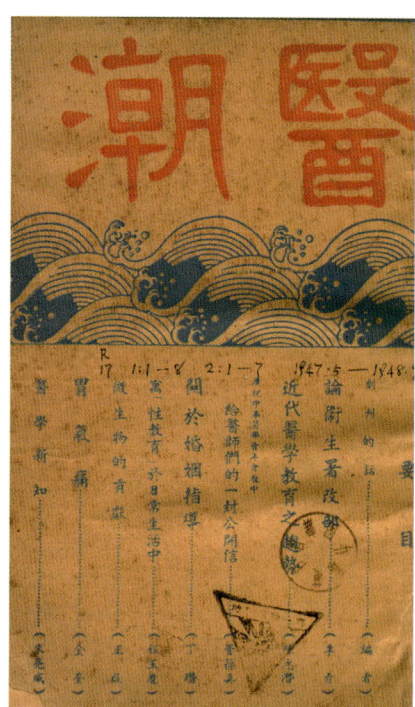

《医潮》

责任者：贾猷先编

出版发行：（南京）丙寅医学社出版，v.1, no.1（民国三十六年5月［1947, 5］）— v.2, no.10（民国三十七年11月［1948, 11］）

出版频率：月刊

内容提要：该刊的创刊目的是"将科学医学通俗化、大众化，传播到民间去"，主要刊载普及医学知识和卫生知识的文章，内容包括卫生常识、医药知识、儿童健康、传染病防治、婚姻、性教育等。探讨中国的医疗卫生制度及医学教育问题。刊载有季青《论卫生署改部》、陈志潜《近代医学教育之趋势》、朱亮《婴儿需要合宜的饮食》等文章。主要栏目有社论、专著、医学常识、儿童卫生故事、介绍。

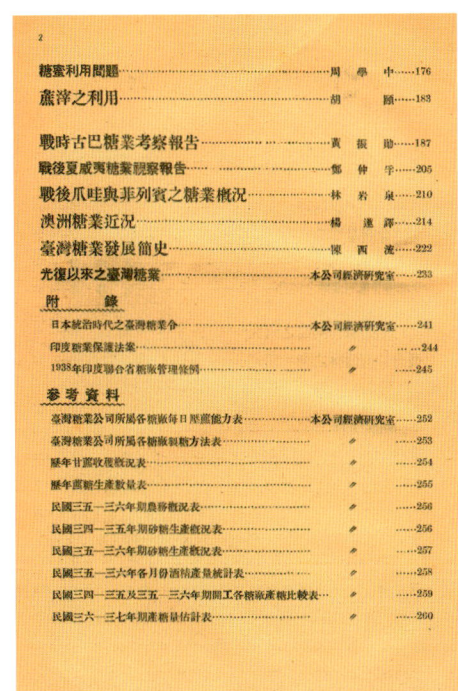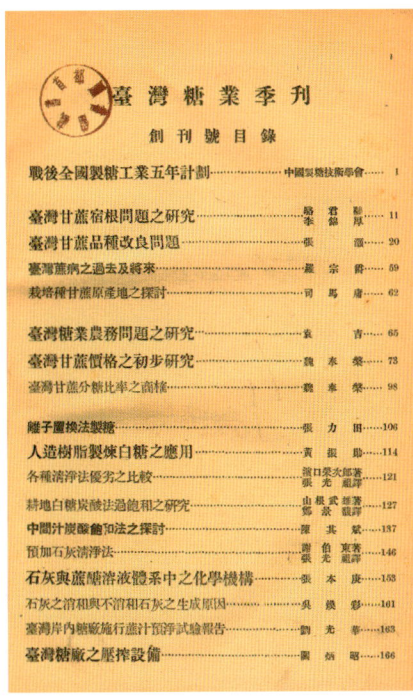

《台湾糖业季刊》

题名：台湾糖业季刊 = Taiwan Sugar Journal Quarterly

责任者：台湾糖业季刊编辑委员会编

出版发行：（台北）台湾糖业公司发行，no.1（民国三十六年10月［1947，10］）— v.2，no.2（民国三十八年4月［1949，4］）

出版频率：季刊

内容提要：该刊主要报道台湾糖业情况，探讨种蔗学术，研究制糖技术，介绍糖业新知，刊载研究甘蔗种植及制糖技术的学术论文，介绍最新的制糖技术，探讨台湾制糖业和糖业经济的各项实际问题。介绍古巴、菲律宾、澳洲等世界主要产糖地区的制糖业情况。发布台湾甘蔗收获和蔗糖产量的统计数据和调查报告。刊载有中国制糖技术学会《战后全国制糖工业五年计划》、陈西流《台湾糖业发展简史》等文章。

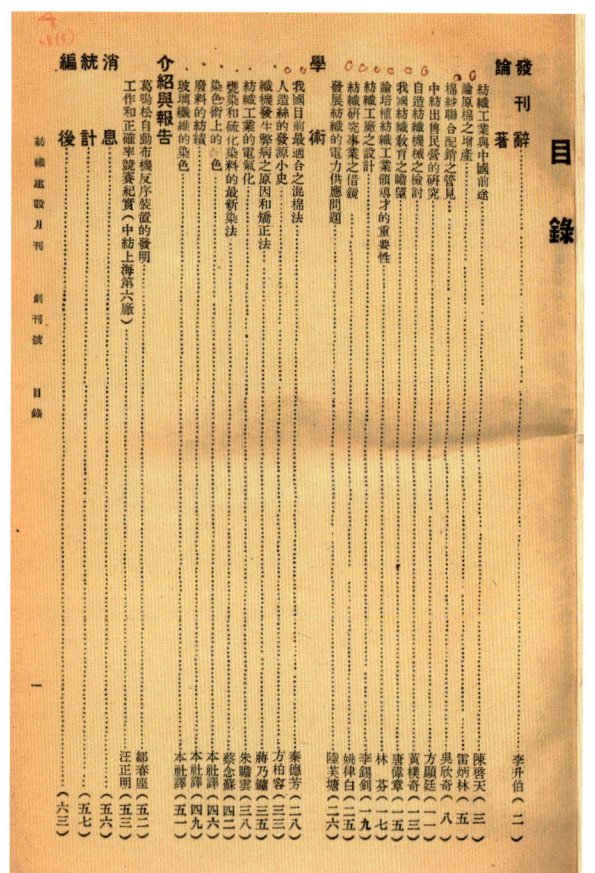
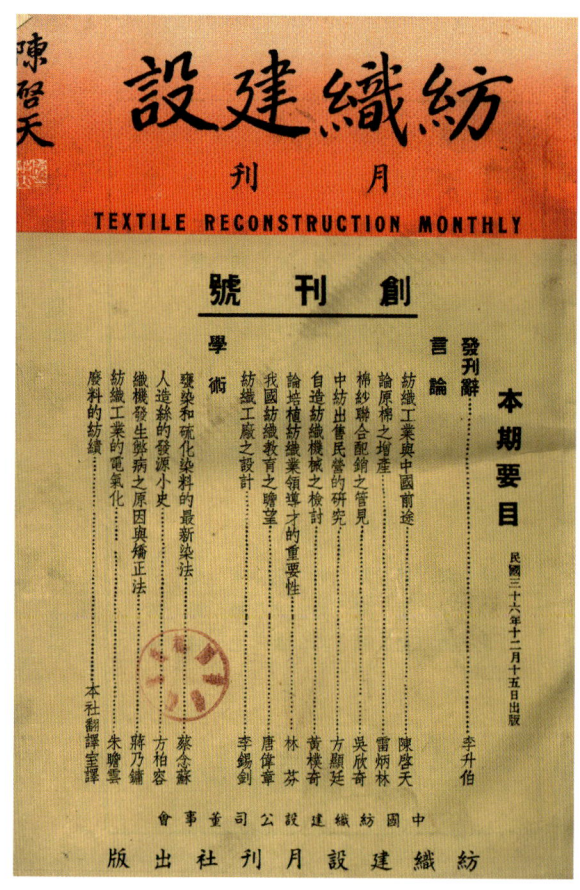

《纺织建设月刊》

题名：纺织建设月刊 = Textile Reconstruction Monthly；1953年后与《中国纺织》合并

责任者：方柏容主编

出版发行：（上海）中国纺织建设公司董事会纺织建设月刊社发行；解放后改为上海纺织工业部华东纺织管理局计划处编辑出版，v.1，no.1（民国三十六年12月［1947，12］）— v.6，no.3（1953年3月）

出版频率：月刊

内容提要：该刊主要刊载探讨中国纺织业建设发展的文章，讨论中国纺织业的各种困难以及解决办法。刊载研究纺织技术的学术论文，介绍丝、棉、化纤等各类纺织品的最新纺织技术和机器设备。报道中外纺织行业的相关新闻消息。发布中国纺织业产量、市价、劳工、出口等各项统计数据和图表。刊载有陈启天《纺织工业与中国前途》、唐伟章《我国纺织教育之瞻望》、方柏容《人造丝的发源小史》等文章。主要栏目有论著、学术、介绍与报告、消息、统计、专载。封面刊名为陈启天所题。

九、综合类

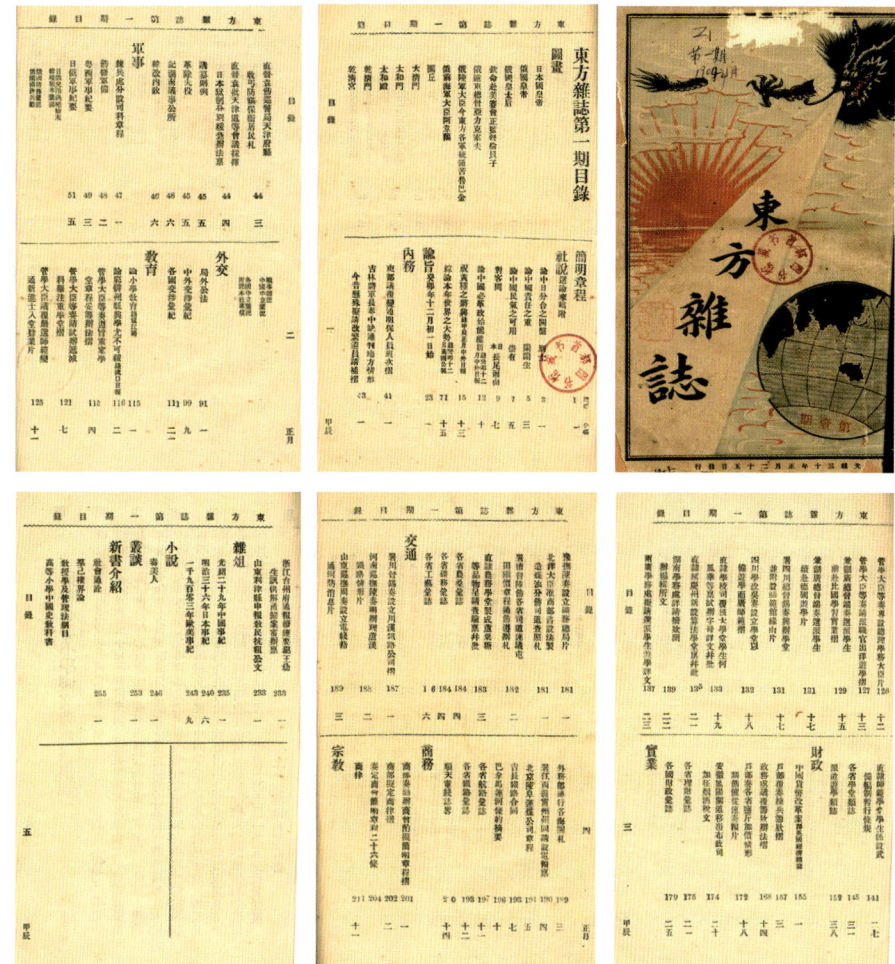

《东方杂志》

责任者：东方杂志社编

出版发行：（上海）商务印书馆发行；1938年1月起因战事迁至长沙、香港，1943年3迁至重庆，1947年1月迁回上海，v.1,no.1（光绪三十年1月［1904,1］）— v.44,no.12（民国三十七年12月［1948,12］）

出版频率：月刊；1920年第17卷起改为半月刊；1948年第44卷起改为月刊

内容提要：该刊以"启导国民，联络东亚"为宗旨，是民国时期发行最久、影响力最大的综合性时政及社会科学刊物。主要刊载时事评论文章，讨论中国的政治、经济、社会、军事、外交、教育、文化等各方面问题。刊载社会科学研究的学术论文，涉及政治、经济、历史、考古、地理、社会、美术等各社会科学学科。发表诗歌、散文、小说等文学作品，翻译国外文学著作。介绍自然科学知识和社会科学知识。发表有张謇、严复、梁启超、王国维、蔡元培、陈独秀、鲁迅、顾颉刚、老舍、巴金、郁达夫等清末民国时期的著名学者、文学家和政治家的文章，如：梁启超《中日改约问题与最惠国条约》、王国维《宋元戏曲史》、陈独秀《对于现在中国政治问题的我见》、鲁迅《祝福》、老舍《慈母》、顾颉刚《中国古代车战考》、巴金《雾》等。主要栏目有社说、谕旨、军事、外交、教育、财政、实业、交通、商务、宗教、杂俎、小说、丛谈。

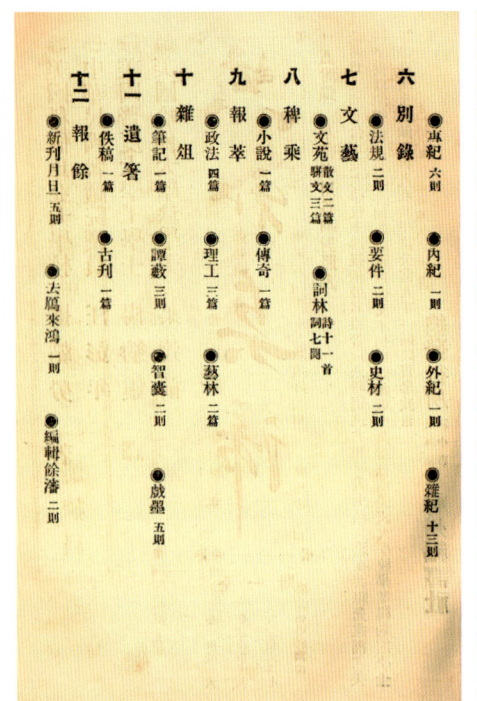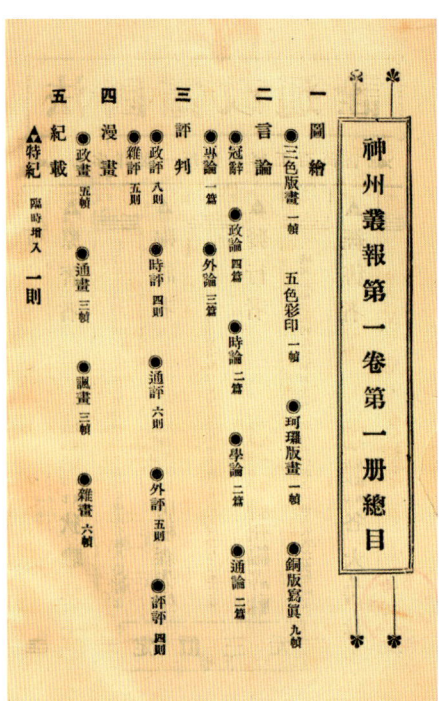

《神州》

题名：神州 = The National Magazine

责任者：神州丛报社编

出版发行：（上海）神州编译社发行，v.1，no.1（民国二年8月[1913，8]）— v.1，no.2（民国三年[1914]）

出版频率：半年刊

内容提要：该刊主要报道国内外重要时事新闻，评论中国政治、经济、社会、文化等各方面问题。刊载社会科学和自然科学研究论文。刊载国民政府及所属机关所发布的法令法规和重要文件。转载国内外杂志报纸文章，涉及时事、政法、理工、艺林等各类内容。刊载诗词、散文、骈文、小说、绘画、摄影、漫画等文艺作品。刊载任传榜《民国财政前途之观察》、梁宗鼎《发光原素之新发明》、杨荫樾《巴拿马运河与世界大势之关系》等文章。主要栏目有图绘、言论、评判、漫画、纪载、别录、文艺、稗乘、报萃、杂俎、遗著、报馀。

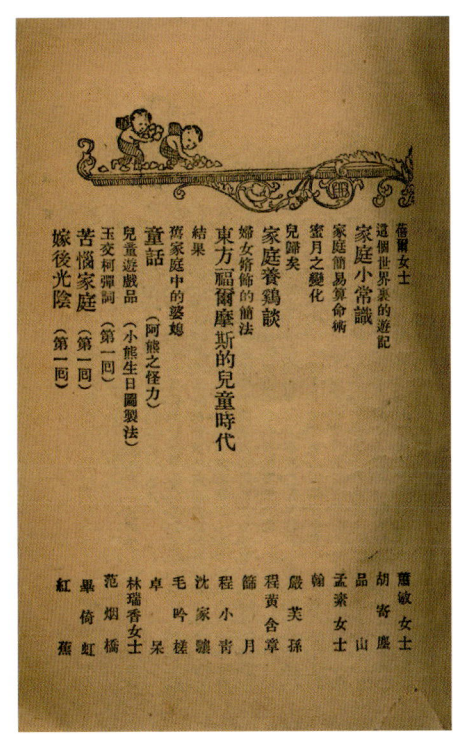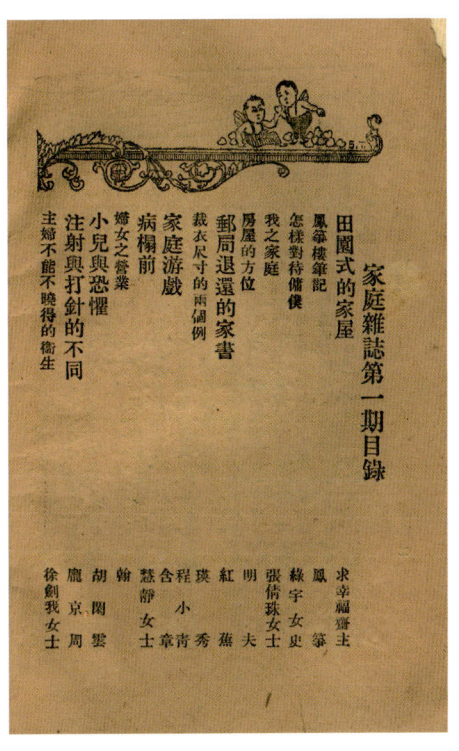

《家庭》

题名：家庭 = The Home Companion

责任者：江红蕉主编

出版发行：（上海）世界书局发行，no.1（民国十一年1月［1922，1］）— no.12（民国十一年12月［1922，12］）

出版频率：月刊

内容提要：该刊主要刊载探讨家庭关系和家庭问题的论述，包括家庭关系、妇女问题、儿童教育、婚姻等内容。介绍家庭生活知识，如家居布置、医药、教育、服饰美容、卫生、财务、养殖、风水布局、算命等。介绍各类家庭游戏。发表小说、戏剧、童话等文学作品。

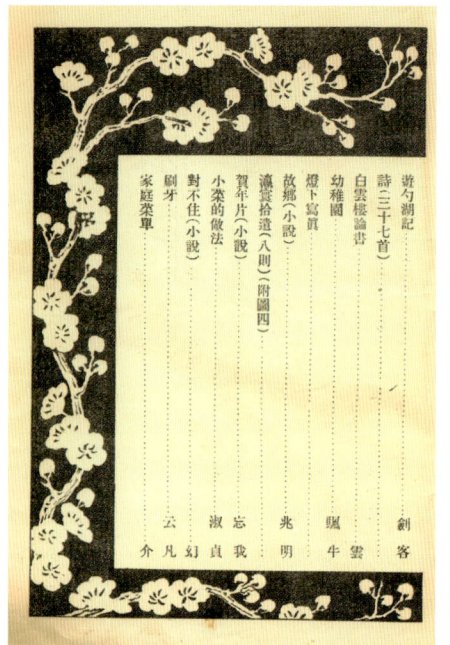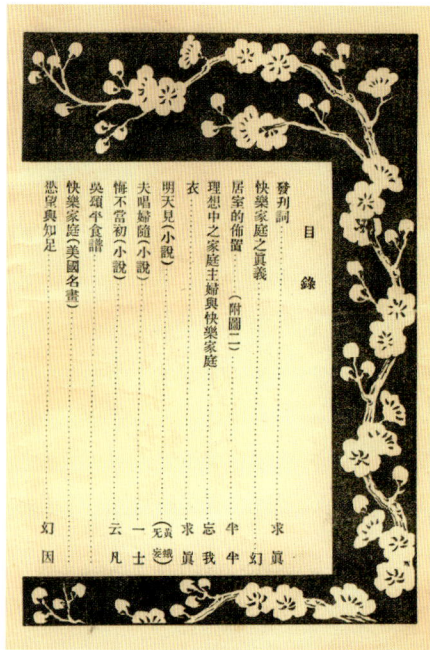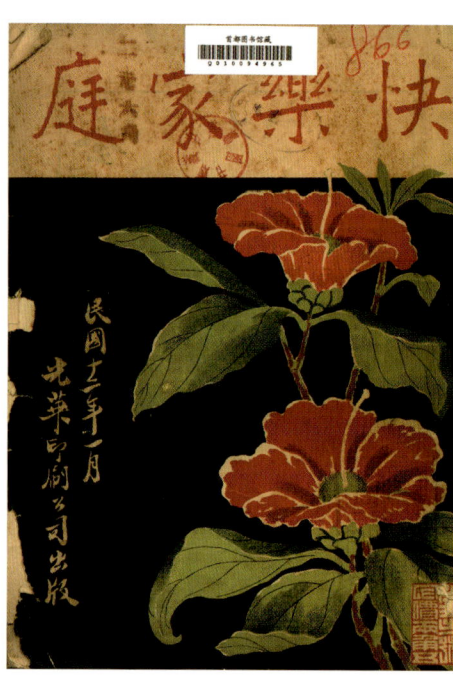

《快乐家庭》

责任者：徐百益主编，卞其蕤编

出版发行：(天津)光华印刷公司出版部出版，v.1, no.1（民国十二年1月[1923，1]）— v.1, no.22（民国十二年11月[1923，11]）

出版频率：半月刊

内容提要：该刊主要刊载探讨家庭相关的理论及现实问题的文章，包括家庭观念、家庭教育、妇女教育、儿童教育、婚姻等问题。介绍各类家庭生活知识，涉及家居布置、儿童教育、家庭财务、家庭医药、烹饪、服饰美容、家庭卫生等。发表诗歌、散文、游记、童话、小说等文艺作品。

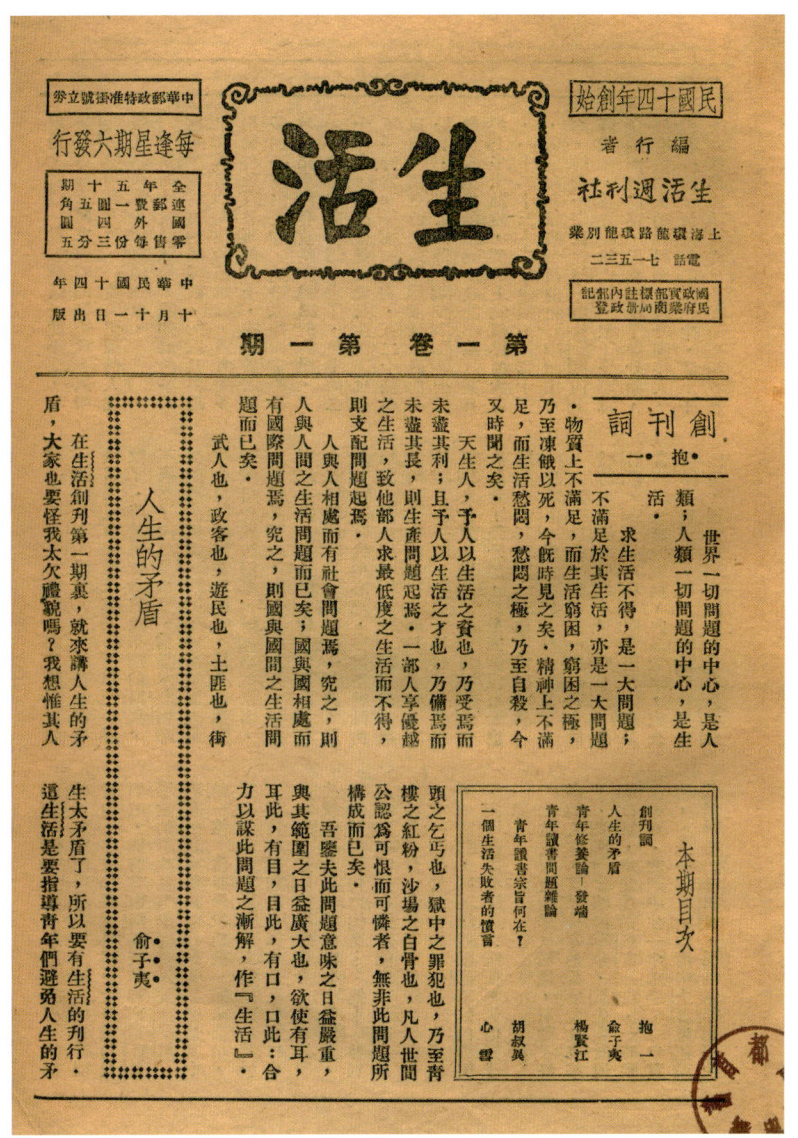

《生活周刊》

责任者：生活周刊社编，黄炎培主编，1926年9月后改为邹韬奋主编

出版发行：（上海）生活周刊社发行，v.1，no.1（民国十四年10月［1925，10］）— v.8，no.50（民国二十二年12月［1933，12］）

出版频率：周刊

内容提要：该刊创刊目的是揭示出社会上困苦和快乐的生活本质；揭示出改善人类生活的方法；揭示出各种职业之性质与青年择业安业乐业的准则。主要刊载青年教育、思想、宗教、哲学、职业教育、名人传记、生活、经济、文学、风俗等各方面的文章。邹韬奋担任主编后，开始注重中国政治评论，探讨中国时局，"九一八"事变后大力宣传抗日救国。1933年12月，被国民党当局强制停刊。

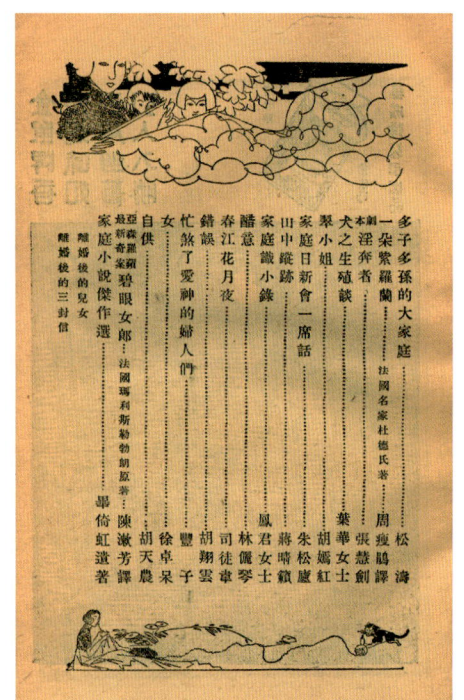 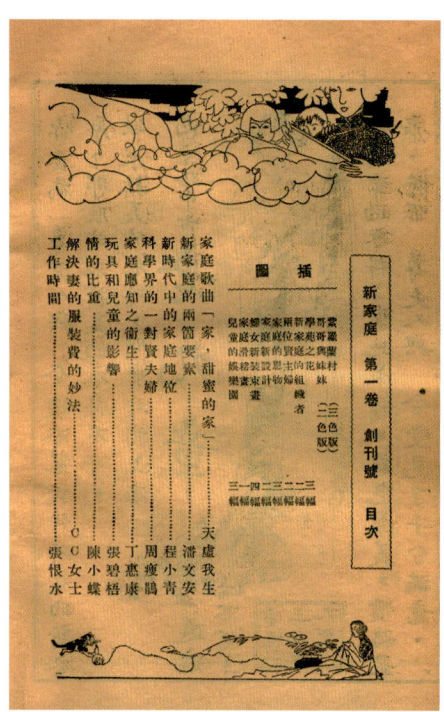 

《新家庭》

题名：新家庭 = The Modern Home

责任者：周瘦鹃主编

出版发行：（上海）大东书局发行，v.1, no.1（民国二十年1月［1931, 1］）— v.1, no.12（民国二十二年4月［1933, 4］）

出版频率：月刊

内容提要：该刊主要刊载探讨有关家庭的一切理论学说，涉及婚姻自由、男女平等、妇女问题、家庭教育等相关问题。介绍家庭生活经验和知识，如家庭工艺、园艺、家居装饰、烹饪、医药、卫生、保健、化妆、美容、服饰等。刊载随笔、游记、散文、小说等文艺作品。刊载大量摄影、绘画、滑稽漫画等图片，并有民国时期罕有的彩色封面及插图。

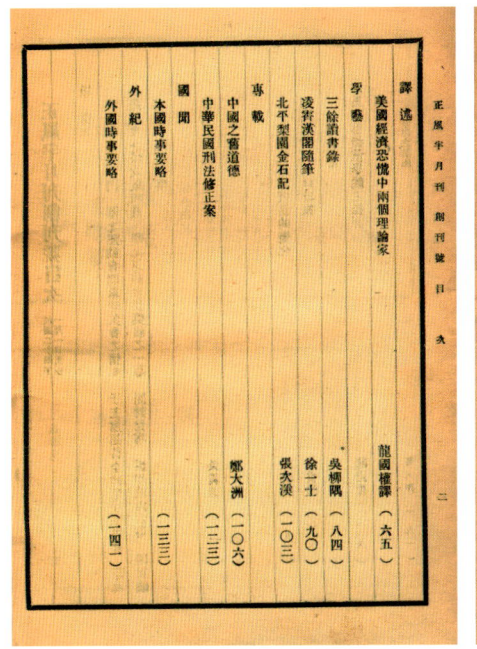
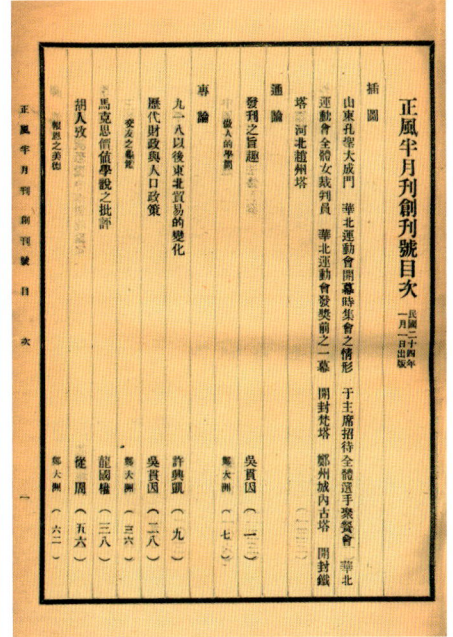

《正风半月刊》

责任者：吴柳隅主编

出版发行：（天津）正风报社出版，v.1, no.1（民国二十四年1月［1935，1］）— v.4, no.11（民国二十六年7月［1937，7］）

出版频率：半月刊

内容提要：该刊创刊旨在"灌输时代知识，发扬民族精神，兼做学术界商榷意见之机关"，主要刊载探讨中国现实政治、经济、社会的文章，讨论"九一八"后中国的政治、经济和军事建设问题。报道并分析了中国和世界重要时事新闻，关注日寇侵略察哈尔、绥远后危急的华北局势。刊载研究社会科学的学术论文，涉及历史、哲学、语言学、法律、经济等各学科。刊载有张东荪《现代的中国怎样要孔子》、从周《胡人考》、许兴凯《九一八以后东北贸易的变化》等文章。该刊主要栏目有通论、专论、译述、学艺、专载、国闻、外纪。

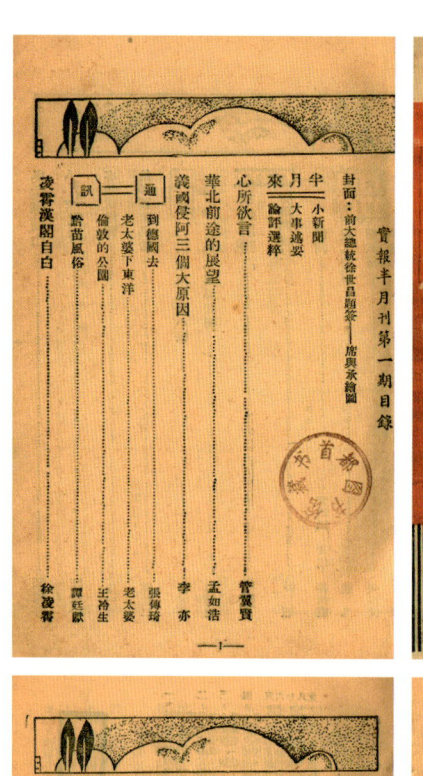
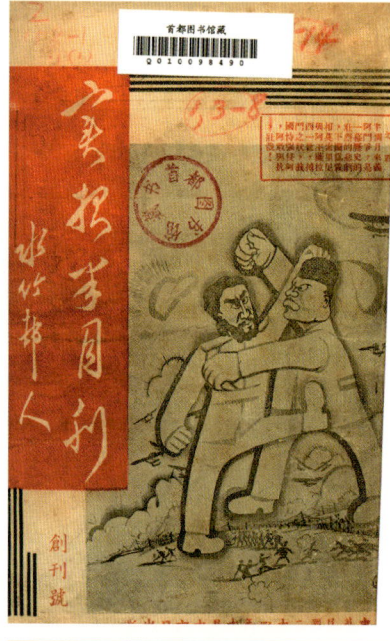
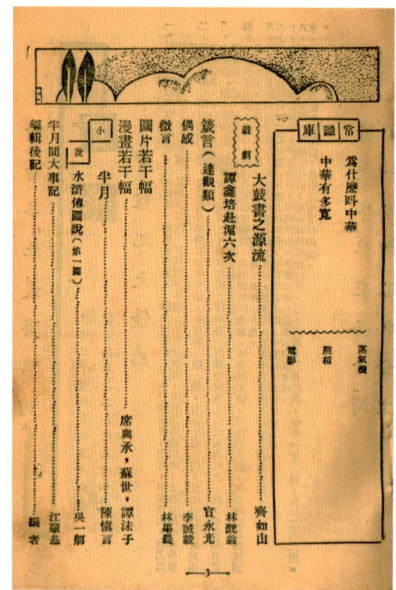
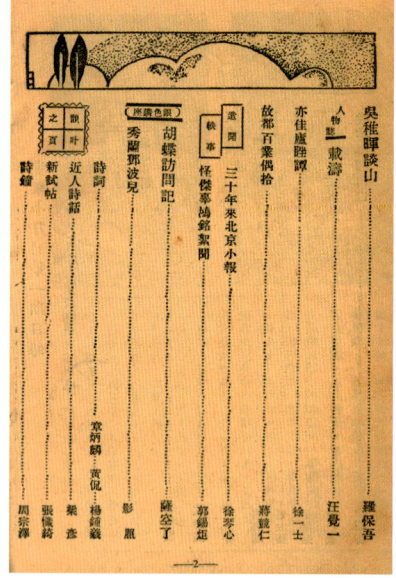

《实报半月刊》

责任者：管翼贤、罗保吾编

出版发行：（北平）实报社发行，no.1（民国二十四年10月[1935，10]）— v.3，no.18（民国二十七年[1938]）

出版频率：半月刊

内容提要：该刊主要报道国内外时事大事消息，探讨日本侵略我华北、意大利侵阿等国内外重大事件。报道电影、戏剧、曲艺界的消息和动态，探讨电影、戏剧和曲艺理论、艺人、表演技法等问题，报道梅兰芳、李万春、程砚秋等名伶的消息和活动。介绍自然科学知识和文史知识。介绍北京的地方文化和逸闻，刊载名人的逸事。发表诗词、新体诗、小说、摄影、漫画等文艺作品。刊载有孟如浩《华北前途的展望》、管翼贤《心所欲言》、徐琴心《三十年来北京小报》、齐如山《大鼓书之源流》等文章。主要栏目有半月来、通讯、遗闻轶事、银色讲座、韵叶之页、常识库、戏剧、小说、内地风光。

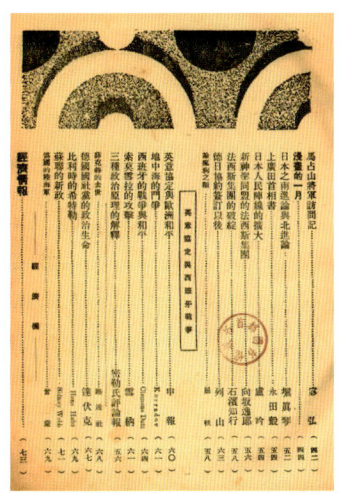 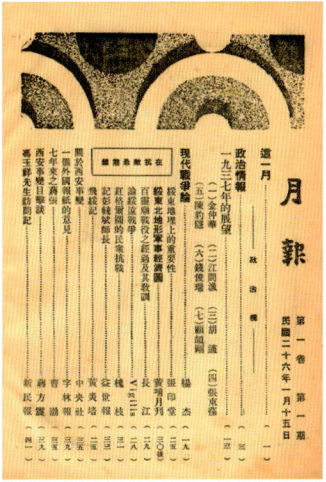 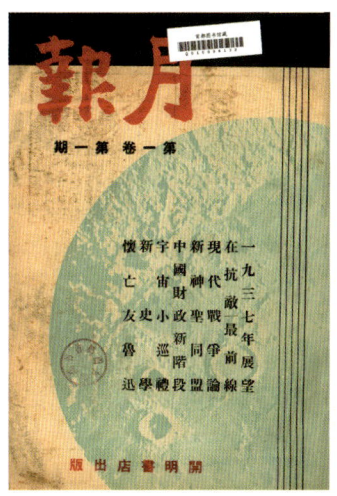
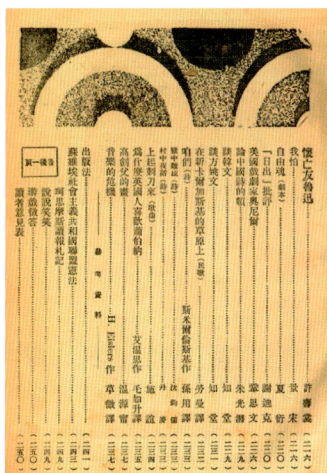 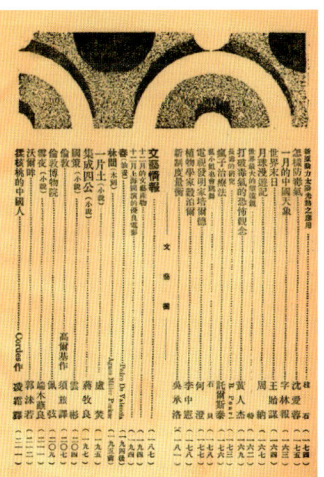 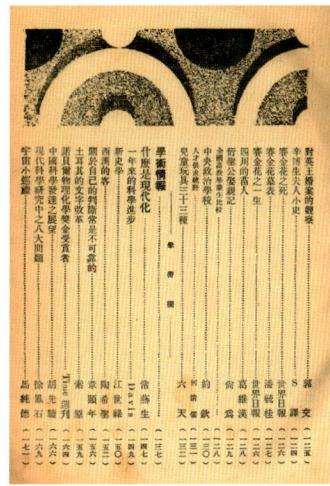 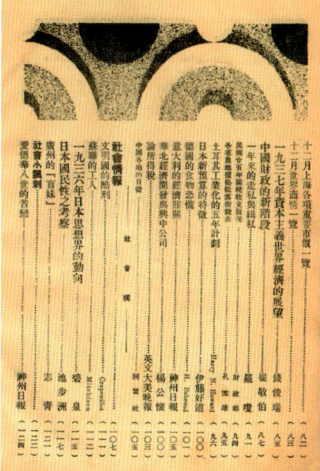

《月报》

责任者：胡愈之、叶圣陶、孙怀仁、胡仲持编

出版发行：（上海）开明书店发行，v.1，no.1（民国二十六年1月［1937，1］）— v.1，no.7（民国二十六年7月［1937，7］）

出版频率：月刊

内容提要：该刊主要刊载国内外出版的杂志报纸的文字、图画、地图、统计资料等，其中文章主要选摘自《大公报》《申报》《益世报》《中央日报》《实报》《大美晚报》《密勒氏评论》等中国主要报纸杂志，内容涉及中外新闻时事、政治、经济、社会、自然科学、社会科学、文学等各个领域。此外还刊载有"在抗敌最前线""英意协定与西班牙战争"等专题合辑。主要栏目有政治情报、经济情报、社会情报、学术情报、文艺情报、现代战争。

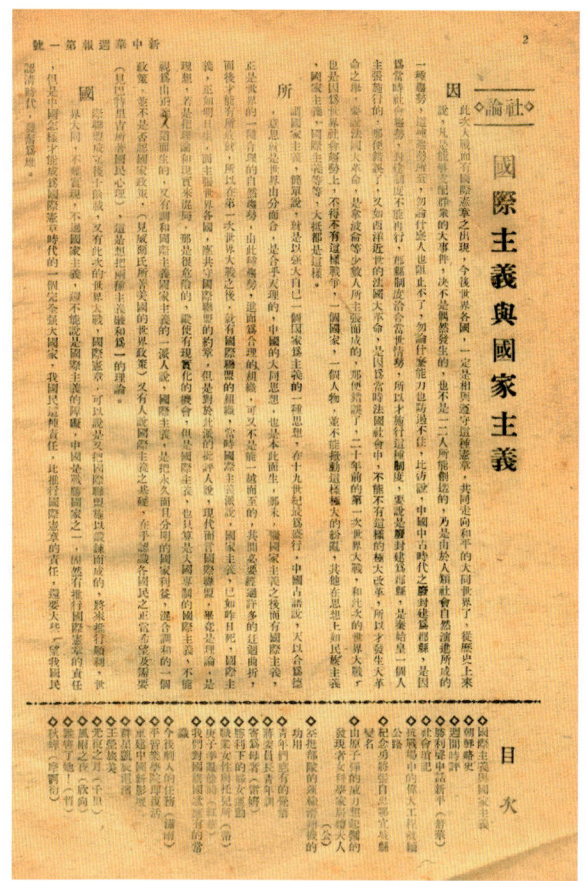
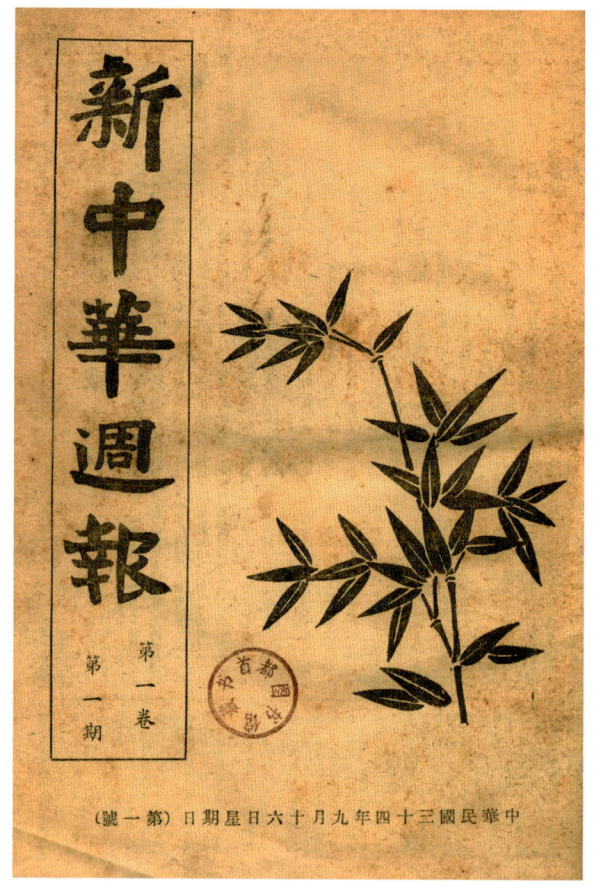

《新中华周报》

责任者：不详

出版发行：（北平）新中华周报社发行，v.1, no.1（民国三十四年9月16日［1945,9,16］）— v.1, no.9（民国三十四年11月［1945,11］）

出版频率：周刊

内容提要：该刊创办于抗战胜利之初，主要刊载国内外时事政治新闻，报道抗战胜利、"九一八"纪念、韩国独立等重要大事，报道中国各地社会新闻和奇闻异事。探讨抗战后的政治、经济、文化、教育建设问题，讨论青年和学生关注的学习、教育、就业等话题。普及自然科学和社会科学知识，介绍原子弹、原子发电等最新科学技术成果。介绍戏剧界、电影界、文艺界的消息和动态，报道梅兰芳等名伶的活动，介绍并评论最新上映的电影和戏剧。刊载有《国际主义与国家主义》《胜利声中话新平》等文章。

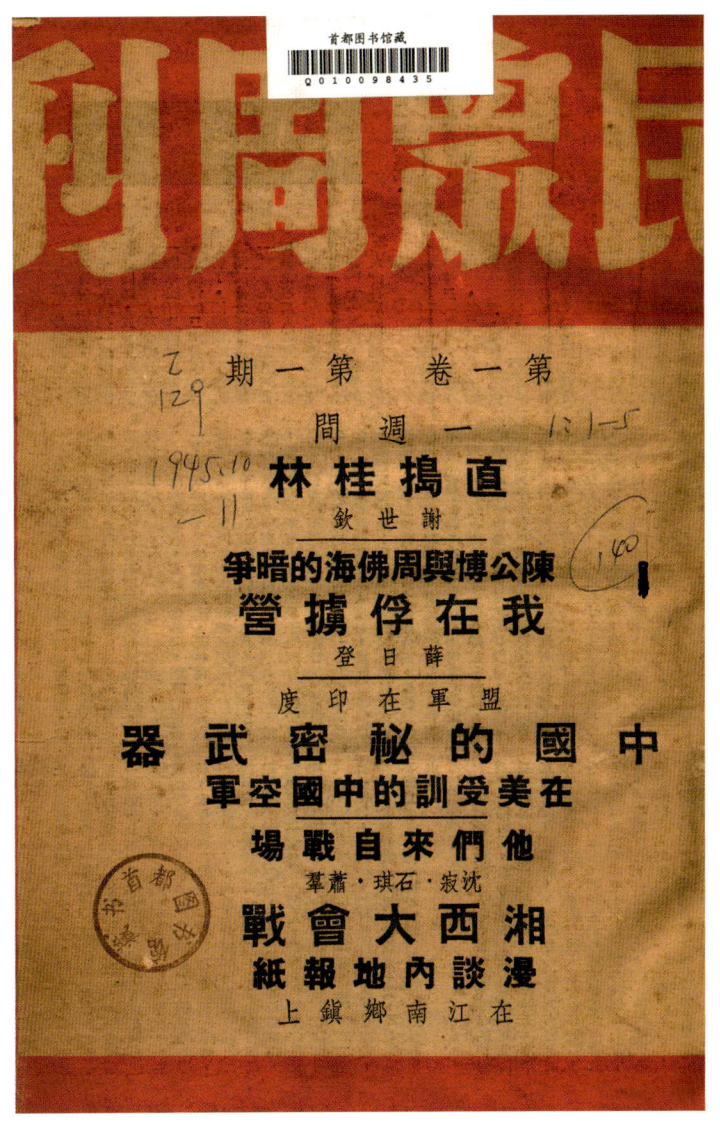

《民众周刊》

责任者：民众出版社编

出版发行：(上海)民众出版社发行，v.1, no.1（民国三十四年10月［1945, 10］）— v.1, no.10（民国三十四年12月［1945, 12］）

出版频率：周刊

内容提要：该刊创刊于抗战胜利初期，主要刊载描写抗战正面和敌后战事的文章和报告文学作品，歌颂抗战军民前线浴血奋战和敌后的英勇斗争。报道国内外重要时事新闻，分析战后中国和世界的局势走向。描写上海、南京等敌占区内民众的生活，揭露日本和敌伪的真实面目。刊载有《我在俘房营》《陈公博与周佛海的暗争》《湘西大会战》等文章。

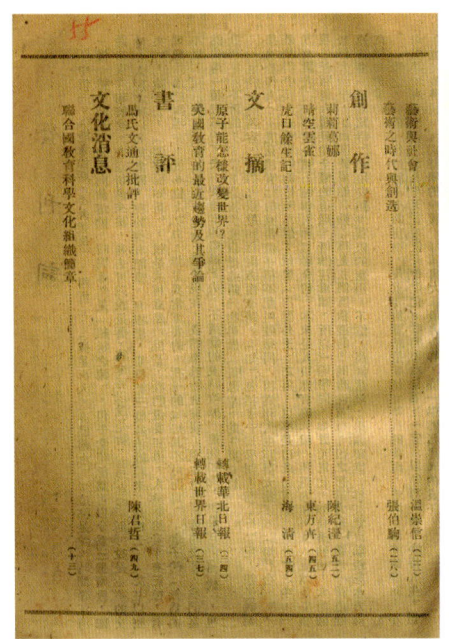 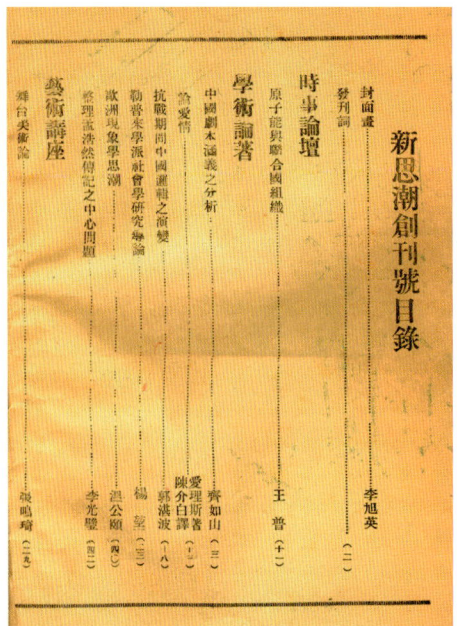 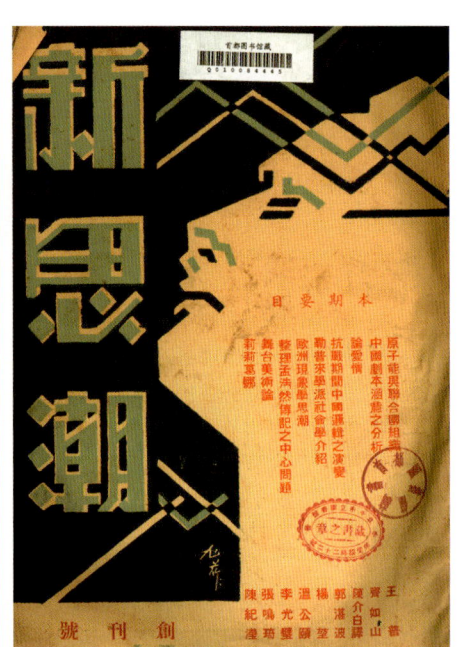

《新思潮》

责任者：李辰冬主编

出版发行：(北平) 北平红蓝出版社发行，v.1, no.1（民国三十五年8月 [1946，8]）— v.1, no.6（民国三十六年5月 [1947，5]）

出版频率：月刊

内容提要：该刊刊载有关学术思想、文艺理论之专著，文化界动态之调查报告，青年修养之指导，以及小说戏剧。主要发表哲学、社会学、戏剧理论、艺术、文学、教育等方面的学术研究论著，评论国内外时事，发表小说及戏剧等文艺作品，介绍国内外最新科学知识。主要撰稿人有哲学家冯友兰、历史学家齐思和、文学家俞平伯、美学家朱光潜以及戏剧家焦菊隐等。主要栏目有时事论坛、学术论著、艺术讲座、戏剧运动、创作、文艺、文摘、书评、文化消息。

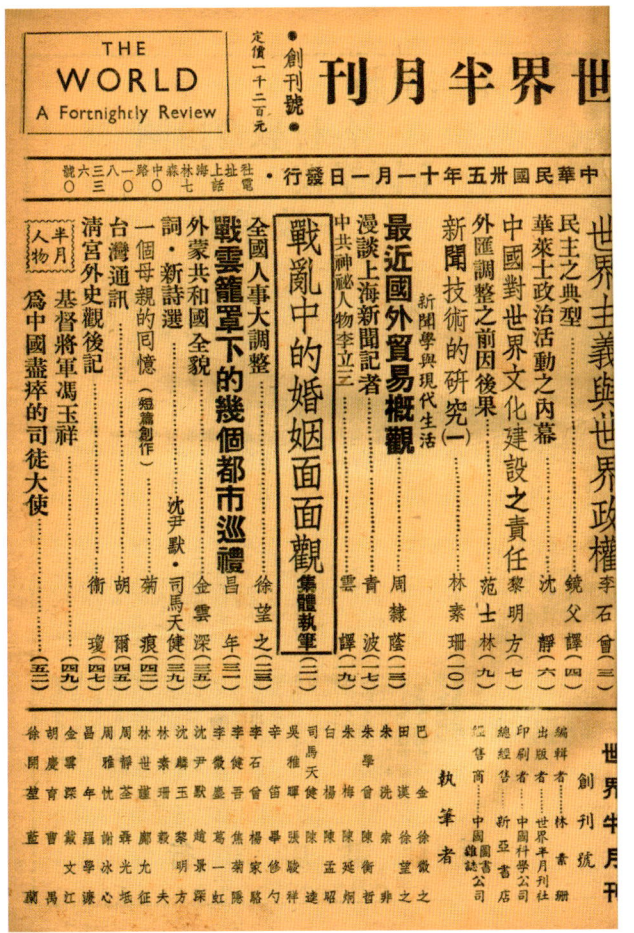

《世界半月刊》

题名：世界半月刊 = The Word A Fortnightly Review；自 1947 年 2 月第 1 卷第 6 期起改为世界月刊 = The Word Monthly Review

责任者：林素珊主编

出版发行：（上海）世界半月刊社出版，v.1, no.1（民国三十五年 11 月［1946, 11］）— v.3, no.11（民国三十八年 4 月［1949, 4］）

出版频率：半月刊；自 1947 年 2 月第 1 卷第 6 期起改为月刊

内容提要：该刊主要刊载探讨二战后的世界局势的论述，研究世界各国的政治、经济、社会等各类问题。介绍各国的历史、文化、学术、文艺、电影、戏剧等各方面情况。讨论中国的政治、经济、外交、建设等各方面问题，探讨中国与世界各国的关系。刊载世界各国名人的传记。主要作者有巴金、田汉、沈尹默、焦菊隐、冰心、徐望之等。刊载有李石曾《世界哲学与世界组织》、刘狮《论古埃及文化》、巴金《社会变革与经济的改造》等文章。该刊刊名为张人杰所题。

索 引

期刊名按照汉语拼音排序

B

《半月剧刊》/ 278
《半月戏剧》/ 279
《北大学生》/ 138
《北方建设》/ 62
《北方文化》/ 72
《北方杂志》/ 248
《北京大学研究所国学门周刊》/ 126
《北京图书馆月刊》/ 134
《北平》/ 293
《北平医刊》/ 313
《奔流》/ 184
《渤海画报》/ 284

C

《长城》/ 249
《草书月刊》/ 283
《茶报》/ 324
《昌言》/ 70
《晨风》/ 271
《初等教育》/ 125
《创造》/ 7
《创造月刊》/ 182
《春柳》/ 261
《春秋》/ 236
《春声》/ 171
《词学季刊》/ 196

D

《大华无线电》/ 317
《大上海半月刊》/ 43
《大中》/ 67
《大中华》/ 20
《大众生活》/ 45
《丹方杂志》/ 319
《地理学报》/ 302
《电影月报》/ 265
《电影杂志》/ 287
《东方杂志》/ 335
《动力》/ 31
《都市教育》/ 121
《读书半月刊》/ 156
《读书月刊》/ 140

F

《法科丛刊》/ 28
《法学季刊》/ 26
《防毒月刊》/ 96
《防痨》/ 318
《纺织建设月刊》/ 332
《风土什志》/ 295
《风物志》/ 296
《福建善救月刊》/ 84
《辅仁学志》/ 136
《妇女时报》/ 15
《妇女月刊》/ 59
《妇女杂志》/ 56
《妇女之友》/ 27
《妇声半月刊》/ 80

G

《工商半月刊》/ 105
《工商天地》/ 114
《故都旬刊》/ 300
《光明》/ 216
《国际》/ 34
《国际知识》/ 50
《国剧画报》/ 268
《国立北平故宫博物院年刊》/ 155
《国立历史博物馆丛刊》/ 128
《国立武汉大学社会科学季刊》/ 8
《国立中山大学图书馆周刊》/ 133
《国民》/ 48
《国文月刊》/ 157
《国学季刊》/ 124
《国学论丛》/ 129
《国学月刊》/ 297
《国学杂志》/ 120
《国语月刊》/ 123

H

《孩子们》/ 159
《航空》/ 307
《合作月刊》/ 107
《湖南大学季刊》/ 149
《华北工矿》/ 328
《华北画报》/ 264
《华声》/ 61
《黄河》/ 228
《黄埔潮周刊》/ 95

J

《集纳》/ 71
《家庭》/ 337
《江苏省小学教师半月刊》/ 144
《江苏研究》/ 294
《江西图书馆馆刊》/ 147
《交通教育月刊》/ 131
《交通杂志》/ 312
《教育潮》/ 122
《解放画报》/ 25
《金钢钻月刊》/ 197
《进步青年》/ 94
《京戏杂志》/ 274
《经济半月刊》/ 104
《经济科学》/ 106
《巨型》/ 252
《剧学月刊》/ 269

K

《开发西北》/ 108
《抗战戏剧》/ 280
《科学的中国》/ 314
《科学画报》/ 315
《科学与生活》/ 327
《快乐家庭》/ 338
《矿冶》/ 309

L

《立言画刊》/ 281
《流萤》/ 186
《六艺新文艺月刊》/ 241

《论衡》/ 18
《论语》/ 194

M

《满蒙》/ 30
《漫画生活》/ 273
《莽原》/ 179
《莽原》/ 181
《美术丛刊》/ 267
《蒙文白话报》/ 17
《蜜丝》/ 187
《棉业月刊》/ 323
《民言》/ 69
《民众周刊》/ 345
《民主》/ 64
《民主青年》/ 66
《民主周刊》/ 68
《南风》/ 190
《南洋情报》/ 36

N

《农工公报》/ 103
《农商公报》/ 102
《农学》/ 321
《怒潮月刊》/ 74

P

《评论报》/ 82

Q

《七月》/ 223

《齐大月刊》/ 139
《青鹤》/ 195
《青年文化》/ 65
《青年杂志》/ 22
《清明》/ 246
《求实月刊》/ 39
《求是》/ 93
《全民抗战》/ 54
《全民周刊》/ 53
《群众》/ 52

R

《人间世》/ 200
《人民文艺》/ 243
《人民戏剧》/ 285
《人民音乐》/ 286
《人文》/ 292
《人物杂志》/ 298

S

《三三医报》/ 308
《厦大图书馆报》/ 152
《山东省立图书馆季刊》/ 142
《商学期刊》/ 111
《上海十日》/ 77
《社会学杂志》/ 6
《社会之花》/ 177
《莘莘月刊》/ 242
《神州》/ 336
《生活》/ 251
《生活漫画》/ 277

《生活周刊》/ 339
《诗创造》/ 253
《时代》/ 58
《时代漫画》/ 272
《时代文艺》/ 219
《时代文摘》/ 60
《时事月报》/ 29
《时与文》/ 85
《实报半月刊》/ 342
《实用科学》/ 325
《食货》/ 109
《史学与地学》/ 291
《世纪评论》/ 83
《世界半月刊》/ 347
《世界农村月刊》/ 329
《世界文学》/ 208
《世界知识》/ 44
《市政建设》/ 115
《水星》/ 207
《司法公报》/ 16
《苏俄评论》/ 33

T
《台湾糖业季刊》/ 331
《太白》/ 204
《谈风》/ 218
《体育季刊》/ 161
《天地人》/ 212
《天津教育》/ 160
《统计月刊》/ 23
《图书季刊》/ 145

W
《外交月报》/ 35
《万岁》/ 193
《唯民周刊》/ 75
《文潮》/ 237
《文丛》/ 220
《文萃》/ 63
《文化批判》/ 146
《文化杂志》/ 57
《文澜学报》/ 148
《文流》/ 239
《文物周刊》/ 299
《文学创作》/ 233
《文学季刊》/ 198
《文学界》/ 215
《文学批评》/ 234
《文学评论》/ 203
《文学译报》/ 232
《文学月报》/ 192
《文学杂志》/ 221
《文学杂志》/ 235
《文学战线》/ 257
《文艺大路》/ 210
《文艺画报》/ 206
《文艺生活》/ 230
《文艺与生活》/ 258
《文艺杂志》/ 231
《文艺杂志》/ 245
《文艺战线》/ 226
《文艺阵地》/ 224
《文艺知识连丛》/ 250

《文摘》/ 78
《文摘》/ 91
《文展》/ 79
《文章》/ 244
《文哲月刊》/ 9

X
《西北实业月刊》/ 113
《戏剧旬刊》/ 276
《戏剧月刊》/ 266
《戏世界月刊》/ 275
《细流》/ 201
《现代》/ 191
《现代文学评论》/ 189
《现代文艺》/ 188
《现代文摘》/ 88
《现代新闻》/ 87
《宪政杂识》/ 13
《香艳杂志》/ 19
《小朋友》/ 174
《小说》/ 256
《小说丛报》/ 168
《小说海》/ 170
《小说画报》/ 172
《小说世界》/ 175
《小说月报》/ 165
《小说月报》/ 229
《小说周报》/ 225
《笑画》/ 263
《心理》/ 4
《新风月刊》/ 255

《新工商》/ 112
《新广州月刊》/ 32
《新家庭》/ 340
《新教育评论》/ 127
《新认识》/ 47
《新生周刊》/ 40
《新世纪》/ 49
《新思潮》/ 346
《新文艺》/ 185
《新西北》/ 303
《新学生》/ 141
《新药月报》/ 322
《新月》/ 183
《新中国》/ 24
《新中华》/ 38
《新中华周报》/ 344
《学部官报》/ 119
《学觚》/ 153
《学衡》/ 5
《学文》/ 202
《学习生活》/ 92
《学艺》/ 173

Y

《烟兑月刊》/ 326
《盐政杂志》/ 101
《燕京学报》/ 130
《一周间》/ 42
《医潮》/ 330

《医药导报》/ 316
《艺术旬刊》/ 270
《艺文》/ 213
《译文》/ 205
《音乐杂志》/ 262
《永安月刊》/ 227
《永生》/ 46
《邮典》/ 154
《游戏杂志》/ 166
《游艺画刊》/ 282
《余兴》/ 169
《宇宙风》/ 211
《禹贡》/ 301
《语林》/ 240
《语丝》/ 178
《远东摄影新闻》/ 55
《月报》/ 343

Z

《战时联合旬刊》/ 51
《哲学》/ 3
《浙江商务》/ 110
《浙江省立图书馆月刊》/ 143
《浙江图书馆报》/ 132
《侦探世界》/ 176
《正风半月刊》/ 341
《正声》/ 81
《政论》/ 14
《知识》/ 76

《知识与生活》/ 86
《制言》/ 151
《中国博物馆协会会报》/ 150
《中国海军》/ 97
《中国滑翔》/ 162
《中国文化研究汇刊》/ 158
《中国文学》/ 238
《中国文学》/ 247
《中国文艺》/ 222
《中国医学月刊》/ 311
《中国与苏俄》/ 37
《中国作家》/ 254
《中华妇女界》/ 21
《中华小说界》/ 167
《中流》/ 217
《中南情报》/ 41
《中苏知识》/ 73
《中西医药》/ 320
《中学生》/ 137
《中学生文艺季刊》/ 209
《中学生文艺月刊》/ 199
《中央大学国学图书馆年刊》/ 135
《周论》/ 90
《周末观察》/ 89
《紫罗兰》/ 180
《自然科学》/ 310
《综艺》/ 288
《作家》/ 214